汉藏研究书系

国家社会科学基金项目资助

近代四川涉藏地区民族交流与社会发展研究

何洁 著

中国藏学出版社

总 序

王 川

在历史的长河中，川藏地区一直以来就是先民频繁往来迁徙、多民族聚居、多元文化交融、经济不断往来的宝地，“汉藏羌彝走廊”等“带状”名称，“牦牛道”“蜀身毒道”“南方丝绸之路”“茶马古道”“康藏公路（后易名川藏公路）”等“线状”名词，就是联结这一多民族共情同生宝地的重要媒介证明。

从古老的“牦牛道”开始，多条蜿蜒曲折的孔道，穿越崇山峻岭，跨越雪域高原，是沿线各民族交往交流交融的重要纽带。文成公主千里入藏，留下了千年汉藏联姻的动人故事；“甲察热，甲霞热，甲梭热”（意为：茶是血，茶是肉，茶是生命）的茶马互市，谱写了各族民众和睦相处、和衷共济的华美乐章；藏传佛教大寺、汉传佛教寺庙、天主教堂、耶稣堂、清真寺等，各美其美，创造了互鉴共荣的文明奇观；驻藏大臣进藏、驻藏办事处人员出藏，解放军十八军入藏等，破山修路、扎根边疆，建立了不可磨灭的历史功勋。在这片广袤的西南区域土地上，汉、藏、羌、彝、蒙古、纳西、回、满等众多民族密切交流、和睦共处，共同谱写了一曲曲动人的赞歌。在战火纷飞的年代，各民族团结一心，肩并肩，手挽手，奔赴前线，用血肉之躯，共同抗击外国军队的入侵，“辫子坟”“康藏旅京同乡抗日救国会”等就是不同时代抗敌的见证；在自然灾害面前，各民族同舟共济，送温暖，献爱心，患难与共，共同浇灌血浓于水的团结之花；在和平安详的岁月，各民族携手合作，心连心，力并力，众志成城，用勤劳的双手，畅通“官道”，修筑“两路”，新建“川藏铁路”，从沟通历史到奋力谱写新时代新征程的繁荣发展的新华章……这些共同的历史行为，构筑了汉藏等兄弟民族的历史记忆，不仅彰显了中华民族生生不息的强大凝聚力，而且体现了中华民族自强不息的民族精神，更是当下铸牢中华民族共同体意识的宝贵财富。

深入挖掘、整理、宣传川藏各民族这些宝贵的精神财富，正是对习近平总书记2020年8月在中央第七次西藏工作座谈会上的讲话精神，以及开展党史、新中国史、改革开放史、社会主义发展史、中华民族发展史教育，深入开展西藏地方和祖国关系史，引导各族群众树立正确的国家观、历史观、民族观、文化观、宗教观重要指示的具体贯彻，也是推动中华民族现代文明的建设之举。基于此，四川师范大学中华传统文化学院、中国藏学出版社2020年联合策划了“汉藏研究书系”（以下简称“书系”），拟出版一批展现汉藏等兄弟民族的共同历史、驻藏体现的中央与地方关系、华西边疆研究、中国藏学研究等方面的最新学术成果，旨在推动学术研究的深化，推动中华优秀传统文化弘扬发展，推动汉藏各族群众加深认识，促进各民族交往交流交融，铸牢中华民族共同体意识。

“汉藏研究书系”命名的“汉藏”，是基于“书系”主要研究“汉藏羌彝”走廊区域内以汉藏为代表的多民族在历史长河中的交融共生历史及对其治理等方面的内容。因此，这一“书系”着重体现以下三方面的内容：

其一，以川藏地区为聚焦对象，透视中华民族共同体的形成、发展与巩固的历史进程。“书系”将挖掘、整理、阐释各民族交往交流交融的历史事实，展现中华民族共同体的形成发展过程，积极推动铸牢中华民族共同体意识工作。

其二，总结过往治理川藏地区民族事务的历史经验。“书系”围绕清代驻藏大臣、国民政府驻藏办事处在维护国家主权、强化治权、联络感情等方面的历史，挖掘和总结历史经验，推进中国近代史、中央政府与西藏地方关系史的相关研究，并总结与归纳历史经验，为新时代党的民族工作提供历史借鉴和启示。

其三，传承革命先辈的红色精神。“书系”将呈现第一批进藏女兵的英雄群像，挖掘其背后的红色精神和“老西藏精神”的深厚内涵及其时代意义，展现这两种精神在具体人物和事件中的体现，不断增强各族群众对伟大祖国、中华民族、中华文化、中国共产党、中国特色社会主义的认同。

首批“书系”学术成果，根据时间先后，拟出版《古代巴蜀与南方丝绸之路区域互动研究》（四川师范大学巴蜀文化研究中心副研究员邹敏、刘双怡著）、《清代驻藏大臣小辞典》（四川师范大学中华传统文化学院研究员王川主编）、《近代四川涉藏地区民族交流与社会发展研究》（四川省社会科学院民族与宗教研究所副研究员何洁著）、《国民政府驻藏办事处与治藏主权研究（1940—1949）》（四川师范大学中华传统文化学院副研究员邹敏著）、《中国人民解放军十八军进藏女兵研究》（四川师范大学巴蜀文化研究中心副研究员万罗慧、朱晓舟著）等5本研究著作。

此次出版的《近代四川涉藏地区民族交流与社会发展研究》一书，在查阅大量史志、民族志、州县方志、边政资料、调查报告等的基础上，借鉴和吸收当前学术界最新研究成果，向读者展现了近代四川涉藏地区民族交往交流交融的历史场景，总结了民族交流对增进国家认同、促进经济发展、推动社会进步、构建和谐关系、加快文化交融等方面产生的影响，为全面准确认识今日四川涉藏地区与祖国不可分离的关系、藏族与汉族等兄弟民族“三个离不开”的关系提供了生动实例，对新形势下四川涉藏地区铸牢中华民族共同体意识、推动各民族共同繁荣，亦有一定参考价值。

作为“书系”的承担单位，四川师范大学一直以来继承和发扬李安宅先生等前辈学者华西边疆研究之优秀学术传统，中华传统文化学院、历史文化与旅游学院、巴蜀文化研究中心等汇聚了一批藏学、边疆学研究的优秀学者，近年来承担了2022年度国家社科基金重大项目“清代驻藏大臣汉文文献整理与研究”等多项有关汉藏研究、近代边疆与新建省份研究、边政学等方面的国家社科基金项目，出版了《老西藏精神研究学刊》《华西边疆评论》《西南社会历史论丛》等以书代刊型学刊；在《民族研究》《哲学研究》《中国边疆史地研究》《中国藏学》等刊物发表了大量高质量的学术论文，形成了鲜明的西南历史与社会、藏学、边疆学研究等研究方向的学术团队。期望通过“书系”的出版，促进川藏地区研究的学术交流和思想碰撞，推动藏学及相关学科的进一步发展，为铸牢中华民族共同体意识贡献学术力量。

茫茫雪山，阻隔不了汉、藏等各民族间的联系；泱泱江河，见证了中华民族一家亲的团结奋进历史。期待更多的读者能通过这一“书系”，走进历史的深处，触摸文化的脉络，倾听雪山草地、七脉六江讲述的汉、藏等各兄弟民族团结友爱的感人故事，感受中华民族的灵魂和血脉，在文化的传承与创新中，坚定文化自信自强，展现出我们这个时代的精神风貌。如此，既是“书系”策划之所期，又是编著者之所愿。

2020年12月23日初拟成都，2023年12月定稿。

前　言

近代以来，随着国门的洞开，西方列强凭借其强大的军事、经济实力，逐渐由东南沿海向我国内陆腹地渗透。19 世纪末至 20 世纪初期，英国控制了印度、尼泊尔、不丹等国，形成了对我国西藏的包围之势，同时沙俄也不甘示弱，与英国展开角逐，窥觊西藏。随着英国两次入侵西藏，四川涉藏地区形势异常严峻，成为影响汉藏民族关系走向及巩固西陲政治稳定的关键区域。中央政权开始加大对四川涉藏地区的经营，清末对四川涉藏地区的治理，调动的资源之多、力度之大、范围之广，远远超过了历史上其他时期，不仅极大地巩固了西南边疆，提升了四川涉藏地区的政治地位，凸显了四川涉藏地区在全国战略中的重要作用，还给四川涉藏地区带来了前所未有的人口流动，四川涉藏地区各民族之间相互交流的机会逐渐增多。

民国时期，在“治藏安康”的时代使命下，西康建省逐渐从清末赵尔丰经边时的构想，到民国十七年（1928）正式纳入国家战略，各种人财物力以各种渠道、各种方式成规模进入四川涉藏地区。抗日战争期间，中华民族遭遇有史以来空前未有之危机，国民政府被迫迁都重庆，国家的政治、经济、文化重心也随之向西部地区转移，政府机关、工矿企业、高校纷纷大规模西迁。在救亡图存的大历史背景下，川康两省建设的成败，直接上升到“关系国家存亡，民族兴替”的重要地位，四川丰富的自然资源和独特的地理位置，更是成为支持抗战、保障国家安全的“民族复兴的根据地”，各界对西南包括四川涉藏地区的关注更是达到了前所未有的程度，不仅为各民族的交往交流交融创造了条件，也对四川涉藏地区社会、经济、文化等方面产生了深远影响。

与此同时，从近代开始，传教士、军人、汉学家、新闻记者、商人、探险家、科学家等纷至沓来，各种探查活动开始在四川涉藏地区勃兴。随着中央政府加大对涉藏地区的经营，无论是政府层面还是社会层面都加强了对四川涉藏地区的调查和了解，大量官员、学者、宗教人士、文人游客进入四川涉藏地区，对四川涉藏地区的自然地理、社会政治、民族构成、社会现状、风俗文化等展开了调查和研究，不仅为中央政府了解西藏及涉藏地区的相关情况提供了参考，同时也从不同侧面展示了涉藏地区的政治、经济、文化、宗教等情况。他们记录的四川涉藏地区的人口情况、部落情况、风俗习惯、社会生活方式等材料中，有大量的具有民族学、人类学、社会学意义的第一手资料，为本书的研究提供了基础性的研究素材。

从学术研究层面而言，对四川涉藏地区民族交流与社会发展的研究，早在民国时期就开始了。除任乃强、李安宅、马长寿、柯象峰、徐益棠、冯汉骥、邓少琴、庄学本、孙明经、李思纯、刘家驹等著名学者、文人，以及中山大学川边调查团、暨南大学川康考察团、沪记者川康考察团、边疆教育实业考察团、川康民族考察团、金陵大学西康社会调查团、西康科学考察团、国民参政会川康建设视察团等众多的考察团体前往四川涉藏地区展开了大量调查外，各级政府、赴康巴地区公干的政府要员及在第一线担任县长等职的官员也积极开展相关调查。在调查基础上，他们撰写了大量关于四川涉藏地区政治、经济、文化、教育、宗教、法律、生活、习俗、气候、地理、生物等方面的文章、社会调查报告及游记，在《康藏前锋》《康导月刊》《康藏研究月刊》《川边季刊》《康声》《康声报》《康路》《边政》《西康公报》《戍声周报》《西康建省委员会公报》《西南边疆》《边疆研究通讯》《边疆服务》《新西康》《华西边疆研究学会杂志》等杂志上发表。另外还有很多在四川涉藏地区工作的基层工作人员，也根据自己的工作所观察到的四川涉藏地区的社会现象，纷纷撰写调查研究文章在刊物上发表。他们的调查细致入微，呈现的材料具体生动，调查成果部分直接作为政府施政的参考，对四川涉藏地区社会发展产生了巨大效用。这些材料记录了四川涉藏地区的人口情况、部落情况、风俗习惯、社会生活方式等，有大量的具有民族学、人类学、社会学意义的第一手资料。

新中国成立初期、民主改革前后，为摸清少数民族的社会历史状况，全国人大民族委员会组织大批科学工作者深入民族地区，对民主改革前各民族地区的社会形态、阶级情况、民族分布、社会经济、社会文化等进行了大规模调查，收集、整理、出版了大量翔实、全面的实地调查资料。20 世纪 80 年代以后，特别是进入 21 世纪以来，许多专门从事藏学、民族学研究的机构相继成立，并且围绕藏事文献档案汇编、藏学文献收集整理、藏族地区历史文化研究、地方志编纂、民族文化本底等进行整理，取得了令人瞩目的成绩，出版了大量关于涉藏地区的基础调查资料，为了解近代四川涉藏地区的民族分布、民族关系、社会发展提供了大量翔实的基础材料。另外，还有众多学者围绕四川涉藏地区经济文化交流、民族交流与融合、四川涉藏地区社会发展等问题展开了细分研究，部分研究成果已具有相当的深度。但由于学者研究旨趣与视角不同，现有研究多从政治、经济角度分析民族交流与社会发展及其蕴涵的历史因素，从宏观层面分析社会、经济、文化的发展，缺乏对社会基本构成，即民众的社会生活方式、社会组织等方面发展的“自下而上”的研究。同时，现有研究多集中于川边甘孜地区，很少涉及阿坝地区以及凉山州的木里藏族自治县，其相关成果或为资料整理，或为粗略描述，或为个案研究，缺乏对四川涉藏地区民族交流的系统研究及带来的社会发展的系统、全面研究。

基于此，本书以四川涉藏地区各民族之间的互动研究为契机，试图展示近代四川涉藏地区民族交往交流交融的历史场景，捋清近代四川涉藏地区社会结构、社会信仰、社会观点的发展变化和运行机理，并总结民族交流对增进国家认同、促进经济发展、推动社会进步、构建和谐关系、加快文化交融等方面产生的影响。本书的研究，对近代四川涉藏地区区域史、民族关系史有一定的拓展、深化价值，可为全面准确认识今日四川涉藏地区与祖国不可分离的关系、藏族与汉族等兄弟民族“三个离不开”的关系提供生动实例，对新形势下四川涉藏地区铸牢中华民族共同体意识、推动各民族共同繁荣也有一定参考价值。

本书综合运用历史学、民族学、社会学等学科的研究理论和方法，从历史与现实、历史与文化、历史与社会等角度，站在中华民族演进历程的高度，以四川涉藏地区族际互动交流为切入点，从史料中梳理出近代四川涉藏地区各民族交往的历史，总结出民族交流的典型形式和内容，在坚持系统性、整体性和综合性研究原则的基础上，厘清近代四川涉藏地区民族、社会结构、社会组织、社会信仰、社会观念等方面的发展状况和运行机理，剖析民族互动过程中特殊社会群体及组织推动近代四川涉藏地区社会发展的积极性和主体作用，勾画多维、立体的近代四川涉藏地区民族交流与社会发展轮廓。

本书由相互关联的七章构成。第一章“近代四川涉藏地区民族交流的环境、背景及动力”，从四川涉藏地区的政治、经济、文化、地理、人口、生物等多个纬度，分析了民族交流的空间环境，从四川涉藏地区是政治特殊地带、经济枢纽地带、文化交汇地带、地理过渡地带、族群交融地带、资源富集地带等视角，阐释了四川涉藏地区民族交流具有坚固的基础。回顾了四川涉藏地区元以前及元明清各民族迁徙、互动、融合的历史，梳理了各民族在不同背景和时代下以不同方式进入四川涉藏地区的历史过程，阐明了民族交流是四川涉藏地区历史发展的主流。特别是历史上的汉藏茶马贸易，使各民族间建立起了千丝万缕、密不可分的紧密联系，结成了四川涉藏地区民族之间紧密的经济依存关系，形成了内地对涉藏地区的经济吸引及汉藏经济互补共生的经济格局。通过梳理四川涉藏地区民族交流纵向的历史演进，阐明了四川涉藏地区各民族之间的交流具有深远的历史传统。同时还从四川涉藏地区的政府、市场、地方精英三个层面，从推进民族交流与社会变化的内源性因素和外源性因素两个维度，多视角剖析了四川涉藏地区民族交流的动力机制，描述了民族交流的主导者如何主导、选择、推动民族交流的过程，阐释了四川涉藏地区各民族具有的强劲交流意愿。

第二章“近代四川涉藏地区的民族及族际互动”，描述了汉、藏、羌、彝、回、纳西等民族在近代的族际互动，阐明了民族交流是四川涉藏地区各民族的共同选择，鲜明地体现了汉族与藏族及其他民族不可分割的“三个离不开”关系。并从多民族和睦共处格局视角，分别论述了四川涉藏地区各民族在经济、血缘、文化、社会等层面的互动关系，重点阐述了汉藏民族共处交融、相互依存的关系，总结了近代四川涉藏地区民族关系的“三个模式”，论证了四川涉藏地区各民族之间的交流具有深厚的群众根基。

第三章至第六章，将民族交流和社会发展研究结合起来，从微观层面探讨了近代四川涉藏地区的人口流动、血缘融合、城镇发展、交通发展、社会生产方式（包括农牧业、手工业、商业、其他行业）、精神生活方式（包括宗教信仰、语言变化、社会风尚、文教艺术、节日庙会）、社会生活习俗（包括饮食习俗、传统服饰、建筑习俗、婚丧习俗、医疗卫生）、社会的变迁等方面的发展变化，论证了民族之间的交流对四川涉藏地区社会产生的广泛影响。

第七章“民族交流与四川涉藏地区社会发展的关系分析”，从宏观上总结了近代四川涉藏地区民族交流对增强各民族对祖国的认同、推动社会生产力的发展、促使城镇化的萌芽与初步发展、形成多元民族文化相互交融的文化格局、增进四川涉藏地区各民族之间的团结友爱等方面的作用。还总结了受制于封闭的地理环境、落后的交通条件、传统的地方政治、不同的文化隔膜、政局的动荡多变，近代四川涉藏地区各民族之间交流的广度、深度、密度都相对受限，该地区社会总体呈现点、线单一发展的不平衡发展形态，阐释了该地区民族交流与社会发展存在的较大客观阻碍。

需要说明的是，由于本书探讨的近代四川涉藏地区民族交流与社会发展问题，研究体系庞大、内容多，不仅研究的时间（1840—1949）跨度过大、涉及地理范围（四川涉藏地区的32个市县）较广、牵涉的民族（汉、藏、回、羌、彝、纳西等民族）众多，而且民族交流对四川涉藏地区产生的影响，几乎囊括了政治、经济、社会、文化的各个方面。从某种意义上说，近代四川涉藏地区民族交流与社会发展的历史，也是该地区社会的区域发展史。因而，本书的资料搜集难度、资料涉及的广度、撰写的难度都远远超过预期。因为研究面较广，很多部分还缺乏足够的深度，还需要在未来的研究工作中继续深入探索，由于学识有限，讹误之处在所难免，真诚地期望专家学者不吝教正。

目　录

第一章　近代四川涉藏地区民族交流的环境、背景及动力

第一节　近代四川涉藏地区民族交流的环境分析

民族之间的交流，均是在特定场域、特定环境中发生的。要深刻理解近代四川涉藏地区各民族交流的缘起、动因、方式、内容、影响及局限，就必须将四川涉藏地区放在一个更大的空间中加以审视，从政治、经济、文化、地理、人口、生物等多种维度，重新审视四川涉藏地区民族交流发生的环境空间，从系统的角度对近代以来四川涉藏地区民族交流的场域进行观察，由此更好理解四川涉藏地区各民族交流的产生、发展之原因及交流过程中存在的合作与分工、冲突与矛盾、发展与局限等一系列问题。

一、政治特殊地带

受四川涉藏地区特殊的政治环境影响，近代四川涉藏地区民族交流在不同区域呈现出不同的形态，不同民族之间交流的频率、方式、影响及各民族在当地社会中的生存方式、社会地位、影响力也大不相同。

从地缘政治看，近代四川涉藏地区在地理政治上处于特殊位置。四川涉藏地区东与四川盆地紧密相连，西与西藏昌都毗连，北接青海

甘肃两省，南连云南迪庆通往印度、缅甸，既可内屏川滇、绾毂南北，又可外控卫藏、沟通边腹，是捍御西陲稳定的核心地带。近代以来，帝国主义和少数西藏地方分裂势力，千方百计觊觎四川涉藏地区，四川涉藏地区原有的相对单一的政治形态被逐渐打破，各种政治力量在四川涉藏地区角逐、争斗，使其成为稳定西藏政局、巩固西南国防的重要区域。稳定四川涉藏地区局势，改变以前由土司统治的松散的治理方式，实施“改土归流”，派驻流官，加强中央对川边、川西北民族地区的控制、管理、经营，成为紧迫之举。清末，四川总督鹿传霖根据川边地区的特殊地位，提出了安定“川边”以为“西藏后援”的“保川固藏”建议。紧接着，四川建昌道的赵尔丰，提出了将川边改设为行省，并设官治理、开发康地宝藏，“扩充疆宇，以保西陲”“藉以杜英人之觊觎，兼制达赖之外附”的治康方略[①]。赵尔丰清末在强力推行“改土归流”的同时，对川边甘孜地区的经济、社会、文化、习俗等方面进行全方位、系统性的改革，以政府之力，调动内地各种人力、物力及其他各种资源进入甘孜地区，在川边积极推行屯垦、练兵、设官、兴学、通商、开矿等“经边六事”，从政治、经济、文化、社会各方面，对川边整个社会进行大规模改革和更新。赵尔丰的经营，在改变川边民族地区原有政治形态、管理模式的同时，使得当地的政治、经济、社会、文化、族群等很多方面都发生了急剧变化。不过，因为辛亥革命爆发，政局突变，赵尔丰的“改革事业”被迫中辍。民国初建，内地多事，川边动乱，土司乘机复辟，为了巩固西藏局势，民国政府进一步加强了对川边的控制和争夺，派尹昌衡率军西征，先后在川边地区置川边镇抚使、川边镇守使、西康屯垦使及西康边防指挥部、西康政务委员会，并于民国二十八年（1939）[②] 成立西康省，使之与新成立的青海省，从两翼形成对西藏的钳制。在今川西北的阿坝地区，民国初期，因为四川内乱不止，政府无暇顾及，虽设置有官吏进行管理，但所派官员大多力不从

① 吴丰培编：《赵尔丰川边奏牍》，四川民族出版社，1984 年，第 1—2 页。

② 本书朝代纪年与民国纪年第一次出现时标注公元纪年，相同纪年重复出现时不再标注公元纪年。

心、因循敷衍，政府对地方的统治形同虚设。民国十六年（1927），才置松理懋茂汶屯殖督办公署，置松潘、理番、懋功、茂县、汶川5县，在五县整顿交通、保护商旅、整理地方、推行垦殖、增进生产。民国二十四年（1935），屯殖督办公署改为四川省第十六行政督察区，辖茂县、松潘、理番、汶川、懋功、靖化等6县及草地65部落、20个土司、11个屯守备。

从地方政治看，近代四川涉藏地区的地方政治形态也非常特殊，刚好是“土”“流”两种新旧组织角逐、共存、更替的阶段。自元代在西部少数民族区域设置的土司制度，对于维护西南地区社会稳定起到了重要作用。朝廷委任的土司，担负着为朝廷“守土安民”的责任，土司需要听从征调、缴纳税贡，使中央政权不需花费多大力气就达到了安定、统一少数民族区域的目的。由于“多封众建”，分封的土司众多，在清末“改土归流”之前，在川边的土司、头人不下“一百二十人”。其中较大的土司有明正、德格、巴塘、里塘四大土司，其次为霍尔、孔撒、麻书、东科、章谷、巴底、巴旺、丹东等土司。土司之间的相互制衡，对维护和巩固西南边疆的稳定起到了重要作用。但同时，土司制度也存在较多弊端，虽然受到严格的规章、制度管束，但由于土司“世守其土，世袭其职”，权力极大，加之内地有兵事的时候，也常常会调动土兵，土司兵力在征战四方的时候逐步增强，个别土司势力急剧膨胀，容易破坏稳定的政治生态。因此，明朝后期开始废除土司制度，在有条件的地区，改由中央政府派流官进行直接治理，作为一种新的历史趋势，已成势不可当的潮流。改革传统土司制度，不仅有利于多民族国家的统一，还有利于稳定西南地区的政局，促进当地政治、经济、文化等方面的发展。

近代是四川涉藏地区将土司制度逐步纳入由政府派驻流官进行管理的过渡时期。四川涉藏地区的“改土归流”，首先是从大小金川地区开始的。在乾隆年间，清政府平定杂谷土司苍旺的反抗后，对川西北地区的杂谷土司和大小金川土司实行“改土归流”，设置和汉族地区相同的地方行政机构——直隶厅，并在直隶厅之下的乡级基层政权设立土屯制度，实行“改土为屯”和“汉番分治”制度。在大小金川废除了土司制度，设阿尔古、美诺两直隶厅管理当地，设置懋功、章谷、崇化、靖化、抚边等5个汉屯，选募兵丁及内地人民前往开垦，分户承垦，设立五屯守备及屯千总、把总等官进行管理。另外，设立别思满、宅垄、八角碉、汗牛、河东、河西6个土屯，管辖当地藏羌人民。除实行“军屯”之外，还实行“民屯”，招募内地移民到两金川屯田。在川边地区，清末赵尔丰在川边大规模、强有力、全方位地推行了“改土归流”，设置流官代替原来的土司。民国初立，四川涉藏地区特别是川边地区已被改流的土司，乘政局动乱纷纷复辟。民国政府成立后，命尹昌衡西征，在川边地区平定了土司动乱，不过由于四川涉藏地区范围过大，加之政府管理力量有限，仍需要依托地方传统的政治势力对当地进行管理，因而虽然已经推行了“改土归流”，在绝大部分地区设置流官管理当地，但是仍委以原有土司以村长、保长、团总、土兵团团长等职，隶属流官。原有土司常常借政府之力，利用自己的本土优势，在当地仍有较强影响力。在部分地区，因为改流不彻底或尚未进行改流，则是“流土并存”，流官、土官各自为政，流官和土司在当地均有一定影响力，典型的如黑水地区，黑水东部民国时期已改组为保甲制度，但其西部仍由土官、头人统治；在部分地区，则完全保持纯粹的土司统治制度，由土司实施管理地方的职能，如民国时期在阿坝地区的梭磨、卓克基、党坝、松岗等地仍施行旧的土司制。不同的地方政治形态下，各民族交流的情况不尽相同，在已经彻底“改土归流”、设置流官进行管理的区域，从内地前往四川涉藏地区进行管理的官员、开垦的垦民、经商的商人、做工的手艺人及其他各种人，相对于“流土并存”或者完全由土官统治的区域较多，由此导致当地的族群人口、经济方式、文化形态等方面都与其他地方有所不同。因而，在四川涉藏地区形成了许多块状或者点状的不同政治形态、文化面貌、经济形态的区域。

这种地方政治形态的差异性、板块化，一方面可能会对各板块区域族群之间的交流带来阻碍，造成一定的族群矛盾。同时，由于不同区域的板块化，特别是由此带来的经济形态上的差异性、互补性，客观上为各族群、各区域之间的政治、经济、文化交流创造了机会，典型的如阿坝土官、卓克基土司、木里土司等积极采取对外开放的理念，积极发展本地的商业。因而，各板块区域的“差异带来沟通，差异带来互补”，也成为近代四川涉藏地区民族交流的基本形态。

民国时期四川松理懋茂汶全图①

① 图片来源：《边政》1931 年第 7 期。

二、经济枢纽地带

以物质层面的物资交换产生的经济发展需求，是四川涉藏地区各民族之间加强联系和交往的现实动力，四川涉藏地区处于传统茶马古道核心区，在地理位置上接四川盆地、连卫藏、通青海、达云南，刚好位于汉藏货物交易之孔道和沟通川藏的枢纽地带。四川涉藏地区凭借与西藏和甘、青、滇等地域相连的便利，成为汉藏贸易的枢纽与集散地。

首先，四川涉藏地区是汉藏物资输送的重要孔道。因为四川涉藏地区特殊的自然、地理环境，对外在物资特别是对内地茶叶、布匹、生活日用品等的迫切需求，成为四川涉藏地区各民族对外交往的本能。而四川涉藏地区广阔，蕴藏各类动植物资源和矿产资源，且开发程度低，也成为其他各民族愿意克服种种阻碍，前往四川涉藏地区谋生、经商、安家的重要动力。从宋代的“茶马互市”开始，汉藏之间的经济交流便密切起来，在岷江上游已形成了从灌县经茂州至松潘的“松潘道”。明代，将原来纯属汉藏间经济互补的“茶马互市”进一步提升到政治层面，明朝将茶叶作为“治藏”的重要手段，对茶叶贸易的交易规模、交易地点等进行严格管控，由官府垄断茶叶贸易，民间的私下贸易被严格禁止。但是对朝贡的土官却采取赏赐茶叶、默许他们沿途购买茶叶的态度，以此来增进藏族地区对中央政府的向心力。尽管政府对茶马贸易的交易地点、交易规模等进行严格控制，但因为官办贸易存在诸多弊端，加之对茶叶及内地货物的需求巨大，民间的私下交易仍然存在。近代以来，由于四川涉藏地区对外在物资的迫切需求，加之四川涉藏地区地广人稀，政府的管控很难全面、深入下去，特别是清末赵尔丰经边时，对商业采取支持和鼓励政策，一批批内地商人被经济利益所驱使，纷纷前往四川涉藏地区贸易，“茶马互市”逐渐升级为全面的“汉藏贸易”，汉藏之间经济、宗教、文化、社会等各方面的联系和交往更加密切。

其次，在四川涉藏地区形成了许多物资集散和枢纽地。民族之间的交往，总是在一定场域中进行的。近代以前，伴随着汉藏茶马互市的兴起、发展，在四川涉藏地区已初步形成了一些贸易枢纽，为各民族的经济交流创造了条件。四川涉藏地区的汉藏茶马贸易，在元代，主要集中在松潘及黎、雅市场。明末清初，川边汉藏贸易的集散地由黎州（今汉源）、岩州（今泸定县岚安乡）西移至打箭炉（今康定市）。清代，开辟甘孜地区南北两条大道，派遣绿营戍守，川藏的驮队、商旅往返于川藏间运输货物，在南北两条大道上，又形成了一些新的商业贸易点，如在甘孜南路的理塘、巴塘，北路的道孚、炉霍等集镇，因为是茶叶集市和转运之地而"迅速兴起和繁荣"起来[①]。这些地方由物资集散和转运点逐渐发展成为新的城镇，不仅为汉藏等民族之间的商业贸易提供了场所和平台，还为各民族之间在文化、经济等各层面的持续、深入交流及相互了解、学习、沟通、融合创造了重要平台。

三、文化交汇地带

四川涉藏地区位于内地汉文化、藏族文化、西北伊斯兰文化等不同文化的边缘地带或交汇地带，是羌、彝、回等民族文化交汇的"边缘地带"，还是内地农耕文化与游牧文化的交汇之地。不同民族之间的文化差异，为四川涉藏地区各民族之间的经济文化交流创造了条件。

四川涉藏地区正好位于汉、藏文化的碰撞交融地带。一方面，四川涉藏地区是藏族文化的东向发展之地。自唐代尤其是自元代正式纳入中央政府行政管辖以来，在藏文化由西向东发展的过程中，要经由四川涉藏地区，在漫长的历史发展过程中，在四川涉藏地区逐步形成了以藏传佛教为代表性的民族文化；随着元明清三朝对西藏的有效管理，藏族与内地关系日益密切，藏族人口不断东迁，呈现向中原文明倾斜与靠拢的趋势。另一方面，四川涉藏地区是中原文明的西向发展之地。就中国移民大潮而言，自元代结束了历史上自西晋以来的南北向移民潮流，开启了东西向移民潮流。中华文化自东向西、向外扩展也要经由这一区域。因而"汉文化与民族文化之间的冲突、抗衡乃

---

① （清）林儁：《西藏归程记》，吴丰培辑：《川藏游踪汇编》，四川民族出版社，1985年，第106页。

至相互影响始终是该地区的历史主流与基本特点”①，并且汉文化的渗透呈现不断强化的趋势，最终形成了多民族文化在此区域共存的格局。正是基于汉、藏两大文明体系数百年来的碰撞与交融，使该区域成为汉族移民西进和藏族移民东来的聚合地，在人口迁徙上呈现双向流动格局，形成了以汉、藏为主体的多民族和睦共处、相互依存的区域特色，呈现出兼容并包、相互交融的区域文化特点。

同时，西北伊斯兰文化的“重商”思想对四川涉藏地区传统文化形成了较强冲击。历史上四川涉藏地区曾长期实行“政教合一”和“政教联盟”制度，藏传佛教成为四川涉藏地区传统文化的重要组成部分，而且还渗入人们精神世界和社会的各个层面，从而使四川涉藏地区的传统文化具有强烈的宗教属性。受藏传佛教文化的影响，涉藏地区老百姓“重来世，轻今生”，商业观念比较淡薄，开拓本地经济的想法、能力均较弱，地域经济实际处于一个相对封闭的闭环结构。而四川涉藏地区北边所在的甘肃、青海、宁夏等回族分布的区域，信奉伊斯兰教，而伊斯兰教“重商”，认为经商能够获得真主喜爱，是让真主喜悦的事业，鼓励回族从事经商。因此，回族大多善于经商，善于开拓各地市场，他们的南下经商，在四川涉藏地区的积极开拓，刚好与四川涉藏地区相对封闭的经济形成了互补。伴随着各民族经济、文化的交流，特别是经济交流对当地传统经济构成、人文环境、思维方式带来的影响，四川涉藏地区的老百姓包括具有经济实力的藏传佛教寺院僧侣，受到市场经济的影响，开始从“出世”转向“入世”。与卫藏藏传佛教寺院“贱工商”不同，四川涉藏地区藏传佛教寺院转而“重工商”，积极利用寺院资本或物色代理人，或由本寺喇嘛积极开展对外贸易，成为近代四川涉藏地区各民族之间经济交流的重要团体和举足轻重的商业角色。

另外，四川涉藏地区也是各民族文化交流、融汇的大熔炉。四川涉藏地区是横断山区藏羌彝走廊的核心地带，历史上是各民族南来北往、东进西入的关键地区，伴随着汉族西进、藏族东移、彝族北上、

① 石硕著：《青藏高原东缘的古代文明》，四川人民出版社，2011 年，第 537 页。

回族南下，各民族的传统文化也随之进入四川涉藏地区，在与四川涉藏地区其他民族文化的交流、碰撞、融合过程中，彼此调适、吸纳，使得四川涉藏地区各民族文化呈现出开放性、包容性、复杂性、复合型的特征。一些外来其他民族的文化，在与四川涉藏地区当地文化的交流过程中，或发生融合，或发生变异，或吸收创新，衍生出新的复合性文化。而四川涉藏地区传统的文化，在面临各式各样外来文化的冲击时，也会根据自身发展的需要，不断整合其他文化元素而相应发生变化，形成了“你中有我，我中有你”的复合性文化形态。

四、地理过渡地带

四川涉藏地区位于青藏高原东南缘、横断山脉与川西台地的结合部，岷江、大渡河、雅砻江、金沙江自北而南纵贯全境，沿着一条条河谷，形成了一道道民族南来北往、东进西出的交通孔道。四川涉藏地区特殊的地理环境，孕育了特殊的民族格局和民族交流口岸。

由于特殊的地理环境，使得四川涉藏地区各民族的分布区域有所差异。四川涉藏地区江河纵横，沿着大江大河形成了一条条对外交流的孔道。由岷江、大渡河、雅砻江、金沙江 4 条大江以及无数支流构成的江河网，是各民族迁徙、流动、交流的走廊。居住在高原、山原上的老百姓，会沿着河谷对外交流，内地人也会沿着河谷前往四川涉藏地区，或从政、或戍守、或垦殖、或经商，因为河谷地带海拔较低、水源充沛，适宜垦殖和居住，所以内地前往的人通常会沿河谷选择相对平整的地域修建房屋、发展市贸、建设村邑，因而在四川涉藏地区，河谷地带的城镇发展大多是根据地形、地势，呈山水相夹的“带状”分布，根据河谷的土地大小、海拔高低、距离内地的远近，大致可以判断居住在此的外来人口的多少和商业的繁盛程度。而历代政府为了有效管理四川涉藏地区，也常常会在大江大河的险要地段，通常是大江大河的分水线或者是建立的桥梁处，设置很多关隘，控制往来贸易。著名的有在大渡河上设置的泸定关，由岷江至黄河间的黄胜关，岷江与热务曲汇合口的镇江关，杂谷脑到大金川的鹧鸪关，杂谷脑到小金川的虹桥关，小金川到大金川的耿家关，三江口到小金川的巴朋关。①

由于特殊的地形地貌，使得在两种地形的分界区上，通常会兴起一些供两地百姓交换物资、贸易商品的重要口岸。如甘青川康四省边界区域的草地，北部是以甘肃拉卜楞为边线，南部以阿坝地区的松潘为边线，两地是草原的边缘地带，又均有森林，气候也比较暖和，两地之间是广袤无垠的大草原，因而刚好在两地形成了松潘和拉卜楞两个重要商贸集镇。更为典型的是甘孜地区的康定和阿坝地区的松潘，两地刚好处于高山峡谷地区和山原区的分界地带，海拔均不到3000米，草原地区的牦牛到达两地刚好能适应此海拔，内地的贩夫走卒和运送茶叶的背伕，抵达两地后也基本达到体力极限，加之周边的百姓都有交换物资的需求，两地逐渐发展成为四川涉藏地区各民族经济交流的重要场所。因而两个城镇所属区域在成为地理上不同区域分界线的同时，也成为汉藏两地经济、文化、社会形态的天然分界线。两个城镇自然成为汉藏两地文化的大熔炉、各物产的贸易地、各民族交融之所，同时也成为各种政治力量的角逐之地。康定、松潘两个重镇把甘孜、阿坝划分为两大片，康定将甘孜地区分为“关内”“关外”两个区域，松潘将阿坝地区分为“口内”与“口外”两个区域。在甘孜地区的康定，出公主桥后翻折多山便可到达塔公草原，因此过公主桥便称为“出关”。在川西北松潘黄胜关以西及以北称为“口外”，黄胜关以东及以南称为“口内”。“关外”“口外”以大平地为主，水草丰茂，有大片优良之天然牧场，牧民过着居无定所、逐水草而居的生活，出产牛羊、毛皮，部分山原地区群众从事农牧业。“关内”“口内”大多是崇山峻岭之地，森林茂密、物产丰富，高山峡谷区虽山高路险、道路崎岖，但由于与内地相对较近，交往机会较多，与内地的政治、经济、文化、民族交流较为频繁，形成藏族与汉族及其他民族间经济互补、文化交流、血缘交融的历史发展格局。

特殊的地形地貌，也使得各区域老百姓的生产生计方式差异较大，为四川涉藏地区内部物资的循环及对外物资的交换创造了条件。

---

① 郭秀敏：《边地问题的重要性》，载《四川省边地教育实施》，四川省国民教育指导月刊印，1941年，第53页。

四川涉藏地区由于山脉倾斜度极大，地形地貌复杂，被分割成高原区、山原区、高山峡谷区等不同地貌。在高原区，如甘孜的石渠、色达及阿坝的红原、若尔盖等地，地势高亢辽阔，地表切割浅，相对高差低，以大平地为主，当地百姓以单纯的牧业为主，牧民逐水草而居，社会仍是传统的部落制。在山原区，如甘孜地区的德格、甘孜、炉霍、道孚、巴塘及阿坝地区的马尔康等地，因为海拔较高原区低，加之有宽广的河谷山原、肥沃的农田和较广阔的平地，在山坡谷地还有大片森林，生产生活条件较高原区好，交通也相对方便，形成了很多集居的城镇，老百姓以半农半牧为主，在“改土归流”前，由土司和僧侣管理。在高山峡谷地区，峰峦叠嶂，沟壑纵横，老百姓则以农业为主，有少部分牧业，因为森林众多，动植物种类丰富，部分老百姓还从事采集和狩猎等职业。这种特殊的地形地貌，使得四川涉藏地区的生产生活条件、社会形态与内地迥异，劳动生产的产品也有较大差异，为各民族间的经济交流创造了条件。

五、族群交融地带

自古以来，各民族间往来不断，众多的族群在四川涉藏地区内流动、汇聚、居留、融合、分化，形成民族众多、支系繁杂、血缘复杂、交流频繁的特殊区域。主要表现为：四川涉藏地区藏族的血缘复杂、支系众多。四川涉藏地区的主体民族藏族，便是南下的氐、羌各部落与东渐的吐蕃在血缘、文化相互融合，并且在漫长的历史长河中融入了汉、蒙古、羌、纳西等诸多民族的血缘与文化形成的。据历史记载，春秋战国时期，生活在黄河流域甘青地区的古羌人向西、西南迁徙至今甘孜、阿坝等地，与世代居住在此地的民族相互融合，建立诸羌部落，成为藏族的先民。公元7世纪，雅鲁藏布江雅砻河谷的悉补野部落崛起，征服高原诸羌部落，建立吐蕃政权。吐蕃通过政治上的兼并和文字上的统一，以藏传佛教为纽带促进文化认同，使高原各部族逐渐融合，经过几个世纪的融合，到公元11—13世纪的宋、元时期才基本形成为一个民族。[1] 元代，笼统称四川藏族为“土番”“蕃”或“番”[2]。经过明清时期的发展，到民国时期已逐渐成为现代民族，泛称为“西番”或“番”。因族源成分复杂，加之藏族形成以后仍不断有其他民族以各种方式融入进来，形成了四川涉藏地区成分复杂、支系繁多、有自己独特方言的藏族支系。近代四川涉藏地区，除分布着康巴、安多两大藏族支系外，还包括木雅、霍尔、扎巴、尔龚、却域、嘉绒、白马、尔玛、尔苏、里汝、柏木依等十多个小支系。[3]

除藏族各支系外，还有汉、羌、彝、纳西、蒙古等民族在这里生息、交融、繁衍。四川涉藏地区是居住在周边的各少数民族南上北下、西进东出的天然通道；同时，绝大部分区域因高山阻隔、沟壑纵横、相对封闭，是很好的避身之所。历代民族斗争中，弱小的部落或被驱逐，或自发拓展至四川涉藏地区，四川涉藏地区反而成为人口迁徙往来的“民族走廊”。历史上氐羌系民族南下，越濮系民族北上，藏族东来，汉族西进，大都经由四川涉藏地区的大江大河迁徙。正是历史上在四川涉藏地区活动族群的多样性、复杂性，使得四川涉藏地区的各族群更具开放性、包容性，各民族之间的交流也更为频繁。

六、资源富集地带

资源条件是一个区域经济发展的基础，也是当地老百姓赖以生存、发展、延续的基本条件，更是民族之间经济互贸的根本媒介。正是因为四川涉藏地区资源的丰富性、多样性及与内地的互补性，使得其与内地的经济交往具有互利性和可持续性。

一方面，四川涉藏地区的动植物资源十分丰富，为百姓与外界的商品交换提供了条件。四川涉藏地区是青藏高原横断山脉生物多样性

---

① 石硕：《试论康区藏族的形成及其特点》，《西南民族学院学报》（哲学社会科学版）1993年第2期。

② 近代，沿用历代对藏族的称谓，对四川涉藏地区的藏族仍称“番”。在阿坝州称“番”，草地牧区的藏族称为“生番”，有时又称“草地番”；靠近汉族地区从事农业的称为“熟番”，有时又称“山地番”；在甘孜，则称“西番”。

③ 新中国成立后，均被识别为藏族。

最集中地区，具有基因多样性、物种多样性、生态多样性的特征。在海拔较高、广袤的农牧区，虽然生存条件恶劣，但是由于地广人稀，人均占有的土地资源相对较多，老百姓拥有的生产和生活资料并不贫乏。据云杰民国时期在邓柯的调查，牧民中最贫者，亦有“牛数头、羊十余只”，“富者动辄牛马数百头”，而农民中最贫者，也有耕地“十数亩，住房一所”，富裕者则“田连阡陌，佃奴成群”，有丰富的、可供交换的农牧产品，但因为其他物资缺乏，“生活又不发达”，人民生活“至为贫苦”[①]。在高山峡谷地带，海拔相对较低，有广阔的森林，动植物资源十分丰富，林产品、中药材、动物皮毛等资源丰富。这种由地形地貌带来的物产的差异性，使得四川涉藏地区的老百姓在从事农牧之余，可以通过采集、狩猎的方式获取松茸、麝香、虫草、贝母、狐皮、猞猁、羔羊、豹皮等大量内地缺乏的土特商品。以汶川为例，民国时期《汶川县志》“物产”章节中称汶川“民穷固是，地瘠则非”，在汶川有草坡产之白熊，“著名全世”；有板桥的金钗与石斛，“名贵几与黄金相埒”，另外还有龙溪的杉木、茅亭的茶、簇头雁门的胡桃、耿达的花椒及其他大量的土特产品，并称如果开发成功，汶川“增十万人口而亦富庶，何尚有贫瘠之苦”。[②] 正是由于拥有数额巨大、种类众多、品质优良、获取方便的动植物资源，使得四川涉藏地区老百姓可以获取大量内地需要的、可供对外贸易的众多物资，而他们通过对外的物资交换，又可换取自己生活所需的茶叶、日用品等物资，为汉藏两地物资的交换、贸易创造了条件。

另一方面，在四川涉藏地区还有蕴藏丰富的金、铅、铜、锌等有色金属和稀有金属资源。在近代以前，对这些资源无论在开发意识方面，还是在开发能力方面均在较多问题，因而鲜有开发。加之四川涉藏地区道路交通不便、机械运输困难、专业人才缺乏等因素，很难吸引内地的资金、技术、人才前往开采，小规模的开采都非常困难，成

① 云杰：《邓柯鸟瞰》，载赵心愚、秦和平编：《康区藏族社会历史调查资料辑要》，四川出版集团、四川民族出版社，2004 年，第 9 页。

② （民国）祝世德编纂，王川、陈鹤校注：《汶川县志校注》，四川大学出版社，2017 年，第 119 页。

规模的开采更不可能。进入近代以后，伴随着外国列强各种资本的强势进入，特别是光绪二十五年(1899)英国资本家摩根在四川签订了为期50年的《四川矿权草约》，获得了西昌冕宁麻哈金矿的开采权后，矿产资源的开发逐渐引起四川各界人士的重视。四川的商民纷纷在内地兴办矿业，以抵制列强的开发。清末经营川边的赵尔丰，也将开矿作为“经边六事”之一，派出矿产专家勘测川边地区矿苗，并且积极鼓励内地商民前往川边开采矿产。民国时期四川军阀连年混战，他们为壮大自身势力，也纷纷购置机器、开采矿业。在内地资本势力进入四川涉藏地区开采矿产的同时，本地的土司等各界人士也逐渐认识到矿产的巨大价值，或自行组织当地百姓开采，或积极招商开采当地矿产。民国二十四年7月，西康建省委员会成立后，设立金矿局，在西康“从事大规模之开采”，因为劳动力缺乏，还专门从河南、陕西等省招雇金夫前往开矿。民国时期，因为金矿蕴藏丰富，“漠漠荒山满地金”，据贺觉非粗略统计，在西康所属的康定、道孚、炉霍、瞻化、得荣、甘孜、理化、雅江、德格、九龙十余县，已开采的金矿就“达百处”。[①] 随着矿产资源的开发，大量的技术人员、采矿工人进入四川涉藏地区，出现了很多规模较大、使用机械进行开采的采矿公司。在采矿的同时，当地配套的商业服务逐渐兴起，兴起了一些因矿产而繁荣的城镇，四川涉藏地区整体社会经济得到了进一步发展。

第二节　古代四川涉藏地区民族交流的历史考察

一、元以前四川涉藏地区民族交流的历史考察

四川涉藏地区虽有高山河谷阻隔，但并非封闭之地。四川涉藏地区第一次有明确历史文献记载的大融合发生在春秋战国时期，生活在黄河流域甘青地区的古羌人向西、西南迁徙至今四川涉藏地区，与居住在此的部族相互融合。秦献公（前384—前362在位）初立时，对

① 贺觉非著，林超校：《西康纪事诗本事注》，西藏人民出版社，1988年，第131页。

羌人用兵，而羌人“畏秦之威，将其种人附落而南，出赐支河西数千里，与众羌绝远，不复交通。其后子孙分别各自为种，任随所之，或为牦牛种，越巂羌是也；或为白马种，广汉羌是也；或为参狼种，武都羌是也”①。

元光五年（前130），汉武帝任司马相如为郎中将，命他招抚西南夷，“司马长卿便略定西夷，邛、筰、冉、駹、斯榆之君皆请为内臣。”② 汉武帝元鼎六年（前111），以笮都设沈犁郡，管辖牦牛（今汉源）、徙（天全）、青衣（今芦山）、严道（今雅安），冉駹设汶山郡，白马设武都郡。③ 汉族居民开始进入岷江上游地区，并定居于此。

隋唐时期，随着吐蕃政权的崛起，唐王朝与吐蕃政权之间经过了和亲友好的蜜月期后，为争夺川西北高原地区进行了长达数十年的拉锯战，使四川涉藏地区民族格局发生了深刻变化，尤其在岷江上游到大渡河一线以西的部落在吐蕃的控制下，与吐蕃在政治、经济、文化、宗教方面的联系日益密切，进而在政治、经济、文化、宗教等方面呈现“蕃化”。此外，唐在与吐蕃争夺的过程中，也加大了对川西北地区的经营。从唐开始，各个朝代多在川西北阿坝地区设置戍守士兵，部分戍守士兵通过与当地百姓通婚定居下来。

唐德宗贞元十七年（801），唐剑南西川节度使韦皋部将杜毗罗偷袭吐蕃险要。是役，虏获了部分“黑衣大食”④。唐僖宗广明元年（880），黄巢起义军攻破唐朝都城长安，唐僖宗仓皇逃出长安，于唐中和元年（881）到达成都。随驾出逃的许多人中还有波斯人。唐肃宗至德二载至上元二年（757—761），回纥因平息安史之乱有功，许其入贡，以马易茶。当时的松州是唐边陲重镇，地域覆盖川西高原大

① （南朝宋）范晔撰，（唐）李贤等注：《后汉书·西羌传》，中华书局，1965年，第2898页。

② 司马迁著，韩兆琦译注：《史记·司马相如列传》，中华书局，2010年，第6954页。

③ （南朝宋）范晔撰，（唐）李贤等注：《后汉书·南蛮西南夷传》，中华书局，1965年，第2854页。

④ “黑衣大食”：阿拉伯帝国的第二个世袭王朝——阿拔斯王朝，在中国史籍中称之为“黑衣大食”。军队成员中，大多数都是穆斯林。

部，远接甘、青，盛产河曲良马，又是川边茶马道上最大的商贸集散地。波斯、阿拉伯、回纥商人自唐肃宗时期进入松州，参与茶马互市以蜀锦市马的商贸活动。久之，一些人长期居留此地，这是回族先民进入松州乃至川西北高原的最早年代。

两宋时期，中央政权无力经营四川涉藏地区，在川边地区以大渡河为界与吐蕃政权划江为界。尽管秦汉以来已有汉人进入岷江上游、大渡河中下游和雅砻江下游一带，但至明代以前，汉人在川边民族地区的活动主要限于大渡河以东地区。“唐宋之世，其业为川商所独擅，但其时互市之法其严。番汉商人皆不得出境，雅黎碉门三处为规定市场，番不能逾此而东，汉不能逾此而西。”①

二、元明清时期四川涉藏地区的民族交流历程

（一）元明时期治理背景下的民族交流

蒙古欲灭宋，必先取巴蜀，形成对宋迂回包围之势；欲取巴蜀，则必先征服甘、陕。南宋淳祐十二年（1252），蒙古以关中平原为依托，自河州兵分三路进军大理，对南宋形成合围之势。巩昌汪德臣率军出金牛道，经过成都，进抵嘉定，造成佯攻全川的态势。兀合良台率西路军由川西北进发，沿着茂州、汶州、雅安、黎州穿越今天阿坝地区而挺进云南，沿途招降了不少当地部落首领，并授予其官职封号。元中统元年（1260），元世祖即位，纽璘遣梁载立招降黎、雅、碉门、岩州，偏林关诸蛮，得汉、番二万余户②。至此，今雅安、汉源、天全及四川涉藏地区的阿坝等地首先纳入中央统辖，划归陕西等处行中书省。因吐蕃等处宣慰司都元帅府隶属陕西中书省管辖，进入四川松潘等地的回族逐渐增多。在松潘设立“松潘岩叠威茂等处宣慰司”，由松潘入洮州、河州、西宁的茶马商道也主要由穆斯林茶马商人经营。

---

① 任乃强著：《西康图经》，西藏古籍出版社，2000 年，第 430 页。

② （明）宋濂等撰：《元史》卷 129《列传》第 16《纽璘》，中华书局，1976 年，第 3144—3145 页。

明朝在承袭元代土司制度治理涉藏地区的基础之上，另新创军卫制度，在四川涉藏地区设立卫所，管领当地土司，并分设了朵甘行都指挥使司和松潘等处军民指挥使司等卫所进行管理。在岷江上游地区设立了茂州卫、松州卫、潘州卫等卫所，在甘孜泸定地区设立岩州卫等。[①] 这些卫所，除具有军事防御功能外，还领管民事、统领当地土司。卫所下设儒学，军官子弟除习武外，还要从师受业，学习文化。[②] 因而卫所士兵，部分充当着汉文化向少数民族地区传播的桥头堡作用，卫所驻地成为较早受到汉文化影响的区域，卫所也成为四川涉藏地区汉人与其他民族的混居之地。

（二）茶马互市背景下四川涉藏地区的民族交流

明承元制，为有效稳固西南边疆，明太祖以番民“皆肉食”，依赖内地“茶为命”的实际。先后在碉门（今天全县）、雅州（今雅安）、黎州（今汉源县）设置茶马司，专职从事汉番两地茶马贸易。洪武十六年（1383），为收取番地贡赋，于碉门设立茶课，即“差发马”制度，茶马贸易遂由官方垄断。据乾隆年间的《雅州府志》载：“炉不产茶，但系西藏总会，口外番民，全资茶食，惟赖雅州府属之雅安、名山、荥经、天全、直隶邛州等五州县商人行运到炉，番民赴炉买，运至藏行销，按雅属茶有边引、股引之分，皆赴打箭炉发买，茶价贵贱不常，古传茶马之司，其来久矣。”[③] 茶马互市开启了汉番民间贸易，虽然政府禁止民间私人进行茶马贸易，但部分汉族商人深入番地进行贸易或定居，由此开启了明代汉人进驻四川涉藏地区贸易移民的潮流。

（三）清代特定历史背景下的移民进川

明末清初，四川战争频发，巴蜀残破，蜀民非死即逃。康熙二十

---

① 明代卫所编制，大约5600人为一卫，1120人为一千户所，112人为一百户所。

② 贾大泉、陈世松主编：《四川通史》卷五“元明”，四川人民出版社，2010年，第63页。

③（清）曹抡彬、曹抡瀚纂辑：《雅州府志》卷五“打箭炉”，雅安地区图书馆学会影印本（无页码标注），1984年。

二年（1683），方象瑛奉命入川任主考官，著《使蜀日记》记载其见闻，其中写道："川北自保宁以下，旧称陆海，明末遭张献忠屠戮最惨，城廨村镇尽毁。田野荒芜，人民死徙，处处皆然。""抵潼川州（府），沃野千里尽荒弃，田中树木如拱"，"次汉州，抵新都县，皆名区。乱后中衢茅屋数十家，余皆茂草，虎迹遍街巷"。[①] 与其他地区情况不同的是，四川涉藏地区及周边区域由于远离成都平原及巴蜀盆地，成为民众避难之地，鲜少受战争波及。如欧阳直所言："（清初）成都残民多逃雅州，采野菜而食，亦有流入土司者。"[②] 著名学者曹树基先生认为："大致说来，成都平原两侧的龙安和嘉定一带情况要好一些。尤其是嘉定，因杨展部屯田而得以保全，粮食也最为富足。同样，西部的雅安一带也因战事较少，人口稍有保留。"[③] 四川涉藏地区及周边区域因未受战争破坏，为今后移民的迁入提供了生存空间。

经历巴蜀战乱，天府之国沦为荒芜之地。清政府为恢复巴蜀社会生机，开启了长达百年的"湖广填四川"移民运动，一时间，各省移民齐聚巴蜀。在这一大移民背景下，由于涉藏地区相对安定的社会环境，明末四川战乱时，蜀民多有逃亡至此避难者。其中在阿坝地区，来自湖广、陕西的移民，进入松潘、南坪、茂汶等地"定居耕牧"[④]。移民后期，也有移民因迁蜀较晚难以立足川内而奔向川边谋生。乾嘉年间，由于四川人口激增，川内平原及丘陵地带开垦殆尽，一些移民后裔纷纷进山入林，不惜远赴涉藏地区谋生。

另外，康雍两朝多次用兵西藏，为保障入藏军队后方物资供应和川藏线道路的通畅，先后在打箭炉至拉萨沿线大路设置塘汛、驿站、粮台，留军戍守，这些戍军大多在当地娶妻生子，融入当地成为四川

① （清）方象瑛撰：《使蜀日记》，小方壶斋舆地丛书本，上海着易堂铅印本，1891年，第七帙第1册。

② 费密：《荒书》，载谭继和主编，汪启明分卷主编：《江口沉银历史文献汇编》，巴蜀书社，2020年，第317页。

③ 曹树基著：《中国移民史》第5卷，福建人民出版社，1997年，第74页。

④ 阿坝藏族羌族自治州地方志编纂委员会：《阿坝藏族羌族自治州志》，民族出版社，1994年，第352页。

涉藏地区的早期移民。同时，许多汉、回商人随军入藏，在川藏沿线的重要关隘从事经商，开启了内地汉、回等各族进入四川涉藏地区经商的潮流。

最典型的如平定大小金川战役后有大量屯垦移民迁往四川涉藏地区。乾隆时期，四川涉藏地区大小金川土司自恃强大，制造事端。清廷先后于乾隆十一年（1746）、三十六年（1771）派兵进剿，由于战争持续时间长，伤亡惨重，致使战后大小金川之地村寨空无一人，土地荒芜。为恢复社会经济秩序，维护国家稳定，清廷在大小金川设阿尔古、美诺二厅，并“自内地招民领垦，建设市街，奖励工商，蜀西平民相率而至”[①]。其中，征战金川后，留下屯守的官兵达“5700多名”，其中除少部分回族外，其余大多为汉族。[②] 戍守该地的士兵，逐渐娶妻领垦，成为屯户。

三、元明清时期汉族移民类型

元明清时期，来自不同省份、职业各不相同的各类移民在不同背景和时代下以不同方式进驻四川涉藏地区，对汉藏文化交流与民族团结、内地的生产技术普及及稳定西南边疆等作出了重要贡献。

（一）军屯移民

从元明清至民国时期，在平定土司叛乱中，有大量汉族军队驻扎屯垦于此。军屯移民是四川涉藏地区移民的一个显著特色，其内部又细分为三种类型：

一是戍守移民。如元世祖至元十六年（1279）六月“诏发新附军五百人，蒙古军百人、汉军四百人戍碉门、鱼通、黎、雅”[③]。至元十七年（1280）三月，“敕东西两川发蒙古、汉军戍鱼通、黎、雅”[④]。此为镇守川边而征调的汉、蒙古等族士兵，有元一代，出于

① 任乃强著：《西康图经》，西藏古籍出版社，第432页。

② 阿坝藏族羌族自治州地方志编撰委员会：《阿坝州志》，巴蜀书社，1987年，第351页。

③ （明）宋濂等撰：《元史》卷10《世祖本纪》，中华书局，1976年，第212页。

④ （明）宋濂等撰：《元史》卷10《世祖本纪》，中华书局，1976年，第223页。

川边安全稳定之需要，不断轮换戍守官兵，致使大量汉、蒙古族官兵聚集川边，有的就在当地娶妻生子，定居繁衍。

二是军台移民。明末清初，四川战乱频繁，无暇顾及川边。为加强对涉藏地区的管理，康熙年间，清廷派军队进藏，在所经军事要塞上设置军台，从内地征调士兵或民夫戍守，以确保地方交通畅通、保障军队物资供应。如康熙、雍正两朝，在川边地区管理过程中，自打箭炉至拉萨沿线大路一带广设军台以利军输。终清一代，康藏军台驻守士兵由于边境宁谧，众多士兵纷纷在当地成家，或开设商店，或开垦荒土，落籍当地。

三是屯垦移民。屯垦移民首先源于军事戍守的官兵，其中，尤以大小金川最具特色。乾隆十二年（1747），清廷出兵讨伐大小金川，至乾隆四十年（1775）战乱始息，前后用兵28年。导致“西南之为大敝。而两金土人，亦几死绝”，于是，清廷改土为屯，号曰“新疆”。设阿尔古、美诺两厅。乾隆四十年合并为懋功厅。辖懋功、抚边、章谷、崇化、绥靖5屯，隶四川省。出于恢复当地经济和军事镇守的需要，清廷实行移民垦殖，同时增设5营，包括：“懋功”（副将驻美诺，即懋功）、“抚边”（守备驻底达木，即抚边屯）、“绥靖”（游击驻阿尔古，靖化县治）、“崇化”（游击驻噶拉依，即崇化屯）、“庆宁”（守备驻绥靖北之茹寨）以卫垦民，故川康只见，独两金川多汉人也[①]。众多军士戍守大小金川，由开始的三年一轮换，后改为永久戍守，导致广大官兵“久留无事”。因此，大量军士纷纷认领垦田，娶妻生子，成为既是军士又是粮户的屯垦移民。

（二）贸迁移民

自元代正式纳入中央政府行政管辖以来，内地汉人纷纷进驻该区从事贸易活动，成为推动该区经济发展的重要力量。其移民情况呈现两种类型：

一部分是直接从事商业活动的移民，如元代以来争相进入涉藏地

① 任乃强著：《康藏史地大纲》，西藏古籍出版社，2000年，第93页。

区从事茶马贸易的陕西、四川等商人，他们借助政府倡导开展贸易之机，纷纷长途跋涉进入涉藏地区从事贸易。如泸定得妥陈氏，“出于麻城孝感”，后因“即蜀当献贼乱……因劫涉及，逸入西番界，随山、陕客民设山货肆于打箭炉，贸易巴塘滇边。惟因文人不善经营，不数年而倒闭……自是贫乏，崇林子弟分散，分别迁妥，勤工苦做，不辍耕读，子孙绵延一大族焉”①。其中尤以陕西、四川、湖北商人领骚涉藏地区商界。

另外还有很多服务于贸易活动的移民。这类移民有些也从事小生意，但更多是服务于涉藏地区商人及广大民众。如木工、理发匠、厨师、船工、矿工等进入涉藏地区，凭借自己的手艺谋得生活。

（三）垦荒移民

四川涉藏地区土地多，开发潜力大，自元代以来，尤其是明清时期在政府号召下，已有部分自发组织的汉族移民纷纷进入该地区垦荒。如泸定得妥山氏“于明末清初，奉旨填川，落业天全始阳，继即迁泸定安乐坝，复居县城。清光绪庚子乃搬得妥”②。清末，赵尔丰经营川边，大量招募垦民入川。这部分垦民，不仅是四川涉藏地区垦殖的主力，而且也是移民涉藏地区的主力。

第三节　近代四川涉藏地区民族交流增强的历史背景

近代是四川涉藏地区政治、经济、社会开始大转型的时期，中央政府在加大对四川涉藏地区经营的同时，也带来了前所未有的人口流动，民族之间相互交流的机会也逐渐增多。

一、“固川保藏”的急切之举

近代以来，随着国门的洞开，西方列强凭借其强大的军事、经济

---

① 《泸定县志》，1947 年手抄本，第 42 页

② 《泸定县志》，1947 年手抄本，第 38 页。

实力逐渐由东南沿海向我国内陆腹地渗透。清末，英、俄等帝国主义逐渐染指西藏，以川边涉藏地区为主体的西南边疆形势异常严峻。清政府及后继的民国政府积极采取措施，巩固边疆，这一时期川边涉藏地区再次成为全国瞩目的焦点，为有效治理西藏，以四川涉藏地区为核心特别是川边甘孜地区成为“治藏之依托”。

（一）“巴塘事件”开启治边大幕

为处理川藏问题，清廷于光绪三十年（1904）任命四川候补道凤全为驻藏帮办大臣。凤全奏请三事：“一、收回三瞻，以固藩篱；二、暂禁喇嘛剃度二十年，大寺留五百人，中寺三百人，小寺百人，余勒还俗，俾滋长养；三、广开屯垦，改土归流。”[①] 凤全的三项举措，针对当时川边的时局，势在必行。但由于操之过急，尚未立足，却力图打击和抑制土司、喇嘛势力，并收回瞻对，从而使自己陷于孤立境地。西藏地方上层统治集团和川边土司、喇嘛对凤全极为不满，暗中策划倒凤之策。他们一面投书四川督署，告凤全的状；一面利用甘孜地区民众对清朝统治者和外国传教士的不满情绪，进行煽动，制造事端。

光绪三十一年（1905）二月，因川边地区民众焚烧垦场。其后，数千民众、土兵及喇嘛手持武器，围攻凤全驻地，驱逐凤全及其卫队，击杀巴塘都司吴以忠；焚毁法国教堂3处，杀死法国司铎牧守仁和苏烈。凤全回炉兴兵重来镇压，当行至距巴塘20里的鹦哥嘴时，早就埋伏在那里的民众、土兵突然发起攻击，凤全及其随行官兵50余人一并殒命。是为“巴塘事件”，亦称“凤全事件”。

“巴塘事件”震动清廷，再次暴露了川边局势的复杂性。以川边为核心的西南边疆危机问题真正引起了清廷的重视，清政府重新认识到“藏为川滇之毛，康为川滇之皮；藏为川滇之唇，康为川滇之齿”[②] 的依存关系，开始从战略层面重新审视川边地区的重要性，由

① 查骞：《凤都统全被戕始末》，载任乃强、任新建主编：《近代康藏重大事件史料选编》第一编（上），西藏古籍出版社，2001年，第211页。

② 傅嵩炑著，陈栋樑重刊：《西康建省记》，中华印刷公司，1932年，第2—3页。

此拉开了清末赵尔丰治边的序幕。

（二）赵尔丰在川边推行“改土归流”

光绪三十一年七月，赵尔丰被任命为炉边（即川边）善后督办，全权处理“巴塘事件”。他以巴塘土司及其所辖7村沟民众及丁宁寺喇嘛为主谋，率军进剿。至光绪三十二年（1906）底，乘势攻占了乡城、稻坝、贡噶岭等地，由巴塘事件引起的军事行动告一段落。为进一步统筹、加强对川边地区的治理，清廷设置川滇防务大臣（相当于省级督抚），并任命赵尔丰为川滇边务大臣。为有效配合赵尔丰治边，清政府调其兄赵尔巽为四川总督，把川、边、藏联合起来，开始在川边推行“改土归流”。赵尔丰为有效治理川边，加强中央对川边的控制，推出了系列改革举措。

在“改土归流”方面，赵尔丰在平定巴塘后，首先废除了巴塘、理塘两地土司，改巴塘为巴安府，改三坝为三坝厅，改乡城为定乡县，均隶巴安府；改打箭炉为康定府，改理塘为理化厅，改中渡为河口县，均隶康定府；设康安道，统辖新设府、厅、县。光绪三十四年（1908），赵尔丰乘德格内乱，在平定战乱后，将德格设为登科府、德化州、白玉州、石渠县、同普县，并设边道，统辖新州县。清宣统二年（1910），赵尔丰奏请以工布江达为川、藏分界线，为筹建西康省奠定了基础。后清廷调赵尔丰署理四川总督，傅嵩炑代理川滇边务大臣，继续推行“改土归流”，至宣统三年（1911），大规模“改土归流”基本结束。在经营川边的过程中，赵尔丰认为川边建省时机成熟。傅嵩炑代理川滇边务大臣后，继续推行赵尔丰的经边方略，并于宣统三年闰六月（1911年7月26日至8月23日），奏请于川边建立西康省，后因四川保路风潮兴起，建省之议遂罢。

在改革与开发方面，赵尔丰提出了屯垦、练兵、设官、兴学、通商、开矿六大举措，史称“经边六策”。

屯垦方面，针对川边地区大片荒芜且肥沃的土地，招募四川农民赴边屯垦，并组织驻军及当地农民开荒。为鼓励屯垦，还专门颁布了垦务章程12条。对内地赴边的农民，由原籍地方官取具妥保，按日垫给口粮。还在打箭炉设立招待所，于各处开垦地面设监垦所。同时，各监垦所给予垦民在农具、耕牛、种子及建屋等方面的优惠条件，极大地调动了广大垦民的积极性，内地赴边的垦民日益增多，当地农民也积极自行开垦，于是大量荒地被开垦出来。在开垦的同时，赵尔丰大力兴修水利，推广新式农具和良种，引进内地各种瓜果蔬菜在川边地区进行试种推广。

练兵方面，赵尔丰在川边有计划地进行新兵训练，设川边巡防5营，滇边巡防3营，并训练步兵、炮兵、马队等军种，极大地增强了川边的自我防御能力。

设官方面，赵尔丰废除土司后，改设流官，所设各官，按月给予“公费”。但由于边地僻远、苦寒，与内地迥异，愿来赴任者寥寥。于是，赵尔丰奏请清廷，提高川边官员的待遇，并设立奖励章程。同时还积极限制当地头人及寺庙的势力。通过上述举措，进一步强化了清廷对川边的控制力度。

兴学方面，赵尔丰极为重视在川边兴办教育，把兴学当作重要的“固边”方略和“收买边地人心第一要务”[①]。不仅在川边设立“关外学务局”，聘请内地名师赴川边办学，同时在各地设立劝学堂，规定汉、藏子弟入学，并普及汉语。学生学杂费等均由政府开支。除此之外，赵尔丰还培训师资，编制乡土教材。川边新式学校从无到有，短短4年中创办各种学堂180余所，为川边培养了大批人才，极大提升了民众的文化素质。

通商方面，为发展川边地区商业，赵尔丰首先在川边积极平治道路、建设旅馆，以解决吃住难和行路难问题。他先后在巴塘至打箭炉沿途修建了旅馆24家，还修建了德格至巴塘大路、河口钢丝吊桥，并在河口、理塘、巴塘、乍丫、察木多等处设立电报局，为解决内地与川边度量衡问题，他在川边统一度量衡，按内地标准制发官斗官秤在各地推广，极大地促进了川边地区贸易的发展。

---

① 《赵尔丰川滇边务事宜均关紧要，据实缕陈，并拟具章程》，载西藏自治区社会科学院、四川省社会科学院合编：《近代康藏重大事件史料选编》第二编（上），西藏古籍出版社，2004年，第12页。

开矿方面，四川涉藏地区矿产富饶，为有效解决川边财政困难，同时兴办实业，赵尔丰极为重视对川边矿产的开采，同时延请留美矿务专业毕业生到川边察看，选择矿苗，由官设厂。除官办金矿外，还引进商家到川边开矿。与此同时，还兴办了其他实业。如稻城多竹，便在稻城试办纸厂；在巴塘、理化、定乡等地开办制革厂，开川边地区工业之先河，为今后川边地区的经济发展奠定了基础。

清末对川边地区的治理，已远远超出了传统封建王朝对川边的治理局限，调动的资源之多、力度之大、范围之广，远远超过了历史上的其他时期，因而产生了更深远的影响。在新旧时代的交替之际，清政府治理川边的举措，不仅极大地巩固了西南边疆，而且极大地提升了川边的政治地位，凸显了该地区在全国战略中的重要作用。赵尔丰的改革，不仅震慑了以英、俄等为代表的西方帝国主义对川边地区的觊觎，而且也打破了川边地区落后、封闭的状态，推动了川边地区经济、社会、文教、卫生、交通等事业的初步发展，进一步促进了汉藏人民在各领域的交往交流交融，为西康最终实现建省奠定了基础。

二、刘文辉经营西康的现实需要

自清末西康建设搁置后，民国成立，局势动荡，四川军阀混战，无暇顾及西康事宜。在外部看来，西康依然处于偏僻之地。民国十六年6月，国民革命军第二十四军军长刘文辉突然袭击刘成勋防地，不到10天就攻占了川南防地双流、温江、崇庆、邛崃、新津、名山、丹棱、蒲江等县，接管了西康地区。但是刘文辉并未着力经营。民国二十二年（1933），刘文辉在“二刘大战”中战败，退守宁、雅及川边地区，为了缓解生存处境，刘文辉加快了西康建省的进度。民国二十三年（1934）12月，国民政府任命刘文辉为西康建省委员会委员长，以此为标志，西康建省正式提上中央政府议事日程。民国二十八年1月1日，西康省政府在康定成立。刘文辉任省政府主席，全省辖33个县和3个自治局，省会康定，其中今甘孜藏族自治州属于西康省。

入主西康的刘文辉在西有藏军压境、东有四川军阀征战不休的情况下，吸取赵尔丰经边的历史教训，提出了“化边地为腹地”“以政翼教，以教辅政”“德化、进化及同化”[①] 等一系列治理西康的方针政策，以及“厉行经济建设”“加强民族联系”“发展边民教育”“加紧组训民众”“改善人民生活”“彻底澄清吏治”[②] 等经营西康的6项工作任务，通过尊崇藏传佛教、团结宗教上层、尊重人民信仰习惯，轻徭薄赋、振兴实业等方式，保持了西康地区社会的稳定，并使西康各族人民颇为归服，社会经济有所发展。

在经济建设方面，刘文辉鼓励移民垦荒、发展合作事业、奖励私人投资、鼓励开发西康资源。为了发展农业，刘文辉在泸定、丹巴、九龙、道孚、炉霍、甘孜、石渠、白玉、瞻化、巴安等县成立“农事试验场”，引进内地蔬菜品种，改进农牧业生产技术。西康建省后，又成立西康省农业改进所，积极推广良种和改进农业生产技术。刘文辉还积极兴办实业，振兴西康社会经济，先后在今甘孜地区筹办制革、毛纺、电力、矿业等现代化产业，促进了甘孜地区社会经济的发展。

在民族关系方面，刘文辉在总结赵尔丰、尹昌衡等治藏经验教训的基础上，提出巩固民族团结、加强民族联系的具体方针策略。提出“省内康夷各族之平等权而予以尊重”“尊重康民夷民之固有文化及宗教习惯”“以平等友爱互助合作之态度，对待康民夷民”[③] 等三项改善民族关系的治理方略及“因地制宜”“因族制宜”“因教制宜”“因俗制宜”创造进步的四原则。[④] 为增进与西康宗教上层人物的关系，刘文辉大力重用西康地区有影响力的宗教人物。刘文辉的经师四世格聪活佛被委以重任，担任“西康省佛教整理委员会委员”等职，

---

① 刘文辉：《建设西康新十讲》，载赵心愚、秦和平、王川编：《康区藏族社会珍稀资料辑要》（下），巴蜀书社，2006 年，第 505 页。

② 《一九三九年一月一日刘文辉讲话》，载四川省档案馆、四川民族研究所编：《近代康区档案资料选编》，四川大学出版社，1990 年，第 72—78 页。

③ 《一九三九年一月一日刘文辉讲话》，载四川省档案馆、四川民族研究所编：《近代康区档案资料选编》，四川大学出版社，1990 年，第 75 页。

④ 刘文辉：《建设新西康十讲》，载赵心愚、秦和平、王川编：《康区藏族社会珍稀资料辑要》（下），巴蜀书社，2006 年，第 651 页。

道孚县灵雀寺的堪布倾则麻倾翁、康定日库寺活佛觉麦秋吉俄日等一批西康有影响力的藏传佛教寺院的活佛、堪布纷纷被刘文辉倚重，并在西康省的各机关、协会里谋得一席之位。

在刘文辉的支持下，在西康还兴办了《边政》《西康公报》《戍声周报》《康导月刊》《西康新闻》《西康省政府公报》《西康经济季刊》《新西康》等一批对西康各项事业进行研究、报道的刊物，一大批学者、专业技术人员前往西康，对其民族、社会、文化、经济、教育等展开调研，对于国人了解西康、开发西康、建设西康营造了良好的条件。

西康建省是四川涉藏地区历史上的一件大事，也是抗日战争14年期间，我国政区建置的一件大事。它不仅粉碎了英帝国主义自清末以来觊觎川边涉藏地区的阴谋，更是在抗日救亡的关键时刻，进一步巩固了西南边疆，开发西康，发展经济，稳定人心，安定后方，增强了抗战力量，恢宏了必胜之气。同时，西康省的建立极大地促进了川边涉藏地区各民族、各风俗的大交流和大发展。由于其特殊的政治和地理位置，改变了长期以来外部对于西康偏僻之地的狭隘看法，提升了西康在全国的战略地位及在全体国民心中的外部感知。

三、开发与建设边疆的迫切需要

“九一八”事变爆发后，日本帝国主义加快了侵华步伐，在占领东北后，不断向华北地区、上海等地进攻，中华民族面临空前危机。国民政府被迫迁都重庆，政府中央机关、工矿企业、高校纷纷大规模西迁。在这样的历史背景下，大西南成为抗战的大后方，开发西南边疆地区成为国人共识，国民政府号召开发“边区”即开发后方各省、以做长期抗战之准备。在救亡图存的大历史背景下，四川担负起“民族复兴的根据地”[①] 的重大使命和责任，偏居西南一隅的四川涉藏地区这一未曾开发的“处女地”，因其蕴藏有丰富的矿藏，还有大量的皮革乳毛，成为国家急迫所需开发的地区。正是在这种背景下，

① 胡焕庸：《抗战中西康建省的意义》，《边疆问题》1939年第1期，第7页。

中央政府加大了对四川涉藏地区特别是甘孜地区的经营和开发。不仅西康建省的进程进一步加快，各种人财物力以各种渠道、各种方式成规模进入四川涉藏地区。

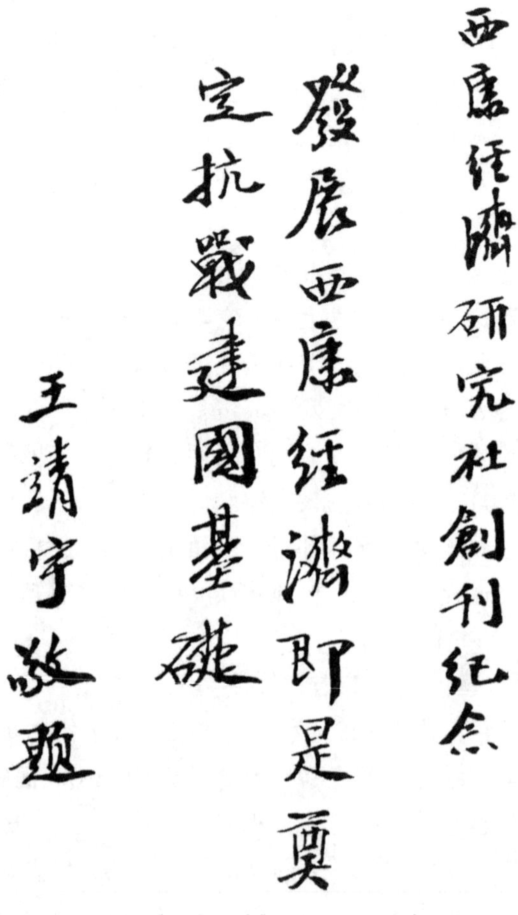

1935 年《西康经济》创刊号王靖宇题词

为增进对川边涉藏地区政治、经济、文化、社会的了解，有针对性地开发涉藏地区资源，抗日战争全面爆发后，各种学术团体、研究机构或个人纷纷深入四川涉藏地区，进行有针对性、系统性的实地考察研究。客观上加快了四川涉藏地区各县之间以及与内地的联系，各民族之间的交流进一步加强，各民族之间的交往交流进入繁盛时期。

“变革带来交流，交流带来变化”，成为近代四川涉藏地区民族交流的主旋律之一。

正是在上述历史背景下，内地各族群众陆续进入四川涉藏地区，民族之间的交往交流交融进入繁盛时期，在各级政府强有力的推动下，近代四川涉藏地区呈现出民族汇合、经济交流、文化碰撞的各民族交往交流交融态势，最终谱写出近代四川涉藏地区民族交流的壮丽篇章。

第四节　近代四川涉藏地区民族交流的动力与形式

四川涉藏地区各民族之间的交流，或是由于国家政治压力的强制要求，或是出于巨大经济利益的驱使，或是四川涉藏地区自身社会经济发展的需求，正是在这些外在交流或外在发展的强烈愿望的动力下，各民族之间才得以展开频繁、密切的交流。

一、政府主导的民族交流

近代四川涉藏地区的民族交流，部分是在特定的历史背景下，出于国家安全格局的需要，由执政者强力推进，重新建构四川涉藏地区新的政治、经济、文化格局，通过行政手段对原有的人口布局、民族构成、经济形态进行调整、重建。而各民族之间的交流、碰撞，则是这一治理形态下的显性表现。由政府主导驱动的民族交流，是四川涉藏地区社会发展的最重要的外源性因素。主要方式如下：

其一，通过行政力量促进交流。由于四川涉藏地区特殊的地理环境、政治区位、文化形态，历代中央政府都高度重视对四川涉藏地区的治理。元代开始施行土司制度，通过分封涉藏各地方、各部落首领为宣慰、宣府、安抚、招讨等土司职官，命其代朝廷管理当地。在明清两代已逐渐暴露出许多问题和弊端，部分土司势力过度膨胀，导致土司间争斗不止，使得四川涉藏地区的安宁时遭破坏，大小金川之役由是发生，清政府为了平定四川涉藏地区土司之间的内乱，耗费了大量的人财物力。进入近代以来，帝国主义加紧对涉藏地区的侵略，四川涉藏地区进入前所未有的大变革时代，建立新的治理四川涉藏地区的政治体系，改革传统的土司治理模式，已成为维护川边稳定、维护国家安全的紧迫之举。从赵尔丰开始，为维系四川涉藏地区政治安全，在关键节点上加强了对四川涉藏地区的军事控制与治理。通过强有力的政治举措，加强对川边地区政治、经济、社会、文化等方面的变革治理，使得川边地区的政治、社会、经济等形态发生了剧烈变化。赵尔丰在其兄长的支持下，调动内地各种专业技术人才，通过厉行威服、强制推行的方式，推动川边地区的社会、经济、文化、习俗等全方位的变革。清末川边改革时期，在川边各关键节点城镇，通过行政手段，派驻官兵及政府官员加强管理，从内地移民进行垦荒，外来人口呈现阶段性增长，社会生产力得到迅速提高。伴随着这些地区外来人口的增加和社会生产的不断发展，这些城镇的民族构成、社会结构、社会文化、社会组织等方面也发生了相应的变化。这种由政府主导变革方式带来的各民族之间的交流，成为近代四川涉藏地区民族交融与发展的强劲动力。

其二，通过优惠政策鼓励交流。清朝及民国时期，为加强对四川涉藏地区的治理，各级政府通过政策鼓励大量引入周边民族的劳动力或者各种生产要素、各种社会资源，为各民族之间的交往交流交融创造了条件。如赵尔丰的新政，即是在“固川保藏”这一大的国家战略背景下，加大对四川涉藏地区经营的强力之举。赵尔丰制定了鼓励屯垦、经商、通婚的一系列政策，在政府“有计划之鼓励”下，据统计，仅就入川边地区经商的人而言，“数年间其入康经商者，乃不下二十余万人”。民国初年，尹昌衡经略西康时，前往川边的商人又陆续移入“数万人”，其中大多数成为“就场贸易之商人”。[①] 虽然赵尔丰、尹昌衡等经边持续时间不长，但是这种强有力的历史进程，却打破了四川涉藏地区部分区域传统的政治、文化、人口、生态、社会等各种平衡，为其注入了新的基因和元素，给四川涉藏地区社会、

① 四川省地方志工作办公室编：《西康通志稿·工商志》，方志出版社，2016 年，第 454 页。

经济、文化等带来了深远的影响。

二、市场驱动的民族交流

除政府主导驱动外，近代四川涉藏地区民族交流还有一些传统型的驱动因素，比如市场主导驱动的民族交流。

第一，互补的经济格局促进了交流。四川涉藏地区各民族之间能克服地理环境的阻隔、语言的隔阂、文化的差异，一直保持着密切的交往交流，最重要的原因是各民族之间有着经济上的频繁交往交流。青藏高原特殊的地理环境，将四川涉藏地区划分成了不同地理板块①，每个板块内的生产方式、经济形态相对单一，不同板块的百姓为了满足自身的生产生活需要，必须与其他地域的百姓进行产品交换，因而在不同地域、不同群体、不同经济形态间形成了一种互补共生的贸易关系。从唐宋时期开始的茶马互市便是涉藏地区与内地之间根据不同需要而形成的经济联系。四川涉藏地区百姓以牛羊乳酪为饮料，以牛羊肉为食物，而茶叶有去油腻、助消化的功效，还有人体所需要的多种维生素，有助人体身体健康，藏族老百姓几乎每日每餐均要饮茶，因此茶叶成为涉藏地区老百姓日常的大宗消耗品，成为汉藏贸易的第一大商品。同时为了换取内地的茶叶和其他生活日用品，涉藏地区老百姓必须用自己的劳动创造出更多可以进行交换的产品。这种为满足老百姓基本生产、生活需要为基础的经济交流，因为受众面广、影响力大、持续时间长，一方面是对传统自给自足经济形态的补充，另一方面又进一步强化了不同区域经济形态的分工和合作，推动了区域社会经济的发展和民族之间进一步的经济交流和相互依存关系。这种建立在彼此需要基础之上的经济交流，具有强大的驱动力、影响力，深刻地影响了四川涉藏地区社会经济的格局与形态。

第二，巨大的市场利润刺激了交流。四川涉藏地区拥有丰富的自然资源，不过资源需要空间的转换才能体现出更大的价值和获取更多的利润，汉藏两地的大量商人正是由于趋利的本性，通过将四川涉藏

---

① 具体的地理特征，在本章第一节中已详细阐释。

地区产的商品贩卖到内地，同时将内地的茶叶等商品销售到四川涉藏地区以获取利润。正是在市场利润刺激之下，这些商人才愿意克服重重阻难，历时数月，前往四川涉藏地区从事货品交换。早在清末改革之前，在川边很多地方已流传着部分内地人因为偶然发现一物而一夜致富的故事。如光绪年间在得荣从事挖金的滇人韩某就因为找到了数株当地产的“神朴”而“致为奇富”①。在白玉经商的陕商张宝实，将河南南阳产的每斤价值一二角的松耳石，在甘孜地区销售时，可以获取翻倍的巨额利润，“指大一块价值二三元，其大者数十元以至数百元不等”，张宝实在甘孜地区数年“盈余数万嗣后成巨商”。② 清末赵尔丰在川边经营商业时，许多内地的“追逐利润之徒”在政策鼓励和商业利益的诱惑之下，进入四川涉藏地区，他们在川边从事商业活动的过程中，渐渐熟悉当地的社会风俗及老百姓所需的商品，大多数商人都能从经营商业中获利，因此在巨大经济利益的驱动下，从内地“负贩入康者，因其利倍徙亦复乐于趋之”③。任乃强《西康图经》一书中，就记载了数位在甘孜地区从事汉藏贸易的内地商人的经商情况，他们大多都是缺乏资本，或依靠一技之长，或依靠倒买倒卖赚取差价，一跃成为富商，以此说明川边地区谋生之易，并表达了希望更多的国民“认定方向，开拓新境”，携手西进，“如闽粤同胞之赴南洋”进行开拓一样的愿望。④ 商人以其追求利润最大化和争取更广泛的交易市场的本性，又进一步推动了汉藏各民族之间的经济交流向四川涉藏地区的纵深、更广阔的区域延展。如近代在四川涉藏地区经商的陕西商人占据了该地区商业的半壁江山，他们“具有吃苦耐劳之精神，有百折不挠之毅力，富牺牲冒险性”⑤，甚至可以“弃亲爱，冒冰雪，犯虎狼”，“不知自惜”，虽然他们最根本的动力还是

---

① 刘赞廷编：《民国得荣县图志》，载中国地方志集成编委会编：《中国地方志集成·四川府县志辑》第67册，巴蜀书社，1992年，第911页。

② 刘赞廷编：《民国白玉县图志》，载中国地方志集成编委会编：《中国地方志集成·四川府县志辑》第67册，第263页。

③ 四川省地方志办公室编：《西康通志稿·工商志》，方志出版社，2016年，第454页。

④ 任乃强著：《西康图经》，西藏古籍出版社，2000年，第171、172、175页。

⑤ 笑棠：《西康雅江风情记》，《康藏前锋》1934年第8期，第56页。

想进一步开拓四川涉藏地区市场、博取更多的利润，但也正是在这种巨大经济利益的刺激下，很多陕西人甚至可以一个人“单人独马”[①]，深入到四川涉藏地区的边远地区，推动了汉藏之间的经济交流往纵深方向拓展。

第三，内地劳动力的剩余促进了交流。四川涉藏地区民族之间的交流是建立在各民族人口的迁徙和流动基础之上的，虽然在靠近汉地的部分区域也有四川涉藏地区老百姓前往内地务工、经商，但是总体而言，近代四川涉藏地区的外来人口呈现净流入的态势，周边地区的剩余劳动力除了一部分在政府的主导下进入四川涉藏地区从事垦殖、商业、矿业等工作，更多的移民是在自己本土人口众多、生活艰难的条件下，自主前往四川涉藏地区务工、务农，寻找谋生之道。民国时期，四川虽经历次军阀混战，但仍人口众多，据民国十二年（1923）的调查，成都的人口密度达到每平方公里1500多人，全省的人口密度为每平方公里58人，因为军阀混战、工商凋敝、金融枯竭，“失业之人遍于城野”[②]。而四川涉藏地区的人口密度，受制于地理环境、宗教文化、生产方式，人口密度非常低。据西康省政府的粗略估计，西康人口密度每平方公里仅为1.6人。[③] 加之前往涉藏地区生活的客民，一方面，在生活物资如居住、饮食、衣服等方面，获取较易；另一方面，因为四川涉藏地区生产力低下，需要大量外地的人口特别是有专业技术的人口来推动社会经济发展，所以移民生活相对容易，四川涉藏地区的人口稀少与周边地区人口稠密刚好形成互补。任乃强在《西康图经》中专门撰《客民生活之易》一文对此进行了说明，根据他在西康的调查，对欲赴边地者存有的疑虑进行了回答。据任乃强的调查，在西康地区不同类型的移民都可以生活得很好，有资本的可以从事经商，“利厚而社会地位甚高”；无资本有技术的，可以从事木工、裁缝、泥工、金工、鞣革、硝皮、雕刻、绘画等技术工作，因需

① （清）查骞撰，胡文和校注：《边藏风土记》，载骆小所主编：《西南民俗文献》第6卷，兰州大学出版社，2003年，第53页。

② 任乃强著：《西康图经》，西藏古籍出版社，2000年，第471页。

③ 吴文晖、朱鉴华：《西康人口问题》（下），《边政公论》1944年第2期，第44页。

求量很大，“随处皆可获资，决不赋闲”；无资本无技艺的，可以从事垦荒、开矿、伐木、烧薪、狩猎、采集等工作；无资本无技艺无力气而有简单知识的，可以在衙署、商店等工作，“糊口甚易”，甚至如“老弱妇孺”，也有“正当安插”①。因此，四川涉藏地区成为很多内地谋生不易者相对理想的谋生之地。特别是川北等人口稠密的地区，前往四川涉藏地区谋生的人口更是众多。如民国时期，前往康定的垦民主要为川北人，川北人“素精圃事”。据民国时期康定县县长洪思汤回忆，民国四年（1915），川北客民夫妇叔侄三人，“以本籍匪众烦，挟五串钱之籽种，来康谋生”，明正土司佃康定东门外对河之荒地给他们，“允其试垦菜圃”，于是他们三人“掘地作园，繁生滋长，将及两年，家获小康”，于是他们“以邮筒广告川北亲友，劝其约伴速来”。在他们的影响下，川北很多人“闻风而来，承佃开辟”。康定城本土居民，在他们的影响下，“亦渐从事”垦殖工作。②另外，四川涉藏地区无木工。清末以来，涉藏地区的华美住宅，多为四川名山木匠所造，据任乃强先生调查，名山木匠之所以大规模涌入四川涉藏地区，也是因为名山“地瘠人稠”，当地“贫民多习木工，伐木制器，以资其生，习之者多，本境不能容，则向境外发展”。同时，涉藏地区木材众多，建筑事繁，“尽能容受多人，不感充斥”，因此在西康的名山木匠“有二千余人”。③另外，近代在木里、九龙、泸定等地，大量的汉、彝族人口从周边地区迁入，也与周边劳动力过剩、土地资源不够，而四川涉藏地区荒地众多、开拓较易密切相关。

总体而言，由市场驱动的民族交流相对于由政府主导产生的民族交流涉及的区域更广、受益的群众更多，各民族之间经济交流的愿望更加自主、自愿，其产生的结果也是基于互取所需、互利互惠的原则，因而其持续的时间也相对更长，对四川涉藏地区产生的影响也更大。

---

① 任乃强著：《西康图经》，西藏古籍出版社，2000 年，第 475 页。

② 洪思汤：《康定之回顾》，《新西康》1938 年第 1 期，第 33 页。

③ 任乃强著：《西康图经》，西藏古籍出版社，2000 年，第 168 页。

三、精英人士推动的民族交流

四川部分涉藏地区由于社会生产力发展、自身对外开放的需要，由部分精英人士自主选择或者有意创造交流机会，也是近代四川涉藏地区民族交流的重要动因之一。这个过程大多是四川涉藏地区的地方实力派——土司、宗教上层人士、有话语权的士绅，或者是由接受了外来文化影响的精英人士主导或推行的。这部分精英人士大多在当地拥有较大的话语权和影响力，同时基于壮大自身势力的需要，他们有着强烈的对外交流的意愿和想法。因此，在条件成熟的情况下，他们积极对外开放，拓宽自己或该区域与外界交流的渠道和空间。由精英人士驱动的民族交流，主要有以下几种。

（一）由土司主导的民族交流

近代是四川涉藏地区政治、经济、文化、社会发生大变革的历史阶段，国家在四川涉藏地区强力推行的“改土归流”“改土设屯”等一系列改变传统地方政治的治理模式，对于仍然实行传统的土司政治的区域，给尚未来得及推行改革的土司带来的心理冲击和产生的政治压力无疑是巨大的。面对周边地区的大变革，是继续采取封闭的态度和传统的生产生计方式，还是采取开放的态度，吸纳更多的外来人口、先进生产技术，来推动本地的社会、经济发展，无疑是稍有远见的土司要考虑的问题。在此历史背景下，大多数土司积极主动改变传统的、封闭的、单一的地方治理模式，对外采取开放的态度，主动吸纳外地的各种生产、人力资源，甚至积极引入社会资本，以此推动当地社会、经济、文化等方面的变革。由土司主导的民族交流，因而成为四川涉藏地区各民族交流的重要推动因素之一。

1. 积极在当地发展商业

在川西北地区，比较典型的是近代阿坝地区的两位土官。第一位是阿坝土官杨俊扎西，为了发展阿坝地区商业，积极鼓励各地商人前往阿坝经商。第二位是杨俊扎西的儿子，阿坝的土官华尔功臣烈，与父亲一脉相承，他为了壮大势力、对外扩张，积极敞开大门，广结人才。他“派了一位博学广闻、精通藏汉文的回商充当代表，常驻松潘，并和省府、二十八军取得联系”，同时在经济上也大力拓展，除派出他的四大商业管家专事长途经营外，他还积极拓展阿坝街巷、发展商业，保护外地商人前往阿坝经商，将阿坝发展成为近代第一座草地新城镇。[①] 在甘孜地区，早在清末赵尔丰改土归流之前，部分土司已经意识到发展商业可能给当地带来的发展和变化，主动要求在当地设立经商口岸，发展商业。典型的如清同治年间，甘孜北部的章谷土司、麻书土司因瞻对之乱赴成都求援时，看到成都的繁华，于是派人到打箭炉招汉商前往炉霍开市，不少汉商应招到炉霍、甘孜等地，此地的汉商遂日益增多。[②] 民国时期，木里第二十代项松典春品喇嘛时期，为发展木里商业，推出了贷款给本地及外来商人、保证本地及外来商人通行安全、对进出口商品减轻赋税等一系列放宽经商的改革措施。[③]

另外，在甘孜地区，还有部分虽已被改流、但仍拥有很强经济实力和影响力的土司，也积极加入经商队伍，如德格林葱土司阿布家，在民国时期畜有牦牛 7 万头、羊 8 万只、马 4000 匹，成为西康商业中之“极富”[④]。

2. 积极为民族交流创造条件

在传统的土司治理区域，地方政治主要由土司主导，土司对外来民族持什么态度，对于当地各民族之间交流特别重要。如阿坝土官杨俊扎西为在阿坝打造良好的商业环境，解决前来经商者的后顾之忧，在自己统治区域内对老百姓的抢劫行为严加禁止。为招徕外地商人到阿坝经商，华尔功臣烈还给汉商提供免费住房，让来往牲口任意放

① 阿坝州志办：《华尔功臣烈》，载任一民主编：《四川近现代人物传》第 3 辑，四川人民出版社，1987 年，第 324 页。

② 任乃强：《甘孜县视察报告》，载《任乃强藏学文集》中册，中国藏学出版社，2009 年，第 76 页。

③ 木里县商业局、县政协工商工作组：《解放前的木里商业概况》，载中国人民政治协商会议木里藏族自治县委员会文史组编：《木里文史》第 1 辑，木里藏族自治县文史组编印，1987 年，第 216 页。

④ 刘赞廷编：《民国甘孜县图志》，载中国地方志集成编委会编：《中国地方志集成 · 四川府县志辑》第 67 册，巴蜀书社，1992 年，第 144 页。

牧，并承诺“在土司界内出事者，悉由土司负责追还”[①]。华尔功臣烈还积极与阿坝周边地区的土司缔结严禁盗匪的公约，对于前往阿坝经商的各地商人“尽力保护”，因此在他管辖的区域内“向少劫案发生”，可以做到“道不拾遗，夜不闭户”。[②] 另外，卓克基土司索观瀛也是近代积极促进汉藏地区民族交流的重要人物。索观瀛出生在汶川土司之家，从小受到汉文化的浸染，读汉文书、讲汉话、习汉俗。在他担任卓克基土司期间，他与手下头人决议，“自愿改土归流”[③]，卓克基由此从土官治理真正纳入县政府管辖治理之下，政府官员、学者文人、摄影探险者纷纷进入卓克基考察，索土司还利用他在四土地区的影响力，为进入川西北地区的很多人保驾护航，介绍他们去卓克基以外的其他部落开展工作。[④]

3. 积极引进内地的生产技术

四川涉藏地区传统的农业生产技术，受自然条件、经济发展水平等因素的制约，十分原始粗放，农业工具也非常简陋。伴随着各民族之间的交流，内地的一些新品种、新技术、新工具及新的生产方式逐步传入四川涉藏地区。在土司治理的区域，也积极引入和在当地推行这些先进的生产技术。如索观瀛主政期间，他积极从内地引进小麦种，向百姓宣传种植小麦的道理，率先在他的官寨附近种植小麦并取得成功。随着内地汉人越来越多进入，开始用内地方法施土肥，用犁耕开始种植小麦的人也逐渐开始增多。[⑤]

4. 积极鼓励外来人口在当地落户

受周边地区社会经济发展的影响，民国时期卓克基、木里等土司逐渐由封闭转向开放，鼓励外地人口前往租佃落户。特别是木里，因为气候温和、资源丰富、土地肥沃、荒地众多，前往木里垦殖的各族

---

① 李娟、王璜生、庄文骏主编：《庄学本全集》（上），中华书局，2009 年，第 119 页。

② 谢培筠编：《川西边事辑览》，重庆新民书社，1935 年，第 45 页。

③ 《汶川索观云土司愿改土归流》，《川边季刊》1935 年第 4 期，第 293 页。

④ 都爱国：《开明爱国功在国家——记卓克基土司索观瀛》，载四川省政协文史资料研究委员会编：《四川文史资料选辑》第 42 辑，四川人民出版社，1994 年，第 29 页。

⑤ 都爱国：《开明爱国功在国家——记卓克基土司索观瀛》，载四川省政协文史资料研究委员会编：《四川文史资料选辑》第 42 辑，四川人民出版社，1994 年，第 30 页。

群众逐渐增多。索观瀛也积极打开门户，吸引内地人口到卓克基“落户种地、经商、行医、挖药”，还开辟了马尔康市场，为日后马尔康成为阿坝州的政治、经济、文化中心创造了条件。[①] 另外，绰斯甲土司也积极招徕汉人前往绰斯甲从事开荒，并规定所开荒的土地，前三年不交租。[②] 沃日土司管辖之地，也规定前往开荒者可以三年不交租，因而有很多生活无着落、逃难流亡和一些无钱返乡的汉族小商小贩，前往“开荒定居”“上门落户”[③]。

（二）由宗教人士推动的民族交流

近代以后，伴随着西藏地方政局的变化及四川涉藏地区社会经济的巨大变革，四川涉藏地区藏传佛教寺院的僧侣也开始顺应大势，积极转型。他们或积极从事商业，成为推动四川涉藏地区商业发展的重要团体，或奔走于汉藏两地，增进汉藏两地宗教、文化等方面的交流。

1. 喇嘛商逐渐成为商业中坚力量

伴随着越来越多内地商人进入四川涉藏地区经商以及本地社会经济的发展，四川涉藏地区的许多藏传佛教寺院也纷纷加入市场经济的洪流中来，成立经商队伍，选派善于经商的喇嘛，开始赴各地从事商贸活动。在木里，原来藏传佛教寺院及土司衙门是“不准做生意”的，民国时期，伴随着外来商人的影响，特别是民国二十三年至民国三十四年（1934—1945），第二十代项松典春品喇嘛在任期间，他“与汉区接触较密，眼界较为开阔”，采取了一系列放宽经商的改革措施，木里的大寺从最开始的“秘密经商”开始，后发展为由项松典春品“亲自参与经商”，由于寺院经济实力雄厚，喇嘛商很快“在

---

① 都爱国：《开明爱国功在国家——记卓克基土司索观瀛》，载四川省政协文史资料研究委员会编写：《四川文史资料选辑》第42辑，四川人民出版社，1994年，第29—35页。

② 阿坝藏族羌族自治州地方志编纂委员会编：《阿坝州志》上册，民族出版社，1994年，第395页。

③ 范克信、贾中灵采集整理：《沃日土司历史概况》，载中国人民政治协商会议小金县委员会文史资料委员会编：《阿坝藏族羌族自治州小金文史资料选辑》第3辑，1992年，第80页。

木里商业中占了优势”。[①] 在四川涉藏地区各地大的藏传佛教寺院，还有专门的喇嘛商从事商业活动。一般是由寺庙出资或募集资金，推举熟悉商情的喇嘛经营。藏传佛教寺院经商者称为“济娃”，意为“会首”。据新中国成立初期的调查，在民主改革前，阿坝地区的喇嘛商“济娃”就有一千余名。[②] 另外在甘孜地区，甘孜县人民“善于经商”，尤以甘孜寺、大金寺、杂科寺三家喇嘛商为大，其经商的成本三家皆达“百万”，由寺中挑选“喇嘛中有能力诚实者”代为经商，他们从康定购买茶叶、绸缎、杂货运至西藏出售，换取黄金、药材、羊毛销售至印度、上海、北京等地。[③] 在道孚，全县的藏传佛教寺院，每座寺庙都设有专门从事经商的“涅巴”，“涅巴”通常设四名“会首”，一人留于寺中，其余三人则分别往来康定、西藏、青海及内地的成都、重庆、上海，甚至远赴印度、尼泊尔等地。其中，道孚灵雀寺的“涅巴”资金最为雄厚，拥有商业资本“一百万元”[④]。为了维护良好的商业环境，部分宗教人士还利用自己在当地的威望，对破坏当地商业的人予以劝导。在木里实行“政教合一”制度，由木里的大喇嘛负责管理当地，因此木里的商业环境也主要由喇嘛来维持。因部分乡城的商人在木里做生意时，会在当地大肆抢掠，为了维护当地的商业环境，木里米吉活佛对乡城、稻城的商人进行严格审查，并且通过与之谈判，使他们明白“不仅自己不能再抢”，而且还要劝阻其他人不要到木里抢劫，并承担“保护木里边界安全的任务”[⑤]。

---

① 木里县商业局、县政协工商工作组供稿：《解放前木里商业概况》，载中国人民政治协商会议木里藏族自治县委员会文史组编：《木里文史》第 1 辑，西南民族学院印刷厂，1997 年，第 214—216 页。

② 四川省编辑组、《中国少数民族社会历史调查资料丛刊》编辑委员会编：《四川省阿坝州藏族社会历史调查》，四川省社会科学院出版社，1985 年，第 34 页。

③ 刘赞廷编：《民国甘孜县图志》，载中国地方志集成编委会编：《中国地方志集成·四川府县志辑》第 67 册，巴蜀书社，1992 年，第 155 页。

④ 青镇东：《解放前道孚工商业概况》，载中国人民政治协商会议四川省道孚县委员会文史资料编辑组：《道孚文史资料选辑》第 2 辑，道孚县印刷厂印，1987 年，第 64—65 页。

⑤ 夺取荣品口述，边仕周整理：《木里百姓深受外来商人的剥削》，载中国人民政治协商会议木里藏族自治县委员会文史资料委员会编：《木里文史》第 2 辑，1989 年，第 182 页。

2. 推动汉藏两地宗教文化交流

以九世班禅为代表的众多藏传佛教活佛、高僧，在中央政府的政策鼓励和资金支持下，纷纷前往内地举办法会、讲经传法，在内地掀起了一股“藏传佛教热”，汉藏两地的宗教文化交流开始密切起来。四川涉藏地区的一些高僧大德，因各种机缘纷纷前往内地弘法，包括第七世诺那呼图克图[①]、第五世贡噶呼图克图及四川涉藏地区的多杰觉拔格西[②]等，都先后在内地讲经弘法，其中，诺那在内地弟子众多，“共四万余人”，其中包括很多有名的知识分子和现代有名的佛教居士，如梁漱溟、黄念祖、吴润江、陈健民、孙家振、汪家祺等。[③] 内地佛教界的大勇、能海、法尊、观空等法师也先后经四川涉藏地区前往西藏学习，并在四川涉藏地区多地的藏传佛教寺院停留、学习了很长时间。另外还有一些四川涉藏地区的喇嘛，民国时期也长期在北平等地居住，对国家大事也极度关注。如木里的松朋喇嘛，“精于佛典”，为九世班禅的参谋，在内地十多年，“口操平语，极流利”，“谈及国事，语多中肯”。[④]

（三）由精英人士主导的民族交流

近代四川涉藏地区除了土司、头人等传统地方势力主导的交流外，还包括其他一些精英人士主导的交流方式，相对于由土司、宗教人士推动的民族交流，由他们积极主导、推动的民族交流产生的影响力也不容小觑。

1. 由本土新兴精英促进的交流

近代四川涉藏地区的新兴精英阶层，一部分为汉藏联姻的后裔，他们因受汉、藏两种家庭文化的影响，能在汉、藏两地受到良好的教育，是通过新式教育走出四川涉藏地区，并且能通过在内地的各种经

---

① 诺那呼图克图虽然不是四川籍人，但是长期在西康弘法，国民政府曾委以诺那蒙藏委员会委员、立法院立法委员及西康宣慰使等职。

② 多杰觉拔格西，康定人，在拉萨哲蚌寺取得格西学位。

③ 夏鸿刚、聂清整理：《佛教文化的现在与未来——访吴立民先生》，参见 http://blog. sina. com. cn/s/blog_ 48aa33160100cbjm. html.

④ 胡杰人：《记松朋喇嘛》，载《蒙藏月报》1936 年第 1 期，第 24 页。

历而得以反观、审视本土政治、民族、宗教、文化的第一批人，他们对于汉藏两种文化的了解相对于四川涉藏地区的其他人更深入、更透彻，沟通汉藏文化的意愿和愿望更强烈，因此主动承担起两种文化沟通者的角色。他们除高度关注四川涉藏地区的政治、历史、文化、社会以外，还希望通过自己的努力，能够促进汉藏地区各民族间的相互了解、文化交流、政治变革、社会进步。典型的例子如巴安人格桑泽仁，汉名王天华，他是汉族移民后裔，祖籍云南丽江，是迁居巴安的第五代后裔，其父民国时期是巴安总保[①]。格桑泽仁在巴安接受了基础教育后，成为最早一批得以公费前往南京求学的学生。因为格桑泽仁在南京期间，不仅"汉藏语言均极流畅清晰"，且对康藏问题能够"道出症结所在，并提出解决意见"，[②] 因此受到考试院院长戴传贤及蒙藏委员会马福祥等人的重用。格桑泽仁除了热衷康藏政治、在蒙藏委员会中担任职务外，还积极宣传自己对本民族的各种观点和政治主张，主张对康地的政治进行改革，消除汉藏之间存在误会和隔阂。[③] 如当时国民对藏族的称谓为"番"，在格桑泽仁的积极呼吁下，国民政府曾专门通令全国，禁称番夷，统一称为藏族，"以符中华民族一律平等"[④]。同时，格桑泽仁还积极将自己的政治主张付诸实践，不遗余力地推行"康人治康"，深深地影响了近代康藏历史的发展。

另外还有部分或经商、或从政、或因为其他各种原因，而成为当地新兴精英阶层的人，他们相较于四川涉藏地区的普通老百姓，无论是自身的经济实力、能力水平，还是对于自身发展的意愿和动力都远远高于普通老百姓，因此他们在当地往往拥有较大的影响力、话语权，在他们主持和倡导下的一些活动，也会促进各民族之间的交流。他们有的积极在当地开办私塾，有的兴建桥梁，有的从事慈善，对推动四川涉藏地区社会经济的发展和民族之间的交流也不可小觑。如松

① 贺觉非著，林超校：《西康纪事诗本事注》，西藏人民社会出版社，1988 年，第 123 页。

② 冯有志著：《西康史拾遗》，巴蜀书社，2013 年，第 112 页。

③ 详细记述见格桑泽仁著作《康藏概况报告》，1932 年印本；《边人刍言》，新大陆印刷厂，1946 年印本。

④ 《国府通令对藏族禁称番夷》，《宣传周报》1929 年第 39 期，第 9 页。

潘的欧尔孝，自幼家境贫寒，通过帮人放牧、驮脚，借了些钱去草地经商，逐渐有了自己的驮队驮运茶叶去关外销售，因为他为人正直、讲信用，喜欢结交朋友，成为民国时期松潘地区新兴精英阶层中“有声望的人物之一”。抗日战争全面爆发后，欧尔孝与松潘各界的爱国人士积极宣传、动员当地老百姓起来抗击日本侵略者。民国二十八年，欧尔孝被松潘各界人士推举，与松潘关内土司、各界爱国人士等20余人，以“松潘草地边民抗日救国代表身份”，前往成都、重庆等地表达松潘各民族积极参与抗日的愿望和决心。另外如民国时期松潘的李尔康，祖籍三台，其父在清末至民国时期曾任松潘汉军统领、川西北边民土官宣慰主任等职，他父亲聘请家庭教师教他琴棋书画、四书五经，他16岁前往成都接受教育。李尔康因其父亲的威望及自身能力，民国时期在松潘“热心公益慈善事业，受到当地人拥护”。民国二十七年（1938），他组织松潘农民成立“农民互助社”，帮助无耕畜农民秋收。另外，他还在松潘开办银行，开设西北药材公司。①

2. 由外来文人学者促成的交流

近代进入四川涉藏地区进行考察、调研、采风的各类文人、学者，他们对增进汉藏各民族的相互认知、相互理解、相互支持也发挥了重要作用。近代是四川涉藏地区转型和变革的时期，在国家加大对四川涉藏地区治理及抗日战争爆发后文化精英阶层内迁的背景下，部分有情怀、有担当、有勇气的文化人士，因各种机缘巧合，怀揣着不同的理想抱负，进入四川涉藏地区，并自觉或不自觉地承担起促进汉藏文化交流的重要使命。他们在四川涉藏地区期间，通过对涉藏地区社会全面的观察、深入的体验与了解，通过语言、文字、摄影、绘画与舞蹈等方式，沟通了汉藏文化交流、促进汉藏之间的相互了解，增进了各民族之间的感情。典型的如我国近代藏学研究的先驱之一，著名的民族学家、藏学家、历史地理学家任乃强，他通过对西康各县的境域、地势、地质土壤、产业、交通、人民、吏治、土司、教育、藏

① 四川省阿坝藏族羌族自治州松潘县志编纂委员会编：《松潘县志》，民族出版社，1999年，第958—959、935—936页。

传佛教寺院等的细致考察，发表了大量有关西康地区政治、历史、文化、风俗的文章，增进了内地各界人士对西康社会的了解。同时任乃强还在担任西康建省委员会委员期间，在康定开办的县训班中讲授康藏历史文化，培训精通藏语藏俗的公务人员。县训班另聘请精通藏文的谢国安教授藏文，培养了一批了解边情、略懂藏语言的地方官员。[①] 另外，通过任乃强的努力和推广，一些西康产的药材的价值逐渐被外界和当地人士认识到，成为西康出口的大宗和紧俏商品。如任乃强是新龙产药材"独一味"的使用者和推广者，经过他的使用、宣传和推广，新龙"独一味"之名在全康家喻户晓，逐渐成为西康外销的大宗商品，价格也不断攀升，仅仅两三年间就翻了近十倍。[②]

正是基于在四川涉藏地区有重要影响力的这部分精英人士有着强烈的交流意愿及能力，在民族交流过程中，受到的制约因素更少，由此产生了不小的影响力。同时，由于四川涉藏地区民族交流这种内源性因素的驱动，使得民族交流的双向性特征更加明显，交流的动机、动力更加强劲。

除以上由政府、市场、地方精英人士主导的民族交流以外，还有很多老百姓因为各种原因自发前往四川涉藏地区的迁移行为，在此不再赘述。

---

① 何洁、任新建整理：《〈西进集〉与在康定建省委员会的两年——任乃强〈筱庄笔记〉节录（五）》，《中国藏学》2018 年第 S1 期。

② 任乃强：《记西康奇药——"独一味"》，《康导月刊》1943 年第 5 期。

第二章　近代四川涉藏地区的民族及族际互动

民族间的交往互动是推动民族交流交融的前提，近代四川涉藏地区各民族在日常生活、经济交往等方面的相互依存、互相促进、共同发展，不仅进一步促进了四川涉藏地区社会经济的发展，还为形成“你中有我、我中有你”多民族格局进一步奠定了基础。

第一节　汉藏民族的交流与互动

一、近代四川涉藏地区汉族的来源及分类

四川涉藏地区的汉族，主要是多次用兵留下的士兵、内地陆续赴四川涉藏地区经商的汉族商人以及清末川边推行屯垦、练兵、兴学等从内地招入的汉人。按其居住状况，又可分为“世居”和“旅居”两大类。

（一）聚居分布概况

总体而言，汉人大多居住在四川涉藏地区交通线上的沿途各村落或者商业中心。据任乃强在西康地区做的调研资料统计：“全康三十二县共有番民六十八万二千余，汉民一十一万五千，除泸定全属汉人不计外，其余各县约有汉人四万五千人。”① 其中，康定作为汉藏贸

① 任乃强著：《西康图经》，西藏古籍出版社，2000 年，第 433 页。

易重镇，是汉人居住比较密集的区域，有汉族商人3800人，官吏胥役200人。另外在甘孜地区南路的三县：雅江、理化、巴安有“汉人8500人”①，其中汉人以巴安最多，理化、雅江次之，其余汉人大多分布在沿大道的各村落；在北路的道孚、炉霍、甘孜三县，有3000人，主要分布在道孚、泰宁、炉霍三个城镇，其次为甘孜与沿北路大道各村落。另外在康定的瓦斯沟、孔玉、鱼通，丹巴的章谷屯有大量从事屯垦的垦民。因为当时正是康藏纠纷时期，在甘孜地区还驻扎有8000人军队，其中约4000人分布在前线的德格、白玉、邓柯。

阿坝地区，汉族人口主要分布在松、理、茂、懋、汶等区域的城镇或公路沿线上。在松潘黄胜关以外及城镇以外的其他由藏、羌族居住的区域，则汉族人口相对较少。

（二）省籍来源情况

汉族进入涉藏地区的背景不同、时间不一、规模不等，总体而言，四川涉藏地区汉族移民主要来自四川、陕西、湖北、湖南、云南等省。

1. 四川籍移民

因地缘相近、同属一省，川人进入涉藏地区较他省民众更为便利，因而分布较广、数量众多。在进入阿坝地区的汉族来源中，川北人因地利之便，人数最多，川南其次。其中进驻四川涉藏地区最多的是从事农业的垦民，或是从事木石瓦泥工的手工业者。主要来自内地人口稠密的遂宁、资中、安岳等地。他们多以垦荒为主，一旦一人成功，便呼朋引伴同往涉藏地区。另外，涉藏地区各时期迁入的四川籍军人、官吏、商人、工人等也比较多。就地缘而言，临近甘孜地区，今雅安市所属的雅安、名山、汉源、天全等县的移民，在近代进入甘孜地区谋生的人较多，多以贸易、做工为主。今灌县、成都、北川等地接近阿坝地区，进入川西北经商、务工的人较多。

---

① 任乃强著：《西康图经》，西藏古籍出版社，2000年，第428页。

2. 陕西籍移民

陕西籍移民从元代开始即已随军进入四川涉藏地区，任乃强在《西康图经》一书中，对陕人入康的历史背景、移民过程等进行了详细考证。[①] 陕西籍移民是自元代开始，一直活跃于涉藏地区的主要商人群体，到近代，陕西籍移民大多从事经商，在四川涉藏地区的商业中占据了重要地位。“西康汉商，陕人多于川人数倍”，“资本之雄厚，规模之阔大，态度之佳良，目光之锐敏，在康地商人中，皆为首屈，谓现在西康商业在陕人手中，殆无不可。”[②] 在康定，商人中以陕商最多。一份民国二十四年的西康概况呈文称：“康谚云：‘老陕不至，草亦不生。’穷其实，虽草不生，老陕亦至。”[③] 因陕西人是最早进入四川涉藏地区经商的群体，他们成为四川涉藏地区最早富起来的一批人，并大多在当地垄断着某一样商品的交易。赴康调停康藏纠纷的唐柯三在其日记中亦称：“关外经商多陕人，都以小贩起家，深入蛮荒，练习土语，往来各处，以货品互异，日久居然成为富商。”[④] 据民国时期的调查，在西康地区，“全康商业资本，十分之五为陕商所有，其四为川商所有。”如在康定，“商业霸权，全在陕人掌握”[⑤]，在道孚，“汉商颇多，饶裕者皆陕客。”[⑥] 在甘孜县，“商业多半操在陕帮手里”，因为他们在四川涉藏地区经营时间较长，所以会采用适应当地老百姓方式的“商业模式”，一般会雇用懂当地语言的伙计，穿着当地老百姓的装饰，深入到远近山区、草原地区去收购各种当地特产，然后“再加以整制运销到内地。”[⑦]

3. 湖南籍移民

湖南籍移民进入四川涉藏地区较早，主要为任职的官员。早在嘉

---

① 任乃强著：《西康图经·陕人入康小史》，西藏古籍出版社，2000 年，第 430—431 页。

② 任乃强著：《西康诡异录》，四川日报社，1930 年，第 403 页。

③ 《巡员张懋昭关于西康概况呈文》（1935 年 7 月 13 日），载刘丽楣主编：《民国时期西藏及藏区经济开发建设档案选编》，中国藏学出版社，2005 年，第 399 页。

④ 唐柯三著：《赴康日记》，新亚细亚学会出版科印行，1934 年，第 28 页。

⑤ 伍非百著：《清代对大小金川及西康青海用兵纪要》，1935 年铅印本，第 191 页。

⑥ 朱增鋆：《川边政屑》，载赵心愚、秦和平、王川编：《清季民国康区藏族文献辑要》（上），四川民族出版社，2003 年，第 161 页。

⑦ 焕慈：《甘孜杂写》，《旅行杂志》1950 年第 11 期，第 49 页。

庆五年（1800），已有湖南武陵的覃光典在打箭炉任职。从清末开始，不少湖南籍官员进入四川涉藏地区为官。光绪二十三年（1897），湖南善化人刘廷恕任打箭炉同知。光绪三十一年，湖南安化人蒋兆麟在打箭炉为官[①]。民国二年（1913），湖南长沙人马国桢任康定县知事。据不完全统计，民国时期在西康各县的湖南籍官员还有米韵涛（民国八年泸定县县长）、向休征（民国十四年泸定县县长）、伍岳松（丹巴知事）、刘宝成（丹巴知事）、王政和（炉霍营团长、清乡司令陆军少将等职）、张光斗（民国二年甘孜知事）、王世藩（民国三年甘孜知事）、田继成（民国四年甘孜知事）、马昌骥（民国二至三年、六至七年德格知事）、王济川（民国二年理化府知事）、彭经蔚（民国二年理化府知事）、夏瑚（民国六年理化县知事）、陆德治（民国八年理化县知事）、成鑫（理化县知事）等。[②]民国六年（1917）湖南人陈遐龄被任命为川边镇守使，在他主政期间，部队中湖南籍将官众多并颇负盛名，如翰林将军罗长裿、传奇将军陈渠珍、民国苏武彭日升等，部分湖南籍士兵最后落籍阿坝地区。他还积极号召湖南籍移民赴川边各地垦荒。据民国时期对康定官员的调查，行政官吏中，其中川籍最多，“湘人次之”[③]。

4. 湖北籍移民

湖北虽然远离四川涉藏地区，但是早在清初“湖广填四川”时，已有部分湖广移民从川西平原前往四川涉藏地区落籍。乾嘉年间，四川盆地内的部分湖广移民后裔，也进入四川涉藏地区。清末民国时期，还有部分湖北籍官员前往任职，如光绪三十年炉霍屯正式设屯时，第一任屯官吴庆熙即是湖北籍秀才[④]。

其他省份如云南、甘肃、江西、安徽、贵州、山东等地的汉族官

① 四川省地方志工作办公室编：《西康通志稿·康定清代职官表》（上），方志出版社，2016 年，第 227 页。

② 资料根据四川省地方志工作办公室编：《西康通志稿·职官志》整理，方志出版社，2016 年。

③ 伍非百著：《清代对大小金川及西康青海用兵纪要》，1935 年铅印本，第 187 页。

④ 四川省地方志工作办公室编：《西康通志稿·炉霍清末至民国职官表》（上），方志出版社，2016 年，第 233 页。

员、垦民等进入四川涉藏地区，因不是成规模进入，故不详述。

（三）职业分类情况

近代内地汉人因为政务、戍边、经商、做工、逃荒等原因逐渐进入四川涉藏地区，在四川涉藏地区的汉人大概有以下几类。

1. 官员

四川涉藏地区自实行“改土归流”以来，废除原有的土司，设置流官进行管理。许多内地官员进入四川涉藏地区各厅、县担任同知、屯官、设治委员、知事、县长等职，官员是四川涉藏地区各地的行政首脑，其执政能力、管理方式、施政措施，影响着当地各民族之间的民族关系、交往方式。

2. 戍边士兵

从康熙年间起，清廷先后用兵西藏、大小金川、瞻对等地，大量汉、回等族随军进入四川涉藏地区，汉人旅居者更多。很多戍边官兵在当地娶妻生子、安家立业，三年轮换期满，“乐此不归者甚多”。这些驻留下来的士兵，“或设商店，或垦荒地，渐此兴家立业，繁衍子孙”，因此“康藏大道沿线汉民，十分之九，皆军台丁吏之遗裔也”。[①] 如雅江，为康南交通的要道，也是军事重镇。赵尔丰经边时，在雅江特别“制造大木船两只，并征调雅安、洪雅、夹江一带熟悉水性水手，到此专负责摆渡之责。当时的地方官员，除每月支给他们粮饷外，还分拨一些公地给他们，由他们耕种，使他们安居”[②]。这些水手“每一年或二年调换一次，与前朝戍边的性质差不多”。后来因新来的水手不习水性，经常“翻船失事”，后由政府改定优待水手办法，命其子孙从事此业，民国时期，这些水手“在此地安了家”[③]，一直在雅江待了下来，主要居住在城区、八角楼、卧龙石、麻盖宗一

① 伍非百著：《清代对大小金川及西康青海用兵纪要》，民国二十四年（1935）铅印本，第163页。

② 余石生：《雅江散记》，《现代邮政》1949年第3期，第14页。

③ 永和：《雅江见闻》，《康导月刊》1943年第4期，第82页。

带，汉人皆姓李，“大半操水手生涯”[①]。另据民国二十七年（1938）的调查，“城内有短街三条”“居民五十余家，丁口二百八十余人，均为汉族，率皆雅安来此之水手及从戍卒”，另外还有“川北之小商，娶接康妇，繁衍于兹。”[②]

3. 屯户

招民垦荒一直以来是发展四川涉藏地区经济的重要举措，尤其在适宜农业种植的区域，更是绵延时久。可分为两类，一是军队屯垦。即长久驻守涉藏地区的军队，日久领垦土地，成为屯户，但尚编在军籍。二是来自内地各省的农民，他们多在政府号召之下或自发远赴涉藏地区而谋求生存。他们是四川涉藏地区农业垦殖的主力。

赵尔丰经边时，首重农商，以各种优惠措施吸引内地汉人前往，导致大量汉人迁入。据载当时“移民开垦，裹粮食出关者以万计算”[③]。光绪三十二年，招募内地垦民入康垦殖。如宣统三年招垦民1723名分发康定等9个县。这些垦民、移民中，有泥、木、瓦、石等各种工匠。民国时期，为了发展边区，蒋介石数次与刘文辉就西康的垦殖问题举行谈话，决定在西康“划地千亩”，作为“国民垦殖区域”，以供全国的现役军人、伤兵的家属前往垦殖。[④] 西康建省前，在西康成立了农牧试验场，派人前往汉源、雅安、成都等处招收垦民，雇农及石匠，以从事开垦、增加耕地、修筑道路。对于所招的垦民，每人可配耕地10—15市亩，并配以住宅、农具及牲畜[⑤]。近代四川涉藏地区部分地区屯垦情况如下。

康定　康定的成规模屯垦始于赵尔丰经边。赵尔丰在打箭炉的阿梁子、东俄洛等地理条件相对较好的区域招募汉民进行开垦。民国初年，原在折多塘、营官寨、东俄洛等地戍守的台丁，因台站被撤，开始专业从事垦殖。20年间，康定“山郊等处，尽成熟地，业此成家

① 董兆孚、万腾蛟：《西康宗教政况夷性考察报告（附表）》，《边政》1930年第4期，第34页。

② 陈治荣：《今日之雅江》，《康导月刊》1938年第4期，第83页。

③ 黄树滋：《梦轩遗稿》，《开发西北》1934年第6期，第79页。

④ 《康藏边界开辟垦殖区》，《金融周报》1940年第18期，第22页。

⑤ 《康省农场在川招雇垦民及农工》，《四川月报》1938年第2期，第166页。

致富者，实繁有徒”，康定农业生产由此开始发达，在川北众多垦民和当地人民的共同努力下，康定“收获芃芃，园蔬美富，地方利赖实多”。[①]

丹巴　乾隆平定大小金川后，推行“改土设屯”，在丹巴所在区域设立章谷屯，推行屯垦制度，从邻近的茂州、汶川、松潘等地及四川的洪雅、渠县、什邡、遂宁等县招募垦民前往丹巴从事垦殖。咸丰、同治年间，在丹巴的永绥、铜炉房又有矿业兴起，矿苗枯竭、矿业衰败后，在丹巴从事采矿的矿工纷纷在丹巴领垦安家，丹巴的垦民数进一步增多。

道孚　民国二十六年（1937），在道孚泰宁开办农场，分农林、畜牧两系，设立职员十数人。民国二十七年时，“已垦熟荒五百亩，有垦民数十”[②]。民国二十八年改组为“泰宁牧场”，隶属于西康省建设厅。

炉霍屯　光绪二十三年炉霍屯设置后，壤界400余里，有地359块，“大小四十七村，夷居一千四五百户，汉居五百户”[③]。炉霍屯土地与杂谷厅、懋功厅改土归屯的土地性质相同，皆为国家所有，屯户对分配给他们的土地拥有永久的使用权，并可以世代相传，但是不能买卖、典当。宣统三年，法国传教士石司铎，由康定初来，借住在炉霍虾拉沱。因虾拉沱土地广厚，石司铎和商民孙永庆呈请招民开垦，始招有垦民20余户。次年赵尔丰招大批垦民到西康，又分配七八十户于虾拉沱，于每年粮食不继时，由政府酌予帮助，并给资金购买农具、修建房屋。宣统年间最盛时虾拉沱之垦民已到达百余河户，十几余里平坝，垦拓几为荒地。[④] 炉霍清末垦民最多时达600余人。民国七年（1918），受康藏战争波及，炉霍垦民渐减。民国十七年，刘文辉担任川康边防总指挥后，积极经营川边地区。刘文辉较为重视农

---

① 洪思汤：《康定之回顾》，《新西康》1938年第1期，第33页。

② 管履丝：《康北旅行记》，《康导月刊》1938年第1期，第61页。

③ （清）李之珂纂修：《四川新设炉霍屯志略・开办炉霍屯务公牒》，清光绪三十二年铅印本，载西藏自治区社会科学院、四川省社会科学院合编：《近代康藏重大事件史料选编》第2编，西藏古籍出版社，2004年，第269页。

④ 《炉霍虾拉沱垦务状况》，《四川月报》1934年第2期，第191页。

业，加之西康社会较民国初年相对稳定，农垦工作渐有起色，垦殖区域逐渐扩大，遂从内地大量招夫从事垦殖。炉霍的虾拉沱坝子、新都河坝子汉族垦民此时逐渐增多。据董兆孚民国十七年调查，炉霍县老河口、加基隆、新都河坝的汉人皆是垦民，共有垦地 50 余亩。[①] 当时到新都桥从事垦殖的有袁柏林、苏吉昌、唐兴发、顾吉祥、郭玉之等人。民国十九年（1930），炉霍道孚两县知事，颁发垦民章程，广为招揽垦民前往垦殖。“川北因地瘠民贫”“丹巴因连年荒旱之故”，不少垦民前往两地。[②] 到 20 世纪 30 年代，虾拉沱坝子纯汉族垦民已增加到 30 余户。[③] 民国二十二年炉霍大地震，虾拉沱房屋全倒，死亡八九十人，天主堂之神父，亦死于大地震中。加之水旱兵灾，逃亡不少，民国二十三年时，虾拉沱仅有 45 户，其中 29 户为汉民[④]。民国二十四年西康建省委员会成立后，刘文辉曾拟专案施行垦政，分军垦、官垦、民垦三类，但终因人力财力有限，未加施行，但仍有零星汉族农民从事农垦，而且朱倭的陈西林、刘俊英、张春山，泥巴沟的李福元、周老汉等人，扒里的谭志林等汉族垦夫向政府申请发给垦荒证。[⑤] 至民国三十四年（1945）调查的时候，在虾拉沱的垦民只有“125 户”，各乡“荒废垦地，陈迹宛然。”[⑥] 虾拉沱，“街上几全为汉人，来此作垦民”[⑦]。

巴安　巴安气候温暖，土质肥沃，颇宜耕种，是汉族垦民集中之地。赵尔丰治理川边的时候，曾以巴安为政治、经济、文化之中心，拟为西康建省后之省会。曾召集民夫数百人到巴塘垦殖，开拓熟地千

---

① 董兆孚等：《炉霍县调查录》，《边政》1930 年第 3 期，第 1 页。边政设计委员会编：《川康边政资料辑要》第 14 册《炉霍县》，1940 年铅印本，第 13 页。

② 《炉霍道孚两县开辟荒地》，《蒙藏周报》1930 年第 42 期，第 11 页。

③ 康定民族师专编写组编纂：《甘孜藏族自治州民族志》，当代中国出版社，1994 年，第 203 页。

④ 《炉霍虾拉沱垦务状况》，《四川月报》1934 年第 2 期，第 192 页。

⑤ 康定民族师专编写组编纂：《甘孜藏族自治州民族志》，当代中国出版社，1994 年，第 204 页。

⑥ 《炉霍概况》，《康导月刊》1945 年第 4 期，载赵心愚、秦和平编：《康区藏族社会历史调查资料辑要》，四川出版集团、四川民族出版社，2004 年，第 130 页。

⑦ 柯象峰：《西康纪行（续完）》，《边政公论》1942 年第 9—10 期，第 86 页。

数百亩。民国初期以来，地方频遭变乱，垦民流离死亡，垦殖的土地也大多荒芜。巴安县县长戴安琴上任后，制定优待办法招民开垦，并酌借种子给垦民，垦熟土地，即归私有。为了垦殖，戴县长还令人民疏通沟渠、引水灌溉，“人民赴县府领垦牌者甚多”。[①] 民国中后期，境内“汉人之多，甲于全康各县，除康定外，无与伦比”[②]。

在阿坝地区，民国时期，松理茂懋汶五县三屯地区为增加垦民，还专门设立了松茂汶驻省招垦接洽处，从内地各处组织垦民前往垦殖。为了鼓励垦荒，还通令各县县长委托该县机关或私人团体赴各地设招垦接洽处，对愿意前往垦殖的垦民，给以津贴或补助。[③]

松潘　除了由政府组织的垦民外，还有部分是因为战乱或其他原因前往四川涉藏地区的流民也从事垦殖。如民国时期，即有很多流民前往松潘垦殖，他们初到时，“仅一条扁担，一绳，或一锄，一耙者，以后建立家室，多于所得耕地之旁，极为零落散漫”。因为到县境后，即可建立家业，因而各处前往四川涉藏地区垦殖的流民越来越多。[④] 在松潘，汉人可以通过多种方式垦殖土地，一是租佃的方式，大部分汉人都是通过租佃的方式耕种，通过付现款、实物的方式承租，价格“每方里十元至百元不等，视其出产而定，租期多为四五十年”。二是通过购买土地的方式，民国时期汉人多有买藏族土地者，“地价亦极低廉”，一般在“城市附近，约每亩百元以内。”草山则相对便宜，“每亩数角至数元而已”。三是通过上门入赘的方式获得土地，如在松潘，“汉人之贫苦流落或经商草地者，常多入赘番民，因而获得承继土地权”。四是投靠的方式，也有很多“汉民之流落草地习于番俗者”投靠当地土司或头人，“由土官指给地段，随其本部牧民，放牧刈草”。只是“地权仍属土官”。[⑤] 在松潘所属的南坪镇（今九寨沟县），以“界川甘边境，距县三百六十里，其间地广人

① 《巴安县招民开垦荒地》，《川边季刊》1935 年第 2 期，第 136 页。

② 《川边 · 巴安县一瞥》，《四川月报》1934 年第 2 期，第 186 页。

③ 《建局翻印分送垦民须知并附设立松茂汶招垦接洽处》，《广汉县党政旬刊》1931 年第 8 期，第 9—11 页。

④ 《松潘县政一瞥》，《川边季刊》1935 年第 2 期，第 158 页。

⑤ 陈万骢：《松潘的畜牧环境》，《西南边疆》1942 年第 15 期，第 12—13 页。

稀，土地荒芜，以致匪徒啸聚，商旅视为畏途”之故，松潘城防司令决定招移民前往，使“川甘道间，日增繁荣”，同时可以“拯设团队、保卫地方”。[1]

茂县　民国时期茂县荒地较多，据时任茂县荒区招垦驻省办事处主任刘炳南给省府的报告，称茂县“有荒区十数万亩，非有十数万垦民，不能实施垦殖”，呈请省府通令各县设立茂县招垦接洽处，接洽各县愿意赴茂县从事垦殖的垦民。[2] 因茂县距内地相对较近，也有不少垦民前往茂县垦殖。

木里　木里在民国以前“曾禁止汉人居住，即商人贩卖，亦须受严格之限制”，民国七、八年间（1918—1919），木里土司放开禁令，汉人前往经商的人口增多，20 年间，已增至“七八百户矣”。木里放开禁令的部分原因是，“汉人迁来后，喇嘛寺之收入日丰”，因“汉人农作技术耕种方法，优于其他民族，而其他民族闻风效仿，逐渐改良有以致之也”。据邱述钤在木里的调查，民国二十八年（1939），在木里已有正差粮民“八九千户”。[3] 木里的屯户主要分为：庄子，即租土地耕种的农户，每年向主人缴纳定额地租，还要从事砍柴、放马、干杂活、当随从等杂事工作；佃客，租种木里土司衙门土地的农户；佣户，给佃客或百姓分种土地的人。[4]

4. 经商商人

四川涉藏地区商人是各民族之间交流最活跃的群体。汉族进入四川涉藏地区的历史较早，汉代开西南夷，置两都尉，其中一个设在牦牛（今汉源县），主管边外地区，与甘孜地区边境民族已发生交往。唐代在大渡河沿岸设立许多羁縻州，并于泸定沈村筑城驻军与吐蕃对峙，有汉民迁入大渡河沿岸居住。宋时，部分汉人携带茶叶前往威州等地与当地少数民族互市茶叶。元代，征长河西，调“益州兵三千”

① 《松潘实行移民殖边》，《四川月报》1935 年第 2 期，第 177 页。

② 《川边荒地急待垦殖》，《农业周报》1930 年第 73 期，第 688 页。

③ 邱述钤：《木里纪行》，《康导月刊》1939 年第 12 期，第 27 页。

④ 王心和：《木里汉族见闻》，载中国人民政治协商会议木里藏族自治县委员会文史资料委员会编：《木里文史·民族史料专辑》，1996 年，第 49 页。

往征驻防。明代，伴随茶马贸易的兴起，汉边之民“专务贸贩碉门乌茶、蜀之细布，博易羌货，以赡其生。天全六番招讨司茶户常以茶与西番蛮人贸易毛缨、茜草等物，商旅往蔺贩”。①汉民贸易的频繁往来，是明代汉人徙居的主要形式。清代茶禁开放，康巴地区的打箭炉（康定）成为茶马贸易的主要口岸，汉人前往做生意的逐渐增多。在甘孜地区北路，汉商数量较多的地区主要有“北路大埠”的甘孜、炉霍等霍尔地区。抗战爆发、西康建省和汉藏商贸复苏等因素，再次推动了汉人向四川涉藏地区的迁移浪潮。

除了前往四川涉藏地区定居的商人外，在四川涉藏地区的各条道路上，还有很多小贩商旅，携带零星的油、盐、酱、醋、火柴、纸烟、肥皂、毛巾、糖果、花生一类的物品，沿途销售，以为糊口之计。②

另外，还有部分前往四川涉藏地区从事其他职业的人，在工作之余，也会从事一些贩卖商品的活动。③

5. 技术性移民

技术性移民，指拥有特定手艺或者专业技术者的移民。一部分是自主前往四川涉藏地区谋生，依靠自身技术谋得生存，立足阿坝地区。一部分是由政府主导的移民。其技术型移民可分为两类：

一是有一定专业技术的移民。典型的如名山木匠，据民国时期调查，在甘孜地区的木匠，全部来自名山，有 2000 人之多。④另外，在阿坝地区的木匠，则多是安岳人。民国初年，松潘城重建时，在松潘的安岳木匠就有几百名。⑤另外还有从事剃头工作的剃头匠，数量较少。还有部分依靠摆渡为生的船户。从清末起，还有很多金夫子、手工艺匠人陆续到四川涉藏地区安家落户，主要从事银匠、木匠、牛皮加工、土陶制作、采金、榨油等工作。在四川涉藏地区的一些产金

---

①（清）张廷玉等撰：《明史》卷 331《长河西鱼通宁远宣慰司》，岳麓书社，1996 年，第 4932 页。

②《中华基督教全国总会边疆服务部工作简报》，1948 年，第 29 页。

③ 永和：《康雅道上》，《康导月刊》1943 年第 2—3 期合刊，第 77 页。

④ 伍非百著：《清代对大小金川及西康青海用兵纪要》，1935 年，第 188 页。

⑤ 傅樵斧著：《松潘游记》，文伦书局，1915 年刊本，第 82 页。

较多的地区，因为挖金效益好，一些垦民在垦殖之余，也以挖金为副业。[①] 部分从事采矿业的内地人，在矿苗枯竭或矿厂倒闭的情况下，也往往是“乐不思蜀，娶妻领垦”，在当地安家立业。[②]

二是为提高涉藏地区民众生活及精神层面的技术移民，如医生等。四川涉藏地区近代以前群众得病靠喇嘛念经祛除，不问医药，清末赵尔丰从内地招募医生赴川边设立药房、药局，坐诊行医。另外如教师，赵尔丰经边时，曾在各地开办初级小学、官话小学、师范及专业技术学校，除部分由打箭炉师范传习所培养外，还从成都藏文学校等专业学校聘用部分内地师资由官府派遣到关外各地从事教学工作。

6. 流亡者

民国初立，四川战乱频仍，军阀之间混战不息，从民国元年（1912）至民国二十一年（1932）短短 20 年之间，发生了 470 多次军阀混战。[③] 流亡者多为失业流民，如在木里，民初以来，“逃亡避难者，已增加其原人口一倍。”[④] 抗日战争爆发以后，在川西北地区，还有很多为逃避兵役和躲避战乱逃亡阿坝地区的流亡者。[⑤]。

7. 伤病红军

民国二十四年 5 月开始，红一、红四、红二方面军先后进入四川涉藏地区。在泸定、康定、丹巴、炉霍、道孚、甘孜等地相继建立各级博巴政府。红军撤出涉藏地区时，在各地留下了一部分伤病员和干部，由地方组织和各族群众保护起来，以各种形式定居下来。据不完全统计，红军留在甘孜、道孚、炉霍一带的伤病员和干部共有 3000 余人。其中部分留在虾拉沱、炉霍城区、雅德、朱倭等地。据民国三十七年（1948）粗略统计，炉霍有 120 余名红军干部战士在当地安家落户，有的从事垦荒，有的从事挖金，有的与当地群众联姻。[⑥]

---

① 徐益棠：《西康行记》，《西南边疆》1940 年第 8 期，第 63 页。

② 任乃强著：《西康诡异录》，四川日报社，1930 年，第 28 页。

③ 陈世松、贾大泉主编：《四川通史》第 7 册，四川大学出版社，1994 年，第 41 页。

④ 刘历荣：《西南木里宣慰司政教概况》，《西南边疆》1940 年第 8 期，第 68 页。

⑤ 《中华基督教全国总会边疆服务部工作简报》，1948 年，第 29 页。

⑥ 康定民族师专编写组编纂：《甘孜藏族自治州民族志》，当代中国出版社，1994 年，第 203 页。

8. 其他

除了前往四川涉藏地区，还有很多专门往返内地与四川涉藏地区的重要商贸城镇，如康定、松潘等地，从事茶叶等大宗商品的运输工作的流动人口。如专门从内地运输茶叶到康定的背夫，仅以民国时期成立的“康藏茶叶公司”为例，专门为该公司从内地背到康定的背茶工人，“多时每天一二百人，少时亦有二三十人”①。另外在川西北地区，还有很多专门往返于灌县至杂谷脑、松潘等地专门为人运人送物的滑竿、伕子，据当时的粗略估计，在川西北地区，除了恒居的汉人外，行走在川西北的小贩商旅、滑竿、伕子等人口“经常在三十万至五十万的数目”②，与常住川西的人口相差无几。背夫、脚夫主要来自邻近各县，据民国三十三年（1944）的调查，在松潘、理番、懋功、茂县、汶川的脚夫以川北人最多，灌县、遂宁、中江其次，另外还有资阳、剑阁、三台等地人。③

同时，因县城附近工作机会较多，很多前往四川涉藏地区谋生的人因为生活、生计的需要，往往会同时从事很多份工作。例如松潘，据民国三十三年的调查报告，在松潘城纯粹经营商业的，仅有25%，经商同时务农的，约有15%，务农兼从事驮运、背脚、挖药等副业的占到了6成。④

另外，近代四川涉藏地区的汉、藏民族之间人口的流动，并不是单向的人口流入，也有涉藏地区的藏、羌等族前往内地经商、务工。其中，靠近内地的嘉绒地区民众，他们也会到邻近的内地县份去工作，比如阿坝黑水麻窝以下的人，他们“与内地人比较接近”，常会出茂县，经过灌县或绵竹，到成都及其附近各县打井、陶井、筑堤、

① 钟毓著：《西康茶业》，建国书店，民国三十一年（1942），第4页。

② 《中华基督教全国总会边疆服务部工作简报》，1948年，第29页。该数据是中华基督教会全国总会边疆服务部工作简报中估计的数字。

③ 四川省政府建设厅编：《四川西北边区垦牧调查报告》，四川省政府建设厅编印，1944年，第31页。

④ 四川省政府建设厅编：《四川西北边区垦牧调查报告》，四川省政府建设厅编印，1944年，第82页。

修堰。[①] 理番、茂县等地的群众，“其男女于三冬无事时”常常会“下坝”，即到附近各县“就佣于汉人”挣钱，从事掘堰、陶井、造屋、筑墙的工作，等“春尽返寨耕作”[②]。

二、对汉族在四川涉藏地区社会地位的考察

（一）官员、站丁戍卒

1. 官员的社会地位

在四川涉藏地区的汉族，具有较高话语权的是前往各地任职的官员。但是因为官员“良莠不齐”，加之不熟悉藏地情形的官员较多，[③] 同时“因为边军得不着中央军费或四川协饷，常停发地方官署政费”，因此“汉官贪污之事极多”[④]。根据他们所处县份位置、当地原有政治势力影响力的大小、执政能力等，他们在四川涉藏地区拥有的话语权和社会地位差异较大。

一方面，民国时期，四川涉藏地区大部分地区虽已“改土归流”，但是很多土司“名目虽去，而潜势犹存”，当地的保正、村长“虽由选举产生，且有人气，但当选者，在人民心目中，仍须为地方之贵族或有地位者”。因此，在四川涉藏地区的很多区域，虽然已经改流，但是仍由原来的土司、头人兼任当地的保正、联保等职位。加之流官一般三年一换，不管怎么换，还是要依靠当地地方政治力量治理当地。因此，相比较而言，在汉官和土司之间，四川涉藏地区老百姓更惧土司而敷衍汉官，所以有“汉官如流水，土司如磐石”之谚[⑤]。如在汶川，虽然瓦寺土司在民国中期已经“改土归流”，但瓦寺土司之子薛海帆在民国初期，一度代理县长，后又担任“汶川县团练大队长”，因此民国时期“仍为一实际之土司”，在其领域之内，

---

① 蒋旨昂：《黑水社区政治》，《边政公论》1943 年第 11—12 期合刊，第 21 页。

② 张雪崖：《松理懋茂汶屯殖区现状》，《开发西北》1934 年第 4 期，第 22 页。

③ 柯象峰：《西康甘孜行纪》，《斯文》1941 年第 13 期，第 31 页。

④ 邱怀瑾：《西康旅途日记》（三），《边事研究》1939 年第 2 期，第 26 页。

⑤ 柯象峰：《西康纪行（续完）》，《边政公论》1942 年第 9—10 期合刊，第 87 页。

“人民只知有薛海帆，不知有县长，只知有土司衙门，不知有县衙门”。[①]

另一方面，在四川涉藏地区政府力量薄弱、土司势力较强的地方，土司除拥有传统的权威外，还拥有各式武器，个别土司甚至可以“动辄啸聚四五千支枪作乱”，因此地方官吏和土司之间的关系较为紧张。[②] 特别是在比较边远的县份，更是如此，如白玉县县长刚刚上任的时候，三岩娃便“抢了县长的被盖和骡子，县府附近，抢了科长的饲马”[③]。如在理化，民国时期的理化衙署因战乱被焚，因理化的喇嘛寺“有僧侣三千七百余人，寺宇之大，与理化市街相当”，“无地办公”的理化王知事只能“寄住于喇嘛寺内”，卸任后，“因欠喇嘛寺钱债，被扣留，忧死于寺内”[④]。

不过，总体而言，因为官员有职权在手，大多数在四川涉藏地区“挂斜皮带的人”都能维持一定的生活水准和较高的社会威望，如在康定的官员，他们“藉此职权，可以经营某种事业”，因此有的官员在康定赌博时，常常“一注数千金”。甚至于“一个班长老爷，也有力量娶姨太太，金屋藏娇”。[⑤]

对于掌管“军政”的官员，在地方的话语权和影响力则更大。如民国时期的松潘议长李尔康在松潘“很有声望”，因为他的父亲李阳山“曾任松潘汉军统领，是松潘多年的总舵把子和最大的财主”，当时川西北地区的许多藏族土官，还有黑水大头人苏永和都是他任统领时所收的干儿子，均听他调唤，所以“外地人到松潘，都要首先拜望他，松潘的大小事件，只要他开了腔，那就是命令和法律，不合理也得照办”。[⑥]

---

① 丁作韶：《川康边区视察记》，《大中国周报》1933 年第 8 期，第 23 页。

② 邱怀瑾：《西康旅途日记》，《边事研究》1939 年第 6 期，第 29 页。

③ 涤瑕：《会见德格女土司》，《康导月刊》1944 年第 10 期，第 76 页。

④ 任乃强著：《西康诡异录》，四川日报社，1930 年，第 123 页。

⑤ 徐盈：《西康：抗战中的新省（抗战中的中国之十二）》，《中学生》1944 年第 81—82 期合刊，第 32 页。

⑥ 米庆云：《川西边区禁烟史话》，载中国社会科学院近代史研究所近代史资料编辑部编：《近代史资料》第 29 册，知识产权出版社，2006 年，第 129 页。

当然，对于一些不作为的官员，汉藏各民族对他们的批评、指责更是存在，但是因为吏治如此，很难有所改变。如民国时期，曾任道孚县、甘孜县县长的张镇国在关外巡查的时候，很多老百姓向他反映，汉官不仅“贪大利”，还经常用“公家”的权威，向他们摊派乌拉，且不支付任何报酬；同时还抱怨汉官规矩太多，专门管他们这些软弱的，对于那些“距离远的、有枪有马的、有钱有势的”，特别是对“驰骋于黑松之林，畅游于草原之上”的“夹坝”，公家更是“鼓双眼闭双眼，息事宁人”。①

2. 站丁戍卒

清代川藏南路，从打箭炉经巴塘至西藏昌都一路，沿途设有宿站和尖站，用以传递文书、保护道路，供商旅休憩。宿站和尖站由营兵驻守，由军粮户发饷。大部兵士和台丁均在当地娶妻生子，他们为了补充生活费来源，在闲暇时间或租赁房屋在当地经商，或开垦荒地自耕自食，“渐渐子孙蕃衍兴家立业”，反而不在乎饷银的多少、有无了。民国政府撤废台站，停支他们薪饷后，他们则转业为商人或垦民。据任乃强的调查，从康定经雅江至理塘、巴塘等地沿线的“折多塘、营官寨、东俄洛、卧龙石、八角楼、河口、麻盖宗、西俄洛、火竹卡、理塘、巴塘、昌都等处的商铺和农地，什九都是军台遗丁的建设成就”。②

（二）商人

相对于政府官员，商人在四川涉藏地区的社会地位参差不齐，据任乃强的调查，西康商人的地位总体“在喇嘛、头人之下，农牧百姓之上”③。他们能获得如此高的地位，与其从事的行业、个人的财富声望及精明的头脑密不可分。

其一，部分商人因为多年的经营，成为四川涉藏地区某一地域的

① 张镇国：《加强民族联系中的两个对立意见》，《康导月刊》1939 年第 1 期，第 38—39 页。

② 任乃强著：《西康诡异录》，四川日报社，1930 年，第 26 页。

③ 任乃强著：《西康图经》，西藏古籍出版社，2000 年，第 242 页。

商界领袖，控制着某一商品的交易。清末以来，从内地前往四川涉藏地区经商的人数众多，不可胜举。有的内地商人，经过辛苦打拼，克服四川涉藏地区的酷寒天气，日积月累、发家致富，逐渐成为小康之家，有的甚至垄断了部分商贸产品，一跃而成为商界之领袖。

其二，因为在四川涉藏地区经商的商人，有经济实力疏通当地各种关系，所处的地位相对较优渥，特别是有政治背景的商人，更是如此。如民国二十六年，只身前往拉萨学法的汉藏教理院教员邢肃芝途经炉霍，发现在炉霍有一家大名鼎鼎的汉商，这个汉商经常去色尔坝金矿区收购生金。因为这个金商是军人出身，所以“多次独来独往于色尔坝，运出成吨的黄金，却从来没有遭到抢劫”。[①] 经济实力一般的小商人，前往阿坝地区特别是土司统治的区域，则需要先联络土司，获得土司的允许和支持，方能在当地经商。他们前往四川涉藏地区经商的时候，总是会先给当地的土司一些比较实惠的东西，因此在当地的地位反而较其他很多人要高。如民国时期，在黑水经商的商人，他们通常会送土司很多内地的商品，根据其经商的种类和各自的经济实力，所送的东西有所差异，贩卖食品的送“香皂，红糖，黑瓜子，葡萄干”，贩卖布匹和衣物的，则送一些绫罗绸缎和皮袍等，由此这些商人不仅获得食宿上的方便，地位较普通老百姓要高很多。如在黑水，内地商人与当地人产生纠纷需要诉讼时，他们在公堂上，“可以随便向头人谈话或告诉，不作战栗状，也不出诉讼费”。[②] 在木里，云南籍的李姓商人“李百万”，在昆明、丽江、重庆、成都、武汉、上海等地都开设了商号，为了在木里经商，他不仅“向大喇嘛及木里大寺赠送了许多财物”，还同上上下下各种人物“关系密切，深得他们的厚爱”，不仅木里大喇嘛专门在木里大寺内给他修筑了专门用于经商的商号，还为他修建了住房，同时还“破格允许经商的

① 邢肃芝（洛桑珍珠）口述，张健飞、杨念群笔述：《雪域求法记——一个汉人喇嘛的口述史》，生活·读书·新知三联书店，2008 年，第 94 页。

② 蒋旨昂：《黑水头人与百姓》，《大学（成都）》1944 年第 3—4 期合刊，第 70 页。

人进出木里大寺时可以戴帽子”。[①]

其三，由于政府经营四川涉藏地区的需要，部分有经济实力的商人还会“商而优则仕”。汉族商人在此地也“喜得官委职名以撑门面”，因此各县政府对于“体面商人”，往往给以保正等职，依托他们的经济实力和地方威望来加强对地方的治理。典型的如民国时期道孚县的阎保正、炉霍县的侯保正、东谷的杨保正等，都是因经商成功，“富厚比于土酋”，而获保正之职。除担任保正外，还有些商人正式担任管理地方的官员，如丹巴的何耀如贩卖粮食油盐成富商后，得为“丹巴县教育局长兼实业局长，居绅士首座”，因为这些商人，有财力，再加上政治赋予的权力，在当地的威望甚至较很多官吏要高，如何耀如，丹巴的历届知事也不得不“深与结纳，以求少事”，以至于任乃强感叹“商人之乐，远非官吏所能望其项背也”。[②] 另外还有理塘的陕西户县商人刘子省，因为在“理塘的生意比较大”，所以他不仅担任了理塘的商会会长，而且还被任命为理塘县国民党县党部代理书记长。[③] 还有在德格经商的陕西人骞生德，也是在德格经商时得到德格土司的信任，并被德格县政府委以保正之职，在民国三十五年（1946），成为西康省参议会参议员。[④]

其四，更多的商人采取与当地人联姻的方式，以获得当地老百姓的认可，特别是如果能与当地的土司、头人家庭联姻，更是能改变其在当地的社会地位。如雅江县的汉人杨德贵经营商业，颇有赀富，因为“能康语，亡命于尼马，为七百户奔走官府，颇得信任”，土百户马尼死后无嗣，杨德贵“乘机入赘为婿，承袭土百户职”。杨德贵头脑灵活，“颇能利用三村人民”，甚至可以“操纵政府。”[⑤]

---

① 夺取荣品藏语口述，阿仲文汉语口译，刘先进整理：《解放前木里的商贸情况》，载中国人民政治协商会议木里藏族自治县委员会文史资料委员会编：《木里文史》第 2 辑，1989 年，第 97 页。

② 任乃强著：《西康图经》，西藏古籍出版社，2000 年，第 449—450 页。

③ 刘子省口述，路俊整理：《民国年代户县人在西康理塘从事商业情况》，载中国人民政治协商会议陕西省户文史资料委员会编：《户县文史资料》第 3 辑，1987 年，第 83 页。

④ 黄启光、冯有志：《西康省参议会始末记》，载中国人民政治协商会议四川省甘孜藏族自治州委员会编：《甘孜藏族自治州文史资料选辑》第 5 辑，1986 年，第 58、61 页。

⑤ 李中定：《康南八县纪要（六）·雅江》，《边疆通讯》1943 年第 10 期，第 13 页。

（三）垦夫、手工艺人

相比较而言，垦夫、手工艺人等在四川涉藏地区的社会地位则较低。

就垦夫而言，因所处的区域、为谁垦殖、垦殖方式等的不同，他们在当地社会中的地位及发展境况也不尽相同。

大体上，纯粹给土司、头人当佃农的垦夫日子大多过得很艰难。他们除了辛苦垦殖以外，还要遭受当地土司、头人的压榨。如在泸定咱里，“地主需款即由佃户出名招帐代借”，当地佃农“每年为主垫付债息，甚至代借之款”“虽有官府而莫敢告诉”，以致“财力两乏”。[①] 由于当地土司、头人压榨，也有部分农民起来反抗，但是因为垦夫并未有相应的互助组织，自身力小势弱，几乎无任何与当地头人对抗的势力，在部分区域，甚至出现“土民即恃势欺诈客籍，汉农之不屈服者，且多被杀害”[②] 的情况。即使是在康定垦殖的垦民，日子也并不好过，除租用土司的土地需要缴纳地租外，砍柴烧炭，要交“山本”，自己开出的荒地，也要上租石，甚至家人去世后，埋葬亲人的荒地，也要缴纳地租。[③] 在阿坝由土司管辖的区域，垦夫一般是投靠到土司、头人下面，由当地头人安置到老百姓家里，如果当地老百姓不同意，可以向头人申诉，如无特别理由，则必须听头人安排。投靠的垦夫一般都会入赘到该人家中，且和当地其他人一样必须到官寨中听候土司或头人的调遣。[④]

对于部分由政府招垦或自发前往四川涉藏地区进行垦殖工作的垦夫，由于自赵尔丰经边开始，已规定垦民只完粮、不当差，民国时期在巴安、雅江、道孚、炉霍等地由政府组织的垦民仍是如此，他们向政府存案领地，由政府发给种子，享有自由支配土地的权利，三年后，成为正式粮民，因此他们的负担相对较轻。部分时间从事垦殖工

① 《咱里土人压迫客籍》，载邱怀瑾编：《西防纪实》，国西电讯社，1933 年，第 9 页。

② 《过去西康土地之一斑》，载邱怀瑾编:《西防纪实》,国西电讯社,1933 年,第 106 页。

③ 《西康垦殖问题》，《川边季刊》1936 年第 2 期，第 162—163 页。

④ 庄学本：《卓克基至阿坝》，《旅行杂志》1948 年第 5 期，第 31 页。

作，闲暇时间还可以狩猎、采集，少了内地的苛捐杂税，日子反而过得轻松些。民国时期冯云仙从康定出关考察时，曾居住在一个“康化”的汉人家人，“他们一面务农，一面到山里打猎，生活很苦。”但是相对于内地较重的苛捐杂税，“每年辛辛苦苦的收成不够上粮，动辄还要受军队糟蹋、坐监”，这家汉人的幸福指数挺高，他们称“在此又不当差，每年糌粑总有得吃，饿不着”，并且称不愿意再回内地，“回去作什么，外人说草地不好，其实比内地好的多哩!”① 还有部分头脑精明的垦夫，在垦殖之余，还从事畜牧业及其他副业，生活比较优渥。如虾拉沱是甘孜地区汉人从事垦殖较早的区域，当地的保正李山人，除了“领垦之土地而外”，家里还“养牦牛数头，以为耕地之用”。来此地耕地、养不起牦牛的人，均向他租用牦牛耕地。因此，他家里“草料粮食储蓄亦颇丰富”。② 在九龙的少数垦民，在垦殖之余，将积累的钱财在当地放债或从事经商、兴办酒作坊等，逐步成为当地的地主、富农③。

但是，总体而言，垦夫因在涉藏地区地位低下，抵抗风险的能力较差，很容易受到政局和外在因素的影响，因而流动性较大，常常是“一遭挫折，即只有弃其地而走”④。如清末大规模垦殖的八美至泰宁、泰宁至道孚县之间的耕地，受民国初年陈步三叛乱影响，“垦民之房室焚毁一空”⑤，只得逃散。民国十六年，道孚的垦民也遭到当地老百姓的驱逐。⑥ 同时，因为四川涉藏地区的土地相对内地更贫瘠，初到者用原始的火耕之法开垦，收成还可以，但是第二年往往会“产量锐减”，很多远离城市、没有办法制造肥料的垦夫，常常会“弃其垦地而复为迁徙流离之民”。⑦

另外，在政局动荡不安之时，许多垦民容易“失去保障”，容易

① 冯云仙：《西康关外日记（一）》，《蒙藏月报》1937 年第 4 期，第 3—4 页。

② 邱怀瑾编：《西防纪实》，国西电讯社，1933 年，第 28 页。

③ 九龙县档案县志局编：《九龙县民族志》，九龙县档案县志局编印，2006 年，第 48 页。

④ 《过去西康土地之一斑》，载邱怀瑾编：《西防纪实》，国西电讯社，1933 年，第 106 页。

⑤ 《关外垦地荒芜》，载邱怀瑾编：《西防纪实》，国西电讯社，1933 年，第 104 页。

⑥ 《西康垦殖问题》，《川边季刊》1936 年第 2 期，第 161 页。

⑦ 《过去西康土地之一斑》，载邱怀瑾编：《西防纪实》，国西电讯社，1933 年，第 106 页。

与当地老百姓在割草、牧畜等方面发生纠纷，垦民因为“失却其政治上之保障”，自身无力抵抗，或只有弃地远走，或在完纳政府地粮的基础上，还要向同村其他差民“暗地缴纳相当粮款，并负担一部分差费”[①]。在部分地区，垦夫在动荡时期易遭到残杀和迫害，如西康地区，“各地的土司头人，以及寺院喇嘛，因为官府的放任”，“对于垦荒的移民，轻则驱逐，重则残杀”。典型的如清末民初动荡时期，巴安七村沟的垦夫遭到残杀。[②] 在部分地方，还出现当地老百姓与“垦民为难”的情况，出现当地老百姓“或是偷劫熟麦，偷劫牛羊；或是烧毁房舍，甚至杀人，汉官保护不了”的情况。只有那些在当地娶妻生子或入赘的垦民，“相好的外”，其他有的则“退到市镇来经商雇力”了。还有部分无力从事商业的，则被迫到土司手下当“庄房娃”，与当地老百姓一样上粮、当差了[③]。

就手工业者而言，近代四川涉藏地区手工业者的社会地位因其技能的高低，从事的行业不同，其社会地位也不尽相同。一般而言，他们从事的工作，有一定技术水平和难度，在当地具有唯一性和垄断性的，他们的社会地位相对较高。典型的如名山木匠，据任乃强在西康的调查，名山木匠从清代修筑军台时已进入甘孜地区，在民国中期，在全康的名山木匠“约有两万多人”。虽然相对于内地其他地区的工匠，他们的手艺并不高强，但是在当地，他们“便如西洋工程师在川省来一样，到处可受欢迎”。名山木匠在西康的生活境地也不完全相同，有挣了钱回内地的，也有在当地入赘、娶妻生子安家的，又有发展得不好，去“吃庄房”的。[④]

① 佚名：《治理康区意见书》，载赵心愚、秦和平、王川编：《康区藏族社会珍稀资料辑要》（上），巴蜀书社，2006 年，第 335 页。

② 《西康垦殖问题》，《川边季刊》1936 年第 2 期，第 161 页。

③ 任乃强著：《西康诡异录》，四川日报社，1930 年，第 26 页。

④ 任乃强著：《西康诡异录》，四川日报社，1930 年，第 27—28 页。

三、近代四川涉藏地区的汉、藏民族关系

（一）“共生互补”模式

近代四川涉藏地区汉、藏民族间的关系，是由两民族在该区域中社会、经济、文化等方面的基本结构，包括人口结构、社会分工、经济地位、政治权利等方面的差异决定的。另外，人口的聚居情况和族际通婚也会影响到相互之间的关系。

大体而言，近代四川涉藏地区建立在经济交流基础上的族际互动，呈现“共生互补”的关系状态，因为汉藏两地物资的“互补性”，出于相互需要、各取所需的本能需求，各民族特别是汉、藏民族之间彼此的容纳度较高，相互之间经济交往活动更加主动和理性，由此带来的情感上相互接纳的可能较大，彼此间发生冲突的可能也相应较小。在双方的交往过程中，各民族大体能从实际需求出发，“求同存异”“各取所需”，经过不断磨合，大多能选择互利互惠、可持续的交往方式。

最典型的“共生关系”在四川涉藏地区的康定、松潘等地非常明显。以康定城为例，清代开瓦斯沟路、建泸定桥，在康定设立茶关后，康定迅速成为汉藏辐辏、商贾云集的汉藏贸易的重要地点。西藏和关外各地的藏族驮队，经甘孜南北两道络绎不绝前往康定交易，全国各地的商人齐集康定，同时在茶马古道上，逐渐形成了许多交易市场和驮队、商旅的集散地、食宿点。在长期的商贸活动中，不同民族在交易过程中，形成了彼此包容、相互依存的“共生关系”。

因为汉藏两民族彼此需要，民族间的开放性、包容性、宽容度较强，所以大多能成为很好的合作伙伴，维持相对和谐的关系，鲜有直接的冲突。汉藏之间，在文化上彼此吸纳，在血缘上彼此交融，民族之间相依共生，和谐包容，呈现一种“共生互补”关系。

（二）“对立统一”模式

“对立统一”模式下的民族关系比较复杂，在常态状况下，汉、

藏民族的关系通常表现为多元互动，但是由于交往过程中，不可避免地产生一些矛盾和怨恨，所以在特殊的历史时期，比如政权更替之时，原有积累的矛盾会通过族际对立或者族际冲突表现出来，有时甚至会爆发大规模的流血冲突。

近代，伴随着大量外来人口进入四川涉藏地区开垦、采矿，一方面带来了较为先进的生产技术和文化知识，有利于涉藏地区社会的整体进步。但另一方面，由于土地资源、矿产资源有限，特别是优质土地资源与矿产资源有限，各民族之间会因为争夺土地、矿产等资源出现利益摩擦。一般汉民进藏，多选择在河谷两岸气候温和之地进行垦殖，由于受到政府扶持，很容易在当地落脚，并拥有大量的田产。但基于汉民对土地的热切渴望，甚至将土地开垦到藏族群众的牧区，甚至是藏族群众视为神山等禁止开垦的区域，引起了藏族群众及上层社会的强烈反感，导致驱赶汉民现象发生。汉民经常会因为“地权问题”，与当地老百姓“常生纠纷”，加之“气候之不适，土质之限制，生产力之远不及内地”，以致很多进入的农户，“废然思返”。①

因此，伴随着近代四川涉藏地区政治上的变革，容易在某些区域出现不同民族之间的冲突。最典型的是清末民初四川涉藏地区的“驱汉事件”。辛亥革命爆发后，四川涉藏地区局势大乱，原来委任的道、府、州、县官吏失去合法地位，且无薪俸可领，纷纷离去，加之边防空虚，原来被废的土司、头人乘机起事。在打箭炉，宣统三年底，已废之明正土司甲宜斋，联合孔撒、麻书、鱼科等地千余人起兵攻城。失败后，又聚众于河口（今雅江），劫掠河口，因河口委员无兵无械，河口告急②。在道坞，道坞灵雀寺喇嘛借口反对清查粮税户口，乘虚煽乱，聚兵四五百人，围困街市③，并拘辱设治委员、杀官

① 西康省政府秘书处编：《西康概况》，西康省政府秘书处印行，1939 年，第 208 页。

② 周炳炎：《详报川边总代表顾占文明正叛匪劫掠河口情形》，载四川省民族研究所、《清末川滇边务档案史料》编辑组编：《清末川滇边务档案史料》，中华书局，1989 年，第 1129 页。

③ 杨宗汉：《致电傅嵩炑道坞喇嘛反对清查粮税户口》，载四川省民族研究所、《清末川滇边务档案史料》编辑组编：《清末川滇边务档案史料》，中华书局，1989 年,第 1103 页。

劫市，“驱逐汉人”，“汉人皆纳免死费，从权暂降”。[①] 因驻扎道坞之戍军已被调往炉城，道坞告急。在丹巴，丹东、巴底、巴旺三土司率武装进驻县城，驱逐汉官出丹巴。在定乡（今乡城），民国元年3月，定乡僧俗在头人罗松登贞的率领下聚众抗粮，焚毁粮署，攻击防军和来往商人，驻守定乡的三营被困，最后因寡不敌众退守巴塘。[②] 4月，定乡被攻陷，川军统领丁帮带战败逃走，陈粮员被杀。在松潘城，宣统三年十月，因为松潘防军被调走，草地“番民”乘危入城大肆焚掠。民国元年6月，龚伯凯率军平定叛乱，田知事才重新招徕商民入松潘经商。

同时，对一些因为战争带来的人口结构发生巨大变化的区域，潜藏在不同民族之间的怨恨在政局动荡时也容易爆发出来。典型的如嘉绒藏族所在大小金川地区，历史上因为多次用兵，藏族人口锐减，加之后来实行兵屯制度，汉藏人口比例发生了较大的变化。民国六年，“八角事件”发生时，当地嘉绒藏族开始“洗汉”，汉藏之间积聚多年的矛盾被发动事变者大肆宣扬，他们声称：“打金川一百八十年了，该还我们了。”在懋功城，他们愤怒地敲掉乾隆征金川碑上的石龟头，其理由是“它压着我们不得翻身”。[③]

还有一种更为明显的“掠夺”行为，是其中一方会通过特定手段来抢夺对方各种经济资源而发生的冲突，最典型的是“夹坝”[④] 行为。“夹坝”通常是区域性、群体性的行为，多发生在运输货物或官员经过的道路沿线，“夹坝”者通常是以获取对方的物资为目的，对象可能是来往商旅，也可能是政府官员。

当然，这些突发性事件带来的短暂冲突，通常持续时间不长、波

---

① 江裕兴口述，青镇东整理：《解放前道孚县城汉团的习俗和庙会概述》，载中国人民政治协商会议四川省道孚县委员会文史资料编辑组：《道孚文史资料选辑》第1辑，道孚县印刷厂印，1985年，第158页。

② 《蔡锷电政府藏事危迫请派川滇边务将领专任办理（五月十六日）》，载《西藏研究》编辑部编：《民元藏事电稿、藏乱始末见闻记四种》，西藏人民出版社，1983年，第9页。

③ 《嘉绒藏族调查资料》，载西南民族大学西南民族研究院编：《川西北藏族羌族社会调查》，民族出版社，2008年，第53页。

④ 夹坝：藏语，该词目前有多种释义，有的指抢劫者，有的指抢劫这种行为。

及范围不广，且缺乏社会根基，待政治秩序恢复后，各民族之间的关系也会因为彼此的相互需要又重回以前的轨道中。不过，这种突发性事件肯定也会在彼此关系中留下部分“心理创伤”，双方也会作出相应的调整和改变，以避免类似的事情再发生。如经历了清末民初之乱的道孚汉族，“目此事变，深知非有武力不能自卫，由丁正华劝集城乡汉人创办汉团，以备万一”。在道孚县城和泰宁分别设置汉团，“专司全县汉族居民的管理”。①

（三）“一元主导”模式

总体而言，汉藏民族间的“一元主导”关系，是由其民族的分布情况、各民族在当地所占人口比例大小，以及在当地的社会角色、权力大小等多种因素共同决定的。

伴随着大量经商商人、戍边士兵、各种移民进入四川涉藏地区，其传统的社会结构、民族构成、人口数量相应发生变化。在移民与当地其他各民族接触过程中，特别是涉及经济利益时，难免发生一些矛盾、冲突。这些移民进入四川涉藏地区，特别是相对边远的区域，成为当地的“少数民族”，他们在当地的经商、垦殖、矿产开发等商业活动，受当地传统势力的制约较大，相对而言处于劣势地位。典型的如理化的喇嘛寺，在改土归流之前，当地喇嘛寺的势力很大，几乎垄断了当地的优质土地、矿产资源，“地产金子，不准汉人掏挖。土地稍肥沃，不准汉人耕种。”因势力过大，甚至出现“喇嘛打骂汉官，甚至纠众喇嘛，抄毁衙门”的情况。清末，在乡城，因喇嘛寺势众，“喇嘛寺百姓与汉人相争，因而逼反，互相蹂躏，竟将汉官打死一员。”② 民国时期，理化的长青春科尔寺，寺内有大小喇嘛“三千七百人”③，仍为“康南第一大寺”，其政治与经济力量，“均足以支配

① 江裕兴口述，青镇东整理：《解放前道孚县城汉团的习俗和庙会概述》，载中国人民政治协商会议四川省道孚县委员会文史资料编辑组：《道孚文史资料选辑》第1辑，道孚县印刷厂印，1985年，第158—159页。

② 侯永龄：《游巴塘记》，《万国公报》1899年第125期，第11页。

③ 贺觉非：《理化喇嘛寺之面面观》，《新西康》1938年第1期，第10页。

邻近各县”①。

在这种“一元主导”关系下，外来的“少数民族”与当地百姓发生冲突时，遭受的处罚也往往重于当地百姓。如英国人伊莎贝拉·伯德（Isabella Lucy Bird）清末在川西北地区时，就发现汉藏双方存在很大的不平等关系，据她记载：“（梭磨、卓克基、黑水和其他部族）部落人可以在任何地方自由地建造房屋而不必付地租”，而土司治理背景下的汉人盖房则必须获得许可，并要付地租，且不许烧木炭。在谋杀汉人的案例中，凶手可以被移送到汉人治下由官吏审判，但实际上凶手很少被抓住，罪犯通常由他的亲属通过付“血钱”的方式折中解决。如果汉族要娶当地藏族妇女为妻，“必须付给土司30两银子（约4镑10先令），以获得特许。”②

不过各民族之间关系的好坏，和当地的土司对其他民族的态度关系很大。大多数土司为了维持自己对内对外的影响力，通常会审时度势，采取比较务实的态度，会鼓励民族之间相互交往。如索观瀛，他除了对“政治和经济有独到的见地”外，还是“一个现实主义者”，会随时调整、修正自己的立场，“会看形势和适应形势”③。索观瀛对其他民族进入卓克基，采取比较支持的态度。

而在汉族人口比较多的区域，也存在部分原有老百姓被外来人口挤占生存空间、逐渐边缘化的情况。如民国时期在南坪地区，因为种植罂粟，四川各地、陕西、甘肃、河南等20多个省区的汉族都前往南坪“赶烟场，躲壮丁”，很多乡村的藏族逐渐从“从沿河移居偏沟，从河坝移居高山”。④ 很多以前的藏族村子变成了汉族或其他民族的村子，在这种村子里，因为原来居住于此的藏族部分离开了，便成为汉族主导的区域。

---

① 阿炎：《喇嘛寺也闹纠纷》，《边事研究》1937年第1期，第83页。

② ［英］伊莎贝拉·伯德著，卓廉士、黄刚译：《1898：一个英国女人眼中的中国》，湖北人民出版社，2007年，第313—314页。

③ 建德·东周编写：《索观瀛传》，载中国人民政治协商会议马尔康县委员会：《马尔康县文史资料》第2辑，1992年，第28页。

④ 南坪县地方志编纂委员会编：《南坪县志》，民族出版社，1994年，第176页。

第二节　回族与其他民族的交流与互动

一、回族南下进入四川涉藏地区的历史考察

回族散布于四川涉藏地区各县，其中甘孜地区的康定、丹巴及阿坝的松潘等县，回族人口相对集中，大多与汉、藏等族群众杂居。回族大多是通过从军征战、商业贸易、流动迁徙等方式，来到四川涉藏地区。回族的迁入时期，最早可以追溯到元朝蒙古军南征西南地区时，南宋宝祐元年（1253）忽必烈南征大理，经松、茂、雅、黎所属之地，穿行于康藏部分地区，南渡金沙江至云南，大量的回族兵南下，有少部分士兵因各种原因滞留在了四川涉藏地区。元至元八年(1271)，忽必烈命令蒙古军色目人“上马则军备战，下马则民屯垦，就地联姻，履行宗教习俗，巩固边防”[①]。元朝在河州（今甘肃临夏）设吐蕃等处宣慰司都元帅府，并辖松、茂、雅、黎诸州及碉门、鱼通、黎、雅、长河西、宁远等六安抚司，隶属陕西行中书省管辖。在今甘孜等北部、南部及昌都地区，设置了吐蕃等路宣慰司都元帅府。因吐蕃等处宣慰司都元帅府隶属陕西行中书省管辖，四川涉藏地区与陕西的政治、经济、军事、文化等方面的交流与互动进一步加强，进入四川涉藏地区的回族逐渐增多。明洪武年间，修筑松潘城垣时，朝廷又选拔松潘逃散的色目人返回筑城。松潘城修建好后，陕南、陇东、成都等地的回族陆续迁往松潘贸易和定居。清廷对藏用兵，在对瞻对、大小金川用兵及平定康定昌侧集烈之乱、赵尔丰改土归流中都有不少进入四川涉藏地区的回族，大多来自陕、甘、川、江、浙等地。除了随军进入的回族，还有伴随着茶马贸易的兴盛，进入四川涉藏地区经商的回族。清末民初，又有部分回族从广元、阿坝来到康定开馆子、做生意。[②]

---

① 米树森：《松潘回族的形成及伊斯兰教的兴起》，载中国人民政治协商会议松潘县委员会文史资料委员会编：《松潘县文史资料选辑》第 1 辑，1997 年，第 28 页。

② 康定民族师专编写组篇纂：《甘孜藏族自治州民族志》，当代中国出版社，1994 年，第 261—262 页。

二、近代四川涉藏地区回族的分布、来源及从事职业

（一）阿坝地区

据民国二十三年的调查，在阿坝地区五县三屯，“回人占百分之二十”①。

松潘　松潘是回族比较集中的地方，他们主要分布在松潘城关及静安、十里、青云、大寨、漳腊、镇江、小河、小姓等乡镇。据民国《松潘县志》记载，清道咸年间，松潘回族2000余户，“迭遭兵”，民国十三年（1924），只有千余户②。民国三十一年（1942），松潘回族有2200户，多从事商业、屠宰、垦殖等业。其中，务农、经商大致各占一般，经商的“多以贩牛羊皮、羊毛、布匹，来往草地及各省”。姓氏以马、吴、米三姓为主。③ 民国时期，在松潘由回族经营的大的茶商号有：创业于清顺治年间的丰盛合茶号，创业于清康熙年间的义合全茶号，清同治六年（1867）创业的本立生茶号，民国二十年（1931）开办的利贞长商号，由甘肃洮州回族苏世昌创办的苏世昌号等。

阿坝　据《阿坝县志》记载，元、明时曾有一些回族商人从甘肃、青海、松潘等地进入阿坝经商。清末，少数几户回族商人从甘肃首批迁入阿坝。民国政府成立后，迁入阿坝县经商的回族商人不断增多。民国十八年（1929），麦桑土官在大甲康修建房屋，招徕各地商人前往阿坝经商，其中就有十余户汉、回族商人。后甘肃回族因新老教派斗争，许多回族人从甘肃逃亡阿坝避难。到民国二十九年（1940），已经形成200户以汉族为主的汉、回商人聚居的“甲康坝”。④

---

① 张学崖：《松理懋茂汶屯殖区现状》，《开发西北》1934年第4期，第19页。

② 张典等修，徐湘等纂：《松潘县志》，民国十三年（1924）刊本，第23页。

③ 苏德宣：《四川松潘县穆民概况》，原载《突崛》1942年第11—12期合刊，收入王正儒、雷晓静主编：《回族历史报刊文选（社会卷·调查）》（下），宁夏人民出版社，2012年，第150页。

④ 阿坝县志编辑委员会编：《阿坝县志》，民族出版社，1993年，第114页。

懋功　主要是乾隆两征金川后，从山西、甘肃、河北等地前往屯守的营屯。营屯中有回族约 50 户，另外还有部分前往懋功经商的回族。[①] 据统计，近代在懋功的回族有两百多户，人口接近千人。主要从事餐饮、屠宰、商贸等职业。[②]

茂县　早在明初，伴随着岷江上游茶马市场的兴起、繁盛，已有陕西渭南、陇东等地的回族商人前往茂州经商。雍正年间，因为迁往茂州的回族增多，曾相继在安乡、甘沟、明脚底、土门、沙湾、太平等建清真寺。咸丰年间，茂州城建清真寺。[③] 清同治、光绪年间，茂县回族人口“逐渐繁盛”。民国时期，因为商业逐渐发达，回族人口日益增多，“人口之繁盛，较前更增十倍”。[④] 茂县回族主要是湖北、陕西、云南、甘肃等省的回族因商贸、避乱等原因迁入。[⑤]

汶川　汶川的回族主要集中在绵池、威州两地，主要从事饮食和屠宰业。[⑥]

马尔康　早在清末的时候，在今马尔康的马塘，“居民几乎全是穆斯林”，主要从事商业贸易。[⑦]

若尔盖　在今若尔盖，早在清朝中期已有回族前往若尔盖的纳摩寺经商。清同治四年（1865），甘肃河州（今临夏）、旧城（今临潭）的几户回族定居纳摩寺，他们先后与当地女性联姻。这些迁入的回族人聚集在一起，在纳摩寺开了 10 家商店、7 家手工作坊，形

---

① 小金县宗教科供稿，江文整理：《简述小金宗教》，载小金县委员会文史资料委员会编：《小金文史资料》第 3 辑，1992 年，第 198 页。

② 曹世镛：《懋功回、汉关系史上的不幸事件——记民国元年三月初回真想》，载《小金文史资料》第 3 辑，1992 年，第 3 页。

③ 茂汶羌族自治县地方志编纂委员会编：《茂汶羌族自治县志》，四川辞书出版社，1997 年，第 709、710 页。

④ 马名骥：《川西茂县回教之沿革》，原载《中国回教救国协会会报》1941 年第 7 期，收入《回族历史报刊文选（社会卷・调查）》（下），宁夏人民出版社，2012 年，第 139 页。

⑤ 《茂县回族商业概况》，载段金录、姚继德主编：《中国南方回族经济商贸资料选编》，云南民族出版社，2002 年，第 304 页。

⑥ 游炳章：《解放前及解放初汶川县工商业情况简介》，载汶川县委员会文史资料委员会编：《汶川县文史资料选辑》第 2 辑，1987 年，第 25 页。

⑦ ［英］W. W. 福格森著，张文武译，张皓校：《青康藏区的冒险生涯》，西藏人民出版社，2003 年，第 129 页。

成了一条街道。有的回族人还购置了犏牛几百头，从事货物运输，收购马、牛、羊等牲畜销往兰州、河州、临潭，并从青海贩运食盐，从内地贩运百货、粮食等销往若尔盖及附近的玛曲、碌曲、迭部等。[①]

南坪（今九寨沟）　南坪回族集中居住在永和与永乐两乡。早在康熙末，已有十来户回族因逃荒，经甘肃武都，到九寨沟永和乡所在的区域开垦落业。此后，嘉庆间，又陆续有几户回族因生活饥寒，从甘肃盐关前往南坪经商。同治年间，修建城关清真寺。[②]

除定居的回族外，民国时期，在阿坝地区还有很多甘肃等地回族行商从事商业活动。他们通常在农闲的时候，“用耕牛或骡子驮着各地所需不同的货物”，准备好食宿需要的东西，“背上自卫的枪支，三五人一伙，十余人一帮”前往阿坝各地经商。等来年春耕的时候，再返回故乡务农。这些回族有严密的组织、雄厚的资本，并且每到一地便“与边民接近，联络边民”，因而回族的“商业网络布满了边区”，甚至连民风最强悍、抢掠盛行的黑水地区，他们也依然年年不辞辛苦，前往经商。[③]

（二）甘孜地区

康定　康定是甘孜地区回族的主要居住区。康定的回族，部分是清代用兵西藏时，调川陕之兵，戍守甘孜地区，其中兵营将佐，多属回族。乾隆时平定金川后，又有大量陕、甘、青的回族商人到达康定经商。清末，一部分回族因为避险，辗转到达康定。同光年间，为康定回族的“极盛时期”，有200余户，人口600余。[④]“凤全事件”发生后，清政府派四川提督马维骐进军巴塘，因马是回族，所属部下回族较多，又有部分回族留居康定经商。民国时期，康定商业繁盛，一

---

① 《若尔盖县回族商贸史略》，载段金录，姚继德主编：《中国南方回族经济商贸资料选编》，云南民族出版社，2002年，第304—305页。

② 马富刚：《南坪回民概况》，载中国人民政治协商会议南坪县委员会文史资料委员会编：《南坪县文史资料选辑》第1辑，1988年，第53—55页。

③ 于式玉：《西道堂的商旅——黑水西北的回商》，载段金录，姚继德主编：《中国南方回族经济商贸资料选编》，云南民族出版社，2002年，第306—307页。

④ 常之：《西康回民概况》，《突崛》1934年第1期，第27页。

部分回族商人从宁海到康定经商。[①] 据民国二十九年的调查，康定回族共有82户，人口800余。回族主要集中于康定城内，另外在瓦斯沟和木雅，有零散几户回族。总体而言，康定回族基本都为商户，经济实力都比较强，“小康之家很多，赤贫者绝无仅有。”因为宗教信仰的关系，他们基本垄断着当地的一些产业，比如民国二十九年在康定有牛肉房16家，全由回族人经营。[②] 康定的回族主要从事屠宰、饮食、商业。

巴塘　早在康熙五十八年（1719），岳钟琪西征凯旋时，留下了部分回族士兵在巴塘驻守粮台、驿站，他们在巴塘娶妻生子，逐渐繁衍。另外，还有部分回族人前往巴塘经商。嘉庆三年（1798），回族都司马正品驻守巴塘，在巴塘兴建清真寺一座。到光绪末年，巴塘共有20多户回族。民国初期，巴塘商务萧条，很多回族人因地方多乱，逐渐撤号迁徙，回族逐渐减少。民国十四年（1925），回族人马成龙受命驻守巴塘，大力扶持清真寺，巴塘的回族又逐渐增加。[③]

泸定　泸定为川康要冲，在清光绪年间，城区内已有回族30余户。后经“死亡衰退”，民国二十三年，全县仅有5户，人口只剩下20余人。在泸定的回族主要从事经商，有少数兼营农业[④]。

丹巴　丹巴回族人口较少，是零星迁入。乾隆平定金川以后，丹巴改土设屯，驻守的官兵中有毕姓回族在丹巴安家，发展到第六代时，有24户。清末的时候，又有马、张两姓的回族从小金、金川迁入丹巴。近代在丹巴的回族有1户从事屠宰业，其余均从事农业。[⑤]

除上述各地外，在道孚也有部分回族经商，不过数量较少。据民国二十八年（1939）的调查，道孚的回族有男88人、女5人[⑥]，道孚的回族因人数较少，并未修建清真寺。在雅江，清同治年间，有30余户马、王、沙等姓的回族前往雅江开垦定居，不过他们“有的

① 杨仲华：《西康纪要》，商务印书馆，1937年，第446页。

② 园丁：《斋月在康定》，《中国回教救国协会会报》1940年第11—12期合刊，第6页。

③ 巴塘县地方志编纂委员会编：《巴塘县志》，方志出版社，2001年，第107页。

④ 常之：《西康回民概况》，《突崛》1934年第1期，第28页。

⑤ 甘孜州志编纂委员会编：《甘孜州志》（上），四川人民出版社，1997年，第292页。

⑥ 《道孚民族调查》，《康导月刊》1939年第2期，第60页。

和藏族通婚，藏化了”，还有的“和汉族通婚，汉化了”。[①] 除上述各县有回族外，据民国时期的一份调查报告，在其他各县还有零星的回族，如九龙 106 人，雅江 147 人，理化 11 人，炉霍 4 人，甘孜 17 人。[②]

三、回族与其他民族的交流与互动

总体而言，因为回族与其他民族在四川涉藏地区社会分工的不同，回族与其他民族的交往大多也呈现“共生互补”的关系。

在经济贸易方面，在回族比较集中的地区，他们在当地商业贸易中占据重要地位。如在松潘，因为从清代开始回籍商人便已在松潘经商，到清末民初时期，由回族商人创办的“老号二、三百年，余皆百数十年不等”[③]。松潘地区近代著名的商号，如永兴公、德兴海、天兴隆等资金雄厚、影响力巨大的商号，大多都是回族籍商人所开。松潘城内外的回族有一千二三百户，各种商业贸易大多是回族在经营[④]。在川西北的骡帮也多是由回族经营，他们为保证货物的安全，通常都会与袍哥组织有联系。[⑤] 除固定在松潘经营的坐商外，还有部分回族行商和各地的藏商、喇嘛商联合组成商贸队从事货物的贩运和销售活动，他们与藏商、喇嘛商“联帮结队”，往返于西藏、青海、甘孜、松潘草地一带，与松潘的坐商及各大商号进行贸易，成为连接内地和四川涉藏地区商业的重要环节。[⑥]

在宗教信仰方面，回族信仰伊斯兰教，在他们集中居住的区域，

---

① 马连成：《简介康定的回族和清真寺》，载甘孜藏族自治州委员会编：《甘孜藏族自治州文史资料选辑》第 5 辑，1984 年，第 84 页。

② 何崇善：《调查西康司法报告书》，载李文海主编：《民国时期社会调查丛编》二编《法政卷》（上），福建教育出版社，2014 年，第 324 页。

③ 民国《松潘县志》卷 2《实业篇》，载中国地方志集成编委会编：《中国地方志集成·四川府县志辑》第 66 册，巴蜀书社，1992 年，第 89 页。

④ 苏德宣：《四川松潘县穆民概况》，原载《突崛》1942 年第 11—12 期合刊，收入《回族历史报刊文选（社会卷·调查）》（下），宁夏人民出版社，2012 年，第 149 页。

⑤ 陈汝乾：《岷江峡谷的交通》，《地理教育》1936 年第 6 期，第 35 页。

⑥ 周永富、兰海龙、马国良、马和平整理：《松潘回族行商与藏商、寺庙商》，载《中国南方回族经济商贸资料选编》，云南民族出版社，2002 年，第 297—298 页。

大多修建有清真寺，如在松潘地区，民国时期就有清真寺9所[①]。但是也有少部分回族在迁入四川涉藏地区后，因为回族人数较少，或受当地宗教文化、其他民族的影响，或者与其他民族通婚，其宗教信仰也开始逐渐放弃或“本土化”，其原有的宗教信仰逐步减弱。如在懋功，由陕甘迁往的回族“多奉回教”，在清末回族陆续迁往懋功屯之新营两家，“仅留数家仍奉其教”[②]。在康定木雅乡，民国时期也有两户回族，不过他们已经是对“宗教无确切信仰，徒有其名而已”。在泸定城区的回族，因为“人户少”“筹款无着”等原因，原有的礼拜寺，“变成穿风漏雨之屋”，也开始“对教毫无信仰”了。[③] 在巴塘的回族，也因为长期在涉藏地区共同生活，宗教信仰方面也逐渐“本地化”。新中国成立后，在巴塘的回族“已所剩无几”[④]。在泰宁的穆斯林，“亦有因地方习俗请喇嘛念经者”[⑤]。同时，在四川涉藏地区清真寺比较多的松潘等地区，也有部分汉、羌民众开始信仰伊斯兰教，如在松潘草地一带，也有很多“番人和羌人”开始信仰伊斯兰教。[⑥]

在文化教育方面，回族因为大多从事商业，“殷实者颇多”，经济状况相对较好，因此比较重视教育，在当地属于文化水平相对较高的群体。部分回族对于当地教育、文化的发展，也很积极、热心，对推动当地文化的发展作出了贡献。如在松潘，在清代回族“尤多科举”，进入民国以后，“大学生亦有数人”，在松潘担任学校校长的回族也大有人在。[⑦] 如松潘回族蒙春辉，清代贡生，从光绪年间开始在岷山书院担任主讲，他与灌县人董湘琴合著的《松游小唱》，记述了从灌县（都江堰）玉垒关出发至松潘沿途各地的风物掌故，被广为

---

① 苏德宣：《四川松潘县穆民概况》，原载《突崛》1942年第11—12期合刊，收入《回族历史报刊文选（社会卷·调查）》（下），宁夏人民出版社，2012年，第150页。

② （清）兴元纂修：《懋功县乡土志》，1917年抄本。

③ 常之：《西康回民概况》，《突崛》1934年第1期，第28页。

④ 巴塘县地方志编纂委员会编：《巴塘县志》，方志出版社，2001年，第107页。

⑤ 尚诚：《康北的圣地：泰宁》，《康导月刊》1943年第5期，第55页。

⑥ 德宣：《四川金川县回民概况及其他》，《突崛》1936年第12期，第37页。

⑦ 苏德宣：《四川松潘县穆民概况》，原载《突崛》1942年第11—12期合刊，收入《回族历史报刊文选（社会卷·调查）》（下），宁夏人民出版社，2012年，第150页。

传唱。民国时期他还积极参加编修《松潘县志》，为推动松潘文化的传承、发展作出了贡献。[①] 民国时期，松潘的马贡三、马润堂、马陵云、马仁寿等地方文化人士，在松潘积极兴办清真小学，创办《曙光壁报》，积极宣传抗战，还在松潘的中心区域，创办益智书报社，从内地购买普通的科学书籍、报纸杂志、民众读物，供当地老百姓阅读。[②] 松潘的回族商人马登霄苦于自己没有文化，在民国二十一年积极联络阿坝土官杨俊扎西、在阿坝从事采金的成都安富公司的经理冯心如等在松潘创办“川西汉夷小学”，并自任董事，为边民小学的兴建、运转等奔走宣传，积极出力。[③] 又如小金的回族马荃青，光绪年间及第“秀才”。民国元年，在县城“绿竹书院”办义学馆，对于愿意进入义学馆学习的学生，不分贵贱和族别都可以上，当地土司、头人均前往义学馆学习，沃日土司杨春普、宅垄屯土人雍鹤龄、别思满屯守备古仕忠等人都是他的学生。民国十一年（1922），马荃青担任县教育局局长期间，积极倡导开办私塾，从外地聘请老师，在日隆、沃日、达维、木坡、新桥等开办多个私塾馆。[④] 民国二十三年，康定清真寺在当地回族中募集款项，设立中阿两级小学，“一律招收回民子弟”，除教授各种科学外，还“注重回文经典”的学习。[⑤] 民国二十九年，金川当地回族集资购买清真寺旁的街房一座，开办私立的中阿小学，除招收县城回族子弟外，兼收当地汉族学生，且“不管回汉学生均不收费”。[⑥]

在民族关系方面，由于回族在与语言文字、服饰、礼节、伦理道

---

① 四川省阿坝藏族羌族自治州松潘县志编纂委员会编：《松潘县志》，民族出版社，1999 年，第 929—930 页。

② 刘世英：《进步中的松潘回民》，原载《中国回教救国协会会刊》1940 年第 1 期，收入《回族历史报刊文选（社会卷·调查）》（下），宁夏人民出版社，2012 年，第 147—148 页。

③ 四川省阿坝藏族羌族自治州松潘县志编纂委员会编：《松潘县志》，民族出版社，1999 年，第 937 页。

④ 小金县县志编纂委员会编：《小金县志》，四川辞书出版社，1995 年，第 588 页。

⑤ 《西康创办中阿小学》，《蒙藏月报》1934 年第 2 期，第 33 页。

⑥ 蔡仁政：《金川教育史话》，载政协四川省阿坝藏族自治州委员会文史资料委员会：《阿坝藏族自治州文史资料选辑》第 4 辑，1986 年，第 32—33 页。

德方面与汉族大致相同，汉、回并无根本利益冲突，汉回关系相对正常。如在懋功，自平定大小金川以后，一百多年的时间，也从未发生过汉回冲突。[①] 在甘孜川边地区，回族同其他民族也是友好相处，汉、回、藏之间从没有发生过武装冲突。[②] 但是，由于宗教信仰、饮食习俗等差异，特别是与汉族经商者可能在经济利益上存在一些争夺，在局部地区的某一特殊时间段，可能也会出现汉回民族之间的一些小的矛盾或冲突。如民国时期松潘的回族，“因宗教习惯不同，曾与汉人发生纠纷”，但是很快又恢复“民族团结，全无此种情形发生”。[③] 特别是在政局动荡的时候，在部分地方也容易发生民族冲突。在懋功，因为清代大多数是回族士兵屯守当地，辛亥革命爆发后，也有人以“回族在协署当权、上下其呼”“回族管屯兵地，我汉藏人民遭受欺诈”等为由，在懋功出现了驱逐和杀害回族民众的事件。[④]

四、回族在四川涉藏地区社会地位的考察

回族在四川涉藏地区的社会地位不一，依其进入四川涉藏地区的时间长短、自身经济实力、所处地理区域等而各有差异。总体而言，在四川涉藏地区回族人口相对较多的区域，如康定、松潘等，虽然回族的人口占比并不高，但是在这些区域，“藏不排回”，加之回族“人民勤劳”“善与人处”等原因，回族反而是“人少影响大”[⑤]，在四川涉藏地区的政治、经济、文化、社会中占有一席之地。

其一，回族是维持四川涉藏地区特别是甘孜所在的康藏地区政治稳定的重要力量。近代四川涉藏地区特别是康藏地区的重大政治、军

---

① 曹世镛：《懋功回、汉关系史上的不幸事件》，载中国人民政治协商会议小金县委员会文史资料委员会编：《小金文史资料》第3辑，1992年，第5页。

② 马连成：《简介康定的回族和清真寺》，载中国人民政治协商会议甘孜藏族自治州委员会：《甘孜藏族自治州文史资料选辑》第5辑，1984年，第85页。

③ 苏德宣：《四川松潘县穆民概况》，原载《突崛》1942年第11—12期合刊，收入《回族历史报刊文选（社会卷·调查）》（下），宁夏人民出版社，2012年，第150页。

④ 《懋功回、汉关系史上的不幸事件》，载小金县委员会文史资料委员会编：《小金文史资料》第3辑，1992年，第15—16页。

⑤ 马连成：《简介康定的回族和清真寺》，载中国人民政治协商会议甘孜藏族自治州委员会：《甘孜藏族自治州文史资料选辑》第5辑，1984年，第85页。

事事件，均有回族士兵或回族人的身影。早在康熙年间，打箭炉营官昌侧集烈与明正土司争权，杀死明正土司，霸占土司官寨，清廷派出驻扎甘孜地区的38标中，有37标都是回族。[①] 另外，在赵尔丰经边之前，清光绪二十三年，回族官员唐承烈便奉命前往炉霍办理改土归流[②]。在巴塘土司和丁宁寺喇嘛杀死驻藏大臣凤全后，回族人、四川提督马维骐率领众多回族士兵受清政府之命进军巴塘，平息了巴塘事变。赵尔丰"改土归流"之时，又有很多回族籍官员前往川边。民国十九年，甘孜县境内发生大金、白利两寺因为土地差民发生的争端，西藏地方政府利用该事件，将甘孜、瞻对两县及炉霍、理塘的一部攻占，进一步引发大规模的边界争端，史称"大白事件"。国民政府派出蒙藏委员会委员、唐承烈的儿子唐柯三前往甘孜调查处理"大白事件"。另外，在民国时期，回族人马成龙率领的部队，曾先后受刘禹九和刘文辉的指派，驻防甘孜地区最重要的两个城镇——巴塘和康定。[③]

其二，在四川涉藏地区的部分区域，一定时期内，少数回族还获得了可以与土司相媲美的政治、经济权利。在阿坝地区，因为回族进入阿坝地区经商的时间较早，部分回族商人在掌握当地商业主动权的同时，也会凭借其财力获取政治上的权力或影响力，回族甚至可以左右当地的政治和管理。如清光绪三十四年，英国皇家地理学会会员、前陆军中卫福格森（Ferguson）在川西北地区时，在杂谷脑遇到一个回族朋友，"他控制羌民的权利像索土司控制瓦寺人的权利一样大"。他从卖烧饼起家，具有精明的商业头脑，渐渐地拥有了200多头骡子，承担了松潘和灌县货物的运输。他还"买下这个地区所有金子和麝香"，他把当地老百姓质押给他作为借款抵押且无力赎回的土地，重新租给百姓耕种。因此，他在当地拥有较大的话语权，由他出

① 马连成：《简介康定的回族和清真寺》，载中国人民政治协商会议甘孜藏族自治州委员会：《甘孜藏族自治州文史资料选辑》第5辑，1984年，第85页。

② 唐柯三：《赴康日记》，新亚细亚学会出版科印行，1934年，第30页。

③ 马连成：《回族到康定与清真寺的建立》，载中国人民政治协商会议甘孜藏族自治州康定县委员会：《康定县文史资料选辑》第3辑，1989年，第109页。

面调解、"经手的案子比地方官的还要多"。除了经济上的实力外，他是"所在地区最有影响的人物"，连地方官如果想买金条，也得从他手里借贷大笔款项。福格森"和马先生建立起深厚的友谊"。在这个回族人的帮助下，福格森认为他自己也"可以左右整个羌民和汉人社区了"。[①]

其三，部分回族商人在经商的时候，特别注重搞好与当地其他民族的关系，有的回族商人还得到了当地土司的认可和信任。在阿坝的部分区域，个别回族商人可以倚靠其雄厚的财力或者是精明的头脑，得到当地土司的重用，甚至成为土司对外经商的"代理人"。如民国年间，阿坝地区的回商"天隆号"老板马福德，深受阿坝土官华尔功臣烈的信任，代他经商，使华尔功臣烈一跃成为"草地势力最大、资金最多、贸易范围最广的民族巨商"[②]。在松潘的回族马祖良，年幼随堂兄赴草地经商，同华尔功臣烈结为把兄弟，并长住在阿坝墨颡官寨经商。民国二十四年他从阿坝返回松潘后，专营边茶、药材，商业网络遍及阿坝地区，并扩展到成都、甘肃、青海等，成为富甲一方的回族商人。因为他与华尔功臣烈的特殊关系，为解放阿坝，马祖良还成功说服华尔功臣烈，由他率队在阿坝地区开展工作，为阿坝县的和平解放建立了功勋。[③] 在松潘经商的另一回族马登霄，青年时代便出入草地经商，讲一口流利的藏语，善于结交涉藏地区各族的上层人物，与阿坝土司杨俊扎西、华尔功臣烈"交情甚深"[④]。另外，在黑水经商的回族商人为了在该地经商，也与当地土头交好。如民国时期甘肃临潭的一王姓回族，从他岳父开始便与黑水的头人苏永和关系

---

① ［英］W. W. 福格森著，张文武译，张皓校：《青康藏区的冒险生涯》，西藏人民出版社，2003 年，第 106 页。

② 阿坝藏族羌族自治州地方志编纂委员会编：《阿坝州志》，四川民族出版社，2010 年，第 1537 页。

③ 四川省阿坝藏族羌族自治州松潘县志编纂委员会编：《松潘县志》，民族出版社，1999 年，第 951 页。

④ 四川省阿坝藏族羌族自治州松潘县志编纂委员会编：《松潘县志》，民族出版社，1999 年，第 937 页。

甚密。[①]

第三节　羌族与周边民族的交流与互动

现代羌族自称“日玛”“日麦”或“尔玛”“尔麦”，现主要分布在四川省阿坝州所属的茂县、汶川、理县、黑水、松潘和绵阳市的北川县、甘孜州的丹巴县。

一、羌族的来源及发展

现代羌族源于古羌人，我国古籍上的“羌”，是一个很广的族群概念，古羌人是中华民族大家庭中最古老的成员之一，与中原各族关系密切。被公认为汉族祖先的炎帝、黄帝与夏、周的统治者在族源上都源于古“羌”，《史记》记述黄帝的两个儿子青阳和昌意分别“降居”江水（今岷江上游）和若水（今雅砻江）。夏代的始祖禹出生于西羌的汶山地区，他们后来进入中原地区，与当地先民相融而形成华夏族。中国历史上的第一个王朝——夏，即是以羌为主体，与其他部族在黄河流域共同形成的统一大国。未进入中原的古羌部落，散布于甘肃、青海河湟和陕西的部分地区，继续游牧生活，发展缓慢。商代时期，羌与商时常交战，大量羌人被商掳掠为奴隶，他们经常被用于祭祀、殉葬。商武丁时期，武力征伐西羌，羌人被迫逐渐西迁。西周时期，羌始称为戎，分布极广。秦时先后用兵诸戎，华夏地区的诸戎，部分被融合，部分向西南、南进行了大规模、远距离的迁徙，到达今四川的岷江上游、大渡河和安宁河流域，与当地原始先民融合，成为各民族的重要组成部分。[②]

汉代羌人在四川分布极广，有今四川汉源县九襄的牦牛羌，他们

① 于式玉：《记黑水旅行》，载于式玉著：《于式玉藏区考察文集》，中国藏学出版社，1990 年，第 200 页。

② 材料根据顾颉刚：《从古籍中探索我国的西部民族——羌族》（《社会科学战线》1980 年第 1 期）整理。

继续南下至今四川安宁河流域及雅砻江下游的越嶲郡，故又称为越嶲羌；在今平武、九寨和甘肃武都市南部有白马羌，东汉曾于此置广汉属国，故又名广汉羌族；在今四川西部的雅安市一带有青衣羌；在岷江上游和四川西北部的广大地区有冉駹羌分布，冉駹部落众多，有“六夷、七羌、九氐”。隋唐时期，由于吐蕃王朝向东扩展，河湟一带的羌人相继内迁，活动在四川的羌人部落有东女、白兰、西山八国、白狗、附国等。在岷江上游各部的羌人部落称“西山八国”，他们有的融入藏族；有的内附中原王朝，融入汉族；有的则单独保存和发展下来。宋代以后，南迁的羌人和西山诸羌，部分发展为现在的羌族，保留了羌的族称。

二、近代羌族的分布区域

近代四川涉藏地区的羌族主要分布在汶川、理番、茂县、黑水、松潘、丹巴等地。他们部分与汉族杂居，大多集中于羌族村寨中。

汶川　汶川是汉、藏、羌族杂居的区域，汶川的羌族主要居住在上九寨、中九寨、三九寨。[①] 据李安宅民国时期的调查，汶川的四山九寨皆羌民，占汶川人口的20%，以农牧为主。[②] 据庄学本民国二十三年的调查，汶川人口24619人，其中羌人“占全数十分之五”，初步估计汶川的羌族人口为12000人左右。主要散居在“岷江东岸丛山间及两岸附江一带”[③]。

理番　理番是汉、羌、藏族的聚居地，据庄学本民国二十三年的调查，理番共有7400余户、22700人，其中羌族“占十分之四强”，羌民9000余人。[④]

茂县　茂县是羌族聚居区，除汉、回二族外，大部分为羌族。在“改土归流”前，属静州、岳希、陇木三长官司及其他副长官司、巡

① （民国）祝世德编纂，王川、陈鹤校注：《汶川县志校注》，四川大学出版社，2017年，181页。

② 李安宅：《川、甘数县边民分布概况》，载李安宅遗著整理委员会：《李安宅藏学文论选》，中国藏学出版社，1992年，第76页。

③ 李媚、王璜生、庄文骏主编：《庄学本全集》（上），中华书局，2009年，第39页。

④ 李媚、王璜生、庄文骏主编：《庄学本全集》（上），中华书局，2009年，第43页。

检司等管理。清道光年间，“大部编户入县”，仍保留传统的土司职位。清末民初，或“改土归流”、或承袭无人，土司势力不存。民国三十年（1941）有羌族 6281 人。新中国成立以后，实行民族平等政策，1949 年统计的羌族人口达到 23976 人。[①]

丹巴　乾隆帝平定大小金川之后，在丹巴所在的区域设立章谷屯，从川北调汉民前往章谷屯屯垦开荒，从懋功屯抽调营把总等驻汛章谷，维州九子、上孟、下孟三屯等地的羌族屯练 62 名携带亲眷 322 名，在章谷屯屯垦练兵，是最早定居丹巴的羌族。每户羌族屯练被划给荒地 60 亩，“永不征税”，作为屯练的补贴和亲眷的生活费用。[②]

从事背运工作的羌民[③]

① 茂汶羌族自治县地方志编纂委员会编：《茂汶羌族自治县志》，四川辞书出版社，1997 年，第 116 页。

② 周晓阳：《丹巴羌族的来历与演变》，载中国人民政治协商会议四川省甘孜藏族自治州委员会编：《甘孜州文史资料》第 13 辑，1993 年，第 133—134 页。

③ 图片来源：《川西民俗 · 羌民搬运》，《中华（上海）》1935 年第 39 期，第 9 页。

另外在黑水、松潘等地还有部分羌族。松潘的羌族，多从事农业。①

三、羌族与周边民族的交流与互动

相比于嘉绒藏族，羌族所住的区域，更靠近内地，他们居住的寨子也邻近汉人居住区域，所以受汉文化的影响很大，对外来人口持更加开放的态度，与汉人、内地的交往频繁。

其一，羌族对外来的其他民族持比较友好和欢迎态度。据民国时期刘恩兰在汶川龙溪调查，发现“当地之绅士对入境之外人极表欢迎，意欲有所常入，以求文化混合而改进现势也”。之所以他们对外来汉族持欢迎态度，是因为数年前当地出一命案，羌民“因返理不当而上诉至成都法院，初以为去成都诉讼羌民必败，且难免笞杖之苦”。结果先后两次提审时，“龙溪寨原告方之妇女十余人羌装至成都，乍见成都景色，并感法官慈蔼，故决议提倡学术，尽量欢迎外人入境襄助。”② 同时，民国时期，也有部分羌族学生进入内地参观、考察。民国三十年，中华边疆服务部川西服务区组织佳山寨羌民男女学生 17 人组成“羌民观光团”到成都参观。民国时期，也有羌族学生赴成都学习，成都私立高级中学给予补助学食费，招收羌民学生陈天和一名。③

其二，羌族地区是汉藏之间的过渡区域，羌民在当地的社会地位与土司及汉官的管理息息相关。近代羌民或住在土司管辖的寨子里，做土司家里的佃户，或住在汉官管辖的区域。因为羌民人数较少、势力较弱，处于嘉绒土司和汉族官员夹缝中的羌民，为了能生存下来，往往会寻找一个“靠山”。如民国时期，汶川的羌民，大多都会在汶川城内找一个汉人做干爹，当遇到困难或麻烦的时候，总会去寻求干

---

① 《松潘民族来源习性表》，边政设计委员会编：《川康边政资料辑要二十九种·松潘概况》，1940 年铅印本，载马大正主编：《民国边政史料汇编》第 28 册，国家图书馆出版社，2009 年，第 175 页。

② 刘恩兰：《川西游记之七朝气蓬勃川西游》，《文化先锋》1947 年第 16 期，第 29 页。

③ 《省府补助羌民学生求学》，《教育视导通讯》1941 年第 15 期，第 18 页。

爹的帮助。当然，平时有什么好的东西，比如刚采摘的新鲜水果和野菜等，也会送给城里的干爹。而城里的汉人，也把拥有多少干儿干女，当成是自己有势力的表现。①

其三，在职业选择方面，羌族聚居区域相对藏族居住地，拥有的自然资源相对较少，但是因为羌族居住区域位于从内地前往松潘等地的必经之地上，所以具有地利的优势，职业种类更多样。羌民传统生计方式以农耕为主、畜牧为副。除传统种植业外，羌族老百姓还从事打猎、打柴、挖药、熬硝、酿酒、制牛羊皮、制麻布、毪子等工作。清末，在羌族地区，“几乎每家每户都能熬制硝、碱”。因为羌族地区为内地往涉藏地区运送货物的必经之地，沿途“背夫”众多，很多羌民也加入运输队伍，有不少羌民还以背羊毛、茶包作为副业。另外，还有很多羌族前往成都工作，如“成都坝子上包揽道种工作的多半是羌民”②。

其四，在语言文字方面，他们自己内部的语言非常复杂，几乎是“这一条沟的话，不能通到那一条沟”③。但是因为靠近内地，且他们居住的区域位于汉藏交流的主要通道附近，大部分羌族均能流利使用汉语。随着民国时期在羌族地区推行边民教育，“通晓国语者渐多”，同时羌语逐渐边缘化，羌族儿童中“不能精通语者，已大有人在”④。到民国后期，羌人“都能够说汉族语言”，有些羌人甚至只能够说汉语，而“忘了自己的语言”⑤。

除受汉文化的影响较大外，羌族因居住在汉藏之间，受汉藏两种文化的影响较大。在两种文化的熏染下，部分羌民选择了汉文化，而部分羌民则受藏族文化的影响较深，表现出汉藏羌文化兼具的特征。如理番的九子屯，虽然全是羌民，但因为他们的屯守备是藏族，所以

---

① 黎光明、王元辉著，王明珂编校：《川西民俗调查记录（1929）》，台北“中央研究院”历史语言研究所，2004 年，第 174—175 页。

② 鲁愚：《边疆见闻：闲话羌民》，《边疆服务》1945 年第 8 期，第 16 页。

③ 黎光明、王元辉著，王明珂编校：《川西民俗调查记录（1929）》，台湾“中央研究院”历史语言研究所，2004 年，第 174 页。

④ 鲁愚：《边疆见闻：闲话羌民》，《边疆服务》1945 年第 8 期，第 17 页。

⑤ Graam. D. C 著，徐松石译：《羌民的风俗和宗教》，《天风》1947 年第 78 期，第 11 页。

当地的羌民，“女的多兜着戎人的头帕”，在服饰上显示出“九子屯是个羌民戎官”的寨子。[①] 如松潘关内七寨的羌族，受其他寨子藏族的影响，很多羌族逐渐开始受藏族的影响，“奉喇嘛教”，同时也受汉族的影响，有汉姓、汉名，读汉文，说汉话。[②] 丹巴的羌族为适应当地的自然和社会生活环境，衣食住行方面也糅合了当地汉、藏各族的习俗。他们的服饰，与汉、藏民相同，男子远行的时候，通常着藏装，女子服装也与当地妇女一样。同时，也大多拥有汉姓。[③] 另外，羌民也同周边的嘉绒藏族一样平时喜欢跳锅庄、喝咂酒，“与戎人无异”[④]。

第四节　彝族北上及其与其他民族的互动

四川涉藏地区的彝族主要分布在甘孜州的九龙县、泸定县及凉山州的木里县。其中九龙县是彝族的主要聚居区，有 7 个彝族聚居区，泸定县的彝族主要分布于磨西、燕子沟、得妥、德威 4 个镇。

一、近代四川涉藏地区彝族的迁入、分布区域及从事职业

九龙　有关彝族从凉山地区进入九龙的历史，有比较详尽的历史记载。据载，清中叶，凉山地区的彝族向西、北方向发展。居住在凉山喜德马里均一带的彝族，有的不堪忍受封建统治和汉族地方势力的歧视和压迫，以及内部频繁的冤家械斗，力图另觅生路。随着成批彝民的迁入，垦荒地逐渐从高山坡地向平坝、洼地拓展，于是冕宁、喜德、越西的彝族家支，先后迁居九龙，共有罗洪、倮伍、果基、阿鲁、莫八、马黑、瓦扎 7 个家支，并按彝族的习俗，由各家支的黑彝

① 李媚、王璜生、庄文骏主编：《庄学本全集》（上），中华书局，2009 年，第 63 页。

② 任乃强：《四川第十六区民族分布（附表）》，《康藏研究月刊》1949 年第 24 期，第 12 页。

③ 周晓阳：《丹巴羌族的来历与演变》，载中国人民政治协商会议四川省甘孜藏族自治州委员会编：《甘孜州文史资料》第 13 辑，1993 年，第 136 页。

④ 庄学本：《羌民生活》，《新闻报图画特刊》1935 年元旦。

民国西康九龙的彝族①

统治，依靠白彝和娃子进行劳动生产，把彝族聚居区的全套社会制度和习俗，完整地搬到新迁之地。到新中国成立时，彝族居住面积已占九龙县全部面积的一半左右，人口也达全县总人口的44%。九龙县的三、四区均为彝族聚居区，一、二区均为汉、彝、藏杂居区。② 彝族居住的三垭、湾坝等地，大多是“膏腴之区”，九龙彝族居处简单，但是“勤俭耐劳，节衣缩食，善事居积，不但黑夷财富日丰，即白夷亦能自给。”③

泸定　泸定彝族全是民国时期从冕宁、越西、石棉、九龙等地迁入的白彝，主要居住在便于开垦、放牧、狩猎的高山和平坝边缘的山坡上。民国十七年，凉山、九龙等地一些彝族群众又迁入泸定磨西、新兴、得妥等乡居住。④

---

① 图片来源：《工作月刊》1936年第4期。

② 罗洪则拉口述：《彝族迁居九龙、泸定的历史梗概》，载中国人民政治协商会议四川省甘孜藏族自治州委员会编：《四川省甘孜藏族自治州文史资料选辑》第1辑，1982年，第75—76页。

③ 邱述钤：《九龙经济建设之研讨》，《康导月刊》1939年第1期，第40—41页。

④ 四川省甘孜藏族自治志编纂委员会编：《甘孜藏族自治州志》上册，四川人民出版社，1997年，第27页。

木里　居住在木里的彝族，多是从冕宁、盐源、九龙和云南的宁蒗等地迁居来的。除水洛、俄亚、东朗、麦日、博窝、麦地龙等乡外，其余各地都有彝族与其他民族杂居。其中尤以屋脚、牦牛坪、芽租、列瓦、李子坪、倮波、下麦地等乡最多，有的是纯彝族村落。[①]近代是彝族大量迁入木里的时期，木里第十六代大喇嘛“为增加地租收入”，增强自己的势力，“解除关闭禁令”，广泛接纳木里周边散居的其他民族进入木里“开荒垦殖，发展木里农牧业生产”，散居在九龙、冕宁、盐源及云南宁蒗各地的彝民，在民国时期，纷纷迁入木里。[②]

二、彝族与汉、藏民族的交流与互动

在经济关系上，一方面，彝族与汉、藏民族因为争占土地、财产等因素，呈现出比较紧张的状态。因为北上的彝族，主要是从事农业生产，所以需要解决土地问题。这种建立在对土地资源进行抢夺基础上的族际互动，呈现“此消彼长”的状态，特别是在彝族快速扩张的时期，彝、汉关系更是紧张。如在九龙县，清代中期仅有零星彝族迁入，因为彝族实行“家支制度”，迁入彝族为使自己能在该地立足，秉承“人多力量大”的传统，又不断召集更多的人前往。加之周边彝族受自身发展条件及其他因素的影响，在清末民初大举迁入九龙。大量彝族的迁入，原在当地佃农的汉人逐渐被驱逐，纷纷逃亡。以彝族居住比较集中的山垭为例，在清末时，山垭原来为西番驻地，有13堡，每堡32家，极其富庶。因为土地肥沃，汉人纷纷前往，改良耕种，从事垦殖，最多的时候有480家之多，盛极一时。另外，还有数百金矿之工人。清光绪年间，彝族从冕宁前往山垭，“挟其彪悍之武力”“驱逐汉康人民而席卷其地”。清宣统三年，三垭奴隶主罗洪帕宗带领人枪抢占了踏卡区域，迫使汉、藏群众向西迁逃。民国

① 《木里藏族自治县概况》编写组：《木里藏族自治县概况》，民族出版社，2009年，第19页。

② 马热木子（彝）、周命藻：《木里境内的彝族》，载中国人民政治协商会议木里藏族自治县委员会文史资料委员会编：《木里文史·民族史料专辑》，1996年，第59—60页。

七、八年间，九龙三垭彝族又进一步驱逐原居住在此的汉族及西番，在彝族的驱赶之下，九龙乌拉溪踏卡河等之汉人，“皆相率前往小金河岸当差开地耕种”，“挖耳寨附近居民一百余家，皆自九龙逃徙于此者。”[①] 民国二十八年（1939），仅羊桥还有20家汉人，其他地区均为彝族。[②] 因为彝族的到达，“大批农民无地耕种，破产荡家，流离转徙”[③]。

当大批彝族扩张的过程基本完成、处于相对稳定的状态时，彝汉关系则相对有所缓和。因为彝族实施奴隶制度，在扩张过程中，除抢夺土地外，还使用强制手段，抢劫汉人当“娃子”，凡是被抢劫之汉人娃子，一方面“则强迫操其语言，学其服装，禁与汉人接近”，另外一方面，又“施笼络手段，即凡宴会饮食，娃子皆能参加”，因之“娃子皆能听其服役，乐与共处”。另外，在部分区域，还有部分极贫汉人，佃彝族土地生活。[④] 同时，在部分彝汉人口相当，或者彝族势力较弱的区域，彝汉关系相对平稳，如九龙姑鸡黑彝、谢家黑彝所在的区域，均接近汉人居住区，彝族不仅能“通汉语”，而且“晓汉情”，并“无过分汉人之处”。[⑤] 部分奴隶主还在当地彝汉百姓中拥有较高威信，如九龙湾坝地区的乌尼老曹，“颇具社会阅历，能言善辩”，在湾坝汉藏各族群众及彝族各家支中有很高的威信。[⑥]

因为彝族占据的都是非常肥沃的土地，所获颇丰，他们种植的粮食，包括玉米、麦子等，“皆售与汉人康人”，自己则食用洋芋、荞麦，将卖粮食所得之钱财，又用于购买“娃子”和“枪械”，进一步壮大自己在当地的势力。仅以民国时期九龙的“三垭”为例，在三垭，彝族拥有新式步枪“约有二百支”[⑦]。

在民族关系方面，彝族大规模进入九龙时，正值清末民初新旧政

---

① 邱述钤：《木里纪行》，《康导月刊》1939年第12期，第26页。
② 《山垭汉族之衰落》，《康导月刊》1939年第7期，第9页。
③ 邱述钤：《九龙经济建设之研讨》，《康导月刊》1939年第1期，第42页。
④ 邱述钤：《九龙全境视察记》，《康导月刊》1939年第4期，第34、29页。
⑤ 邱述钤：《九龙全境视察记（续）》，《康导月刊》1939年第6期，第26页。
⑥ 四川省九龙县志编纂委员会编：《九龙县志》，四川人民出版社，1997年，第509页。
⑦ 邱述钤：《九龙全境视察记》，《康导月刊》1939年第4期，第33页。

权交替，政府无暇顾及该区域，黑彝奴隶主通过贿赂当时管理九龙的明正土司，得到土司允许后，大举迁入九龙。因彝族北上扩张的过程中，“烧杀掳掠，盗匪横行，暴力驱赶”的事件时有发生，所以民国政府成立后，对九龙县的黑彝进行打击，反过来又进一步激化了彝汉之间的矛盾。在九龙，民国十五年（1926）设县之前，彝汉冲突不断，仅民国三年至十一年（1914—1922）之间发生的彝族烧杀抢掠事件就多达35起。[①] 民国元年，川边镇抚府标统陈遐龄率部攻占三垭，将黑彝洛伍瓦图木呷等17人以杀人抢劫罪处死。另外将罗洪帕宗等12位黑彝囚禁于康定。[②] 民国六年，陈遐龄任川边镇守使镇守甘孜地区时，制定了“不准讲彝话、不准穿彝装、不准用三锅庄”的“三不准”政策，进一步激化了汉彝矛盾。[③] 后来又派出生在彝汉杂居之冕宁、并通晓彝情的邓秀廷治理彝区，邓秀廷利用“以彝治彝”的方式，激化彝族黑彝内部各支及白彝与黑彝之间的矛盾，同时“不惜残杀，使黑夷相攻伐”，九龙彝族遭到震慑的同时，“其迹稍敛”[④]。

在木里，当时木里政教合一的土司衙门里无彝族官员。黑彝奴隶主每年向土司衙门交纳一定的钱财而获得土司衙门颁发的“红照”后，按“红照”所划地界招收彝族佃户耕种而收取租粮。总体而言，彝族在迁入木里后，除“个别黑彝奴隶主外”，其余大多与其他民族和睦相处。如九龙阿扎家支的头人阿扎尼拉，他“与藏汉族的头面人物均有往来”，是九龙、冕宁、康定、木里等有彝族居住区域的“知名人物”。他两次应邀到木里，和木里土司交好，成为可以自由出入木里土司管辖境内的显赫人物。[⑤] 木里大喇嘛召开“八司人会

---

① 四川省九龙县志编纂委员会编：《九龙县志》，四川人民出版社，1997年，第3、127页。

② 四川省九龙县志编纂委员会编：《九龙县志》，四川人民出版社，1997年，第6页。

③ 罗洪则拉口述：《彝族迁居九龙、泸定的历史梗概》，载中国人民政治协商会议四川省甘孜藏族自治州委员会编：《四川省甘孜藏族自治州文史资料选辑》第1辑，1982年，第81页。

④ 邱述钤：《九龙全境视察记（续）》，《康导月刊》1939年第6期，第27—28页。

⑤ 四川省九龙县志编纂委员会编：《九龙县志》，四川人民出版社,1997年,第505页。

议”时，“还要吸收部分黑彝头人参加会议。”①

在九龙县彝族居住的大山中，仍然有“掠卖汉人之习”，因而“汉人布贩盐贩，请有土人保险者，始敢至”②。另外，因为近代彝族实行奴隶制度，也有部分被压迫的白彝奴隶受不了黑彝奴隶主的残酷统治，想“转彝为汉”。如民国三年（1914），九龙县三垭以江郎沙姑为首的白彝群众响应冕宁、越嶲的“拉库起义”，提出穿汉装、打汉灶，彝汉通婚，不给奴隶主当娃子。③ 起义最终以失败告终。

在其他方面，迁入泸定的彝族，为便于登记户口及与其他民族交往，在保留彝姓彝名的同时，往往会取一汉姓。所取汉姓大多是根据彝姓中的译音而取名，有同一彝姓取几种汉姓，也有几种彝姓改为一种汉姓，对所取“汉姓并不十分计较”④。在九龙的彝族，并用汉彝姓名的也很多，汉姓通常是从彝族姓氏中取一字音译过来，如彝族姓“沙马”为汉族“马”姓，如彝族姓“洛伍”为汉族“伍”姓，也有意译或随意取姓的。⑤

第五节　其他民族的交流与互动

一、纳西族与其他民族的交流与互动

（一）四川甘孜地区的纳西族

纳西族，又称“么些”“摩西”。今四川甘孜地区的纳西族主要居住在甘孜州得荣县的白松镇。

唐代，云南的纳西族建立“六诏”之一的“么些诏”。吐蕃兴起

① 马热木子（彝）、周命藻：《木里境内的彝族》，载中国人民政治协商会议木里藏族自治县委员会文史资料委员会编：《木里文史·民族史料专辑》，1996年，第72页。

② 任乃强著：《西康诡异录》，四川日报社，1930年，第67页。

③ 四川省甘孜藏族自治志编纂委员会编：《甘孜藏族自治州志》上册，四川人民出版社，1997年，第26页。

④ 吴吉远：《泸定彝族情况调查》，载政协四川省泸定县委员会文史资料工作委员会编：《泸定文史资料选辑》第4辑，1990年，第117页。

⑤ 九龙县档案县志局编：《九龙县民族志》，2006年，第57页。

后，不断向东扩张，么些亦受其统治。元初，即受封土司，成为朝廷命官。明朝初年，云南一带发生叛乱。明太祖朱元璋派大军前往云南平息。丽江七代土司因效忠明朝皇帝，率部协助平息叛乱，得到皇帝的赏识并赐予木姓，封丽江知府土司职衔。明朝万历年间，丽江的纳西族在木氏土司姜萨当布杰治理下逐渐强盛，在滇、川、藏的势力迅速壮大，先后占领了今云南迪庆藏族自治州的中甸、德钦，甘孜州的巴塘、理塘、稻城、乡城、得荣等藏族聚居区及凉山州的木里藏族自治县的部分地方和西藏昌都的盐井、芒康等地，并将摩西人迁入涉藏地区。因此，自明中叶以后，摩西人也随“木氏之军事政治势力而移殖”，而木土司能扩张领土，也全靠“摩西族之迁移以固守之”①。据《滇云历年传》载，丽江木土司对甘孜南部巴塘、理塘等地的统治，一直维持到清朝初年。康熙十年（1671），滇省巡抚李天浴上奏朝廷称：“丽江土府，元明时俱资以障蔽蒙、蕃，后日渐强盛，于金沙江外则中甸、巴塘、理塘等处，江内则喇普、处旧、阿敦子等处，直至江卡拉、三巴、东卡，皆其自用兵力所辟，蒙、番畏而尊之曰萨当汗。……”并请求将所有中甸等处额征米豁免。②至雍正五年（1727），将巴塘、理塘正式从丽江木土司的统治下划归四川，取消木土司对甘孜南部的统治。一部分摩西人仍留在巴塘等地，继续垦种、繁衍，与藏族关系密切，且受藏族影响并与之融合。

（二）纳西族与其他民族的互动

因为近代四川甘孜地区纳西族人数总体较少，且主要分布在甘孜南部地区，民国时期对其族群与其他民族互动的相关资料较少，只有少部分调查资料中涉及。新中国成立以后，针对纳西族的人口数量、历史渊源、家庭结构、婚丧嫁娶、宗教文化等展开了部分调查，为了解近代纳西族与其他民族的交往、交流提供了参考资料。

在语言文字方面，纳西族文字只有专门从事宗教的纳西“东巴”才知晓东巴象形经文，其文字的普及度并不高。近代迁入四川甘孜地

---

① 方国瑜：《麽些民族考》，《民族学研究集刊》1944 年第 4 期，第 96 页。

② （清）倪蜕辑，李埏校点：《滇云历年传》，云南大学出版社，1992 年，第 528 页。

区的纳西族，受当地其他民族特别是汉、藏民族的影响，语言文字发生了很大的变化。在西康南部的纳西人："入清以来，喇嘛教始盛。虽自有其语言文字，然安于汉化；世家大族，皆读汉籍，行汉语。人民情俗，在汉族与西番之间。故旅行滇康间者，雇麾些为向导与通译最宜。"[①] 因为纳西族的汉文水平比较高，有的还在土司衙门里担任重要职位。如民国时期，在木里的纳西族人杨丽生，就曾在木里土司衙门里担任"师爷"[②] 一职。

在姓氏、房名方面，受周边其他民族的影响，纳西族的姓名大多采用藏名，据新中国成立以后在巴塘白松乡的调查，当地的纳西族的名字"全为藏名"，藏名的取得与当地藏族一样，须由寺院的活佛、高僧命名。在房名方面，虽然有少数纳西族家庭还沿用纳西语房名，但是大多数的纳西族家族已入乡随俗，采用藏语取房名了。[③]

在婚姻方面，纳西族除了本民族内通婚外，也会与当地的藏族通婚。在婚姻形式上也与其他地区类似，有嫁女和入赘两种方式。不过与其他民族有差异的是，无论嫁女还是入赘，媒妁之事，均是由女方家庭"去对方家庭求婚"。同时，在婚礼举办过程中，融合了汉藏婚礼的礼仪，在送亲的前一夜，与汉族婚礼"闹花夜"一样，亲友聚集在一起跳起藏族的锅庄和弦子。次日，则根据当地喇嘛卜算的时间，选择交通方式和出发时间。[④]

在人口方面，因总体人口数很少，因此关于甘孜地区纳西族的记载较少。据庄学本民国时期在西康的调查，在康滇边境的么西，"生活介于汉番之间，母系本位""近年人口渐减"[⑤]。

在商业方面，因为甘孜地区南邻纳西族居住的丽江，随着近代甘

---

① 任乃强著：《西康图经》，西藏古籍出版社，2000 年，第 494—495 页。

② 黄承宗：《木里土司衙门汉文档案所见》，载中国人民政治协商会议木里藏族自治县委员会文史组编：《木里文史》第 1 辑，1987 年，第 146 页。

③ 《白松乡纳西族社会历史调查报告》，载中国人民政治协商会议四川省甘孜藏族自治州委员会编：《甘孜州文史资料》第 18 辑，2000 年，第 261 页。

④ 《白松乡纳西族社会历史调查报告》，载中国人民政治协商会议四川省甘孜藏族自治州委员会编：《甘孜州文史资料》第 18 辑，2000 年，第 256—257 页。

⑤ 庄学本：《西康的风土和人物》，《东方画刊》1941 年第 1 期，第 7 页。

孜地区商贸的发展，部分纳西族也进入甘孜地区及毗邻的木里地区从事经商。如在木里，民国时期，丽江的纳西族马长寿拥有八九十匹驮马，不仅在木里大寺开设商号经营商品，还每年从云南贩运货物前往木里、康定、西藏等地销售，马长寿将云南的火腿、茶叶、鸦片、红糖及木里的粮食等贩运至康定，从康定购回边茶、绸缎、哈达、金绒、平绒等前往拉萨销售，从西藏返回时，又将从印度进口的货物及西藏的土产品销售到木里，“深受木里群众喜爱”。[①]

二、蒙古族与其他民族的交流与互动

（一）四川甘孜与木里地区的蒙古族

四川涉藏地区的蒙古族主要散居在凉山州的木里藏族自治县，除在屋足、项足等地聚居外，其他蒙古族大多与木里的汉、藏、纳西等民族杂居。其中，项足的蒙古族，据木里的蒙古族后裔叙述，其中大部分是清光绪二十一年（1895）前后从盐边逃难到木里的。[②]

另外，在今甘孜州的霍尔藏族，也是元代蒙古族南下与当地先民融合后的后裔。“霍尔”为藏语对北方民族的泛称，霍尔藏族主要分布在四川甘孜州的甘孜、炉霍、道孚等地区，是元代蒙古兵丁、蒙古族统治者、戍兵与当地部族融合之后代。元代因为戍守等原因，蒙古兵丁、蒙古族血统的统治者向康藏迁徙十分频繁，不少蒙古驻军逐渐在甘孜北部的甘孜、炉霍、道孚等地生活了下来，与当地族群相互融合、共同生活，成为生活在康巴地区的“霍尔”藏族。

（二）蒙古族与其他民族的交流与互动

因近代四川涉藏地区的蒙古族数量较少，因此他们的语言文字、生活习惯，均与当地老百姓接近。

---

① 夺取荣品藏语口述，阿仲文汉语口译，刘先进整理：《解放前木里的商贸情况》，载中国人民政治协商会议木里藏族自治县委员会文史资料委员会编：《木里文史》第2辑，1989年，第99页。

② 王心和：《木里蒙古族浅记》，载中国人民政治协商会议木里藏族自治县委员会文史资料委员会编：《木里文史·民族史料专辑》，1996年，第78页。

在文字方面，新中国成立前，木里的蒙古族均不认识蒙古文，“蒙古族喇嘛念藏经，用藏文”[①]。

在语言方面，因为蒙古族与其他民族杂居，受汉、藏、纳西等族语言的影响，在语言的使用上，更加多元，在与汉、藏族杂居的区域，兼通汉语、藏语，在邻近纳西族的区域，则“通纳西语”[②]。

在饮食方面，蒙古族的主食是玉米、青稞、小麦、荞麦等加工而成的粑粑，另外也同藏族一样吃糌粑、喝酥油茶。

除纳西、蒙古族外，在木里还有僳僳、布依、壮、苗等民族，大部分是清末民国时期为躲避战乱迁入木里的。

---

① 木里藏族自治县志编纂委员会编纂：《木里藏族自治县志》，四川人民出版社，1995年，第862页。

② 木里藏族自治县志编纂委员会编纂：《木里藏族自治县志》，四川人民出版社，1995年，第862页。

第三章　民族交流与四川涉藏地区社会人口、血缘、城镇、交通变化

四川涉藏地区各民族在相互交往过程中，各民族为寻求自身的发展壮大，自觉或不自觉对原有社会体系、社会形态以及社会生产关系产生不同程度、不同范围的冲击与突破，影响到四川涉藏地区社会整体结构中其他要素的变化和调整，对四川涉藏地区社会发展产生了深远影响。

第一节　人口的变化

一、近代四川涉藏地区人口的迁移、流动

人口的迁移流动是一个区域社会发展的主要驱动力，也是各民族之间交往交流交融的重要前提，各民族人口的流动方式、流动数量、素质高低，对流入地社会经济的发展至关重要。四川涉藏地区地处高原，人口稀少，近代是四川涉藏地区人口迁移流动的繁荣时期，伴随着清代的戍边、赵尔丰经营川边、民国时期西康建省，大量内地人口前往四川涉藏地区，或戍守、或垦殖、或经商、或务工，一定程度上增加了四川涉藏地区劳动力人口数量。他们与当地各族群众一起，成为推动社会发展和开发的重要力量。根据主导人口迁移动力机制的不同，近代四川涉藏地区各民族的迁移模式有所差异：

第一，是由政府组织、协调、主导的人口流动。这种人口迁移流动通常具有较强的组织性、规模性、系统性、全局性，根据迁移流动的目的不同，又分为：（1）强制性迁移人口。包括政府为了维持社会稳定、政治安全在川藏沿线各军事要点派出驻守的士兵，如清代塘汛绿营及民国时期的驻军。（2）由政府政策支持、鼓励下的人口自发的迁移行为。如清末赵尔丰经边的时候，制定了鼓励商业、垦殖等一系列政策，在政策的鼓励下，很多人为谋求经济利益，纷纷前往川边各地经商。另外还有政府在推行“改土归流”、改土设屯的过程中，由清廷组织招揽内地汉民前往从事屯殖。

第二，是因为经济利益的驱使、自发的人口迁移流动。这部分人口迁移，并没有政府的组织、参与，纯属受利益驱动、自发的迁移人口。典型的如在四川涉藏地区经营商业的陕商，他们在四川涉藏地区经营某一商业获利后，为巩固自己在当地的势力，进一步发展商业，他们在回乡之际，往往又会大量“招其乡人”①，如在康定经商的陕西人十之八九为陕西户县人，清末民国时期，每年从户县前往康定的人通常是“上半年、下半年各一批”，总共有“七、八十名”②，因此源源不断有陕西人进入四川涉藏地区经商。另外，如在四川涉藏地区地质气候条件好的区域，也有很多人自发前往从事垦殖。在九龙，该县世居居民“悉以游牧”为业，不习农耕。由于土壤丰饶，汉人皆愿来此辟荒，清末民国时期“数十年以还”，在九龙安居的汉人“竟有一千四百余户”。因为九龙土地肥沃，垦殖较易，在九龙县乌拉溪乡从事垦殖的王姓汉人，曾撰“走遍天下无乐业，惟有此地得安居”对联张贴于门上，可见当时在九龙开垦，相对内地而言，反而更容易“安居乐业”。九龙县的彝族，也在清末民国时期大规模迁徙至九龙，从事农耕。在汉、彝民族的影响下，当地的藏族老百姓也开始从事农耕，从而使当地种植业得到较快发展。因此，在九龙县，尽管“向无公家提倡”开垦，但在外来人口的影响下，民国时期九

① 伍非百著：《清代对大小金川及西康青海用兵纪要》，1935 年铅印本，第 191 页。

② 杨益三：《陕帮“炉客”在康定——略记户县德泰合兴衰始末》，载中国人民政治协商会议协陕西省户县委员会文史资料委员会编：《户县文史资料》第 3 辑，1987 年，第 22 页。

龙“垦务之发达甲于全康”。[①]

另外，在四川涉藏地区部分地方还有由土司主导、鼓励下的人口迁移流动。

二、近代四川涉藏地区人口结构的变化

伴随着外来人口成员不断增加，四川涉藏地区城镇的人口数量、民族构成等也相应发生变化。

（一）近代四川涉藏地区人口数据的变化

近代四川涉藏地区内各民族的人口是多少？其中外来人口数又是多少？有关四川涉藏地区人口数据缺乏准确、详细的记载，连西康省政府主席刘文辉也感慨“西康的人口是个谜”[②]！因此要分析近代四川涉藏地区人口构成和人口数量非常困难，只能从各个时期的人口统计数据作一简单分析。

1. 甘孜地区

赵尔丰经营川边之时，首次对川边甘孜地区人口进行清理，并造册登记。民国时期，在西康地区进行了几次人口统计。西康建省时期正值抗日战争爆发，西康位于边防，距前线较远，不易达到，“故一般人士，皆视西康为乐土，经商避难者，咸多赴之”[③]，故内地前往甘孜地区的人员增多。加之这个时期正值筹备西康建省，百务并兴，因公、因私前往四川涉藏地区的人口增多，西康人口激增。西康建省时期，建省委员会对康属地区进行了人口摸底和调查。民国二十八年，西康省政府成立后，又再次令所属各县上报人口数量并汇总成册。

---

① 刘赞廷编：《民国九龙县图志》，载中国地方志集成编委会编：《中国地方志集成·四川府县志辑》第67册，巴蜀书社，1992年，第511页。

② 刘文辉：《建设西康新十讲》，载赵心愚、秦和平、王川编：《康区藏族社会珍稀资料辑要》（下），巴蜀书社，2006年，第525页。

③ 葛耕南：《西康剪影（下）》，《抗战与交通》1940年第40期，第769页。

表 3-1　甘孜地区人口数据统计表[①]

地区	康熙年间（户）	雍正七年（1729）（户）	宣统二年（1910）（户）	民国二十四年（1935）（人）	民国二十八年（1939）（人）	民国三十年（1941）[②]（人）	1950—1953年（人）
康定	20424	6842	6842	38012	36430	38013	47704
泸定	403[③]		5000	51332	24001	51332	34294
丹巴	4823			37662	13386	37662	33438
九龙				22411	13174	22411	20000
雅江			860	20694	5838	20694	19700
巴塘	6920[④]	3236	3457	54069	14024	54069	18138
理塘	5320	6529	1684	47967	10273	49967	30754
稻城			2445	25538	5284	25539	14674
道孚			3135[⑤]	37385	4330	37385	24357
炉霍			5752	24504	8387	34504	23688
甘孜				44622	11433	44622	35307
瞻化				60387	40387	60387	24019
德格			3330	25743	12559	25943	41246[⑥]
白玉			3455	20615		20599	25225

① 该表根据康熙年间、宣统二年（1910）、1935 年、1950—1953 年等几个时间点或时间段的调查数据填写，总体而言，四川涉藏地区的人口虽然历经调查，但大部分调查漏查少报，系估计数据。民国时期，开始重视对藏族地区的调查，但是通过不同渠道公布的人口数字差距仍然非常大。新中国成立以后，开始了较为科学的人口普查，数据相对可信。数据来源于：《卫藏通志》、四川涉藏地区各县县志、《1935 年 2 月西康行政专员公署造报各县人口概况统计表》；1939 年统计数据来源于《西康民政统计》，康定文化社印，1947 年资料。

② 傅双无编：《四川边区各民族之人口数字》，书生书店，1941 年，第 40—41 页。

③ 泸定大部分人口算入打箭炉，此数字仅为冷边、沈边、咱里三土司管辖人口数。

④ 当时得荣县和昌都地区的盐井、芒康县的莽岭及云南的中甸、维西、阿墩子等地均属巴塘管辖。

⑤ 宣统二年（1910）数据，统计范围包括原甘孜孔撒、麻书，康定明正、丹巴丹东、玉科等地。

⑥ 将原邓柯县 8 个乡人口划入德格。

续表

地区	康熙年间（户）	雍正七年（1729）（户）	宣统二年（1910）（户）	民国二十四年（1935）（人）	民国二十八年（1939）（人）	民国三十年（1941）（人）	1950—1953年（人）
邓柯			1226	31100		31100	
石渠			3101	32410		32410	46451
定乡							
得荣						22581	
义敦				16140			

从上表可以看出，各个时期对甘孜地区的人口调查资料数据相差比较大，部分地区人口增长非常缓慢，在一定历史时期，部分地区还呈现人口减少趋势，其原因主要有：

一是因为调查数据只是部分地区的抽样调查或估算数据，加之交通、通讯极其不便，错登、漏登、重复登记情况突出，因此数据的准确率不高。在民国以前统计的数据，各县粮册所记载的数据，都是“案定支差粮户”，对于没有纳粮的，则没有登记，登记的人口数额和实际的数额差距非常大①。清末赵尔丰经边，曾清查户口，因为清查需要人力、物力较多，所以采取的方式往往是由当地土目“自行填写”，并未认真考察，因此所登记的人口数额，“多有浮漏”。因为登记造册后，要以之为征粮依据，所以很多头人往往不肯据实呈报，故意乱填数字，漏登记的人口“为头人所隐匿”②。因此，所记载的人口数也极不准确。西康建省时期和西康建省当年统计的各县人口，数据相差非常大，原因是民政厅在调查时，将当地人口分为世居及寄籍两类，上述表格中，没有统计寄籍人口。以打箭炉为例，民国二十四年为38012人，西康建省后，人口反而降至36430人，实际统计人口为世居人口，并没有将寄籍康定的7366人计算在内③。

① 伍非百著：《清代对大小金川及西康青海用兵纪要》，1935年铅印本，第187页。

② 伍非百著：《清代对大小金川及西康青海用兵纪要》，1935年铅印本，第192页。

③ 西康省政府民政厅主编，西康省政府民政厅统计室编制：《西康民政统计》，康定文化社印，1947年，第20—23页。

二是部分区域在不同的历史时期，其辖区范围发生了变化，因而户口数也随之增加或减少。如清代打箭炉地区明正土司管辖范围大体包括以炉城（康定）为中心，向东北延伸，南达玉龙西、磨西一带，北达今丹巴南部以及道孚惠远寺一带。而清末、民国期间统计的是康定县的人口数，所以数据差异较大。

三是人口登记的时候，并未将流动人口登记入册。如民国时期任乃强先生对康定的考察，当时康定人口据粮册登记才 2411 户，但是据他调查，登记人口实际“不足二分之一”。在康定，人口有近 15000 人，还有很多都没有登记在册。[①]

除调查的错漏外，在较长一段历史时期内，甘孜地区的人口增长速度非常缓慢，因为特殊的社会、经济、文化形态，甚至在一定历史时期，还出现了负增长情况。

其一，由于甘孜地区自然条件、经济、文化发展水平的制约，人民的生活、健康水平普遍不高，加之医药卫生条件较差，疫病时有流行，有病求诸神的现象普遍，人口发展处于低出生、高死亡、低增长状态，使得甘孜地区人口增长率相对较低。如民国西康曾“流行霍乱，疫症死亡不少”，特别是“痢疾之盛，沙眼，疥疮与甲状腺之多，甲于全国”，再加上传染性疾病流行，另外每年死于“天花、伤寒、痢疾者数以万计”。[②]

其二，甘孜地区民风彪悍、好械斗，人口流动迁徙频繁，人民难以安居，严重地影响人口增长速度，因此人口增长相对缓慢。由于甘孜大部分地区是传统的部落制社会，部落与部落之间经常发生械斗，有的部落在械斗过程中失败后往往会选择迁移到其他地方去生活，所以人口经常流动迁徙。以瞻对为例，清末民国时期，有记载的部落迁徙就有多起，光绪三十四年，原居炉霍斯木的头人学洛相子率众前往炉霍麦科落户。民国时期，在瞻对，因为类似的械斗被迫迁往外地的

① 任乃强：《康定县视察报告》，载任乃强著：《任乃强藏学文集》上册，中国藏学出版社，2009 年，第 12 页。

② 翁之龙：《新西康的卫生建设》，《西康青年》1940 年第 1—2 期合刊，第 22 页。

事情，还有多起。[①] 另外如民国十七年，因为部落械斗失利，炉霍的娃西麦巴部落500余户在头人麦巴龙洛的率领下，外流到阿坝地区。

其三，特殊的宗教制度、婚姻制度也制约着甘孜地区人口增长。受当地群众信仰藏传佛教的影响，许多青壮年入寺为僧，致使人口逐渐递减，也影响到甘孜地区的人口繁衍。在甘孜地区，近代入寺为僧的藏族男性占比达到三分之一以上。[②] 如理塘，民国时期，当地老百姓只有“一千余”，喇嘛却多至“三千人”[③]。在人口仅千余户的邓柯，大小寺院有“三十四所”，男女僧侣近900人[④]。据初步调查，民国时期，仅在西康省的金沙江东岸地区，就有藏传佛教寺院“二百九十三所”，全部喇嘛数有“七八万人”，而且喇嘛大都是“壮丁”，直接影响了人口的生育。[⑤] 因为入寺为僧的青壮年男性较多，造成甘孜地区的男女比例严重失调，据民国三十三年对甘孜地区的调查，全县男女比较相对均衡，人口性别比值为105（以女性为100，男性对女性的比值），但是在农村汉族人口较少的区域，人口性别比例仅为69，藏族女性人口过剩。[⑥] 另外，甘孜地区由于特殊的婚姻制度，如一妻多夫制在部分地方盛行，使得“地虽有数千里”，但“生齿日不繁盛”[⑦]，制约了人口的增长。

---

① 四川省甘孜藏族自治州新龙县志编纂委员会：《新龙县志》，四川人民出版社，1992年，第75页。

② 吴文晖、朱鉴华：《西康人口问题》（下），《边政公论》1944年第2期，第45页。

③ 孙建秋、孙建和编著：《孙明经西康手记1939&1944》，中国民族摄影艺术出版社，2016年，第23页。

④ 云杰：《邓柯鸟瞰》，载赵心愚、秦和平编：《康区藏族社会历史调查资料辑要》，四川出版集团、四川民族出版社，2004年，第6页。

⑤ 《西康喇嘛僧的数字》，《康藏前锋》1936年第11期，第42页。关于喇嘛数额，不同的报道也有差异，有的称西康喇嘛3万余（《康定十六县之喇嘛寺庙之调查》，《西北导报》1937年第11期，第22页）；有的称全康喇嘛寺有350所，喇嘛4.5万人（庄学本：《西康的风土和人物》，《东方画刊》1941年第1期，第7页）；有的称康属30万人口中，有喇嘛4万余人（孙明经、范厚勤：《西康纪实影片说明》，《电影与播音》1942年第5期，第29页）。

⑥ 吴文晖、朱鉴华：《西康人口问题》（下），《边政公论》1944年第2期，第50页。

⑦ 四川督军署参谋处辑：《戍边必携》，四川官印刷局排印，1919年，第28页。

其四，由于清代及近代在甘孜地区的部分战事，导致局部地区人口减少。据初步统计，从清初开始，在四川涉藏地区发生的大的军事活动有康熙三十九年（1700）平定西炉和硕特营官之乱、乾隆年间的大小金川之乱、雍正至同治年间先后5次平定瞻对之乱、清末赵尔丰“改土归流”、民国时期藏军东侵甘孜地区，多次的战争和内乱使得甘孜地区的劳动人口在战争中损失严重。如乾隆四年（1739），大小金川之乱时期当地藏族人口约7.5万人，乾隆四十一年（1776）金川土司战败时，仅存2万余人。[①] 除了在四川涉藏地区发生的战争外，几次对西藏的战争中，也从四川涉藏地区征调了不少人口，如乾隆年间，廓尔喀（今属尼泊尔）人两次侵略西藏，乾隆五十六年（1791），廓尔喀人攻陷日喀则，扎什伦布寺的大量金银财物包括清朝的御赐物品被洗劫一空，清廷发兵数万征讨，便抽调了不少四川涉藏地区的土兵。

2. 阿坝地区

在阿坝地区的松理懋茂汶边区，宣统元年（1909）的人口普查，对茂州直隶州及理番厅、松潘厅、懋功厅3个直隶厅的人口数据进行了统计。民国时期也几次编查户口，民国五年，各县也曾将人口表册上报，不过各县填报的数字，大多没有实际调查，而是根据以往的数字自由增减，因此统计的数字并不准确。民国十七年，国民政府内政部令各省区编查户口，各军防区派出调查员对四川部分县份的户口进行重新调查，不过调查“鲜有不敷衍者”，调查结果也比较随意。[②]

---

① 四川省人口普查办公室编：《四川藏族人口》，中国统计出版社，1994年，第21页。

② 施居父主编：《四川人口数字研究之新数据》，成都民间意识社，1936年，第5、25页。

表3－2　松理懋汶边区人口数据统计表

单位：人

地区	宣统元年（1909）①	民国五年（1916）②	民国二十五年（1936）③	民国三十年（1941）④
松潘	23352（松潘厅）	40811	77733	77733
茂县	20633（茂州）	43255	111416	112416
理番	26234（理番厅）	29159	70000	69200
懋功	30048（懋功厅）	54020	96000	111000
汶川	15258	24619	24500	24500
抚绥崇三屯		并入懋功计算	21000	50200
总数			342849	

从上述表格可以发现，在松茂理懋汶等地人口，自清末至民国时期，除个别区域外，大多呈人口净增长的趋势。其中人口增长率较高的分别是茂县、懋功、松潘。究其原因，一方面是三地商贸繁盛，前往经商、垦殖的人口较多，近代人口呈现大幅度的增长。另一方面，由于三地“改土归流”“改土设屯”较早，汉人在清代乾隆年间已大量进入，经济、社会、文化等方面相较其他区域，与内地更为接近，因此迁居岷江流域的陕、甘、青、川等地人口逐年增多，呈持续增长态势。

就局部地区的人口数量变化而言，阿坝地区各主要集镇人口数量变化各不相同。在个别地区，因不同历史阶段的历史事件，人口可能爆炸式地增加或减少。总体而言，在政府着力经营之时，人口增长速度较快。如松潘，从清乾隆至嘉庆年间，人口呈几何倍数增长。据乾

① 数据来源于施居父主编：《四川人口数字研究之新数据》，成都民间意识社，1936年，第18页。

② 数据来源于施居父主编：《四川人口数字研究之新数据》，成都民间意识社，1936年，第20页。

③ 数据来源于《十六区最近人口调查》，《川边季刊》1936年第1期。

④ 数据来源于傅双无编：《四川边区各民族之人口数字》，书生书店，1941年，第22页。

隆《大清一统志》记载：松潘登记入册的人口为3009户、10024人。到嘉庆时，登记入册的人口已达到16083户、79258人。人口增长了近8倍[①]。到宣统二年松潘登记入册的汉（回）族人口5787户、33528人。[②] 上述人口统计，包括松潘整个区域，就松潘城而言，据清末威尔逊（Wilson）在松潘的调查，宣统二年，松潘常住人口约3000人，流动人口与常住人口相当，或多一点，整个松潘城人口规模6000人以上[③]。松潘地区的汉（回）人口数，在民国三十二年有所下降。其重要原因是，民国二十二年的叠溪地震中，因地震和堰塞湖溃决，前后死亡9300人[④]，其中沿岷江河谷经商、屯垦的人，伤亡尤其惨重。

（二）近代四川涉藏地区人口结构的变化

近代虽然对四川涉藏地区的户口统计有所重视，但是户口统计数据非常不准确，对偏远地区的人口统计更无确数。因此，要准确了解四川涉藏地区各民族人口数额的增减、变化规律非常困难。在部分大的城镇，因为相关的机构、科学团体或者个人，对当地各民族的人口数量有所记录，但是因为统计标准不一、统计的区域大小也有出入，因此数字的准确率较低。关于近代四川涉藏地区各民族人口数量的变动，笔者根据现有资料，对四川涉藏地区部分区域人口结构情况梳理如下：

就民族人口构成而言，一般越靠近内地的各县，汉族人口占比越高，反之则越低；靠近商道的城镇为外来人口的集中居住地，而远离商道的区域则大多为本地老百姓居住。

---

① 嘉庆《重修大清一统志》卷319，《四部丛刊》本。转引自安介生：《政治归属与地理形态——清代松潘地区政治进程的地理分析》，《历史地理》编辑委员会编：《历史地理》第26辑，上海人民出版社，2012年，第34页。

② 张典等修，徐湘等纂：民国《松潘县志》卷2《户口篇》，载中国地方志集成编委会编：《中国地方志集成·四川府县志辑》第66册，巴蜀书社，1992年，第64页。

③ ［英］E. H. 威尔逊著，胡启明译：《中国——园林之母》，广东科技出版社，2015年，第117页。

④ 阿坝藏族羌族自治州地方志编纂委员会编：《阿坝州志》上册，民族出版社，1994年，第352页。

在甘孜地区，民国时期居留西康的汉人主要集中分布在东部的康定、丹巴及从康定出关的南北两条大道上，其中南路从雅江经理化到巴安，是传统的“官道”，戍守的兵丁、戍卒及经商的外来人口较北路要多，各县的外来人口较多；北路从道孚、炉霍抵达甘孜是传统的“商道”，汉族人口集中分布在该三县。据任乃强民国十八年（1929）在西康对外来民族人口的调查，在康定的外来人口最多，有 14000 人；其次是从康定县城靠近内地的瓦斯沟、孔玉、鱼通，共计有汉人 5000 人；丹巴县因为设屯较早，外来人口也比较多，汉人为 5000 人。南路雅安、理化、巴安中，因赵尔丰经营川边的时候，驻扎巴塘，外来人口比较多，所以巴安的汉人最多，三县总计的外来人口有 8500 人。北路三县的汉人总计 3000 人。[①] 至民国二十九年，西康建省一年后，甘孜地区主要商业城镇因为外来经商、务工人口增多，民族人口比例发生了较大变化。其中，康定作为西康省会，汉族人口急剧增加，康定城总人口 45000 人，其中汉族人口 27000 人，占 60%，相对于 10 年前任乃强调查时增加近一倍；另外，巴安、甘孜的外来人口也增加很多，如巴安“为汉人势力之最西要地”，汉族人口达到 15000 人，相对于任乃强调查之雅安、理化、巴安三县共有汉人 8500 人，巴安的汉族人口也增加了一倍以上。北路的甘孜县因为商业的发展，汉族人口也快速增长，人口达到了 6000 人左右。[②]

在部分地区，因为外来人口的成批迁入，外来民族人口增长速度非常快。典型的如九龙县，民国时期彝族大量从周边地区迁入，九龙县的人口数量、民族结构发生了较大的变化。民国十年，九龙全县共 805 户、4485 人。[③] 至民国二十年，因为彝民大量迁入，短短十年间，九龙全县达到了 1942 户、11650 人。[④] 在各民族人口占比也发生了变化。在民国初期，九龙县藏族人口最多，其次是汉族，再次是彝

---

① 任乃强著：《西康图经》，西藏古籍出版社，2000 年，第 428 页。

② 张肖梅：《新西康诞生一年：人口问题》，《中外经济年报》，1940 年，第 339 页。

③ 四川省九龙县志编纂委员会编：《九龙县志》，四川人民出版社，1997 年，第 131 页。

④ 《西康特区十四县最近调查表——西康九龙县调查表》，《边政》1931 年第 8 期，第 100 页。

族。伴随着彝族、汉族不断迁入，藏族人口比例下降，彝族人口比例上升。[①] 到民国三十年，九龙全县共有 2629 户、13174 人，其中汉族 6294 人，藏族 2644 人，彝族 3626 人，另外还有少数苗族。[②]

在阿坝地区，外来民族人口则主要居住在松潘、理番、懋功、茂县、汶川等已经改流的区域，其他由土司管理的区域则相对较少。在人口分布上，汉族主要分布在沿岷江两岸的交通沿线，其他民族呈大聚居、小杂居分布。据民国二十五年的调查资料，所辖的 6 县总人口数为 342849 人，其中汉族占十分之五，藏族占十分之三，羌民占十分之二。[③] 据民国三十二年（1943）的调查统计数据，在阿坝地区所在的四川第十六区各县中，共有汉族 132660 人，各部落人口数额为 108839 人。[④] 汉族人口的占比有所提升，达到 55%。民国三十八年（1949），今阿坝地区总人口为 345370 人[⑤]。

职业结构方面，伴随着越来越多内地人进入四川涉藏地区的主要城镇，主要城镇人口的职业结构也开始更加多元化。以松潘城为例，据民国五年（1916）的调查，松潘全县 39705 人中，其中职员 12 人，官吏 147 人，公吏 197 人，教员 187 人，生徒 2235 人，僧侣教徒 2516 人，医士 69 人，农业 9001 人，矿业 823 人，商业 5076 人，工业 2523 人，劳力 3868 人，杂业 2124 人，无职业者 10927 人。[⑥] 除政府公职人员和僧侣外，松潘的人口主要分布在农业、工商业，另外还有很多老百姓从事劳力和杂业，并且有了部分专业技术人才，如教员、医士。

---

① 四川省九龙县志编纂委员会编：《九龙县志》，四川人民出版社，1997 年，第 136 页。

② 罗昌平、牛振武：《西康关外的九龙县》，《农本》1941 年第 51 期，第 26 页。

③ 《十六区最近人口调查》，《川边季刊》1936 年第 1 期，第 164 页。

④ 《四川十六区各部落人口及其分布概况调查表》，《边疆通讯》1943 年第 9 期，第 19 页。

⑤ 阿坝藏族羌族自治州地方志编纂委员会编：《阿坝州志》上册，民族出版社，1994 年，第 352 页。

⑥ 四川省阿坝藏族羌族自治州松潘县志编纂委员会编：《松潘县志》，民族出版社，1999 年，第 161 页。

第二节　血缘融合

一、血缘融合

血缘融合是民族间交流的重要手段及民族间文化、习俗等各方面融合的重要基础。伴随着近代四川涉藏地区各民族在经济、文化、社会等方面的交流，特别是在汉藏之间，上至官吏，下至工匠、垦户，相互通婚成为不可阻挡的趋势。据民国三十年的调查，仅在甘孜地区，汉藏通婚的家庭达到了“45000 户”①。

在甘孜地区，上至土司贵族，下至平民百姓，汉藏联姻较为普遍。如四大土司之一的明正土司，在清代已与内地妇女联姻，道光年间前往打箭炉进行考察的姚莹，即从明正土司那里了解到，明正土司“祖本汉种，其母苏州人”②。但是毕竟“汉藏语言不通”，加之彼此有“贱视异族之心”③，当时两族通婚的并不多。汉藏大规模通婚始于清末。清末川滇边务大臣赵尔丰经边时，积极鼓励汉藏通婚，并对汉藏婚姻的形式、奖励作了明确规定。如《巴塘改土归流章程》中明确规定，藏族“凡有男女婚姻，必须凭媒作合，并领取婚书”④。同时积极鼓励单身军士与当地妇女通婚，规定驻扎关外的士兵，如与当地妇女通婚，可“由公家每月发给青稞一斗；生有儿女者，一人一斗为津贴。有愿随营开垦者，所得之地，系为己有。三年后，除纳官粮之外，免去一切杂差”⑤。

为了保证汉藏通婚的稳定性，赵尔丰还规定，汉藏通婚双方必须有保人担保，并需到官府存案后方可完婚。如在《赵尔丰川边奏牍》中，曾收录了一份巴塘藏族女子结婚时写的证书：“小的巴塘西松工

---

① 四川省人口普查办公室编著：《四川藏族人口》，中国统计出版社，1994 年，第 22 页。

② 姚莹：《康輶纪行》，载张泓等：《古今游记丛钞》第 12 册，中华书局，1924 年，第 14 页。

③ 刘家驹：《康藏》，新亚细亚月刊社，1932 年，第 72 页。

④ 吴丰培整理：《赵尔丰川边奏牍》，四川民族出版社，1984 年，第 164 页。

⑤ 《电程凤翔准营勇婚娶》，载吴丰培整理：《赵尔丰川边奏牍》，四川民族出版社，1984 年，第 145 页。

蛮女，年十九，今于巴塘粮台大人台前具允婚甘结事情，宣统元年六月初三日，情愿嫁与西军中营哨官袁占奎为妻，并无旁人挑唆，及勉强撮合情事，甘愿在大人台前具结存案。自此具结之后，永远偕好，勤俭理家，不敢懒惰及私通外人情事。倘以后若有私通懒惰情事，甘认重罪，是实。”[①] 通过签订保书，一定程度上维护了汉藏婚姻的稳定性。因为政策的鼓励和推动，当时汉藏“结婚者竟如雨后春笋，与时并增”[②]。同时，伴随着滇、川、陕等省前往川边经商、侨居的人口增多，与当地民众通婚的人也逐渐增多。

在川西北地区，乾隆四十一年，清政府平定大小金川土司反抗后，废除大小金川土司，在大金川地设置阿尔古直隶厅，在小金川地设置美诺直隶厅。在大小金川之地设置懋功、章谷、崇化、靖化、抚边等5个汉屯，选募兵丁及内地人民赴屯开垦，分户承垦。设立五屯守备及屯千总、把总等官进行管理，给地承垦。虽然为汉屯，其守备为维持与当地首领的关系，通常都会“娶当地首领的女儿做妻子”，因此，在清末的时候每个守备都要娶“18个部落土司其中之一的一个女儿为妻”，所以“世袭守备家族的汉族血统也减少了不少”。[③] 民国三十二年（1943），燕京大学教授林耀华在嘉绒地区调查时发现，嘉绒人“不避异族，皆可婚配”，他们婚姻的标准只问阶级是否相同，不同民族而阶级相同者皆可联姻，因而嘉绒与汉、羌、回等族通婚的非常多。其中马塘、卓克基二地，嘉绒与汉族结婚较普遍。[④]

二、血缘融合的几种模式

（一）汉藏通婚

为更好地在四川涉藏地区立足，与当地民族通婚，建立亲缘关

---

① 吴丰培整理：《赵尔丰川边奏牍》，四川民族出版社，1984年，第170页。

② 《康藏》（1932年铅印本），载丁世良、赵放主编：《中国地方志民俗资料汇编·西南卷》（下），北京图书馆出版社，1991年，第979页。

③ ［英］W. W. 福格森著，张文武译，张皓校：《青康藏区的冒险生涯》，西藏人民出版社，2003年，第107页。

④ 林耀华：《川康嘉戎的家族与婚姻》，《燕京社会科学》1948年第1期，第149页。

系，成为绝大多数外来民族的普遍选择。在汉族相对集中的地区，尤其在邻近汉族地区且易于与外界交流的康定、丹巴、九龙等地，藏族女子嫁给汉人更为普遍，以致有“汉人不纯，藏人不藏”① 的说法流行。总体而言，汉藏的结合，一般是汉族男性迎娶藏族女性或者入赘到当地，鲜见藏族男性迎娶汉族女性。②

通常而言，受其结婚双方社会地位和所在阶层的不同，汉藏结合的形式有所差异，除了通过“娶”的方式以外，还有数量众多的汉族男性以“入赘”方式缔结婚姻。对于经济实力较强的汉族男性，通常是用迎娶的方式。如庄学本在20世纪30年代对卓克基的调查，当地大概有20家汉商，以贩卖药材及杂货为业，“他们大多娶了戎女立业在此”③。而很多汉族手艺人则通常被“招为上门女婿”，改为妻家姓④。而甘孜所在的地区，无论是内地垦民，还是在村镇经营商业的人，“无不在西康娶妻生子”，以致“真正夷族则须于深山内地，始能觅见”⑤。

那么，为什么“汉男藏女”的婚姻模式会在四川涉藏地区如此盛行呢？

其一，就藏族女性层面而言，因为藏族女性在社会中承担的分工使得她们往往非常能干，且能吃苦耐劳，“藏族女子之经济，恒不让于男子，书算贸易，皆女子必要之学科”，除此外，“家庭操持，又

① 伍呷：《九龙藏族社会的历史考察》，载李绍明、童恩正主编：《六江流域民族综合科学考察报告二·雅砻江上游考察报告》，中国西南民族研究学会、甘孜藏族自治州人民政府编印，1985年，第64页。

② 一般为贵族阶层的藏族男性才娶汉族女性，比如民国时期卓克基土司索观瀛娶了汉族妻子柯玉霞。另外瓦寺土司在民国时期也娶了内地女子。也有少数的汉族女性嫁给了藏族。比如1942年柯象峰在道孚调查时，发现道孚的通事（翻译）其父为康人，母为汉人，是泰宁杨团总之姐姐。柯象峰感慨“此为汉人嫁蛮家极少之一例”。[柯象峰：《西康纪行（一续）》，《边政公论》1942年第7—8期合刊，第114页。]

③ 庄学本著：《羌戎考察记——摄影大师庄学本20世纪30年代的西部人文探访》，四川民族出版社，2007年，第165页。

④ 《嘉绒瓦寺土司的后代——全国人大代表、阿坝藏族自治州政协副主席索观涛采访记》，载杨恩洪著：《藏族妇女口述史》，中国藏学出版社，2006年，第152页。

⑤ 《康藏社会与人种》，《蒙藏月报》1934年第1期，第22页。

为妇女之专责"[①]，所以娶一藏族女性同时也可以获得一个得力的助手，这是一举多得的事情。因为藏族妇女勤劳善良，善于操持家务，甚至于一些男性在四川涉藏地区娶的藏族女性，也能得到他汉族夫人的肯定和认可，如冯云仙民国时期在甘孜时，认识了一位汉族夫人，她的丈夫从部队退休后，在当地经营鸦片生意，娶了一位藏族姨太太。这个汉族夫人对她丈夫娶的藏族太太赞不绝口，称她"每天作饭，洗衣，侍奉丈夫，比什么人都顺从，而且又忠实，勤俭，恭顺，处处都使人称心"，并称"以前我们很怕娶姨太太，现在才知道姨太太好的比自己亲姐妹好"。[②] 著名藏学家任乃强也给予了他藏族妻子罗哲情措高度评价，认为她的性格"足以代表整个蕃族：佞佛，仁慈，从容，有礼，节用，爱物，矫捷，犷勇，乐天，安命，自尊"。[③]

同时，能够嫁一汉族商人或汉族男性，特别是汉族官员本身便是一种改变命运的最佳方式，因此"康女尤爱嫁给汉人，以能嫁汉人为荣"[④]。据刘曼卿的观察，藏地的女性，开始"都是很不愿意与汉人结婚，多少带点异族的观念的"。但是后来伴随着汉藏通婚的逐渐增多，特别是看到很多嫁给汉族官员的藏族女性的生活方式、生活状态发生了较大改变后，她们的心态和想法也开始逐渐发生变化。她们"因为习惯成风，同时看到太太的生活，比较任何阶级还要安逸些——原来藏中女子，无论贫富，总不像中国内地女子那样的斯文，每天起码也要做几点钟劳动的工作，后来一与汉人做太太就穿好的，吃好的，一天只是享乐，他们的老爷，还到内地带来许多化妆品，给他们的太太使用，因此，她们觉得当汉人的太太，是再好也没有了。汉藏间的通婚就一天一天的多起来"。当然，企图通过这种婚姻获取好处的仅是部分女性，对于那些"稍有名望的，和有资产的"，特别是在甘孜地区的土司阶层"仍然都不愿嫁女儿于汉人"。[⑤] 任乃强在

---

① 蓝铣：《西康小识·家庭生活》，《康藏前锋》1933 年第 4 期，第 43 页。

② 冯云仙：《西康关外日记》（四），《蒙藏月报》1937 年第 1 期，第 13 页。

③ 任乃强：《悼罗哲情措》，《康藏研究月刊》1949 年第 28—29 期合刊，第 18 页。

④ 李承三：《考察西康之经过》，《边疆问题》1939 年第 2 期，第 3 页。

⑤ 刘曼卿：《汉藏通婚一段简史》，《时事月报》1930 年第 6 期，第 115 页。

《西康诡异录》里也记录了甘孜县一位誓死要嫁与汉人的藏族女子，她当时与甘孜县的一“官家子”相好，但是家里已将她订婚于“头人家子”，她誓死不从，并称如果嫁给头人之子“仍食糌粑酥油牛肉尔，嫁汉人，食珍羞，衣绫罗”[①]，最后因受阻出家为尼。

除此之外，与汉人通婚，在某些地方也会带来一些实际的好处。如清末“改土归流”后，四川涉藏地区的藏族妇女普遍要服汤役[②]、马役[③]，但是如果是嫁与汉人，“则免除此役，而不当差”[④]。因而到民国中后期，藏族女子嫁给汉族的情况越来越普遍，“女子们都愿依伴着汉人”，不管是通过婚姻的形式与否，都有着“荣幸的感慨”[⑤]。如据民国时期梅幼云的调查，在炉霍驻军官兵“有多数娶了蛮丫头或是跟蛮丫头上了门的”“蛮丫头也以嫁汉人为荣”。[⑥]

另外，对于生活范围狭小、极易受周围人小圈子生活方式影响的藏族而言，部分女性率先与其他民族的通婚给周围其他女性带来的影响是巨大的。如嫁给驻打箭炉副领事金路易（Louis King）的木雅藏族女子“宝天女”仁钦拉姆（Rinchen Lhamo）在她的著作《余之西藏观》中，对她出生的康定木雅地区的汉藏通婚情况进行了记载和描述。在她的记述中，木雅地区的多数藏族妇女均嫁给了内地汉人，嫁给官员的藏族女性尤其多，因为官员总体而言政治地位、经济地位都较普通男性更为优越，因此嫁给他们的藏族女性往往有机会到内地游历或生活一段时间，等她们回到家乡的时候，又会影响当地更多的女性嫁给汉人。因此汉藏通婚“久已相习成风，惟嫁于白人则颇为希罕”[⑦]。以仁钦拉姆要到内地生活为例，当时她亲戚中部分没有去过内地的人，劝慰她不要离开藏地。但是亲戚中有一位因其女儿而在

---

① 任乃强著：《西康诡异录》，四川日报社，1930 年，第 34 页。

② 即凡是因公到西康之公务人员，或官佐士兵，无论到达何地，任意住宿于任何人之家，须由当地团保于所属居民中，轮流派藏族女性前往担任供给茶水柴薪、烧火做饭、打扫房屋等杂事。

③ 即代喂马匹，侍候上马下马，放牧喂马。

④ 《康定夷民差役调查》，《四川月报》1934 年第 2 期，第 189 页。

⑤ 张正明：《打箭炉拾零》，《学生自治会会刊》1940 年第 2 期，第 22 页。

⑥ 梅幼云：《打箭炉到甘孜》，《旅行杂志》1946 年第 4 期，第 31 页。

⑦ 汪今鸾译：《余之西藏观》，上海商务出版社，1931 年，第 81 页。

北京居住多年的一老妇（其女儿同样嫁给了一位汉族官员）告诉她：其他人所说是“无稽之言也”，“不久尔且习惯平原生活，居北京极快乐，其地人事极友好，动作见闻甚多，他处之快乐或许不亚于北京。”事实也是如此，在成都、上海、北京等多地居住过的仁钦拉姆便“渐惯于城市及城市生活”，并且认为“城市舒适之处甚多，未至欧洲前，业已习惯一切。对此低压之空气，亦渐安之若素”。[①]

其二，就汉族男性层面而言。因其自身条件、从事职业等差异，与藏族女性通婚的原因不一，各有差别。

对汉族男性商人而言，一部分原因是可以通过婚姻关系加强与当地民族的亲缘关系，减少在当地经商的阻力。特别是如果能与当地有实权的土司或头人联姻，在当地经商更是如鱼得水。如民国时期曾在甘孜任团长的张我戎，娶了瞻化一头人的女儿，他在瞻化、炉霍一带开办金矿，因为他自己本身有一定影响力，再加上地方头人的照应，各方面都很顺利。[②] 以甘孜地区而言，民国时期入康经营定居的商人中，绝大部分都已在当地娶妻生子。

对进入四川涉藏地区做官、戍守的兵士而言，不管是因为家眷不在身边或是未婚无家眷者，因为在边关苦寒之地，出关军士，“每爱恋夷妇”，以致赵尔丰经边时设立“婚书格纸”，令“无论军民”，都得“娶夷女室”[③]，同时对在当地娶妻的军士，“拨地以种，俾有以养”[④]，因此军士和当地藏族女性通婚成为普遍现象。加之戍边兵丁在太平之世静居无事，因此也会“多娶番妇”[⑤]。对此，有藏族血统的刘曼卿女士曾专门撰文进行介绍和分析，她写道：“在宋元明三朝，汉藏通婚的机会很少”，因为甘孜地区“还是保持着它的闭关自守的部落生活的”。不过自清朝始，因为“汉人进藏的，一年比一年

① 汪今鸾译：《余之西藏观》，上海商务出版社，1931年，第81—82页。

② 程裕淇著：《西康剪影》，上海独立出版社，1945年，第23页。

③ （清）查骞撰，胡文和校注：《边藏风土记》，载骆小所主编：《西南民俗文献》第6卷，兰州大学出版社，2003年，第80页。

④ 《赵尔丰电复代统领吴俣营勇娶妇者必拨地》（光绪三十三年二月二十四日），载四川省民族研究所编：《清末川滇边务档案史料》（上），中华书局，1989年，第110页。

⑤ 伍非百著：《清代对大小金川及西康青海用兵纪要》，1935年铅印本，第163页。

多”，汉藏通婚就开始逐渐流行起来，一方面是因为他们离家太远，“好像很寂寞的”。另一方面，是羡慕藏族女性“勤家贤能”，于是“上至钦差大臣，下至兵士，都与当地藏族女性结婚”。[①] 对于戍边士兵与当地女性结婚的情况，当地的土官也从经济利益等角度进行考量，并持支持态度，如民国时期巴塘地区兵士在当地多有“临时藏妇”，当时司令部曾加以禁止，结果当地的土百户反而主动要求开禁，其理由是：“如禁止此事，各种粮草人民即不愿意缴纳”。百户认为“兵士如人人以民为妻，则所得之饷，仍大半送于人民，人民所纳之税，亦可出而复入，否则人民不堪困苦”。[②]

而对于前往四川涉藏地区屯垦、务农的人而言，因为大部分愿意放弃在内地生活应招赴边屯垦的老百姓，“大都贫苦佃户，自无寸土之人”[③]。如民国时期庄学本在马尔康大藏寺调查时，访谈了不少汉人，在与他们的闲谈得知，“当地汉人十之四五”入赘到当地人家为婿，他们通过领种田地，不但可以谋求生存，同时因为与当地女子结婚，还可以“妻财两得”，相比于内地娶妻安家要相对轻松、容易，因此“汉人无法者均趋之若鹜”，凡愿意来此垦殖的汉人，当地头人分别安置到当地老百姓家中。[④]

对于进入四川涉藏地区调研的学者而言，娶一个藏族女性，则可以减少调查研究的语言障碍。如任乃强赴康考察时，深感与藏族同胞的语言隔阂以及民族心理间的差异，使得难以深入地认识、了解这个民族。因此，他决意娶一位藏族妻子。在新龙调查时，他听说当地甲日土司家有三个女儿，均聪慧、精通藏文。于是，在朋友介绍下，他认识上瞻土司的外甥女、养女罗哲情措，并最终结为伉俪。[⑤] 正是因为这段姻缘，使得任乃强有了优于其他边疆学者的研究条件，其康藏研究更加如鱼得水、如虎添翼。任乃强藏学研究的奠基之作《西康

---

① 刘曼卿：《汉藏通婚一段简史》，《时事月报》1930 年第 6 期，第 115 页。

② 马鹤天：《甘青藏边考察记》第 3 册，商务印书馆，1947 年，第 620 页。

③ 《复陈川滇边务应办事宜并拟具章程折》（光绪三十三年五月十七日），载四川省民族研究所编：《清末川滇边务档案史料》（上），中华书局，1989 年，第 120 页。

④ 李媚、王璜生、庄文骏主编：《庄学本全集》（上），中华书局，2009 年，第 107 页。

⑤ 任新建：《“多宝道人”任乃强》，《成都日报》2007 年 2 月 5 日。

图经》之民俗篇，即是在妻子罗哲情措的帮助下完成的，以致任乃强称："《西康图经》之获国人称许，半得力于娶此妇也。"[①]

其三，就社会氛围层面而言。除上述男、女方面个体原因外，汉藏之间通婚频繁还和当地的社会环境、思维观念、政府或头人的引导等因素息息相关。

一方面，四川涉藏地区部分区域为了增加人口来源，积极吸引汉人前往定居，并对汉藏通婚采取鼓励措施。比如庄学本在大藏寺调查时，发现大藏寺因为"北通西番草地，东邻黑水难民，倘人口稀少即不易自保"，为了增加当地劳动力人口和地方势力，大藏寺制定了鼓励汉族移民的政策，比如"凡是汉人投奔来的都由头人分别安置在戎人家里，如戎人不愿可以向头人申诉，倘使没有特殊充分的理由，头人就强迫收容。如果汉人不愿，汉人不向头人申诉即离寨逃亡。"不过"汉人在这里娶戎女领有田地的必须有服役当差的义务，一年凡四次，到官寨中听候头人的调遣"。[②]

另一方面，对藏族女性而言，汉族男性的到来，可以弥补由于藏传佛教在四川涉藏地区盛行而造成的男女比例失调，增加了她们选择结婚对象的机会。四川涉藏地区藏族普遍信仰藏传佛教，男性均以能入寺当喇嘛、扎巴为荣，每家必定送至少一子入喇嘛寺，在藏传佛教信仰比较浓厚的区域，有的家庭是"家有四子者，必以二子为僧。家有六子者，必以三子为僧"。由于差不多一半的男性，均进入寺院为僧，男性能够结婚的人口比例相对较少，"有女子过剩之势"。[③] 汉族男性的进入，一定程度增加了藏族女性的婚配对象。

（二）羌族与其他民族通婚

在通婚方面，汉羌、羌戎通婚比较频繁。在黑水地区，羌戎两族有长久的通婚历史。典型的如当时黑水头人苏永和的祖先，即是羌戎

---

① 任乃强：《悼罗哲情措》，《康藏研究月刊》1949 年第 28—29 期合刊，第 6 页。

② 庄学本：《卓克基至阿坝》，《旅行杂志》1948 年第 5 期，第 31 页。

③ 《康藏社会与人种》，《蒙藏月报》1934 年第 1 期，第 22 页。

两族结合的后代。[①] 而民国时期黑水头人苏永和当时所娶的 5 个太太中，其中一位就是羌族太太。

民国时期，部分经济条件稍差的男性通常是通过入赘方式与当地羌族联姻。入赘时，通常女方会通过缔结文书的方式确定双方的婚姻关系，以免发生矛盾。比如萝卜寨汉族男性上门入赘时，要书写上门契约，上面言辞比较严厉，要书写“祖上无德，流落他乡，小子无能，情愿更名改姓，永不反悔。凭中说合某某名下，第几女　某某名下入赘”。不过“汉人上门的很少，即有不过贩夫走卒之类”[②]。对有一定社会地位或经济基础的汉族男性，则通常是将羌族太太迎娶进门。如民国时期龙溪小学吴授长系江苏人，抗战流浪至龙溪，娶“羌妇”[③]。到民国后期，据调查，与汉族通婚的羌族越来越多，且因为血缘的联系，在川西的羌族“迅速吸收汉人文化”[④]。

（三）回族与其他民族通婚

相对于汉藏通婚，回族与其他民族的通婚并不普遍。因为回族信仰伊斯兰教，所以通常情况下，回族“不与他教通婚”[⑤]，实行族内婚。不过伴随着越来越多的回族进入四川涉藏地区，也出现了藏回、汉回之间通婚的情况。同汉藏通婚一样，回族与其他民族的通婚，一般也是回族男子娶其他民族女性。在回族数量比较多的康定、松潘等地，均有藏回、汉藏通婚的情况。[⑥] 但是因为藏、回两民族各有宗教信仰，回族信仰伊斯兰教，藏族女性信仰藏传佛教，所以要协调他们之间的信仰差异。在康定，因为“夷汉杂处，娶夷女太容易了”，所以出现了藏回通婚的情况。通常情况下，与回族通婚的人，要求与其结婚的人必须也信仰伊斯兰教。不过在康定娶了当地女性的回族，在

① 林耀华：《川康嘉戎的家族与婚姻》，《燕京社会科学》1948 年第 1 期，第 149 页。

② 邵云亭：《萝卜寨的民俗》，《边疆服务》1943 年第 1 期，第 10 页。

③ 刘恩兰：《川西游记之七朝气蓬勃川西游》，《文化先锋》1947 年第 16 期，第 29 页。

④ Graham. D. C 著，徐松石译：《羌民的风族和宗教》，《天风》1947 年第 78 期，第 11 页。

⑤ 李亦人编著：《西康综览》，正中书局，1946 年，第 100 页。

⑥ 四川省康定县志编纂委员会编：《康定县志》，四川辞书出版社，1995 年，第 437 页。

宗教信仰上“没有十足的熏陶了她”，反而常常被她们信仰的藏传佛教影响，因此康定的回教每况愈下，“宗教风气之坏，已是出了名的”①。

随着民族之间交流的加强，回族不与他族通婚的传统也被破除。新中国成立以前，松潘地区回族的婚丧习俗，也是不分民族，年满16岁的青年男女经媒人和阿訇的介绍，取得双方父母同意即可订婚。只是如一方非穆斯林，婚前必须进行沐浴随教，由掌教阿訇穆斯林取经名。②

第三节　城镇的兴起与发展

城镇的兴起与发展，离不开居住在该城镇的各民族的共同努力。随着近代四川涉藏地区各民族之间交流的不断增多，四川涉藏地区的城镇有了一定的发展。

一、综合性中心城镇规模进一步扩大

近代，四川涉藏地区初具规模的一些集政治、军事、商业、文化于一体的中心城镇，伴随着政府的经营，规模逐渐扩大，其中以康定、松潘最为典型。

康定　是近代四川涉藏地区最繁华的商业城镇，康定东近四川，西连南北两条大道，是汉藏商人往来贸易的互市之地，内地销往康藏的货物，集中于康定交易。康定旧名打箭炉，其名始见于明代。康熙四十年（1701）“西炉之役”后，清廷逐渐加强对该地区的政治、军事和经济管理。康熙四十一年（1702），在打箭炉设立税关，“命喇嘛达木巴色尔济、郎中舒图、员外郎铁图等往打箭炉地方，监督贸

---

① 园丁：《斋月在康定》，《中国回教救国协会会报》1940年第11—12期合刊，第7页。

② 米树森：《松潘回族的形成及伊斯兰教的兴起》，载松潘县文史资料委员会编：《松潘县文史资料选辑》第1辑，1997年，第31页。

易"[①]。将打箭炉的商业贸易完全纳于清朝的控制之下。雍正元年（1723），派阜和营驻防打箭炉。雍正七年（1729）设打箭炉厅，属雅州府管理。打箭炉设厅以后，打箭炉城镇规模不断扩大。乾隆五十一年（1786），康定城地震以后，重新沿折多河两岸修建了官寨衙门、商贸民房、藏传佛教寺院、各类庙宇。至光绪年间，打箭炉沿折多河两岸已形成众多商铺，并逐渐向外扩展，形成了纵横交错的众多街道。在清末时，"住炉城者，土著一半、汉人倍之，共有数千余家"，已有"小成都"之称。[②] 光绪三十年，打箭炉升为直隶厅。

伴随着汉藏贸易的发展和商人的增多，在康定城形成了众多与贸易、宗教信仰相关的街道。其中，因商业命名的街道众多，有以售卖商品命名的，如专门出卖米、面、清油、锅碗瓢盆和坛坛罐罐的"坛罐街"，还有专门卖茶叶的"茶店街""茶店后街"；另外还有七八十家陕西商号形成的"老陕街"。另民国时期还有48家锅庄[③]，遍布在城中折多河两岸。因康定城初建时，缺乏整体规划，锅庄的修建比较随意，在锅庄与锅庄之间还形成许多小巷道，出现了很多以锅庄所在地命名的街道，如安家锅庄巷子、小丹珍锅庄巷子、木家锅庄巷子，因巷子众多、窄小、拐弯多，在康定还留下了"一进城门三倒拐"的谚语。[④] 除与商业有关的街巷外，还有以明正土司命名的明正路，驻军的营盘街等。

西康建省后，康定作为省会，人口骤增。民国二十七年，为扩大康定城区，撤掉了乾隆年间修建的东、南、北三城关及城墙。又沿折多河逆流而上，新建了分别以当时西康省主席刘文辉及其他重要人物命名的文辉路、少扬路、永晖路3条道路。[⑤] 还在东郊市场新建了2条新的街道。为修建康青公路，还改造了折多河东岸东郊新市前街至公主桥之间的路面，在城内加宽了路面，整修了康定城二道桥、榆林

① 《清实录》第六册《圣祖仁皇帝实录》卷207，中华书局，1985年。

② 侯永龄：《游巴塘记》，《万国公报》光绪二十五年（1899）第125期，第9页。

③ 锅庄：康定地区的一种商业性组织，这类商行主要收购土产品，代办转运物资并设有客栈。

④ 四川省康定县志编纂委员会编：《康定县志》，四川辞书出版社，1995年，第287页。

⑤ 《康定的街巷》，《甘孜日报》2011年12月11日。

宫之间的路段。将城区的桥梁也进行了改造，将上、中两桥改造成可通行车辆的公路桥。①

松潘　松潘是川西北阿坝地区的重要集镇，在清末民初，松潘城因战乱，城中“民宅、商贷、庙宇付之一炬”。经过两任知事 4 年的建设，民国四年，松潘城中“铺户不过数十家，瓦房不过数十椽”，“各茶商水客药帮”皆是民国初年松潘知事新招揽②。经过民国时期多年建设，在松潘城除了主要街道南街、中街等街道外，另外还有众多街巷。其中与各民族宗教信仰相关的有：北寺前巷、北寺后巷，因当地回族祭祀之地而得名；真武街，以此街有真武庙命名；文庙街，以此街有文庙而命名；觐阳路，因回族朝拜拱北清真寺必经之路而命名。与当地标志性建筑相关的街巷有：鼓楼东街、鼓楼西街，以街口有钟鼓楼而命名；小桥街，因旁边有一小街而命名；银行巷，因位于银行之侧而命名。另外还有招忠巷、将军巷、守备巷（原名守备街）、建中巷、下水关巷、茶巷、光大巷、亚磨巷、水晶街、兴隆巷（原名兴隆街）。③

二、逐步兴起一批商业城镇

（一）传统政治、宗教中心向商业城镇发展

近代以前，四川涉藏地区实行土司制度，土司、头人的驻地通常是当地的政治中心。伴随着清末“改土归流”的推行，原来由土司、头人治理的区域，被逐步纳入国家行政建制中，传统地方政治逐步被新式政权所取代，城镇功能逐渐由土司、头人的统治中心转变为国家行政网络中的重要节点。随着当地商贸的发展，传统的政治中心逐步发展成为四川涉藏地区整个市场网络中的一部分，成为重要的商贸节点。民国以后，虽然土司的权利有所恢复，但是伴随着周边及当地市

① 四川省康定县志编纂委员会编：《康定县志》，四川辞书出版社，1995 年，第 286—287 页。

② 傅樵斧著：《松潘游记》，文伦书局，1915 年刊本，第 84—85 页。

③ 松潘县地名领导小组编印：《松潘县地名录》，1983 年，第 9—11 页。

场的兴起，土司、头人也逐渐成为推动当地商贸的重要一员。

阿坝县　近代阿坝并未受松潘的实际控制，因而成为甘肃夏河土官、四土土司、黑水土司及军阀垂涎之地。光绪年间，阿坝土官杨俊扎西积极发展商业。在当地汉、回族商人影响下，杨俊扎西出资50余万银元资助8位“崇娃”[①] 经商，无论盈亏，每年崇娃都要上交资本额的40%，任期3年，期满后将资本移交下届“崇娃”。由于经营得当，杨俊扎西很快就成为阿坝草地著名人的土司头人商。民国十八年前后，甘南临潭一带的汉、藏、回三族之间发生纠纷，部分汉回商人，为避难迁往阿坝，受到当地土官华尔功臣烈的欢迎和安置，他们在阿坝大量新建房屋，建立了一座崭新的集市——“崇拉”，阿坝市场开始走向繁荣。在阿坝市场上，当时有了“饮食服务、屠宰、铜铁器皿、金银饰品、皮革加工、修理枪支等行业，甚至还制造土手榴弹供应华之土兵”，据新中国成立初期的调查，在阿坝的汉回商人发展到300余户，而民国十八年前仅20余户。[②]

道孚　道孚在改流前由麻书土司管理。清末，伴随着赵尔丰经边及汉藏贸易的发展，在道孚兴起了一批从事商业活动并以姓氏命名的锅庄，较大的有阎家锅庄、丁家锅庄。宣统三年，道孚设治后，许多汉商前往道孚经商，他们在当地娶妻生子后，陆续修建住房、商业铺面，修建的房屋彼此相连，逐步形成以道孚县署为中心的“卡格”（上街）、“乌格”（下街）及小巷道3—4条。[③] 民国时期，道孚的鲜水、玉曲、庆大等淘金业繁盛，“川流不息的淘金工人数以千计”，道孚城人口激增，商贾云集，据民国三十年资料，仅道孚县城就有经营百货、饮食的商店29家，另外还有宗陶工业社、富康矿业、道孚金矿局等大公司。道孚县城发展成为有五六街巷，常住人口200余户、近千人口的小城镇。[④]

---

① 崇娃：土司下面代其经商的人。

② 阿坝州志办供稿：《华尔功臣烈》，载任一民主编：《四川近现代人物传》第3辑，四川人民出版社，1987年，第323—328页。

③ 道孚县县志编委会编：《道孚县志》，四川人民出版社，1997年，第276页。

④ 青镇东：《解放前道孚工商业概况》，载中国人民政治协商会议四川县道孚县委员会文史资料编辑组：《道孚文史资料选辑》第2辑，道孚县印刷厂印，1987年，第64页。

炉霍　旧名章谷。清光绪二十年（1894）“改土归流”后，派委员管理。光绪三十年四川总督锡良奏改炉霍屯。民国元年改为县。民国时期，炉霍县商业巨头，以寿灵寺喇嘛商为巨擘，以前旧的县城也是围绕炉霍寿灵寺修建。民国十二年，炉霍发生 7.5 级大地震，寿灵寺及土司官寨“经地震覆没”。民国十五年，炉霍知事董用霖根据地势而修建炉霍城，建成炉霍的上街和下街。[①] 另外，在虾拉沱从事垦殖的川籍垦民，清末随差入边，领地垦种，在虾拉沱建屋如街，聚居于此。

巴安　巴安各种基础设施和商业建设，在清末得到显著发展，赵尔丰经营川边时，长期驻扎巴安，清末奏请西康建省，也拟将巴安设为省治。在清末民初之时，在巴安已有东西南北四街及六巷[②]。据清末调查，当时在巴安有“洋广杂货铺三家，滇商六家，陕商五家，酱园一家，茶馆三家，菜馆四家，其余粮食铺面食谱均有数家，市肆尚有增无”。通过清末的建设，巴安一改“萧条之况”，各商“获利之厚，皆以倍数计”。[③]

（二）部分军事要地向商业城镇发展

伴随着四川涉藏地区各区域逐步纳入国家治理轨道，原有戍兵、军屯官吏的区域，也逐步发展成为新兴的商业城镇。典型的有泸定县的泸桥镇、金川县的金川镇、小金县的美兴镇、丹巴县的章谷镇、南坪（今九寨沟）的城关镇等。又如叠溪镇，明洪武年间设置的叠溪右千户所，清改为叠溪营，后逐渐发展成为商业集镇。为了促进四川涉藏地区社会经济发展，满足当地老百姓物资交换的需要，民国时期沿袭清末的做法，通过行政手段，在一些重要的节点，逐步修建建筑、街市、马路，设立市场，积极发展商贸。代表性的城镇有以下几个。

雅江　雅江又称河口，雍正八年（1730）设德靖营，管理河口。

---

① 炉霍县志编纂委员会编纂：《炉霍县志》，四川人民出版社，1991 年，第 171 页。

② 巴塘县地方志编纂委员会编：《巴塘县志》，方志出版社，2001 年，第 175 页。

③ 《边地见闻录·巴塘之市场》，《成都商报》宣统三年（1911）第 38 期，第 2 页。

雅江城的兴建，始于清末赵尔丰经边，光绪三十四年雅江筹备建县，商旅及居民逐渐迁移至此，形成一条街道。宣统三年设县后，各地前往雅江经商的人逐渐增多，在河口渡河的船工也大多安家于县城，县城居民逐渐增多，逐步形成 4 条街道，县城锅庄、店铺、客栈、学校、政府机关、驻军等分布城中，龙王庙、关岳庙、城隍庙、观音阁等信仰场所也由当地老百姓出资共同兴建，城镇初具规模[①]。

得荣　民国二十七年，驻得荣的驻军派人到云南、奔子栏、中甸等商业城镇采办货物，回得荣置摊出售，同时在街道修建商铺，开辟得荣市场，市场修好后，“商贾云集，官民得便”，除汉商外，“全区保正村长及喇嘛，亦有以往云南赚买盐布烟茶转售人民”者。[②]

泰宁　泰宁在清末垦民比较多的时候“甚属热闹”。清光绪二十八年（1902），因开泰宁金矿，当地百姓及喇嘛寺“焚烧街市住房”。赵尔丰责成重新修复街市，名为泰宁路。民国以后，垦民受战乱影响，逐渐减少，且多是“破屋颓垣”。泰宁实验区公署成立后，公署主任在泰宁“辟街市马路四道，种植树木”，并在东城门内外数十亩的地段，新建泰宁公园。[③] 新建街市及中正、文辉两路。[④] 民国三十一年泰宁设立县，县城规模进一步扩大。

邓柯　宣统元年，赵尔丰在邓柯设府[⑤]，民国二年改府为县。民国二十八年，在邓柯县城开辟 30 亩地，兴建公园一座，在公园内修筑凉亭、鱼池、花台，另外还在县城修筑公共体育场，设足球场、篮球场各一和秋千、木马、杠铃等器械，供百姓锻炼。另外，为美化县城环境，通令每家栽种柳树 10 棵[⑥]。

---

① 雅江县志编纂委员会编：《雅江县志》，巴蜀书社，2000 年，第 405 页。

② 朱刚夫：《今日之得荣》，《康导月刊》1938 年第 4 期，第 53 页。

③ 《泰宁城将焕然一新》，《康藏前锋》1937 年第 10 期，第 48—49 页。

④ 稻雪：《西康泰宁实验区调查》，《新西康》1938 年第 2 期，第 29 页。

⑤ 邓柯：在今石渠县洛须镇。

⑥ 黎可行：《邓柯四年来施政概况》，《康导月刊》1942 年第 8—9 期合刊，第 66—67 页。

（三）因产业逐渐兴起一批商业城镇

伴随着农业、矿业的发展，逐渐兴起一批新的商业城镇。

九龙　清末民初，九龙湾坝、三垭、烟袋等地先后发现矿藏，从内地招募矿工进行开采。在湾坝开办的银厂有“四大山头、七十二灶”，内地前往开矿的汉族达“两三千人”，随着开矿工人的增多，逐渐发展成市镇，繁荣一时。[①]

金汤　民国十七年，穆坪土司“改土归流”后，在金汤建设治局，在金汤奖励垦殖，开垦荒地，“积极建设不暇”[②]。加之金汤因为铁矿蕴藏丰富，有金矿、铁矿等矿产，民国时期在金汤开矿的工人比较多。民国二十九年，徐凤翔组织数百工人在金汤开采铁矿。[③] 民国三十二年，在金汤以新宅作市，并在金汤建筑街市，伴随着街市的兴建，“复有人自愿筑屋”，金汤发展成一个重要商贸点[④]。

马尔康　民国后期，因为鸦片种植在川西北的畸形发展，前往卓克基种植、贩运鸦片的人骤增，马尔康市场成为“四土”、大金、小金、绰斯甲的鸦片集散地[⑤]，马尔康市场也逐渐发展为四土之中最大之商业荟萃地，大小金川及五屯等地之商人皆来此地交易，“各货俱全，为四土所罕见”[⑥]。随着马尔康市场的发展，在新中国成立前，在马尔康形成了洮州、河州、夏河 3 条账房街，在街道上有汉藏各式商店一两百家，还有从事服务业的缝纫、理发、修枪、饭店、中医、西医甚至妓院。在马尔康市场上，可以买到来自全国各地甚至国外的

---

① 九龙县档案县志局编：《九龙县民族志》，九龙县档案县志局编印，2006 年，第 33 页。

② 《川边金汤近讯》，《四川月报》1936 年第 1 期，第 375 页。

③ 《金汤铁矿蕴藏丰富，徐凤翔等积极筹备开采》，《康导月刊》1940 年第 8 期，第 65 页。

④ 慕宗：《川康边的处女地金汤》，《康导月刊》1943 年第 2—3 期合刊，第 61 页。

⑤ 中国科学院民族研究所、四川少数民族社会历史调查组：《阿坝藏族自治州马尔康及绰斯甲地区社会调查材料汇辑》，1963 年，第 3 页。

⑥ 《川西北考察》，《燕大通讯》1945 年第 4 期，第 14 页。

商品，如新疆的葡萄干、哈密瓜，印度的红花、英美的香烟等。[①]

漳腊　松潘的漳腊原是松潘下设的一营，明嘉靖二十年（1541）已筑城堡，清代设营驻防。民国时期，漳腊成为一个典型的因矿产而兴起的城镇。清末民初，在漳腊发现了矿产量蕴藏丰富的漳腊金矿，一时金夫、商贾、军阀、官僚等齐聚漳腊，漳腊从一片荒地变为“房屋鳞次栉比”，并形成长达“四五华里”的交易市场。有“万亨员”“天府银行”等大商号收购黄金，还有大型的采金公司，工人“达四五万人之多”，成为四川涉藏地区近代因矿业而兴起的重要商业集镇。[②]

第四节　交通的发展变化

交通的发展是一个地区社会发展的重要指标，也是影响一个地区商业繁荣、民族交流的关键性因素。四川涉藏地区的道路，历代虽有所开辟，但受制于技术、资金、人力等因素，无论是与内地交通的道路，还是内部各县的道路，交通状况都非常不好。受制于特殊的地理环境，四川涉藏地区的主要交通路线，都是沿大山间的河谷前行，仅有的道路也大多只限于力求通达。另外还有部分因汉藏贸易和内部各部落之间生产生活、对外贸易需要，以民间自发为主开辟的一些羊肠小道。历代由政府投资开辟的道路并不多，大部分为军事需要临时开辟，无论是道路的质量还是通达性都无保障。

① 都爱国：《开明爱国功在国家——记卓克基土司索观瀛》，载中国人民政治协商会议四川省委员会文史资料研究委员会编：《四川文史资料选辑》第 42 辑，四川人民出版社，1994 年，第 141 页。

② 屈锡通、江作见：《松潘商贸史话》，载松潘县文史资料委员会编：《松潘县文史资料选辑》第 1 辑，1997 年，第 12 页。

一、传统驿路逐步向公路发展

（一）甘孜地区

清代为治藏需要，开辟了由成都经由甘孜地区通达到拉萨的道路，并在沿途设立粮台、塘汛、驿站，派军驻守。从而使四川和西藏之间有了大道相通，这条大道的修筑为西藏官兵进出、粮饷供运、驿报传送和茶马互市的商旅及其商品交换往来提供了保障，成为连接川藏两地的“命脉”和中央政府治理西藏的“桥梁”。

其中，南路由成都至康定，经河口（雅江）、理塘、巴塘、昌都地区到达拉萨，因为沿途设立粮台、塘汛、驿站，设兵驻守，备有驿马，来往的官员、军丁及有关粮秣饷械，均经由此道，被称为“官道”。北路自康定经道孚、炉霍、甘孜、德格、江达、昌都地区到达拉萨，沿途无台站，仅于要隘设汛兵驻守，因沿途多草地，宜于茶商驮队行走，因而又名为“商道”。

伴随着大量人口从内地进入四川涉藏地区，两地之间的经贸交往更加频繁，加之“固川保藏”的政治需求，特别是后期西康建省、抗日战争的需要，进一步打通内地与四川涉藏地区的连接通道成为迫在眉睫的事情。近代甘孜地区的交通发展，主要是围绕从成都修建至康定的公路，打通内地与康定的主动脉进行的。对甘孜地区内部南北两条大道，则着力较少，仅局部地点有小改变，整体内部交通改变不大。

1. 川康公路成雅段修筑过程

总体而言，甘孜地区道路最艰险的是从雅安至康定的大道，因地处高山峡谷地段，道路崎岖，悬崖邃谷，加之峰峦盘结，山路大多是沿蜿蜒绝壁开凿，在悬崖绝壁之间行走。从康定出关以后，山原、草地较多，道路反而相对平缓。从雅安至康定的道路则非常艰险，令行旅惊心，一不小心，就容易丧命于山谷之间。如民国二十七年，戴季陶前往甘孜祭奠九世班禅大师，前后死亡力夫 19 人，均是“在途中悬岩马坠河淹毙”。[①] 打通入藏的主动脉，成为民国时期西康执政者最大的难题。

西康峭壁间夹木为栈道[②]

清末，赵尔丰经营川边时，将发展交通作为其“经边六事”之一。光绪三十四年，赵尔丰奏请修筑川藏大路、使通牛车，由川、边、藏分段负责修筑。赵尔丰派员在川边勘测，拟修建9尺至一丈二三尺的“马路”，以通车为度。[③] 赵尔丰在雅州设立车务处，从山西雇佣工匠，制造能以牛牵引的大车。后因工程浩大，财力、技术不足，加之辛亥鼎革，修路计划并未实施。

民国初年，川边经略使尹昌衡倡议修筑由成都至康定的军路，并派周炯为军路总办、肖子才为总工程师负责筑路的前期事宜，但是因为政局突变，仅修筑了成都至新津段便中断了。

民国十四年，刘成勋任西康屯殖使，为经营西康，开始着手修筑成都至康定的马路。次年，先后修通成都至双流、双流至新津的道路。同时，新津至邛崃、邛崃至名山、名山至雅安各段亦先后开工。

① 邱怀瑾：《西康旅途日记（续）》，《边事研究》1939年第1期，第29页。

② 图片来源：《生活画报》1933年第27期。

③ 冯有志：《西康史拾遗》，甘孜藏族自治州委员会文史办编印，1994年，第56页。

民国十六年，刘文辉打败刘成勋之后，入主西康。刘文辉认识到发展交通对经营西康的重要性，准备继续修筑成康马路，他设马路总局于邛崃，并按照刘成勋不分县界、统收统支的筹款方法，筹集修路资金。在线路的选择上，将刘成勋所确定翻越邛崃山的路段，改由荥经县小河场沿大黄沟而行，翻越山王冈，经化林坪至龙巴铺，并将这条路称为"新路"，先行动工修建。民国二十一年，成康路的成都至雅安段全线打通，后又对成雅公路多次整治。

民国二十四年，国民政府决定筹款修建雅安经天全至康定的川康公路，打通雅安连接康定的公路。民国二十四年 5 月，在雅安组建川康公（马）路工程处，由第十二路军总指挥薛岳派工兵修筑，并征调乐山、眉山等 7 县石工负责技术工程。后因薛岳部队调往贵州，只施工月余，工程陷于停顿，修路工程再度中断。

在绝壁上开凿雅康公路①

① 图片来源：《良友》1941 年第 163 期。

2. 川康公路雅康段的修成

抗战全面爆发后，为加强后方建设，国民政府拨款先修川康公路。民国二十七年5月，重庆行营在雅安再次组建川康公（马）路工程处，负责修筑川康公路雅安至康定段。民国二十八年，工程处迁到天全。整个工程采取分段施工、逐步推进的方法实施。沿途各县十多万民众为修筑该条路，出工出力，死伤众多。

第一段由雅安经天全至下河坝，全长73公里，就近征调民工4.2万人，仅给上路民工发放少量津贴，民国二十八年2月该路段建成。第二段由下河坝经两路口至龙胆溪，全长30公里，征调丹棱、夹江、蒲江、邛崃、洪雅等5县民工及运输工4万人，因应征地均在百里之外，故实行给价征工，民国二十七年年底开工，次年2月完成路基土石方。第三段由龙胆溪经二郎山顶至乾海子，全长23公里，征天全县民工1万人，经过8个月的艰苦施工，于民国二十八年2月3日完成。第四段由乾海子经泸定至冷竹关，全长60公里，征调泸定、汉源、荥经、雅安、芦山等5县民工3.5万人，于民国二十八年5月最终完成路基。第五段由冷竹关至康定，全长27公里，征调名山、洪雅、丹棱、蒲江等4县民工及运输工1.6万余人，于民国二十八年冬陆运开工，次年秋天完成。

民国二十九年10月10日，对初步建成的雅安至康定公路进行试通车，民国三十年2月，对川康公路雅安至康定段进行改建，历时1年完工，于民国三十一年2月正式通车。雅康公路，全长218.5公里，“凿窄为宽，斫曲就直，化险为夷，去急为缓”，通车后，从雅安前往康定由此前的七八日①，缩短为一日可达，即使不乘车，也比走相岭旧路缩短路程3日，走荥经新路缩减2日。“其便利行旅之处，不仅十倍，是为开发康省一大动力也。”②

3. 甘孜局部地区道路的整修

除川康主干道的修建外，西康建省委员会成立以后，对甘孜地区

① 从雅安到康定的背茶的背夫，通常要走半个月。

② 任乃强：《泸定考察记·川康公路小史》，载任乃强著：《任乃强藏学文集》中册，中国藏学出版社，2009年，第289页。

民国二十九年10月5日，第一辆汽车抵达康定①

局部的道路进行了新建、改道、整修。

西康泰宁实验区成立后，在泰宁从事垦殖的农夫，“农事既毕，即行修筑马路”，短短时间之内，“经民工修成之马路达四百余丈”，“因交通便利商业亦渐繁盛”。②

在甘孜县，民国二十六年驻防西康的甘孜二十四军团长章镇中，在甘孜的大同路至打金桥一带，划分区段，安排驻甘各连的官兵“每日操课之余”，抽暇建筑马路。该部队士兵每日晨集合，携带工具“掘土砌石，傍晚始整队返城”③，修筑了甘孜大同路。

在比较边远的德格，民国二十六年，县长范昌元主持、调动当地老百姓，将德格属的十余处桥梁修葺完善，各村道路也让各村老百姓

① 图片来源：《良友》1941年第163期。

② 《移民殖边堪作借镜，西康实验垦殖成功》，《西北导报》1937年第12期，第15—16页。

③ 《西康甘孜驻军实行兵工筑路》，《蒙藏月报》1937年第2期，第9页。

西康甘孜大同路竣工纪念①

在播种之后分段整饬，“人民亦甚乐从”②。从道孚县到瞻化的“道瞻道”，民国二十六年也进行了整修。在丹巴县，民国二十八年由西康省政府拨款，在丹巴调集民工 300 余人，历时 8 个月，完成了从丹巴到泰宁的道路改道、整治工程，整治后该道路可以通行驮运。

（二）阿坝地区

相比甘孜地区而言，阿坝地区因开发较早，不仅与四川腹地之间的交通较便利，而且与河陇、内地关系也较密切。特别是松潘，由于是川茶输往甘、青、藏的重镇和主要集散地，因此松潘、茂县等地与外面交通的道路开辟较早，沿岷江河谷过草地到达黄河河谷，是清代以前四川西北的大道，从松潘到灌县的路被称为“大路”。除此之外，沿一条条河谷还形成了纵横交错的道路，沿杂谷脑河经马塘是大金川，越红桥山到两河口，是小金川；越弓杠岭转南坪可通甘肃文县；沿岷江支流，由漩口往三江越巴郎山可以直达懋功，是通大小金川的“小路”。此外还有很多在群山峻岭间修建的羊肠小道。因为道

① 图片来源：《蒙藏月报》1937 年第 5 期

② 《德格桥梁道路修理完善》，《康藏前锋》1937 年第 10 期，第 51 页。

路大多沿河岸而行，道路迂回崎岖，尤为险绝，常有贩夫驮马失足坠河之事发生。近代阿坝地区交通的发展，主要是为了保证大道通畅，对“主干道”进行修筑。

从松潘通往灌县的道路，虽然称为“大路”，但该路并非坦途，相反道路狭窄，道陡且峻。由成都到松潘计有760里，均是沿岷江东岸，这条路“其间穷崖陡绝，怪石嶙峋”，常常出现山崩坠石，或滑落坠河的情况，“致行人多所损失，仕宦商旅视为畏途”。同治年间，崇庆州的道人李本善集资整治这条道路，李本善“兼以躬作，审曲面势”，对于途中梗阻部分，积极打通；对于悬绝部分，积极补充；对于红崖等处，则傍岩架木，在他的率领和努力下，“缒险凿幽”，虽“所费尤钜”，但仍尽全力使这条路“归于坦荡”。[①] 经过这次整治，松潘通往灌县的通行状况得到一定程度的改善。民国时期又对道路沿线多次修筑，大部分成坦途。

民国十八年，二十八军邓军长为保障商道畅通，命二十八军警卫团长刘耀奎督修大路，设法修治，另从山脚开辟新路，“各绅商均热心赞助”，历时3年，将灌县至茂县一带之险要路段如娘子岭、马王坡、三家湾、七盘楼等修成坦途，修筑了宽一丈六尺的道路600余丈，道路修成后，“化险为夷”，从此商旅便利，不仅“行人驮马均可减少一日行程”，且不再有“坠河之虑”“便利实多”。[②] 除松灌大路外，民国二十一年，还对从灌县经卧龙关到懋功（小金）的“灌懋道”、从懋功至绥靖屯的“懋绥道”，在原有道路的基础上，进行了整修。另新开辟了从懋功到抚边的“懋芦道”。[③]

另外，叠溪大地震以后，山崩岩裂，商路受阻，松理茂懋汶屯殖督办署，设立路政局，征收百货过道捐，用于培修叠溪道路，以通商路[④]。

---

① 夏毓秀：《李道人修路碑》，载张起著：《晚清松潘古道的一次民间行吟考察》，西南交通大学出版社，2016年，第305页。

② 《四川松潘到茂县间，新辟大道将成功》，《道路月刊》1932年第1期，第43—44页。

③ 小金县地方志编纂委员会编纂：《小金县志》，四川辞书出版社，1995年，第182页。

④ 《十六区培修叠溪山路》，《川边季刊》1936年第2期，第200页。

二、局部区域交通的变化

（一）新式交通的出现

四川涉藏地区地位重要，因交通阻隔，社会、经济、文化均相对落后。为“建筑经济，发展文化，巩固国防”，在康定驻守的李抱冰部队率先在康定南门外修筑康定飞机场，以使“边远阻塞之西康，与内地各省乃至世界各地，皆可于最短时间内，皆可往来无阻”。民国二十五年3月13日，在康定举行康定机场的开航典礼。[①] 民国二十九年，欧亚航空公司在康定营官寨征地修建民用机场，机场宽150米、长2000米，次年完工。在修建甘孜、康定营官寨、理化、阿坝漳腊等机场时，四川涉藏地区“向未接受征募之征的边民”[②]，也不计报酬，积极投入到抗战交通建设中，在劳动工具极端简陋的情况下，以血肉之躯，以生命和鲜血为代价，完成了施工任务。

（二）桥梁的修建

四川涉藏地区传统的桥梁主要是伸臂桥。伸臂桥最早兴建于元代，盛于清朝、民国时期，伸臂桥因为修建工艺复杂，主要是在险隘的地方或者村寨的入口修建，且会派人在桥岸驻守，以防备土匪或强人的骚扰。据新中国成立以后的调查，四川涉藏地区的伸臂桥主要集中在甘孜州的新龙县、凉山州的木里藏族自治县及阿坝州的阿坝县。

而其他大部分区域，如西康东部水流湍急、河上不能行使船筏及无法架设简易桥梁之地，通常采用“悬渡”的方法，以藤、竹或牛皮利索，横悬于江河两岸的陡峭崖壁之上，代作舟楫。渡河者，用绳子套住缆索和身体，倒挂在绳索上，利用绳子的高差从高处滑向低处。但通过溜索过河的方法，有很多弊端，因为绳索两头高差不够，往往会滑至中间，便不能往下，只能靠过河者倒挂绳索上利用手脚移

---

① 《康定机场举行开航典礼》，《川边季刊》1936年第2期，第265页。

② 刘文林：《新西康与新作风》，《新西康》1946年第5—6期合刊，第16页。

西康人民过河之溜索①

西康惊心动魄之溜索②

① 图片来源：《蒙藏月报》1936 年第 5 期。

② 图片来源：《良友》1940 年第 158 期。

西康雅砻江中的牛皮船筏①

建筑简陋的拱形木桥②

① 图片来源：《科学画报》1934 年第 12 期。

② 图片来源：《良友》1940 年第 158 期。

康定瓦斯沟之铁索桥①

动缓慢过河，同时携带较重物件也无法过河，遇大风雨天也无法过河。②

在部分河道较窄的地方，一般会搭简易桥梁，但桥工艺极其简单，大多是在小河沟上，“以大小鹅石为桥墩，用大树条数根，搭于两岸”③，主要是为了方便两岸群众过河。这种简易桥梁，很容易在水流湍急涨水的时候被冲走，因而很多地方只能徒步过河，很多人会在渡河时丧命。随着四川涉藏地区民族交流的加强及生产力的发展，其桥梁建筑也逐步发生变化。

① 图片来源：《良友》1941年第163期。

② 黄炎培：《溜索（岷源一曲）》，《国讯》1943年第344期，第13页。

③ 羊磊：《巴安小志》，《川边季刊》1935年第4期，第40页。

民国甘孜地区建筑之险要桥梁①

1. 甘孜地区

在甘孜地区，因为多山，滩险水急，水上交通极少，只有部分河道能通行皮舟或木筏。但是因水流湍急，行人通行极不安全。同时，牲畜只能泅渡，常有牲畜被溺毙，因此在部分渡口修建了一些新式桥梁，在重要的集镇，为方便行旅通行，也新建或改扩建了一些桥梁。

其一，为通商方便，在甘孜地区的部分关键隘口还修筑了一些新式桥梁。著名的有以下 3 座。

雅江钢索吊桥　清末，在西康南路的河口（雅江），当地老百姓“取牛皮作舟”渡雅砻江时，经常会“漂逐中流，波涛冲击，时起时没，危险万状”。赵尔丰经边时，特聘外国工程师设计，由外国购买钢铁材料，“溯长江上运四川，转由旱道赴运雅江”，1000 余名工作匠役，历时 5 年多时间，到宣统二年，修成了河口的雅砻江上钢索吊桥。钢索桥修好以后，大大改善了川藏官道的交通，“从此行旅交通，大感舒畅，市面顿行活跃”②。可惜民国三年边军陈步三叛乱，放火焚毁了此桥。

① 图片来源：《良友》1931 年第 56 期。

② 《雅江钢桥被毁之始末》，《川边季刊》1935 年第 1 期，第 237 页。

西康雅江被毁之钢桥①

道孚通西桥　道孚县为康北之要冲，位于雅砻江东岸，仅有皮船承载来往行人，而牛马牲畜，须泅水而过，“牛马牲畜，淹毙甚多”为发展商业、畅通商道，在道孚县长胡人纪的努力下，劝说道孚僧人、民众捐款修桥②，在道孚雅砻江上修筑了“通西桥”一座，该桥采用汉藏结合形式，“桥基以石为基，其上悉用木成，式样新奇，坚固耐久，为西康仅有之木桥”。桥梁通行之时，“汉夷民众无远弗届跳锅庄”庆祝。③

甘孜大金桥　在甘孜县雅砻江渡口，当地老百姓也是用传统的皮船渡江，因为“江阔水急”，在夏秋涨水时，“淹毙甚多，行人苦之”。后由当地驻军邓旅长敕令县长伍进修修筑“长千尺，宽四十尺”④ 的跨江木桥一座，修好命名为“大金桥”。虽然只是木桥，但是在当时的技术条件下，修筑这么宽大的木桥，可谓“工程浩大”，木桥修好后，“行旅称便”⑤。

① 图片来源：《西北问题季刊》1936 年第 1—2 期合刊。

② 《道孚县长筹筑雅砻江木桥》，《四川月报》1934 年第 5 期，第 165 页。

③ 《道孚通西桥落成》，《蒙藏旬刊》1934 年第 90 期，第 17 页。

④ “长千尺，宽四十尺”记载有误，查询《甘孜县志》（第 166 页）记载该桥“长 133 余米，宽 26.7 米”。

⑤ 《甘孜挞金桥落成》，《川边季刊》1935 年第 1 期，第 237 页。

西康北路著名之白利桥①

另外，在甘孜还修了白利桥。在部分城镇河道上，也新建了一些桥梁。其中著名的有康定公主桥。康定公主桥是康定自南郊出关的重要桥梁，于同治十年（1871）修建，为石拱桥。②

其二，对部分城镇的重要桥梁进行了培修和改扩建。

培修泸定桥　近代四川涉藏地区最著名的桥梁当属泸定铁索桥，康熙四十年，平定西炉，四川巡抚能泰向康熙皇帝奏言："铲河三渡口，高岩夹峙，一水中流，雷犇矢激，不可施舟楫。行人援索悬渡，险莫甚焉。兹偕提督岳昇龙相度形势，距化林营八十余里，山址坦平，地名安乐，拟即其处，仿铁索桥规制，建桥以便行旅。"康熙"嘉其意，诏从所请。于是鸠工构造"。铁索桥建成之后，"凡命使之

① 图片来源：《蒙藏月报》1937 年第 2 期。

② 四川省康定县志编纂委员会编：《康定县志》，四川辞书出版社，1995 年，第 290 页。

往来，邮传之络绎，军民商贾之车徒负载，咸得安驱疾驰”[1]，泸定桥的修建，使需翻过飞越岭进入大渡河谷地的道路，不再沿河的东岸至亢州渡河，改为沿大渡河西岸，经咱里、烹坝、冷竹关，再沿瓦斯沟到打箭炉，成为沟通大渡河两岸的主要通道。泸定桥修成后，来往商客络绎不绝，成为川康交通“咽喉”。一旦泸定桥出任何问题，两岸交通即会阻断，民国时期对泸定桥进行过多次培修。如民国三十二年，桥亭西街住户失火，因桥亭是木质结构，波及桥亭，并将该桥三根铁链焚断，又费 20 万元历时两月才修好[2]。

泸定铁索桥[3]

---

① 康熙《御制泸定桥碑》，文荣普：《〈御制泸定桥碑记〉考析》，《四川文物》1984 年第 3 期。

② 《泸定铁索桥竣工》，《西康经济季刊》1943 年第 2—4 期合刊，第 164 页。

③ 图片来源：《良友》1929 年第 37 期。

改扩建桥梁　民国初年，由康定圣谕庙承头募集，多人捐款，在康定雅拉河上修建了亭阁式、雕梁画栋的“通天桥”，为通向天竺之意。[①] 西康建省后，特别是雅康公路修建完成后，对康定城内的4座桥和通天桥（二道桥）进行了改建。将上桥、中桥改造成为公路桥，可以通行汽车。将通天桥改造成木桁结构的“文辉桥”。[②]

在巴安，对巴安城南的“岳公桥”及“丁林桥”也进行了重修。巴安的“岳公桥”，是康熙年间岳钟琪从甘孜入藏经过巴塘时，为了西征之兵过河，在巴安南关的小巴河上搭建的桥梁。民国时期，因为“岳公桥”年久失修，加之有“无知之辈，暗将桥栏拆毁，以致桥板动摇”，再加上夏日涨水、秋日多雨，竟将桥底座和基础一并冲没。旅巴同人向“僧俗汉夷”募捐修建，重修加工整顿。[③]

在邓柯，民国二十八年将邓柯龙曲上被水冲毁的桥梁重新修建，建造了长10丈、宽9尺的新型木桥一座，“交通因之称便”[④]。

2. 阿坝地区

在阿坝地区，因岷江水急，不能架桥，在部分地区也是如甘孜一样，在两岸以溜索渡桥。[⑤] 少数的桥梁，则分布在从灌口（今都江堰市）至松潘道路的两岸，因为这条路不仅是岷江上游地区用兵的要道，也是岷江上游各族与内地沟通的主要路线，因此保障该条道路特别是岷江上游桥梁的畅通，保持整条道路交通的顺畅，是极其重要的事情。近代川西北地区桥梁的兴修，均是沿岷江上游进行。

一是在局部区域新建了桥梁。如汶川道光年间由士绅雷光裕独自修建了汶川地区唯一的石桥——光裕桥。[⑥] 在民国初年，在汶川还新建了东昇桥。[⑦] 另如映秀湾建的灵秀桥，光绪年间由乡绅吴永章创

① 李万钧：《忆康裕公司》，载四川省政协文史资料委员会编：《四川文史资料集粹》第5卷《民族宗教华侨编》，四川人民出版社，1996年，第347页。

② 四川省康定县志编纂委员会编：《康定县志》，四川辞书出版社，1995年，第290页。

③ 吴杰仁：《重修岳公桥募捐序》，载巴塘县地方志编纂委员会编：《巴塘县志》，方志出版社，2001年，第522页。

④ 黎可行：《邓柯四年来施政概况》，《康导月刊》1942年第8—9期合刊，第67页。

⑤ 《川边索桥》，《道路月刊》1934年第1期，内页插图。

⑥ 汶川县政府编：《汶川县县志》，汶川县政府刊印，1944年，第78页。

⑦ 傅樵斧著：《松潘游记》，文伦书局，1915年，第10页。

建。民初被毁，民国二十四年重新修建，“宽五尺，长五十余丈”①。在松潘城，民国初年也重建了被焚的“古松桥”②。

二是重新修建了被水冲毁的桥梁。如汶川的万寿桥，架于岷江正流，为茂理懋汶四县屯区交通之枢纽，民国二十二年叠溪地震造成的堰塞湖溃决后，山洪暴发，“桥梁付入洪波”③，全被冲毁。因为地方财力有限，难以支出修桥的费用，汶川县县长杨晴舫及各机关、法团、士绅自筹部分经费，并从本地及灌县、茂县、理番、懋功等县劝募资金，重新修建了万寿桥。④ 又如汶川县所属的龙溪大桥，民国时期被山洪冲毁后，因为汶川县境土木工匠很少，汶川县县长杨晴舫派人在灌县、彭县两地，以大价钱雇佣“土工木工数十人”，将桥重新修建。⑤ 在松潘南部的归化，民国初年知事田子宝也将被大水冲垮的桥梁重新修为木桥，名为“定远桥”。⑥

理番县之沱江（杂谷脑河）索桥⑦

① 汶川县政府编：《汶川县县志》，汶川县政府刊印，1944 年，第 75 页。

② 傅樵斧著：《松潘游记》，文伦书局，1915 年，第 77 页。

③ 《汶川既遭天旱，复罹水灾》，《四川省立农学院院刊》1934 年第 4 期，第 45 页。

④ 《汶川重建万寿桥》，《川边集刊》1935 年第 1 期，第 239—240 页。

⑤ 《汶川龙溪大桥补修竣工》，《川边季刊》1935 年第 3 期，第 220—221 页。

⑥ 傅樵斧著：《松潘游记》，文伦书局，1915 年，第 66 页。

⑦ 图片来源：《道路月刊》1934 年第 1 期。

三是将部分地处要冲的桥梁进行了改扩建。因为传统的木制桥梁桥基不稳，河水泛滥时很容易被冲毁，遇到战乱也容易被损毁，因此为保障桥梁畅通无阻，民国时期将重要隘口的部分木制桥梁改为铁索桥或悬索桥。如小金县的三关桥，横跨小金河，为乾隆朝平定大小金川后在小金河上修建的木制桥。因是从小金通往金川及丹巴的关隘，被命名为“三关桥”。因为“三关桥”年久失修，民国十一年，章、懋、抚、绥、崇清乡司令官宋开亮等责成商董、首事和各区捐资改建三县（今金川、小金川和丹巴县）要塞通道三关桥，并建立“懋功桥工事务委员会”。[①] 民国十二年，对三关桥进行改建，改成铁索桥，两岸建设桥头堡，在供行人避雨歇脚的同时，又增加了桥梁的稳固性。两岸旁还修建了石木结构的桥亭。另外，民国二十一年，懋功县又经刘继刚、周鸿锡、何家漠前后三任县长的努力，将小金的两座乾隆平定金川后修建的木桥马鞍桥、猛固桥改建为铁索桥，两座桥的形制与三关桥类似。[②]

另外，民国时期，还对部分已建成的桥梁进行了扩建。清乾隆年间平定大小金川之役时，岳钟琪在进军时沿途修建了部分桥梁。典型的如汶川太平索桥，又名铃绳桥。民国二十二年，叠溪大水后河面加宽，对桥梁进行了改建，桥长增至200米。民国二十四年5月，红军长征经过威州时，当时驻守威州的团总徐瀛波率兵逃亡岷江西岸时，命团丁将岷江索桥和沱江索桥砍断，以此切断红军渡江通道。红军进驻威州后，在威州当地木工李兴发等人的帮助下修复索桥，渡江进入理番北上。[③]

三、邮政建设

四川涉藏地区现代邮政建设起步很晚，从清末赵尔丰经边开始才

① 阿坝藏族羌族自治州地方志编纂委员会编：《阿坝州志》上册，四川民族出版社，2010年，第24页。

② 小金县地方志编纂委员会编：《小金县志》，四川辞书出版社，1995年，第185—186页。

③ 中共阿坝州委党史研究室、阿坝州地方志办公室编：《阿坝州志之红军长征在阿坝》，四川大学出版社，2007年，176页。

有了真正意义上的现代邮政建设，实现了从驿站到邮路的转变，实现了从无到有的突破。

在甘孜地区，早在雍正十年（1732），在打箭炉以东设立6个驿站，仅用以传递官方公文。赵尔丰经边时，于清光绪二十八年，在打箭炉设立了甘孜地区的第一个二等邮局，下设泸定桥邮政代办所，开启了甘孜地区的现代邮政建设。清宣统元年，赵尔丰又在甘孜南部的巴安、理塘，北部的甘孜、德格4县设立邮局，在泸定、乾宁、炉霍、邓柯、雅江等设代办所，主要用于传递官方公文、商号经商往来函件。民国初年，尹昌衡西征时，为了解决邮路不畅的问题，专门设立兵战部，传递南北两路公文，后改为公文邮便。民国七年，川边镇守使将公文邮便撤销，改为邮政，每日一班到成都，南北两路则十日一班。民国二十一年，增加南北两路递送次数，并在偏远各县添设邮柜。民国二十三年，在西康境内，添设无线电台4处，添设道孚、炉霍、雅江、理化四邮务代办所，总共已增为14所。其中，康定有二等邮局、有线电台、无线电台，泸定有三等邮局、有线电台，巴安有二等邮局、无线电台，甘孜有邮局代办和无线电台，德格有无线电台，炉霍、雅江、理化有邮寄代办。① 伴随甘孜地区各地商业的发展，民国二十四年，邓柯邮政局应在青海结古的陕西商人之请，在结古下设邮政代办所，由陕西商人负责代为经营。

民国三十一年，为改进康藏邮路，将德格代办所升为三等邮局，西川邮政管理局派员办理德格至昌都的邮政。② 邮路有马差、步差两种邮路传递方式，其中马差邮路有5条，分别是：从雅安经康定、道孚、甘孜、邓柯达到玉树，从康定经雅安、理化、瞻化达到甘孜，从康定经九龙到达木里，白玉至甘孜绒坝岔，德格县至竹庆。步差邮路有9条：理化至巴安，德格经巴安至德钦，巴安至中甸，理化经稻城至得荣，道孚至瞻化，泰宁至懋功，雅安至懋功，雅安经汉源至康定，康定至泸定安顺场。③ 民国三十六年（1947），将康定邮局改为

① 《西康境内邮电机关调查》，《四川月报》1934年第1期，第118页。

② 《沟通康藏邮运》，《邮政月刊》1942年第3期，第9页。

③ 王自强：《康藏邮政已步入新阶段》，《抗战与交通》1942年第82期，第1362页。

甲级邮政总局，下设道孚、甘孜、新龙、德格、邓柯、雅江、理化、巴安等8处三等邮局。邮政递送员很多都是由当地藏族群众负责，因地广人稀，道路较差，邮政员“天天独骑奔驰于荒山雪岭中。艰苦的维系着对外的邮信”[①]。因为邮局还开展包裹邮寄业务，在很多“夹坝”盛行的区域，邮差还有遇难的危险。[②]

民国后期，在甘孜地区一些地方，比如雅江县，还开辟乡村邮路，但是效果不好。[③] 到新中国成立前期，在甘孜地区仅有康定一所一等邮局，丹巴、雅江、理化、巴安、瞻化、道孚、甘孜、德格、邓柯9所三等邮局，和一所康定局代管的玉树邮局，下设代办所17所。[④]

在阿坝地区，民国八年，新设置灌松专线。民国九年，在松潘成立电报局收发官商电报。[⑤] 后因电杆电线损失较多，又予以多次修复。[⑥] 民国时期，在茂县有督办署拨的电台一部，可与成都通达消息。茂松间则借用漳腊铁厂电台，尚称便利。

邮路方面，由茂县至懋功、由茂县至松潘、由茂县至理县、由松潘至南坪均有邮路，为间日班，或每周一班，“邮递迟滞”。另外还有专门传递公文的递步哨，不过因“烟户稀少”，传递速度很慢，专署县府传递公文往返，“动辄三四日乃至一月以上”[⑦]。其中，部分邮政主要由在当地经商的商户代为经营，如南坪的邮政代办所，即由在南坪的河南商人张立勋建立的“协兴永”商号代为经营。[⑧]

---

① 焕慈：《甘孜杂写》，《旅行杂志》1950年第11期，第49页。

② 道孚县志编委会编：《道孚县志》，四川人民出版社，1997年，第249页。

③ 《雅江散记·邮局业务概况》，《现代邮政》1949年第4期，第15页。

④ 吕幸福：《甘孜州人民邮政四十年》，中国人民政治协商会议甘孜藏族自治州委员会：《甘孜州文史资料》第10辑《纪念甘孜州建州四十周年专辑(下)》，1990年，第104页。

⑤ 《交通部通告》（中华民国九年三月二十四日），《政府公报》1920年第1479期，第21页。

⑥ 《灌县电局奉令修复灌松间电线》，《四川月报》1936年第3期，第189页。

⑦ 《十六区交通状况》，《四川月报》1936年第5期，第180页。

⑧ 南坪县地方志编纂委员会编：《南坪县志》，民族出版社，1994年，第932页。

第四章　民族交流与四川涉藏地区社会生产方式的发展变化

第一节　农牧业生产方式的转变

四川涉藏地区传统是以牧业经济为主，清末赵尔丰经营川边时，大量移民前往该地从事垦殖，四川涉藏地区传统的牧业逐步向农牧混合业发展。

一、农业种植规模的发展

四川涉藏地区大规模地开始推广现代农业技术，始于清末赵尔丰经边时期。光绪三十二年，清廷在北京设立“中央农事试验场”，并下令各省设立“农事试验场”，推广农业新法。赵尔丰饬令各县属试办“农事试验场”，从内地引进粮食作物、豆类和蔬菜品种，经试种成功后加以推广。据不完全统计，至宣统三年，川边地区先后建有16个试验场。[①] 在德格，自设治后设立农事试验场，种植蔬菜、黄豆、马铃薯及玉蜀黍，沿更庆河一带，因设立金厂，“汉人居多，有

① 刘祥秀、郭平若：《清末屯垦政策在川边藏区的实施及其对环境的影响》，《西藏研究》2007年2期。

菜园”，种植的“菜园、葱、韭、芥菜形同内地”[①]。在邓柯农事试验场，购置奉天产的美国菜豆、美国三石菜豆、日本极长菜豆等14种外国种子，以及内地产的青菜、白菜、莲花白、冬萝卜等11种内地种子，及国内外的十多种瓜果种子由当地百姓领种，种植的马铃薯“重有一二斤者”，成为当地老百姓的主要食物，试验场内种植的蔬菜瓜果“应有尽有，形同内地”。[②] 在雅江，赵尔丰经边时，曾在卧龙石、八角楼两地“拨垦夫四十家”，后有“汉人自行来此开垦”，以致民国时期沿雅砻江一带“已无地可垦”[③]。在定乡，清末经营川边时招夫开垦熟田两千余亩[④]。

民国初年，在川边部分地区，沿袭清末开农事试验场的做法，继续设立试验场，引进内地种子，改进当地农业生产技术。在道孚，民国四年在县城开办农事试验场，从内地引进豆、麦良种及蔬菜的种子。在九龙，民国六年刘鼎彝任九龙县知事，“阔地百亩”，设立农民试验场。[⑤] 在稻城，民国八年设立农民试验场，种植内地各种菜蔬、花草，“应有尽有”，种植的品种中，尤以“花椒肥美，味香甲于九龙花椒”，成为稻城著名的土特产品。[⑥] 在炉霍，修建的农民试验场，种植有各种蔬菜、瓜果，“形同内地”[⑦]。在甘孜，清末及民国时期，因为在甘孜的“汉人居多”，“种植菜蔬、茄子、玉米，渐以

---

① 刘赞廷编：《民国德格县图志》，载中国地方志集成编委会编：《中国地方志集成·四川府县志辑》第67册，巴蜀书社，1992年，第313页。

② 刘赞廷编：《民国邓柯县图志》，载中国地方志集成编委会编：《中国地方志集成·四川府县志辑》第67册，巴蜀书社，1992年，第418、441页。

③ 刘赞廷编：《民国雅江县图志》，载中国地方志集成编委会编：《中国地方志集成·四川府县志辑》第67册，巴蜀书社，1992年，第552页。

④ 刘赞廷编：《民国定乡县图志》，载中国地方志集成编委会编：《中国地方志集成·四川府县志辑》第67册，巴蜀书社，1992年，第750页。

⑤ 刘赞廷编：《民国九龙县图志》，载中国地方志集成编委会编：《中国地方志集成·四川府县志辑》第67册，巴蜀书社，1992年，第515页。还有人专门为刘鼎彝新开辟的农事试验场赋诗：“阔地从农学种瓜，儒林人去计桑麻。太平气象同民乐，五宗原来是一家。”

⑥ 刘赞廷编：《民国稻城县图志》，第16页，载中国地方志集成编委会编：《中国地方志集成·四川府县志辑》第67册，巴蜀书社，1992年，第777页。

⑦ 刘赞廷编：《民国炉霍县图志》，载中国地方志集成编委会编：《中国地方志集成·四川府县志辑》第67册，巴蜀书社，1992年，第95页。

普遍”，成为“丰裕之区”①。

刘文辉经营西康时，令全康各部队在以往垦殖的基础上进一步扩大规模。如在巴安，当时由于巴安屡经变乱，盗匪横行，垦民大多迁避，很多地都被荒弃。巴安县长戴安琴令巴安居民与当地驻军兵民数百人共同工作，在桃子园开沟引水、灌溉田地，进行垦殖。② 西康建省后，在巴安政府规定“官一名分五亩，兵一名分两亩，此后可自耕自给”后，“军民争相垦殖”，“城区附近，已无荒地”。③ 在德格，驻军也实行兵工政策，“开辟菜园数十亩，栽种蔬菜”。④ 在邓柯，在县署附近设农事试验场，在内地购进耐冬植物种子进行试植，结果“成绩颇佳”,“莴笋、番芋及萝葡及蔬菜之类，均能繁殖”。试验场种

刘文辉驻康部队在康开垦⑤

① 刘赞廷编：《民国甘孜县图志》，载中国地方志集成编委会编：《中国地方志集成·四川府县志辑》第67册，巴蜀书社，1992年，第143页。

② 常之：《巴安军民努力生产事业》，《康藏前锋》1935年第10—11期合刊，第93—94页。

③ 《理化巴安新建设》，《边政公论》1941年第3—4期合刊，第205页。

④ 《德格驻军励行兵工政策》，《康藏前锋》1935年第9期，第53页。

⑤ 图片来源：《良友》1940年第158期。

植成功后，邓柯县进一步扩大农场，并从内地“购置农器”，“督促民间，一概仿行，为改进农业之初步。”① 另外邓柯驻军也选求适宜荒地，购进良好种子，实行兵垦。② 在康南义敦县的波米村，骑兵大队部移驻那里后，在大队长邦达多吉的带领下，“努力开垦荒地，并招抚垦民”，为垦民修建房屋，开垦荒地百余亩。③

在川西北地区，早在清末之时，因汶川县白龙池“地质既沃，林木尤盛”，已辟为官办垦场，招人垦殖，进行农事试验。④ 二十八军驻防川西北后，也开始在汶川、茂县等地气候适宜的地方组织垦殖社或由垦殖局直接招民垦殖。至民国二十二年时，在汶川已开垦的农场共有5处，分别是白龙池，垦殖熟地4000亩，播种杂粮；桃花沟，开辟熟地2000亩，种植药材椒子等；娘子岭孙益群垦殖社，开辟熟地400亩，同时经营商业、手工业；过街楼，由裕生垦殖社开垦，开辟熟地1000亩，专门种植椒子、当归；赵家坝、太平池沟、一碗水，由茂县垦务局开办，开辟熟地上千亩，种植厚朴花椒等。⑤ 其中，二十八军谢无圻将戍区汶川县属之白龙池纵横百余里的荒地开放，请实业专家尹耕阳招收灌县、郫县、安岳、汶川等县的失业灾民，前往垦牧。所需之农具、种子、房屋、田地、医药等均由谢旅长提供，尹耕阳则负责垦务的相关事宜。另外原来在赵家坝垦殖的土地改为第二桃园，设置西南垦牧试验场。除垦牧外，还兼营熬卤、打花椒、烧杠炭等事。⑥ 除此之外，民国二十四年，汶川官绅还在龙池坝、沙窝子等处，由官绅出资合办、召集难民开办经济农场。⑦

① 《邓柯努力生产事业》，《康藏前锋》1935年第9期，第49—50页。

② 《邓柯实行兵垦》，《康藏前锋》1935年第9期，第53—54页。

③ 《邦达多吉开垦康省荒地》，《康导月刊》1940年第8期，第86—87页。

④ 《督宪批劝业道详情将汶川县白龙池为官办垦场等情文》，《四川官报》宣统二年(1910)第14期，第70页。

⑤ 《汶川已垦农场共有五处》，《四川月报》1933年第6期，第62页。

⑥ 《川边・垦殖汶县白龙池荒地》，《四川月报》1934年第2期，第179页。

⑦ 《汶川官绅合办经济农场》，《川边季刊》1935年第3期，第161页。

二、农业生产技术的改进

（一）农业生产技术的推广和使用

在工具的使用上，在近代以前，四川涉藏地区铁制农具非常少见，所使用的农具大部分是木质农具，只有少部分农具裹铁寸许。随着垦民及汉族移民大量进入四川涉藏地区，包括铁锄在内的铁制农具加工制作也逐渐在四川涉藏地区开始推广和使用。在甘孜地区，赵尔丰推广屯垦时，从内地购置铁制农具到川边，屯垦开荒的老百姓都可以免费借用，且损坏不需要赔偿。还有部分移民前往四川涉藏地区屯垦的时候，也将内地的“汉犁”带入四川涉藏地区。新式农具的使用，提高了耕地的效率。民国时期，来自内地的汉族铁匠和少数藏族铁匠也开始自己制造农具，西康的炉霍、道孚、瞻化、巴安、稻城、得荣、九龙等县皆出产“锄头”。[①] 在川西北嘉绒藏族所在的从事农耕的区域，老百姓已经普遍开始使用从内地购买的铧、尖锄、耙锄、点锄、锄勾勾、钉耙、镰刀等工具。[②] 在边远的壤塘地区，也有专门的匠人为别人制造镰刀和锄头。[③]

在耕种方式上，在气候温和、土壤肥沃、农作物易于生长的巴安，民国时期也开始普遍使用二牛抬杠方式犁地，只是使用牦牛，且犁头大多“是木质的，犁尖偶包以铁皮”。[④] 犁的使用方法，“亦是汉人所教”，“铧亦自内地贩来”。后因这种犁耕地“吃力万分”，后多改用更为轻巧的“川犁”[⑤]。在道孚县，民国初年在靠近城区四五十里的藏族老百姓，也仿效内地的耕种方法，“耕种之法，与内地无

① 游时敏著：《四川近代贸易史料·西康主要物产》，四川大学出版社，1990 年，第 59 页。

② 《嘉绒藏族调查资料》，载西南民族大学西南民族研究院编：《川西北藏族羌族社会调查》，民族出版社，2008 年，第 61 页。

③ 刘廷君：《壤塘县解放前商品交换情况》，载中国人民政治协商会议壤塘县委员会文史资料委员会编辑室：《壤塘文史资料选辑》第 1 辑，1990 年，第 49 页。

④ 罗昌平：《巴安农业考察记》，《本行通讯》1943 年第 12 期，第 47 页。

⑤ 《耕牛迥异内地》，载邱怀瑾编：《西防纪实》，国西电讯社，1933 年，第 86 页。

异”，因此道孚“所产杂粮，较他县稍优”[①]。在川西北地区，靠近内地的区域，大多已经使用和内地一样的单牛耕地的方法，而稍微远一点的地区，也普遍使用“二牛抬一杠”的双牛耕地方法[②]。

民国时期，在四川涉藏地区的部分地方也开始使用化肥等肥料。民国时期冯云仙女士在泰宁考察时，发现当地姓蔡的一个人很注重农业，“他请人在外面带来一些肥田粉”，又依照外面的方法去耕种，“收获时比往年多三倍。”[③] 在川西北接近内地、汉人比较多的嘉绒地区，如汶川的草坡乡，嘉绒藏族和汉族杂居，当地嘉绒藏族也仿效汉人的沤肥方法，学会了用牛羊粪混合麦草、树、菜、玉米秆来沤肥的方法[④]。在羌族村寨，光绪初年，萝卜寨的张文贵在绵竹学会了使用粪坑积肥的方法，回寨后“仿制了粪坑、粪瓢”，使用内地的方法施肥，收成很好，萝卜寨的村民纷纷仿效，使用“打窝点播”的方法种植作物。[⑤]

当然，除使用内地的先进农具和耕种方法，在四川部分涉藏地区，也有部分汉人因为缺乏耕种工具，加之没有专业的农耕知识，仍采用传统的种植方式，种植“懒庄稼”。如民国时期在道孚县，因为部分垦民为“流氓”，起初是“做点小生意，或贩卖果实及小食品之类”，后“向县府领取垦牌”，因“缺乏农具，且无耕牛”，他们在当地便选择“火耕之法”，即放火烧山，播种庄稼。有的时候，为垦殖一地，“而放火致延烧一山”[⑥]，结果是原来当地人“樵采”之山林被毁之一炬，并引起当地老百姓的反感。

① 朱增鋆：《川边政屑》，载赵心愚、秦和平、王川编：《清季民国康区藏族文献辑要》（上），四川民族出版社，2003 年，第 117 页。

② 《嘉绒藏族调查资料》，载西南民族大学西南民族研究院编：《川西北藏族羌族社会调查》，民族出版社，2008 年，第 61 页。

③ 冯云仙：《西康关外日记》（一），《蒙藏月报》1937 年第 4 期，第 6 页。

④ 《嘉绒藏族调查资料》，载西南民族大学西南民族研究院编：《川西北藏族羌族社会调查》，民族出版社，2008 年，第 62 页。

⑤ 中国科学院民族研究所四川调查组：《羌族地区近代经济资料汇辑》，载《中国少数民族社会历史调查资料丛刊》修订编辑委员会编：《羌族社会历史调查》，民族出版社，2009 年，第 11 页。

⑥ 《关外垦地荒芜》，载邱怀瑾编：《西防纪实》，国西电讯社，1933 年，第 85 页。

还有部分垦民在内地贫穷无立锥之地，而迁往四川涉藏地区，他们因为没有耕地，通常“烧山垦殖、以资糊口”。他们通常选择地势比较平坦的林地，将森林纵火焚毁，因为四川涉藏地区地高天冷，作物产量低，为了增加产量，“四五口之家，动辄耕种六七十亩之山地”，“然其所获不过勉强糊口而已”。因为山地倾斜，雨水冲刷厉害，加之种植两三年，地力下降，很多垦民又另觅土地烧垦。很多森林被少数垦民破坏殆尽。① 在川西北地区，因当地森林遍地，很多垦民也“从事于垦种火山之举”，也是两三年地力下降后，又“弃而他迁”，到最后部分地方，不仅无地可耕，甚至连薪柴也缺乏了。②

（二）农业经济作物新品种的引进

四川涉藏地区气候干冷，农作物单一，青稞是其出产的主要农作物，青稞的产量受地力及耕种方式的影响，产出很低，再加上地广人稀、交通不便，农产物除供当地人食用外，无其他销路。“改土归流”后，进入四川涉藏地区的汉族人口增多，加之当地鲜有蔬菜，所以部分地区开始从内地引进蔬菜种子加以种植。如清末德格县姜君荔县长于该县近河岸之地开辟荒地，“以内地菜种督率巡丁种植”，种植青菜、白菜、瓜、豆等，“不数月间，居然与内地菜园相似”“且异常茂盛”，不仅可以供县署之用，还可以分送往来德格的客商使用。③ 作物栽培方面，伴随着大量汉族移民的进入，引进了内地的水稻、玉蜀黍、马铃薯等作物品种并加以试种、推广。④

1. 小麦

在巴安，清初在巴安经商的陕商，见巴安土质气候宜种，于是从陕西携带种子在巴安种植。民国时期，当地人仍称巴安麦子为“西

---

① 《川康天然林之重要性》，《川康建设》1944 年第 5—6 期合刊，第 23 页。

② 四川省政府建设厅编：《四川西北边区垦牧调查报告》，四川省政府建设厅编印，1944 年，第 12 页。

③ 《德格调查录》，《西北杂志》1912 年第 2 期，第 37 页。

④ 四川省民族研究所、清末川滇边务档案史料编辑组：《清末川滇边务档案史料》，中华书局，1989 年，第 317 页。

麦子”，即陕西麦。[1] 除经商者携带麦种外，前往川边传教的一些传教士，也携带一些种子在当地种植。如民国时期，巴安出产一种美国传教士携来的“洋麦”，相比于当地传统的麦子，品质更好，“芒最少，有硬谷皮一层包裹其实，出穗后，可避免雀害。”[2] 巴安的小麦，因为质量好，所产的“巴塘灰面”除供当地食用外，90% 销往康定。[3] 在道孚县，西康行政督察署为增进边地生态，曾令道孚县于农场实验种植法国冬麦，结果因为气候寒冷，冬麦不能发芽生长。民国二十四年，道孚县县府同驻军陈营长召集城区农民丁、阎、崔等各姓会商，在县城附近选择了一块较大的土地，改革当地的作物，采用内地耕种方式试种小麦，并派熟悉农业之士兵，按时施肥除草。[4] 民国三十一年，康定驷马桥农事试验总场在泸定气候条件较好的磨西开辟种植小麦的实验区，从内地引进 12 个小麦品种试种，其中“南大2419”号小麦试种成功。[5]

川西北地区种植小麦较早。据民国三十六年的调查资料，在杂谷脑至理县威州之间的小麦品种有白麦、兰花麦、油条麦等多种品种，且可分两季种植[6]。到民国后期，小麦与玉蜀黍、洋芋、青稞，成为十六区主要的作物。

表 4－1　清末川边屯殖引进或改良种植物一览表[7]

地区	引进或改良品种
打箭炉（康定）	玉蜀黍、马铃薯、葱、韭、蒜等各种蔬菜
炉霍县	玉蜀黍、马铃薯、南瓜、茄子、白菜、芹菜、黄瓜、油菜、四季豆、莲花白以及葱、韭、蒜，形同内地

---

① 何许人：《康南游记（续）》，《康导月刊》1942 年第 2—3 期合刊，第 72 页。
② 《巴安农业物调查》，《西康省政府公报》1939 年第 6 期，第 248 页。
③ 何许人：《康南游记（续）》，《康导月刊》1942 年第 2—3 期合刊，第 72 页。
④ 《西康道孚试种小麦》，《川边季刊》1935 年第 2 期，第 128 页。
⑤ 泸定县志编纂委员会编：《泸定县志》，四川科技出版社，1999 年，第 248 页。
⑥ 刘国士：《四川十六区麦病调查报告》，《边疆服务》1947 年第 20 期，第 3 页。
⑦ 据刘赞廷所撰的西康省各县图志中的“地质”“物产”两篇资料整理。参见刘祥秀、郭平若：《清末屯垦政策在川边藏区的实施及其对环境的影响》，《西藏研究》2007 年第 2 期。

续表

地区	引进或改良品种
甘孜县	马铃薯、茄子、王瓜等
瞻化县	马铃薯、南瓜、茄子、白菜、萝卜、葱、韭、芥、蒜
白玉县	马铃薯、玉蜀黍、黄豆、绿豆、菜籽以及各种蔬菜
登科县	马铃薯、小麦、黄豆、绿豆、大小豌豆、奉天产美国菜豆、美国白三石菜豆、奉天产日本各种豆类；内地菜种有青菜、白菜、莲花白、各种品种的萝卜、莴笋、蒜、葱及各种瓜果
理塘县	玉蜀黍、马铃薯、南瓜、冬瓜、白菜、青菜、芹菜、菠菜、油菜、胡萝卜、莲花白、葱、芥、蒜
九龙县	玉蜀黍、南北瓜、茄子、黄瓜、萝卜、莲花白、葱、韭、芥、蒜
定乡县	稻、棉、菜蔬
德格县	胡豆、黄豆、豌豆、高粱、小麦、洋芋、莴苣、白菜、青菜、菠菜、葱、蒜及各种瓜果等

2. 马铃薯

大约在清朝嘉庆年间，马铃薯逐渐传入四川涉藏地区，在道光《茂州志》《绥靖屯志》和同治《直隶理番厅志》中，皆有当地很多地方出产“洋芋”的记载。在茂州，光绪初年又传入一种优良品种“王洋芋”，并很快成为当地的主要粮食作物之一。[①] 在清末的川边屯垦过程中，打箭炉、炉霍、甘孜、瞻化、白玉、邓柯、理塘等地皆引进马铃薯，[②] 其中邓柯“自设治，成立农业试验场，教种马铃薯，成为特产；盖此物宜于高原沙地，重有一、二斤者，现为人民大宗食料”[③]。

民国元年，安岳人彭绍富携带良种洋芋进黑水试种成功，从此黑

① 四川省编辑组：《羌族社会历史调查》，四川省社会科学院出版社，1986 年，第 11 页。

② 刘祥秀、郭平若：《清末屯垦政策在川边藏区的实施及其对环境的影响》，《西藏研究》2007 年第 2 期。

③ 刘赞廷编：《民国邓柯县图志》，载中国地方志集成编委会编：《中国地方志集成·四川府县志辑》第 67 册，巴蜀书社，1992 年，第 441 页。

水各地普遍开始种植洋芋，成为黑水农业的主要作物。[①]

3. 稻谷

早在光绪十九年（1893），泸定沈边土司余铭恩赴京朝贡时，从福建省的永福县引进香稻、红鱼、菱角等几个品种，命人在海子山种植水稻的同时，在水中繁殖红鱼、菱角，取得很好的收成。[②]

清朝末年，赵尔丰在川边地区推行屯垦政策时，成立农技改良机构，从内地引进水稻试种，并在稻城等地大力推广。稻坝因试种水稻成功，于光绪三十三年（1907）设立稻成县。为了更好发展垦殖，清末在炉霍开始兴修沟渠并成功种植水稻，据宣统二年《四川官报》报道，章谷屯员杨善征，以改良农业为己任，在炉霍屯就官田区域开沟渠，就近引雅砻江支流之水灌溉稻田。宣统二年夏日时，种植的稻谷居然秧针万井[③]。在打箭炉也兴修水利，开垦良田，种植水稻。

民国时期，四川涉藏地区一些平原较大、溪流纵横、灌溉方便的地方，也从内地引进稻谷试种。在甘孜地区，泸定县的咱威村海拔相对较低，适合水稻生长，民国时期，当地驻军积极兴修水利，开辟水田种植水稻3000亩，“获谷四五千石”，当地老百姓见种植水稻产量高，纷纷效仿驻军的方法，凿渠引大渡河水，种植水稻，开辟的稻田“长达五里，又可溉四千亩”[④]。在巴安，早在清代已开始产稻米，伴随着大量汉族移民的迁入，水稻种植区域逐渐扩大。民国十八年，旅滇的巴安人又携回种稻在巴安南部白松从事播种。白松当地大多为纳西人，采用轮种方式播种，每年种水田的“三分之一”，不过只“白松产米而旁处均不产”[⑤]。经过历年发展，“可产米千石，其米分红白二种”，其中红米颗粒较细，价亦较廉，主要销往巴安、得荣、理化、定乡、稻城等县。[⑥] 在九龙县，沿雅砻江一带产麦区域，民国二十七年，县农事试验场的涂海清是从汉源迁往九龙的农民，有丰富的

① 黑水县地方志编纂委员会：《黑水县志》，民族出版社，1993年，第11页。

② 泸定县志编纂委员会编：《泸定县志》，四川科技出版社，1999年，第138页。

③ 转引自刘继光著：《中国历代屯垦经济研究》，团结出版社，1991年，第302页。

④ 蒋君章著：《西南经济地理》，商务印书馆，1947年，第28页。

⑤ 李媚、王璜生、庄文骏主编：《庄学本全集》（下），中华书局，2009年，第621页。

⑥ 《巴安农业物调查》，《西康省政府公报》1939年第6期，第248页。

农业种植经验和技术，他与八窝龙保长桑金朋错等合作，在八窝龙、三岩龙地区，让老百姓引导山泉、筑堰灌渠，试种水稻，获得成功①。在炉霍沿河两岸及任达沟土地肥沃、引水方便的地方，老百姓也开始引水开田，“水田年收二季”②。

在阿坝地区，民国时期，汶川的中滩堡一带，也“微产稻米”。③松潘的南坪地区，因为气候暖和，也产稻米，不过产量较低，种植面积也比小。④

4. 瓜果

随着民族交流的发展，内地的一些瓜果也被引入四川涉藏地区种植，极大地丰富了四川涉藏地区的瓜果品种，提升了瓜果品质。

在甘孜地区，瓜果比较多的区域主要集中在泸定、康定、丹巴、道孚、炉霍、巴安等地。在巴安，民国时期有南瓜、王瓜、丝瓜、盖瓜、金瓜、葫芦、西瓜等，水果有苹果、桃子、杏子、柑橘、花红、茄子。⑤其中，种植的柑橘尤其甜美，当地老百姓“学而种之”，因为品质较佳，还“售于省外”。因巴安气候宜人，出产丰富，还有了“内有苏杭，外有巴塘”的美称⑥。在炉霍虾拉沱，因为地势平缓，气候温暖，加之内地前往垦殖的汉人较多，当地的“出产与内地差不多，蔬菜、水果，应有尽有，而且因种植管理之得法，出产品之质与量，均较内地为优。”⑦。在泸定，民国二十八年，泸定烹坝的苗圃管理员沈道琛从四川农学院引进苹果苗500株赠予当地群众种植，在烹坝喇嘛寺一带种植成功，苹果种植逐渐在当地推广⑧。在九龙，汉

① 邱述钤：《九龙经济建设之研讨》，《康导月刊》1940年第1期，第44页。

② 刘赞廷编：《民国炉霍县图志》，载中国地方志集成编委会编：《中国地方志集成·四川府县志辑》第67册，巴蜀书社，1992年，第95页。

③ 载四川省建设厅：《四川资源报告之一·四川之森林》卷4，四川省建设厅，1938年，第20页。

④ 张典等修，徐湘等纂：民国《松潘县志》卷2《学校附实业》，1924年，第39页。

⑤ 《巴安农业物调查》，《西康省政府公报》1939年第6期，第248页。

⑥ 刘赞廷编：《民国稻城县图志》，载中国地方志集成编委会编：《中国地方志集成·四川府县志辑》第67册，巴蜀书社，1992年，第873页。

⑦ 冯云仙：《西康关外日记》，《蒙藏月报》1936年第6期，第15页。

⑧ 泸定县志编纂委员会编：《泸定县志》，四川科技出版社，1999年，第46页。

民迁入后，将内地的柑橘、苹果引入九龙，当地老百姓也纷纷仿效，利用房前屋后的空地种植各种水果及经济林木。[①]

在阿坝地区，民国二十九年，茂县本地的陈世五与华西大学张明俊教授在考察了茂县的地理环境后，由张明俊在成都负责优良苹果树幼苗的引进和苹果的销售，陈世五负责栽植和管理，经过三四年时间，将“香蕉”“麻皮”两种苹果品种及“鸡血李”“日本梨”等引入茂县，各种果树“枝繁叶茂，长势喜人”，硕果累累，成为有名的苹果之乡[②]。

5. 蚕桑

近代四川涉藏地区养蚕首先是从靠近内地的泸定开始，清代在泸定经商的邛州丝商将大桑良种引入泸定得妥，当地老百姓开始养蚕，尤以磨西的共和、新华的紫雅厂、德威三地产丝为多[③]。

宣统元年，河口委员李令竟在今雅江试办养蚕，并定为当地学生正科之外的学科。“当缫丝时，号召百姓相率来观，皆欣羡喜动颜色”，当地很多老百姓“请发蚕子，自行试办”[④]。赵尔丰遂令在河口设立养蚕局，指导群众用野桑育蚕，并在河口各学堂添设蚕桑科，关外学务局也设立蚕桑学堂，招收当地青年女子学习养蚕。[⑤] 在稻城，当地农事试验场在养蚕时发现，稻城本地出产野桑，食用野桑的蚕比普通种植桑叶养出的蚕质量更佳。[⑥] 在巴塘，清末巴塘粮员陈司马也领“桑秧五百株，蚕种二纸”，在当地种桑养蚕。[⑦]

民国时期，西康留京学生松吉村、张应保等在回康时，从内地带

---

① 九龙县档案县志局编：《九龙县民族志》，2006 年，第 50 页。

② 刘芳桂：《茂汶县苹果发展简史》，载中国人民政治协商会议四川省阿坝藏族自治州委员会文史资料委员会：《阿坝藏族自治州文史资料选辑》第 4 辑，1986 年，第 126—127 页。

③ 泸定县志编纂委员会编：《泸定县志》，四川科技出版社，1999 年，第 255 页。

④ 《河口委员详报养蚕列入学堂学科及民间请发蚕种情形》（宣统二年六月初八日），载《清末川滇边务档案史料》编辑组编：《清末川滇边务档案史料》（中），中华书局，1989 年，第 687 页。

⑤ 雅江县志编纂委员会编：《雅江县志》，巴蜀书社，2000 年，第 405 页。

⑥ 刘赞廷编：《民国稻城县图志》，载中国地方志集成编委会编：《中国地方志集成·四川府县志辑》第 67 册，巴蜀书社，1992 年，第 772 页。

⑦ 《巴塘试办蚕桑》，《四川官报》宣统二年（1910）第 31 期，第 83 页。

回蚕种，开始试办养蚕，结果养出之蚕"极肥健"，且能吐丝，因试养成功，又请旅京的康人发起合资代购寄回，"以资倡导康地实业"。[①] 民国时期，在泸定县靠近内地、适宜养蚕的湾东与磨西等地，老百姓纷纷开始养蚕，在泸定的湾东、石越坪、磨西、冷碛、沈村等地，还有老百姓专门缫丝，并将所缫出的丝在沈村汇集后，售与丝商，由丝商转售给丝庄。[②] 据民国三十年的调查，仅磨西一地，年可收黄白丝1.44万两，因为品质较好，被称为"泸丝"，主要销往周边的汉源县及成都簇桥。[③] 在九龙县，桑树的树苗及种植技术也随汉民的迁入而传入。九龙知事针对九龙各处采用旧法养蚕，还专门聘请蚕桑教员在九龙招男女学生教授饲蚕之法。[④]

民国时期，在靠近内地、气候较温暖的汶川沙坝等地，也有人开始尝试创办桑场，种植桑树，并分为植桑、桑苗养成、培植出品、研究四区。[⑤]

除上述品种外，另外还有很多经济林木，如花椒、油茶树、蜡虫树等相继传入四川涉藏地区的九龙等地。除部分品种成功引进外，还有一些耗费大量人力、物力进行试种植，最后却以失败告终的事例。如清末赵尔丰从湖北雇了农民上百人携棉种前往巴塘种植，结果部分农民逃亡，因不适应当地气候、饮食又死掉数人，到巴安种植棉花的仅剩下40余人，种植出来的棉花"高可隐人，开花如张掌"，可惜八月霜降，"未及成棉"[⑥]，均枯萎了。种植棉花遂告失败。

对四川涉藏地区传统的农作物青稞，部分地区也进行了一些改良和试验。如民国时期在泰宁农牧试验场，对传统的青稞进行了播种量试验、青稞品种比较试验、青稞中耕等试验，通过试验，发现选择人

---

① 《康人能养蚕出丝》，《蒙藏旬刊》1933年第70—71期合刊，第7页。

② 四川省地方志工作办公室编：《西康通志稿》（上），方志出版社，2016年，第342—343页。

③ 泸定县志编纂委员会编：《泸定县志》，四川科技出版社，1999年，第255页。

④ 刘赞廷编：《民国九龙县图志》，载中国地方志集成编委会编：《中国地方志集成·四川府县志辑》第67册，巴蜀书社，1992年，第509页。

⑤ 《汶川提倡种桑》，《四川月报》1933年第2期，第134页。

⑥ 陈渠珍著：《艽野尘梦》，陈渠珍印线装本，1938年，第117页。

工条播且中耕二次的方法，不仅可以节省三分之二的种子，且产量也会明显增产。同时，泰宁试验场自己培育的泰宁117号青稞比其他种的青稞品质更优、产量更高。[①]

二、畜种的改良与增加

在畜种的改良方面，赵尔丰针对川边广大牧区“牧种之幼稚”，曾在川边设畜牧学校，教老百姓制油、剪毛的方法，还专门从上海购买荷兰的奶牛20头及陕西的“壮驴宗马数匹”前往川边石渠等地“传种”[②]。民国时期，西康建省委员会成立后，成立西康省农业改进所，在泰宁设置农牧试验场，驯养乳牛，并对乳牛、绵羊等进行改良。农业改进所还专门聘请畜牧专家，赴泰宁、道孚等地指导畜牧及发展乳产品加工等。为学习先进的改良技术，还派出泰宁牧场技正前往成都华西大学学习人工授精技术，并参加专门的培训班，回泰宁时又购置带回全套人工授精仪器，对牲畜进行人工授精。[③] 民国二十九年，泰宁农牧试验场还从汉口进口4头荷兰牛、6只美国猪、16对美国兔、45只澳洲羊用于传种改良。[④] 除在泰宁设立牧场外，还在康定驷马桥建立乳牛厂，引进纯种荷兰公牛，改良乳牛，并开展乳产加工试验及家畜病疫调查。

民国二十九年，四川省政府在四川省农业改进所下成立松潘绵羊改良场并制定相关组织规程[⑤]，川农所技正陈万骢兼场主，对松潘的绵羊进行改良。至民国三十四年，改良场有优良种羊410只、土种羊250只，鉴定种羊5万余只，使用人工授精配种实配416只。[⑥] 除此

---

① 道孚县县志编委会编：《道孚县志》，四川人民出版社，1997年，第143页。

② 刘赞廷编：《民国石渠县图志》，载中国地方志集成编委会编：《中国地方志集成·四川府县志辑》第67册，巴蜀书社，1992年，第378页。

③ 西康省农业改进所编：《西康农业建设之回顾与前瞻》，民国时期出版，第1、13页。

④ 刘赞廷编：《民国道孚县图志》，载中国地方志集成编委会编：《中国地方志集成·四川府县志辑》第67册，巴蜀书社，1992年，第593页。

⑤ 《四川省农业改进所松潘绵羊改良场组织规程》，《四川省政府公报》1940年第196期，第28—30页。

⑥ 四川省阿坝藏族羌族自治州松潘县志编纂委员会编：《松潘县志》，民族出版社，1999年，第426页。

之外，中华基督教会边疆服务部也在汶川草坡乡设立家畜改良场。[①]

在畜种的品种方面，由于内地人喜欢吃鸡肉、猪肉，伴随着越来越多内地人进入四川涉藏地区，内地的鸡苗、猪仔也被带入。民国时期，在松潘、理县、茂县、汶川等地“养鸡、养猪之风，亦渐发达”，甚至在部分汉人居住比较集中的地方，家家户户皆养猪[②]。在西康的道孚、炉霍、甘孜等地，也有部分人开始养鸡，不过因为养的人较少，尤其“珍贵”。民国二十年，唐柯三奉命前往西康调停“大白事件”时，在关外多地，当地头人常常会将鸡作为珍贵礼物献给他。甚至四川涉藏地区老百姓不喂养、在内地很平常的鸭子也传入甘孜关外，被当作宠物喂养。如民国时期，炉霍寿灵寺的格聪活佛养了数只鸭子，“特为筑一水池，池上建屋”。[③]

四川涉藏地区普遍养牛，主要为牦牛、黄牛、犏牛三种。伴随着内地越来越多人的进入，内地的黄牛也逐渐传入。但因为黄牛适应性欠佳，“孱弱不堪”，在高原地区主要是用于育种。在靠近内地、气候适宜的地方，则多用以耕田[④]。如民国时期汶川草坡乡的200头牛全是黄牛，“多来自大邑崇庆诸县”[⑤]。汶川的黄牛也多从绵竹、北川、灌县等地运来。另外，在四川涉藏地区饲养最多的犏牛，便是公黄牛与母牦牛的杂交种。因犏牛驯良耐劳，母乳较多，且寿命较长，加之能自在山中寻食野宿，且多居在高山上，牛瘟不容易传染，老百姓都乐于饲养，主要供役用和食用。

同时，随着民族交流的加强，其他地区一些优良的马种、骡种也传入四川涉藏地区。如在松潘，民国时期的马主要有松潘马、草地马、甘肃马三种类型。因为松潘的马大多就近放牧于山后，“无人看守，公母皆在一起”，培育出来的土马“介于蒙古种与四川种之间”，个头较蒙古种小，比四川种大。在松潘的骡子，除本地种以外，也有

① 胡兴宗：《四川汶川县草坡乡之农业》，《边疆服务》1946年第10期，第1页。

② 周泰冲：《松理茂汶改进畜牧防疫计划概要》，《四川经济季刊》1945年第4期，第163页。

③ 唐柯三：《赴康日记》，新亚细亚学会出版科印行，1934年，第46—47页。

④ 徐德明：《牦牛育种论》，《西康经济季刊》1944年第8期，第111页。

⑤ 胡兴宗：《四川汶川县草坡乡之农业》，《边疆服务》1946年第10期，第10页。

从甘肃引进的甘肃种[①]。

三、副业的兴起及发展

伴随着越来越多人进入四川涉藏地区，当地老百姓的生计方式更加多元，特别是靠近大路两旁的老百姓，可供选择的工作机会更多。他们在闲暇时间还可以从事背脚、挖药、伐木、烧碱、淘金等职业，其副业的种类也因所处区域环境的不同而有所差异。

（一）药材采挖

由于四川涉藏地区出产麝香、虫草、贝母、大黄、木香、羌活等众多药材，伴随着大量药商来此收购药材，挖药成了四川老百姓最重要的副业。“牧民于休闲之际，多从事挖药工作，采集之后售与商人”[②]，“他们的闲暇，大半消磨于挖掘药材”[③]，并将所挖药材积累到一定量时，委托商帮或者是自己携带至交易市场，换取所需而归。

通常情况下，四川涉藏地区的采药主力主要是当地的贫苦老百姓。但在靠近内地的一些区域，如在理番各地，除当地老百姓采挖外，在采药的季节，乐至、遂宁等地的农民也纷纷进入阿坝地区采挖。随着采药者逐渐增多，在部分区域，药材采集也逐渐从单一的个人或家庭行为，逐渐向集体化、规模化、分工化方向转变。因为药材多产于荒山，山道险峻，个人上山采药在饮食、安全等方面较难保障，于是通常由采药人设立采药棚，推举棚长，由棚长供应采药工具及食物，采药的“药伕子”加入采药棚采集。入棚的采药人将所采集的药材，抽出一部分，交给棚长，作为报酬。[④] 据民国三十三年四川省建设厅的调查报告，前往松潘、理番、懋功、茂县、汶川各县从事药材采挖的“山客”众多。他们通常支付“山价”购买一块产药

① 四川省政府建设厅编：《四川西北边区垦牧调查报告》，四川省政府建设厅编印，1944 年，第 66—67 页。

② 《改良西康畜牧之我见》，《康藏前锋》1934 年第 10—11 期合刊，第 18 页。

③ 王文蒙、葛维汉、白雪娇等撰：《川西调查记》，载骆小所主编：《西南民俗文献》第 12 卷，兰州大学出版社，2003 年，第 324 页。

④ 中国工程师学会：《四川考察团报告》，中国工程师学会，1935 年，第 105 页。

区域，到当地后，集合采药人约“数万人”开始采药。采摘的药材，整理、分类后销往灌县的各药栈。[①] 因为前往采药的人员和药棚较多，各药棚之间，为采药经常会发生纠纷和争执，民国时期，屯署还专门成立药厂，并拟定药棚管理规则，规范药山秩序。药厂所收购的药材，统一运送至灌县集中出售。

除集中采药外，还有众多的零散采药者。据民国时期的调查，在松潘县关内的采药区域，私人所有的只占十分之一，其余地域都是任人挖取。关外各采药区域为各土司及头人所有，不论汉藏采药者均须向他们“纳山价”[②]。

（二）狩猎业

因四川涉藏地区森林广阔茂密，森林中的野生动物很多，随着经济的发展，特别是内地对于皮毛的需求增多，在四川涉藏地区专门从事或者利用闲暇时间从事打猎的猎户逐渐增多。比如在丹巴，有“专业或副业猎户一二百户，均以绑绳设陷阱捕捉”[③]。其打猎获得的皮毛，除一部分满足当地老百姓需要外，还有一部分皮毛可输出，如“羊毛皮、牛皮、马皮、麂皮等”。[④] 在泰宁，当地老百姓在闲暇时也从事狩猎，他们“携步枪，带猎犬，入森林中寻熊、狼、鹿、獐、狐、兔之属”，也能获得不少麝、鹿茸、狐皮。[⑤]

狩猎最多的是麝，主要为了取其麝香；其次为鹿，为了取其鹿茸；再次为狐猞猁、熊等，可以取皮和熊掌，都是四川涉藏地区输入内地的大宗货品。在部分地区，因为当地人狩猎频繁，致使当地的野生动物急剧减少。如清末英国人伊莎贝拉在梭磨时，便听当地人说

---

① 四川省政府建设厅编：《四川西北边区垦牧调查报告》，四川省政府建设厅编印，1944 年，第 28 页。

② 四川省政府建设厅编：《四川西北边区垦牧调查报告》，四川省政府建设厅编印，1944 年，第 85 页。

③ 庄学本：《丹巴调查报告》，《康导月刊》1939 年第 7 期，第 39 页。

④ 王文蒙、葛维汉、白雪娇等撰：《川西调查记》，载骆小所主编：《西南民俗文献》第 12 卷，兰州大学出版社，2003 年，第 324 页。

⑤ 尚诚：《康北的圣地：泰宁》，《康导月刊》1943 年第 5 期，第 57 页。

“森林里有野猪、小熊、鹿，但是以鹿角和鹿茸为药与汉人贸易已经迫使鹿子‘不知到哪里去了’”。①

（三）伐木采薪

随着四川涉藏地区某些区域商业的繁盛，人口日增，所需房屋增多，采伐森林树木逐渐增多，加之居住人口烹饪、御寒均要使用木材，所以伐木采薪销售者逐渐增多。如打箭炉附近原纵横百里均是大森林，但是伴随着伐木采薪的人逐渐增多，多时可“日数百人”，加之他们“不知培植林木”，以致“柴薪来源，日少一日，而建修房屋之木材，更难于采购”。②

（四）鸦片种植

在四川涉藏地区政府势力达不到之地区，因为鸦片种植所费成本小而获利高，特别是在川西北地区，由于屯殖公署军费缺乏及土司发展本土的需要，开始大量种植鸦片，当地老百姓将种植鸦片作为重要的副业。其中，阿坝地区的松潘、茂县、理番、汶川、懋功、靖化等6县是当时四川有名的产烟区域。据民国时期四川的统计，民国三十五年，仅茂县就种植鸦片10512亩、640140株，另外，懋功种植2919亩，松潘种植4873亩，汶川种植7716亩。③因为种植规模大，在“屯殖署内，几为鸦片所充塞”，从四面八方前往阿坝地区购买鸦片的人“络绎不绝”，川西北地区种植的鸦片大量流入内地。在茂州城，因为鸦片贸易“骤为至繁华”，有“小成都”之称。④在南坪县，民国时期，张守华、林重荣等烟帮明目张胆携带武装来南坪占山

---

① ［英］伊莎贝拉·伯德著，卓廉士、黄刚译：《1898：一个英国女人眼中的中国》，湖北人民出版社，2007年，第320页。

② 《打箭炉大森林砍伐殆尽》，《川边季刊》1935年第2期，第128页。

③ 四川省政府统计处：《四川省统计年鉴·民国三十五年度》第5册，四川省政府统计处编印，1946年，第8页。

④ 刘刚甫：《松理茂游记》，《边事研究》1939年第2期，第23页。

为王，在南坪大搞种、运、售、吸。[①] 由于南坪所产大烟色质优良，称为“南土”，畅销省内外，因此“南土”比别地所产的烟价格高，种烟的经济效益好，致使南坪90%以上的良田都改种了大烟，外地前往南坪赶烟场的人也逐年增多。[②]

除以上几种副业外，还有老百姓从事背脚、烧碱、淘金等副业。

第二节 手工业的发展及新式工业的兴起

一、传统手工业的发展

随着近代四川涉藏地区社会经济的发展及外来技术人员的增多，小规模的手工业在一些城镇发展起来，主要有首饰加工、宗教用品制作、农作器具、木器的生产及生活用品的制作等。总体而言，在甘孜地区一些手工业集中的城镇，部分工艺水平较高。如白玉河坡制作的佩刀，巴塘的制陶业，乡城、稻城两县的铜器、铁器业，乡城的制毪业，康定的银器、银饰均有很好的基础。而阿坝州民国时期的“凡铜、铁、泥、木、石、缝纫等，日需工人，寥若晨星，且多来自外县。土著人民之工业制品，不过皮袋、粗毯。”[③] 手工业较发达的地区为松潘，据统计，新中国成立前，松潘当时大小商户共2200多家，其中手工业方面有：皮毛加工、皮革业、纺织业、制毯业、冶金业、金属加工业、木工及各种生产生活用品的制造、加工相关产业。[④]

（一）建筑工艺

赵尔丰经营川边时，在挑选垦夫的同时，着重选择有一定技术者

---

① 田种德：《“种、运、售、吸”融为一体》，载中国人民政治协商会议南坪县委员会文史资料委员会编：《南坪县文史资料选辑》第1辑，1988年，第77页。

② 文良：《良田变烟地》，载中国人民政治协商会议南坪县委员会文史资料委员会编：《南坪县文史资料选辑》第1辑，1988年，第72页。

③ 邓锡侯编：《四川松理懋茂汶屯区屯政纪要》，1936年，第141页。

④ 罗缘春：《松潘解放前工商业概况》，载松潘县文史资料委员会编：《松潘县文史资料选辑》第1辑，1997年，第17页。

分发各地，为使“泥、瓦、木、石、金、银、铜、铁各种匠人”在当地能发挥更好的作用，规定“如本地百姓需要此种匠人，或建修衙署，由各该委员甄别提用，按照地方雇价开支”，并且要求“人民雇佣，随雇随到，不准假固推诿，亦不得高抬工价，违者重究”①。除外来工匠外，四川部分涉藏地区的老百姓也开始积极从事手工业。如在丹巴的巴底，“因河谷狭小，农田不够分配，故人民多习工艺以作副业。”巴底工人以砌乱石墙为最著名，其他还有绘匠、塑匠、银匠、铸佛像者、造纸匠等，最为普遍的是制毪子和麻布。②

民国时期，在四川涉藏地区从事建筑的工人主要有：阿坝嘉绒藏族及丹巴的建筑工人，擅长砌石墙，技艺高超，享有盛名，有“乱石砌墙墙不倒”之谚；雅安帮，主要从事泥木工，其中尤以名山木匠闻名；成都帮，主要从事建筑砖木结构房屋和内部装饰工作；川北帮，主要来自乐至、安岳、遂宁等地，从事泥木工等。③

建筑材料加工方面，在川边各县中，在康定附近的雅加梗、日地等地有专门生产砖瓦、石灰的工厂④。另外在巴安设有砖瓦厂，烧制砖瓦。巴安有“瓦窑两座，砖窑两座，石灰窑一座”，共有工人 30 人，每月能产“瓦 15000 块，砖 10000 块，石灰 20000 万市斤”，巴安的许多建筑都是由他们供给材料。⑤ 在松潘，民国初年因松潘民居、商铺、庙宇大多毁于战火，从内地前往松潘的安岳木匠就有“数百名”，另外还有泥工等工人⑥。民国时期也有专门从事修房造屋、雕塑、改板、启粉板建筑业及烧砖、烧瓦、烧石灰等的工人。⑦

---

① 《札巴塘等处委员垦夫中工匠可按价雇用》（光绪三十四年），载四川省民族研究所编：《清末川滇边务档案史料》上册，中华书局，1989 年，第 278—279 页。

② 庄学本：《丹巴调查报告》，《康导月刊》1939 年第 7 期，第 37 页。

③ 康定县地方志编纂委员会编：《康定县志》，巴蜀书社，2000 年，第 295 页。

④ 李万钧：《忆康裕公司》，载四川省政协文史资料委员会编：《四川文史资料集粹》第 5 卷《民族宗教华侨编》，四川人民出版社，1996 年，第 333 页。

⑤ 巴人：《西康的新巴安》，《康导月刊》1942 年第 45 期，第 78 页。

⑥ 傅樵斧著：《松潘游记》，文伦书局，1915 年，第 82 页。

⑦ 罗缘春：《松潘解放前工商业概况》，载松潘县文史资料委员会编：《松潘县文史资料选辑》第 1 辑，1997 年，第 17 页。

（二）金属工艺

1. 铜器加工

近代四川涉藏地区，在各市场有部分藏族工匠，在从事金银加工的同时，兼制铁器和铜器，制造的产品通常为首饰、佩刀之类，但是“工作甚粗”。随着越来越多能工巧匠的进入，他们制造的产品质量较本地工匠制造的好，且样式、品种更多，铜器加工业渐渐被内地来的工匠所垄断，原来操持铜器的藏族工匠逐渐减少。在西康地区，据任乃强调查，除在当地制造简单的铜器外，很多铜锅、铜瓢之类，大都自云南输入。铜佛及其他法器，在德格能制造，但仍以云南生产的为多。在西康地区，近代兴起的工业，包括木工、制革、造枪等，大部分都是由外地人经营，当地老百姓鲜有从事之人，“番人殆未尝过问”。[①]

在西康地区，德格、定乡（今乡城）的铜器最为有名，另外白玉和丹巴也产铜器。据民国初年记者双雁新在德格的调查，因为德格所产之铜器质地坚硬，德格县县长姜郁文传集当地的工匠，“以京城所制之墨盒、铜件”，“令其照样制造”，当地工人依照姜县长提供的样品进行仿制，制造出来的成品“虽不及北京中之精”，但是与四川制造的铜器相比，质量也“相去不远”，“惟焊须用银否则不能合缝”，生产的产品有“印色盒、酒杯、调羹、酱碟等”，品质也“与内地相等”。[②] 在定乡，生产的铜器也非常著名，主要生产铜锅、铜瓢等。[③] 定乡因毗连中甸，当地有 30 余户从事铜器生产，他们到中甸购铜溶液后，掺以铅或锡少许，使成黄色，制作熬茶之铜器、取水之铜瓢及其他铜器，质量虽不及德格铜器，但是价廉耐用，畅销西康全境。[④]

在阿坝地区，民国时期在懋功从事铜器业的有十余人，他们常年

---

① 任乃强著：《西康图经》，西藏古籍出版社，2000 年，第 245 页。
② 《双雁新从德格来》，《山西实业报》1912 年第 18 期，第 3 页。
③ 李中定：《康南八县纪要（八）·定乡》，《边疆通讯》1943 年第 12 期，第 18 页。
④ 张朝鉴：《三乡一瞥》，《新西康》1938 年第 1 期，第 27 页。

挑担外出，走乡串户，以当时市面上的废旧铜器为原料，加工制作，翻新补烂。当时民间有“正月挑担子出门，腊月背银子回家”之说，铜器制品有脸盆、瓢、茶壶、顶针、戒指、铜圈子等。①

2. 金银器加工

金银器加工较有名气的是康定的银器加工，以首饰为最有名。康定银器制造始于清康熙年间（1662—1722），清康熙二十一年（1682），江西吉安府的银匠李登发前往康定，生产出融合汉藏花式的独具一格的康定金银饰品，享誉省内外，远销印度、不丹、尼泊尔、锡金等地，李被尊为师祖。到清末最盛时，在康定从事银器加工的有 63 户，生产的产品多达一二百种。民国以后，由于生银来源困难，银楼业逐渐衰落。新中国成立前期，康定银楼仅存 17 户。② 产品有手镯、银链、戒指、耳环、腰带、领花扣及茶碗、酥油灯等二三十个品种，近 100 个花色。每年生产用白银三四千两，产品畅销本地及尼泊尔、不丹、印度。③

在阿坝地区，清末民初，先后有安岳、乐至等地工匠前往懋功设银（金）匠铺，自产自销。以十足赤金为标准计值，收购零星金银，产品调换补差，或来料加工。其产品有：簪子、戒指、耳环、手镯、帽花、领花、纽扣、金钗子、银钗子等。④

3. 铁器

伴随着越来越多内地人前往四川涉藏地区，在许多城镇也出现了生产铁器的铁匠铺。民国时期，在雅江，铁工除制造各种农具外，因为“枪刀为土人必备之物”，“乃土人打猎防匪之利器，俗呼之为‘明火枪’”，因此有些铁工还“可造枪、刀”⑤。在川西北地区的大

① 四川省阿坝藏族羌族自治州小金县地方志编纂委员会编纂：《小金县志》，四川辞书出版社，1995 年，第 159 页。

② 甘孜州藏族自治州州志编撰委员会编：《甘孜州志》（中），四川人民出版社，1997 年，第 1197 页。

③ 四川省地方志编纂委员会编：《四川省志 · 轻工业志》（下），四川辞书出版社，1998 年，第 78 页。

④ 四川省阿坝藏族羌族自治州小金县县志编纂委员会编：《小金县志》，四川辞书出版社，1995 年，第 159—160 页。

⑤ 笑棠：《西康雅江风情记》，《康藏前锋》1934 年第 8 期，第 55 页。

小金、汶川一带，还有专门从事修理工具、制造简单工具的嘉绒藏族铁匠，他们从内地购买原铁，或者利用本地之废铁，生产简单的农具。如在卓克基，当地的嘉绒藏族铁匠能铸造勾勾锄和鸭嘴式的小铧头。①

（三）皮革扎制

1. 鞣革、制造

在川边，清光绪三十四年，赵尔丰设制皮革厂，由外购买机器，生产兵式靴鞋鞍马等类。② 雅江的皮工可以制作牛皮船、皮衣、皮鞋。民国时期，在甘孜县随赵尔丰军出关、转行经商的甘正全，在甘孜开办硝房（鞣革），聘请工人，采用新法硝染红牛皮，使得甘孜红牛皮“驰名于草地”，甘正全也因此成为甘孜“汉商之资本最大者”。③

2. 裁缝

汉藏裁缝均有，通常情况，内地的裁缝为汉人制作衣服，而藏族裁缝则为藏族老百姓制作衣服。在松潘，民国时期有专门缝制帐篷及汉、藏、回族等各式民族服装的缝纫铺。④ 在甘孜，“边地尊重缝工，多有喇嘛操此业”，除本地做工甚粗的“番裁缝”外，据任乃强民国时期的调查，在甘孜汉族所在的地区，“皆有汉裁缝”，大部分都是“当兵役流落关外者”，汉裁缝的工艺相对内地“虽不佳”，但是制造的成衣质量“已较番裁缝高出十倍”，因此不仅当地汉人请“汉裁缝”制衣外，当地的藏族百姓也“极欢迎”。以致任乃强称：“汉人出关谋生最易者，恐莫如裁缝。”⑤

---

① 《嘉绒藏族调查资料》，载西南民族大学西南民族研究院编：《川西北藏族羌族社会调查》，民族出版社，2008 年，第 61 页。

② 傅嵩炑：《西康建省记》，中华印刷公司，1932 年，第 212 页。

③ 任乃强著：《西康图经》，西藏古籍出版社，2000 年，第 442 页。

④ 罗缘春：《松潘解放前工商业概况》，载松潘县文史资料委员会编：《松潘县文史资料选辑》第 1 辑，1997 年，第 17 页。

⑤ 任乃强著：《西康诡异录》，四川日报社，1930 年，第 395 页。

（四）烧造技艺

1. 陶器制造

近代，在德格、巴塘、稻城等县已有陶器工人，采用黏土制坯烧窑的方法制造陶器。清宣统元年，赵尔丰雇佣昌都地区的陶器工人，前往巴塘，教巴塘工人改革陶艺。生产成品有瓶、锅、盆、罐、碗、灯、炉及泥人泥马玩具之类，大多质黑而松，不耐火，只有稻城贡噶岭生产的品质较细、色微黄，成为上品。民国十二年，从内地来甘孜地区的陶工到道孚制作陶器，较为精致，能加油彩，但不久便回内地，窑子遂即停办。[①] 据赵留芳民国二十七年的调查，在道孚的瓦日、格西两区，仍然在生产陶器，器具有茶罐、茶壶、酒罐、酒瓶、火炉、火盆等，[②] 在康定，所用的陶器多来自四川的邛崃，“价值甚高”，在距康定城东 20 里的日地出产陶土，当地有人生产陶器，不过产量较少，“货品亦劣”，西康工矿局专门派员前往调查陶器生产情况，“拟贷款助其增加产量改良品质”[③]。

2. 砖瓦、石灰窑

近代四川涉藏地区的砖瓦、石灰主要在城镇的周边地区生产。在甘孜，因部分汉族习惯修建“旧式之覆瓦柱砖房屋”，因此逐渐兴起砖瓦窑业。一般的砖瓦窑，因资金受到限制和产品需求不大，规模较小。烧制的砖瓦种类较多，有灰砖、青砖、红砖、花砖及灰瓦、绿瓦、黄瓦、白瓦等品种。除砖瓦以外，同时烧制当地老百姓常用的日用品如饭碗、茶杯、茶坛、水缸等，也烧制供奉的香炉、佛像等。所产的物品有灰砖、青砖、红砖、花砖、灰瓦、绿瓦、黄瓦、白瓦、饭碗、酒杯、茶杯、茶壶、茶坛、水缸、饭钵、菜碗、茶罐、香炉、佛

① 甘孜州藏族自治州州志编撰委员会：《甘孜州志》（中），四川人民出版社，1997 年，第 1197 页。

② 赵留芳：《道孚县浅影》，《康导月刊》1938 年创刊号，第 84 页。

③ 《廿七年度西康工矿局工作报告：调查日地陶器》，《西康省政府公报》1939 年第 1 期，第 217 页。

像等。[①] 在茂州，清末民初县城有六七家石灰窑、五六家砖瓦窑。其中天池、大坝两窑所生产的石灰销往德阳、安县、绵竹等地，每年产“10 万余斤”。[②]

（五）其他

榨油业　在巴安，民国时期，有由汉人经营的菜籽油加工作坊，只是由于种植的油菜籽少，部分采用野菜籽炼油，因此生产出的菜籽油“油质也差，不宜多食”，所产之油大多用于燃灯。[③] 在道孚，民国二十五年，政府倡导种植油菜，产量甚丰，因此专门集资建立一座榨油坊，解决了当地部分食用油的问题[④]。另外还有汉人用手工榨取菜油，不过因为菜籽较少，而使用芸薹作原料。[⑤] 在川西北茂县，因为汉族人口较多，早在明代时茂县境内已有油坊十余家。每年菜籽收获季节，由油坊主代为榨油，仅收取加工费用。[⑥] 民国时期，松岗土司在直波办了一座榨油厂，加工少量菜籽油，但是产量有限，只能供应土司食用，普通百姓不能享用。[⑦]

酿酒业　四川涉藏地区群众喜爱喝酒，但是大多是自己用传统方法酿造的低度青稞酒。伴随着各民族交往的加强，出现了使用现代工艺进行酿造的酿酒作坊。如在道孚县，民国十四年川籍汉商冯明德在道孚开办了以青稞为酿酒原料、用邛崃产的酒曲酿制的 60 度的白酒作坊。因其酿造的白酒“色香味俱佳”，开业不久便“以酒味醇美远销炉霍、甘孜、新龙等地”。因为白酒的需求量很大，相继又有 5 户

---

① 四川省地方志工作办公室编：《西康通志稿 · 工商志》，方志出版社，2016 年，第 445 页。

② 茂汶羌族自治县地方志编纂委员会编：《茂汶羌族自治县志》，四川辞书出版社，1997 年，第 267 页。

③ 罗昌平：《巴安农业考察记》，《本行通讯》1943 年第 12 期，第 49 页。

④ 道孚县志编纂委员会编：《道孚县志》，四川人民出版社，1997 年，第 143 页。

⑤ 赵留芳：《道孚县浅影》，《康导月刊》1938 年创刊号，第 84 页。

⑥ 茂汶羌族自治县地方志编纂委员会编：《茂汶羌族自治县志》，四川辞书出版社，1997 年，第 264 页。

⑦ 中国人民政治协商会议马尔康县委员会编：《马尔康县文史资料》第 1 辑，1986 年，第 180 页。

在道孚开办了酿造酒厂酿造白酒。除内地汉人开办的酿酒厂外，当地的藏族老百姓也纷纷学习内地酿造方法，酿造20度左右的青稞酒，民国时期，在道孚城就有“七、八家康酒酿造户”[①]。在川北阿坝地区，光绪年间，茂州的酿酒烧房、玉麦酒行也开始增多，每年可生产“千余斤”烧酒，在清末民初时，茂州的酿酒房更是达到了“30户”，每年要耗费“100万斤”玉米，酿造的烧酒除了销往县内各地外，还远销松潘、黑水等地。在新中国成立前，在茂县从事酿酒的还有20余家。[②]

酿酱业　民国时期，在泸定县经商的陕西商号“天顺祥”使用陕西传统的酿醋方法，酿造了驰名川边的“桥醋”。“桥醋”以麦麸、大米为原料，加入醋曲、香料、乌梅等辅料，酿造出来的醋“酸香可口，驰名遐迩”。另外，在泸定还有专门从事酿造豆瓣、豆油、田酱的“盖和酱园”，酿造的产品销往川边各地[③]。在川西北的通化、威州等地，民国时期也渐渐兴起麸醋制造业。[④]

磨坊业　四川涉藏地区山溪众多，伴随着民族交流的深入，内地的水磨逐渐传入。如邓柯在宣统元年归流后，陕西籍孙姓汉商制作了石磨，用驴推磨磨麦面。后来赵尔丰又在龙渠上架设了水磨，当地藏族群众均感到很方便，于是各村都添置水磨，磨出的麦面更细更白。[⑤] 在川西北地区的高山村寨，普遍使用旱磨，在水利比较方便的地方逐渐出现水磨。在靠近内地的区域水磨使用则更为频繁，据统计，在清雍正年间茂州已有水磨113座，有很多专门从事粮食加工的磨坊，按加工斗数收取费用。到民国二十五年，茂县全县有水磨136

---

① 青镇东：《解放前道孚工商业概况》，载中国人民政治协商会议四川省道孚县委员会文史资料编辑组：《道孚文史资料选辑》第2辑，道孚县印刷厂印，1987年，第68页。

② 茂汶羌族自治县地方志编纂委员会编：《茂汶羌族自治县志》，四川辞书出版社，1997年，第263页。

③ 曹本厚、阳昌伯：《民国时期泸定工商业散记》，载泸定县文史资料工作委员会编：《泸定县文史资料选辑》第4辑，1990年，第77—88页。

④ 《羌族地区近代经济资料汇辑》，载《中国少数民族社会历史调查资料丛刊》修订编辑委员会编：《羌族社会历史调查》，民族出版社，2009年，第3页。

⑤ （清）查骞撰，胡文和校注：《边藏风土记》卷4，载骆小所主编：《西南民俗文献》第6卷，兰州大学出版社，2003年，第326页。

座。在民国二十九年，仅茂县县城就有水磨 36 座。[①]

制硝业　主要分布在川西北茂县，茂州制硝的历史较早，早在唐代时已记载，茂州产“马牙硝”。清代采用土法制硝，能年产 2 万余斤。据《四川松理懋茂汶屯区屯政纪要》记载：“火硝熬自土中，茂、理两县均产之。”光绪二十年，茂州设官硝局，月收火硝 3 万—4 万斤，供成都兵工厂及潼南火炮房使用。宣统年间，茂州的硝工改革制硝方法，改为用火熬制，硝量生产增加，每年销往绵竹、简州的硝达 20 余万斤[②]。民国初年，茂县制硝业集中在城区和石纽一带，茂县出产的火硝，通常是由商人贩运到灌县或绵阳进行集散，大多供军用制造火药、炸药之需，所产之硝主要销往安县、绵竹、灌县、成都、重庆等地。民国十四年后，因屯署设官硝局统一管理制硝业，不准私自销售，由此导致硝户减少，年产量减至 4 万—5 万斤。[③]

制烟　近代，茂县的黄烟加工业是当地最大的手工业，生产的黄烟被称为“水烟”“茂烟”“州烟”。清末民初是茂县罂粟种植的最盛时期，在茂县加工黄烟的炮烟坊达到“二三十家”，每天可以生产烟丝“2000 多斤”，每天产 200 余担。因为制烟有一定技术含量，加工黄烟的主要以绵竹、安县、绵阳等地的人为主。生产的黄烟除少部分供本地消费外，绝大部分销往自贡、威远、万县、三台、南充等地。烟业繁荣时期，从茂县经绵竹至成都的道路上，背烟的背夫“络绎不绝”。民国二十二年，叠溪大地震后很多烟坊关闭[④]。

除上述外，在川西北地区还有制碱、制造火药等业，金川的梨膏、罐头制造业也逐渐兴起。[⑤]

---

① 茂汶羌族自治县地方志编纂委员会编：《茂汶羌族自治县志》，四川辞书出版社，1997 年，第 264 页。

② 茂汶羌族自治县地方志编纂委员会编：《茂汶羌族自治县志》，四川辞书出版社，1997 年，第 269 页。

③ 《茂县硝业概况》，《四川月报》1927 年第 3 期，第 229 页。

④ 《羌族地区近代经济资料汇辑》，载《中国少数民族社会历史调查资料丛刊》修订编辑委员会编：《羌族社会历史调查》，民族出版社，2009 年，第 1 页。

⑤ 《羌族地区近代经济资料汇辑》，载《中国少数民族社会历史调查资料丛刊》修订编辑委员会编：《羌族社会历史调查》，民族出版社，2009 年，第 3 页。

二、机械工业的引进与现代工业的发展

四川涉藏地区使用机器和机械动力的工业肇始于清末。赵尔丰在对川边“改土归流”的同时，在川边大力兴办制革、制陶、制纸、制墨、制漆等产业，同时派人勘探矿产，招商开办采金厂。在打箭炉，司马王典章捐廉300金，劝集当地富商大贾自助，得银1000金，于宣统二年在龙王庙及其附近，筑“厂房十余间”创设苦力工厂，设制革、缝纫、织纺、竹器、木器、编履6科，延聘技艺娴熟之匠师，教授学徒。① 西康建省以后，又兴起了一批近代工业。

（一）加工工业

1. 皮革加工业

巴塘制革厂　赵尔丰认为“振兴地方，首在提倡实业”。他审视川边各项产业后，发现“关外出产，土货本多，牛皮尤为大宗。既为民间购用之品，更属军中必要之需”。但是之前川边主要是出口生皮至外省，由其他地区进行再生产加工，“而边地所需熟皮，反以重金购取，远道运回，何啻弃货于地。”为更好地发展川边经济，赵尔丰决定“就地设厂，讲求硝制诸法，期于节省耗费，减轻成本”。光绪三十四年，赵尔丰在巴塘筹设制革厂，由“川省制革厂内调用谙练匠人赴边指授建筑工厂”，从日本购进制革机器，并从川边选择优秀人才30人赴川厂学习制革技术。因为办厂所需资金较多，加之当地无殷实绅商，所以制革采取官办形式，由“边务款内支拨”②，由边务大臣委员专办其事。“俟有成效，再任由商家出资承领”③。次年，该厂建成投产。为让更多当地藏族群众学习制革技术，赵尔丰规定“厂中工匠，即由川省厂中选雇出关，不拘名数。其学徒等就关

① 《本国纪事·提倡工厂》，《成都商报》宣统三年（1911）第38期，第1页。

② 《设立巴塘制革厂折》（光绪三十四年十二月二十日），载四川省民族研究所编：《清末川滇边务档案史料》上册，中华书局，1989年，第268页。

③ 《复陈川滇边务应办事宜并拟具章程折》，载四川省民族研究所编：《清末川滇边务档案史料》上册，中华书局，1989年，第125页。

外各处挑选番童入厂学习，每工匠一名，须教学徒四、五名”[①]。巴塘制革厂生产的皮革、军用靴鞋、图囊等因技艺精良，在宣统二年赴南洋劝业会展出时还荣获了银奖。

巴塘制革厂为西康制革工业培养了一批产业工人，为民国时期西康制革工业特别是巴塘制革业的进一步发展打下了良好基础。据民国三十一年的调查，巴塘当时民间私自制革经营者共有 37 家，年产靴子约 2000 双、革鞋约 500 双，且质量很不错，形式与皮质“几乎和成渝两地买来的分辨不出来”[②]，所生产的产品销往西康各地。

登科[③]制革厂　宣统二年成立，使用的传统的制革方法生产，产品主要在当地销售。

2. 印刷业

稻城造纸厂　宣统三年，商人宗锡钧在稻城创办造纸厂，既能生产粗纸，也能造白纸。造纸技术传入稻城后，很多藏族群众都学会了造纸技术。清末稻城同知冷家骥提倡改良造纸厂，“于内地购买竹帘及招募工匠，甫经成立，旋即更换，终无大效。”[④] 民国时期，稻城我漥村之纸场，仍然“每年出产颇旺”，据统计，当时在稻城专门造纸的商家有“十一户”，“康南各县，多仰给于此”。所造的纸张“粗厚，系树皮制成，俗称之曰‘蛮皮纸’”。[⑤]

稻城制墨厂　清末因稻城及周边各地所需要的墨都是从打箭炉购买，“十分有限”，而产墨的原料在关外却很多，因此清末稻城同知冷家骥奏报边务大臣同意后，准许在稻城试办制墨、造纸两厂，并从内地聘请制墨造纸的匠人携带制造工具前往稻城办厂。[⑥]

龙溪造纸厂　民国十八年起，松理懋汶屯殖督办署开办龙溪造纸

① 《赵尔丰咨度支部所订巴塘制革厂章程请备案》（宣统元年二月十五日），载四川省民族研究所编：《清末川滇边务档案史料》中册，中华书局，1989 年，第 305 页。

② 巴人：《西康的新巴安》，《康导月刊》1942 年第 45 期，第 78 页。

③ 即邓柯。

④ 《德格最近之调查》，《四川实业杂志》1911 年第 1 期，第 3 页。

⑤ 李中定：《康南八县纪要（七）》，《边疆通讯》1943 年第 11 期，第 15 页。

⑥ 刘赞廷编：《民国稻城县图志》，载中国地方志集成编委会编：《中国地方志集成·四川府县志辑》第 67 册，巴蜀书社，1992 年，第 771—772 页。

厂，在汶川县龙池开荒20余里，并培植竹林，供龙溪造纸厂造纸之用。[①]

九龙造纸业　九龙县的乃渠、乌拉等村，因为广产可以造纸的小竹，民国时期有汉人利用土法制造草纸。[②]

德格造纸业　民国时期，在德格沿金沙江一带，有用土法造纸的七八家商户，所造的纸使用树根、树皮为原料，厚薄不均，用于印经、记账[③]。

启康印刷厂　民国二十五年，西康建省委员会由雅安迁至康定，为适应公务之需，由成都购进石印机、铅印机、切书机、装订机，以及汉、藏、英文各号字模、字钉、化铅炉等，成立当时四川涉藏地区最先进的印刷厂。后更名为启康印刷厂。西康省政府成立以后，启康印刷厂又在成都购进大批铅、石印机扩大业务。同年该厂与其他3个公司合并成立“康裕公司”后，又在原来设备的基础上添置印刷机设备，聘请多种技师、技工，建立“康裕公司印刷厂”，承印各种印件。[④]

3. 毛纺业

四川涉藏地区的毛纺业，多是家庭手工纺织，在质量、数量上参差不齐，产品多为自用或仅在本地销售。清末川边部分县份对纺织业进行了改良。如德格姜知县针对当地所产的毛纺织品“异常笨拙，多不实用”的情况，在德格“再三说教以如何改良、如何求精”，在姜知县的指导下，当地所制造的“毛袜、手套、五色毛带及细毛布等类”与四川所制造的相等，“来往汉族莫不争先购买”。于是，姜知县招雇当地老百姓创立公司教以制造毛毯技术，认为“汉人若能教以改良，势必大有进益”。[⑤] 在茂州，清末已有十来家使用传统织

---

① 《汶川龙池垦地荒凉》，《川边季刊》1935年第1期，第160页。

② 邱述钤：《九龙经济建设之研讨》，《康导月刊》1939年第1期，第44页。

③ 马裕恒：《西康德格县概况》，《康藏前锋》1936年第3期，第57页。

④ 康定县地方志编纂委员会编：《康定县志》，巴蜀书社，2000年，第233页。

⑤ 《德格最近之调查》，《四川实业杂志》1911年第1期，第3—4页。

布机的织毪作坊，成品大多只在本地销售。[①] 在炉霍，民国时期通过经商致富的驻军营长项武康，因为“为人豪爽”被当地老百姓推为保长，他在炉霍经商数年，成为当地“巨富”，他自行前往上海购买制线机器数架运回炉霍，用机器“以羊毛制线编织衣料毪毯等物”，成为炉霍一特产。[②]

民国二十年，尊泉曾在康定集资兴办毛纺织厂，其弹纺织机器，采用水力发动，工厂开工后，织出呢毯及毛线衣袜数种，“购者颇形踊跃，常感供不应求”。后来，西康毛织工厂因资本短绌、机械不够，货品成本高、不精良等原因，破产停办。[③] 近代四川涉藏地区代表性的毛纺工厂有以下几家。

西康省立毛纺厂　民国二十八年新建。位于康定县城南门外，除生产毛织品外，还兼营棉织品。成品有毛线、毛絮等。民国二十九年有纺机 120 部、织机 11 部。其后，毛纺厂机器设备增至纺机 170 部、织机 14 部。后因康定物价上涨，毛纺织品成本过高，另在雅安设立分厂。康定分厂则“注重整理羊毛工作，同时将手工纺织大肆推广，以期辅导人民普遍增加生产”[④]。

西康毛革特种股份有限公司　为扩大洗毛工作，西康省政府建设厅于民国三十年在西康省立毛纺织厂附近另建一座洗毛厂，利用山泉人工洗毛，年可洗毛 15000 担，除供应毛纺织厂外，还代省内外毛织厂洗毛。民国三十二年，由西康省政府、川康兴业公司、西康企业公司、济康银行、汇通银行等组织，共同将毛纺织厂改组为西康毛革特种股份有限公司。下设雅安制革厂，各项制革制鞋设备齐全，可制牛皮、羊皮及鞋；雅安毛织厂，设备齐全，可制毡毯粗呢；康定洗毛厂，设备齐全，每月可洗毛 3 万余斤。在抗战期间，产出的产品除供

---

① 茂汶羌族自治县地方志编纂委员会编：《茂汶羌族自治县志》，四川辞书出版社，1997 年，第 271 页。

② 刘赞廷编：《民国炉霍县图志》，载中国地方志集成编委会编：《中国地方志集成 · 四川府县志辑》第 67 册，巴蜀书社，1992 年，第 102 页。

③ 尊泉：《西康毛织工厂之回顾》，《康藏前锋》1933 年第 3 期，第 36—37 页。

④ 《西康工业建设中毛纺织业近况》，《纺织染》1941 年第 3 期，第 183—184 页。

应本省军需、民用外，运销省外。[①]

巴安　巴安县在抗日战争期间，巴安毛纺工厂所产货品优良，不亚京褥，推销甚广[②]。

茂县平民民生工厂　民国十六年，地方官绅集资兴办了茂县平民民生工厂，工厂设备简陋，采用手工作业，虽名为工厂，但规模不大，是传统的手工作坊模式，生产出来的毛纺织品也较粗糙，成品主要销至绵阳、北川、灌县等地[③]。民国十九年，民生工厂进一步扩充规模，分为纺纱、织棉、织毛、裁绒、染色等作业，屯署令各县送子弟前来学习。[④]

松潘毛织厂　民国二十三年，松潘参照茂县民生工厂的建设，开办了松潘毛织厂，分洗毛、织毛、制革等，仿照“西法就地单宁制革”，改变了当地藏族老百姓原有的制革方法[⑤]。民国二十九年，曾有工业宣传顾问沿岷江前往松潘等地宣传新式纺纱机，沿途“常有妇女们围聚着来看”，运用新式纺纱机，每天每人可以纺纱两斤，而传统的纺纱机，则每天只能纺纱半斤。据工业宣传顾问的调查，在松潘一带，有一教师专门教授附近的人使用改良的纺纱、织布机器，“在松潘附近一带，若干人已受有教导，能够使用改良纺机和改良织布机”[⑥]。

4. 制陶业

赵尔丰经营川边的时候，从西藏硕般多招来制陶工匠泽日大吉，

---

① 周人良：《西康皮毛之产销调查及协助办法》，载四川省档案馆、四川民族研究所编：《近代康区档案资料选编》，四川大学出版社，1990 年，第 240 页。

② 游时敏著：《四川近代贸易史料》，四川大学出版社，1990 年，第 51 页。

③ 《阿坝藏族羌族自治州概况》编写组：《阿坝藏族羌族自治州概况》，民族出版社，2009 年，第 192 页。

④ 《中国少数民族社会历史调查资料丛刊》修订编辑委员会编：《羌族社会历史调查》，民族出版社，2009 年，第 24 页。

⑤ 《阿坝藏族羌族自治州概况》编写组：《阿坝藏族羌族自治州概况》，民族出版社，2009 年，第 192 页。

⑥ Rewl Alley 公木译自亚细亚一月号：《松潘草原觉醒了》，《中央周刊》1940 年第 36 期，第 12—16 页。该教师本是岷江流域的人，大地震时，其家人全部不幸遇难，他一人漂流到灌县，在灌县的一个孤儿工业班学习了新式技术，然后又回到家乡将所学传授给别人。

在巴塘“建窑招徒”，试办制造陶器的工厂。泽日大吉在巴安选择贫寒子弟13人为一班作为学徒教授他们制陶工艺，6个月学成，再加两个月“研练”，生产灯盏、饭盆、碗碟、花瓶、砂罐等，生产出来的东西“坚实实用”“民间乐购”，销往各地，成为巴塘的又一特产①。在德格门扎沟，民国时期也有制陶的陶工，专门制造土茶罐，“运销各地”②。

5. 药材加工

民国时期，在川西北地区，屯殖督办署设立了药厂，征收采药人采集的药材。③

6. 制茶业

在今阿坝地区，光绪三十四年，茂县茶商从上海购回制茶机器，以新法加工茶叶，制成红、绿茶销售省内外。

（二）采掘工业

1. 矿业

四川涉藏地区矿产资源众多，其中尤以金矿最为丰富，有“草鞋踏遍，满地黄金”④的俗语，如甘孜的康定、道孚、炉霍、瞻化、理化、甘孜、雅江等地均出产黄金，其他铁、铜、铅、云母等矿也很丰富。光绪三十二年，赵尔丰出任川滇边务大臣经营川边时，明确提出了包括“开矿”在内的“经边六策”。赵尔丰认为开矿有两大好处，一是可以将开矿权掌握在政府手中，避免垂涎者染指。“川滇边地，矿产富饶，久为中外共知，垂涎者众，若不先行由官创办，必将群思染指，易启窥伺争竞之端”。二是可以通过开矿征收课税，解决边务经费。“边地既经朝廷特设重臣，不惜经费，力加整顿，原期日臻富庶，以固藩篱。若不自筹利益，岁岁仰给他省，朝廷亦何乐得此

① 刘赞廷编：《民国巴安县图志》，载中国地方志集成编委会编：《中国地方志集成·四川府县志辑》第67册，巴蜀书社，1992年，第879页。

② 马裕恒：《西康德格县概况》，《康藏前锋》1936年第3期，第57页。

③ 游时敏著：《四川近代贸易史料》，四川大学出版社，1990年，第63—64页。

④ 向发英：《开发西康的途径》，《边疆问题》1939年第2期，第8页。

石田。”“兴利之方，则屯田之外，惟有开矿。早开一日，即可早收一日之用。”① 为开采矿产，赵尔丰先后从内地引进矿业人才、矿业技术，招汉藏商人集资设厂，对川边多种金属矿进行开发。

（1）采金业

四川涉藏地区金矿资源丰富。金矿的大规模开采始于清末。赵尔丰考察川边的采金情况后，发现产金之处甚多，当地老百姓也知道“淘取销售”，土司、喇嘛坐收其利。但是因为老百姓没有掌握相关的淘金技术，多是“随地开挖，不能辨识矿苗，淘沙之法，开挖之器，亦均笨拙不灵，是以费工多而获利少”。因此，赵尔丰花重金聘请曾留学美国的矿学毕业生刘轼轮担任关外矿务工程师，命他“周历察看，择其矿苗最旺者，由官设厂，仍用本处土法，雇夫开采，但将淘炼熔冶之法，力求改良。将来如实需用机器，再当续筹添置”。② 为了开采黄金，赵尔丰制定了开办金厂章程，招汉藏商人集资设厂开采，征收课金作为边务经费。民国时期，采金业进一步发展，受内地人开矿的影响，以前“动辄指为神山深谷”禁止采金的土司、头人、老百姓，也纷纷加入采掘队伍中来，据任乃强在西康地区的调查，在康地从事采掘金矿的矿夫，在折多山以西的“番族矿夫”已多于汉人③。在德格，最开始试办金矿时，老百姓“安于痼弊”，以神山不可动及土司不准开矿，反对开矿。不过当他们看到“内地办矿之人大都致富”，并且“闻里塘毛丫各处开矿之人皆佛”，加之赵尔丰鼓励当地老百姓前往金厂学习淘金技术，并每日每人给予口粮“藏洋拾元”，因此很多老百姓转变观念，纷纷前往学习淘金技术，并从事淘金工作。④

金厂的开办方式在各地并不一样，有官方组织开采的，有土司组

① 《复陈川滇边务应办事宜并拟具章程折》，载四川省民族研究所编：《清末川滇边务档案史料》上册，中华书局，1989 年，第 119—120 页。

② 《复陈川滇边务应办事宜并拟具章程折》，载四川省民族研究所编：《清末川滇边务档案史料》上册，中华书局，1989 年，第 125 页。

③ 任乃强著：《西康图经》，西藏古籍出版社，2000 年，第 472 页。

④ 刘赞廷编：《民国德格县图志》，载中国地方志集成编委会编：《中国地方志集成·四川府县志辑》第 67 册，巴蜀书社，1992 年，第 316—317 页。

织开采的，有外来的采金者自行开采的，也有外地的采金者与当地合作开采的。通常在土司管理的区域，采金的行为要得到土司的保护和支持才能开采。如在义敦，内地来的采金者须与土司约定“地皮租金若干”，土司为了收取租金或提成，通常也会让采金者从中能获取巨大利益，因此在义敦从事采金的金夫“常有数百人至千余人”，每年采金数额达到四五千两甚至八千两以上①。其中，近代四川涉藏地区较大的金矿有以下数处。

绰斯甲二楷金矿　在丹巴、绥靖、道孚三县交界处，属绰斯甲土司管辖。民国四年，梁士贻等筹集巨资，派人开采，“工人多至二万余人”。② 民国六年，懋功发生八角骚乱，战火延至绥靖，绰斯甲土司乘机驱赶矿工，裕华公司被迫停办。后因喇嘛寺驱逐掘金工人，金厂停办。民国二十九年西康设金矿局，聘凌云门为技正，招金夫千人在道孚所属的二楷河东重新开矿，“金夫常以数千人川流不息”，还有众多小贩从康定购杂货、食物至金厂营业，灵雀寺的喇嘛也开始开矿、“作金井”，道孚俨然“一黄金世界”③。

瞻化麦科金矿　清同治四年，瞻对被赏赐给十二世达赖喇嘛作为为香火地之后，派驻瞻对进行管理的官员曾组织当地百姓在麦科开采金矿。清末，赵尔丰将瞻对“改土归流”，驱逐在瞻藏官后，令瞻化知事米宗湘招商开采，最盛时金夫千余人，平时淘金人数至少也在700 人以上④。民国二十七年，刘文辉派兵二十军的一个团进驻瞻对，开采麦科金矿 3 年，每年能产金 8000 两左右。⑤

瞻化洞达金矿　民国二十八年时，金矿有金夫两三千人，每日可

---

① 刘赞廷编：《民国义敦县图志》，载中国地方志集成编委会编：《中国地方志集成·四川府县志辑》第 67 册，巴蜀书社，1992 年，第 715 页。义敦在今理塘、巴塘之间。1978 年撤县，并入巴、理两县。

② 《川边·二楷金矿》，《四川月报》1932 年第 4 期，第 100 页。

③ 刘赞廷编：《民国道孚县图志》，载中国地方志集成编委会编：《中国地方志集成·四川府县志辑》第 67 册，巴蜀书社，1992 年，第 594 页。

④ 新龙县志编纂委员会：《新龙县志》，四川人民出版社，1992 年，第 126 页。

⑤ 四川省甘孜藏族自治州志编纂委员会：《甘孜州志》，四川人民出版社，1997 年，第 1179 页。

产金 80—100 两。[①]

德格科鹿洞金矿　清末赵尔丰“改土归流”后即开办，后改为商办，“成效大著，商人逾多”，后又在附近玉龙沟一带发现金矿。[②]民国二十八年有金夫五六百人，每日产金 10—20 两。

理塘金厂从事采掘的藏族群众[③]

理塘县金矿　清末在理塘已开办金厂 4 个，较大的为毛丫沟金厂及却登土司开办的加西寺金厂。其中“毛丫沟金矿最优，绵亘五十余里”，在毛丫“附近居民约一千数百户，平日挖金约二千七、八百人”。却登土司的加西寺金矿也“矿苗甚旺”。除此之外，在火竹沟至德扎长达 60 余里的河道间，还有很多群众进行小规模的挖金。[④]

灯盏窝脉金矿　在康定东北 30 余里，光绪二十八年由打箭炉同知刘廷恕开办。后因采矿地移至附近的三道桥，改称三道桥金厂。光绪三十四年，赵尔丰曾派刘轼轮前去查勘。在川边地区官办的金厂

① 马鹤天：《西康概况》，《国讯旬刊》1939 年第 193 期，第 9 页。

② 《德格金矿》，《顺天时报》1912 年第 3241 号。

③ 图片来源：《良友》1940 年第 158 期。

④ 《宋沛雍复踏勘里塘金矿情形》（宣统元年十月），载四川省民族研究所编：《清末川滇边务档案史料》中册，中华书局，1989 年，第 476 页。

中，三道桥金厂的经济效益最佳，开办不到 1 年时间，扣除各项开支，尚存九七平银 2858 两。①

泰宁金矿　位于折多山以西的泰宁河垭地区，在泰宁寺与明正土司连界处。光绪二十二年（1896），打箭炉厅在泰宁试办金矿，由泰宁寺掌控金矿的开采权。清末赵尔丰经边时，在泰宁开办金厂，泰宁寺以开办金矿会破坏风水、震怒山神为由，煽动当地老百姓破坏金厂，驱逐金夫，并将打箭炉厅派往开道的弁勇及都司卢鸣扬打伤。②提督马维骐率兵前往镇压，在明正土司的支持下平息了泰宁事件。光绪三十二年，重新招募金夫开办泰宁金矿。

九龙金矿　在九龙的洋桥、龙达等处产金量丰富，所产沙金成色润泽，民国时期在两地采金的工人“常数万人”③。

复兴普益公司　民国三十五年国民革命军第二十四军师长唐英开办复兴普益公司，使用工兵并招募民工数百人从事采金。鼎盛时期工人超过 800 人，年产黄金上万两。④

松潘漳腊金矿　在松潘城东 40 里，沿河均产沙金。清末，在漳腊已有人“私自采掘”，但总体规模不大，所获不多。民国二年，松潘置汉军三营驻防，“饷款缺乏”⑤，熊克武军部司令张达三率兵一团开采，工人不到百人，每日可获金 300 两左右，间可获得千余两。张达三遭人谋杀后，继由政府招商开办，订立章则，提收金课，金工增加到 3 万人以上。“漳腊城因之骤形繁荣，对岸产金区亦建起聚落来，遂起名曰金河坝。”⑥ 政府设金矿总办，常驻漳腊管理。在漳腊开办邮政，设办事处，“电话联络松潘，贸易不亚于松潘城内”。⑦ 民

① 《札打箭炉厅申解三道桥金课余银拨归边务经费》（宣统三年二月二十日），载四川省民族研究所编：《清末川滇边务档案史料》下册，中华书局，1989 年，第 883 页。

② 《喇嘛抗拒开矿》，《大陆》1905 年第 18 期，第 45 页。

③ 刘赞廷编：《民国九龙县图志》，载中国地方志集成编委会编：《中国地方志集成 · 四川府县志辑》第 67 册，巴蜀书社，1992 年，第 511 页。

④ 道孚县志编纂委员会编：《道孚县志》，四川人民出版社，1997 年，第 194 页。

⑤ 《松潘漳腊金矿概况》，《四川月报》1934 年第 2 期，第 90 页。

⑥ 李承三：《松潘漳腊式砂金矿》，《“国立”中央“研究院”地质研究所丛刊》1948 年第 8 期，第 119 页。

⑦ 徐近之：《西宁松潘间之草地旅行》，《地理学报》1934 年第 1 期，第 19 页。

国二十五年时，工人只有200余人，由各工人每日自由淘掘获金售卖生活，工厂则按月抽收额银若干，金厂淘沙取金，每日约12两。[①]民国时期，松潘漳腊金矿“产金之总量，大约在一百万两左右。”[②]

元坝金矿　在距漳腊金厂不远处，因金户恐漳腊金矿渐枯，于民国二十三年申请新开的金矿。由漳腊金厂总办，兼为管理。[③]

塞耳古金矿　在茂县，矿区面积约“七百亩之大”，产金旺，“俯拾即得黄金”。[④]

三江口金矿　矿区在汶川县境内，民国二十三年由屯区之官绅各界，以吉茂荣公司名义申请开办，因为距内地较近，购运粮食方便，前往采金挖掘者众多，每日可获纯金十余两。[⑤]

表4－2　民国甘孜地区部分金矿一览表[⑥]

所在县	金厂名	开办时间	开办情况	备注
康定	梭坡	民国二十四年（1935）		有金夫90余人[⑦]
	鱼子石			有金夫60余人
	三道桥	民国二年（1913）	锑金矿，开办产金甚旺，后渐衰落。	有金夫20余人
	灯盏窝	光绪二十八年（1902）	与偏岩子金矿相连	有金夫20余人
	偏岩子	民国二年（1913）	在康定东北20余里	有金夫20余人

① 天化：《松潘社会调查》，《复兴月刊》1936年第6—7期，第14—15页。

② 李承三：《松潘漳腊式砂金矿》，《国立中央研究院地质研究所丛刊》1948年第8期，第120页。

③ 《川西屯区金矿概况》，《四川月报》1934年第1期，第119—120页。

④ 方秋苇：《未开发的四川宝藏——松理懋茂汶》，《中华月报》1934年第9期，第17页。

⑤ 《川西屯区金矿概况》，《四川月报》1934年第1期，第120页。

⑥ 综合《西康八县金矿最近训查》，《川边季刊》1935年第2期；刘建邦：《清末和民国时期康区九县黄金开采概况》，《甘孜州文史资料》第13辑；蒋君章：《西康金矿开发问题》，《边政公论》1943年第1—2期合刊；邱述钤：《九龙全境视察记》，《康导月刊》1939年第4期等资料整理。

⑦ 以下标有具体金夫数额的，均是1935年数据。

续表 1

所在县	金厂名	开办时间	开办情况	备注
康定	孔玉			有金夫 40 余人
	麻卡			
	曲山			
	茂庆			
	鱼通		由本地居民暇时开采	有金夫 23 人
丹巴	绒坝沟		丹巴县城南约 60 里,民国十八年丹巴米知事集资开办。	
	二楷		在丹巴、绥靖、道孚三县交界处,属绰斯甲土司。民初,梁士诒等组织裕华公司开采。	金矿盛时,金夫多至两万人。
瞻化	麦科		清末既已开采,产额颇巨。民国初年,金夫多时达千余人。	有金夫 100 余人
	曲衣			有金夫三四十人
	甲司空			有金夫二三十人
	雍母达			有金夫一二十人
九龙	大台子、二台子		道光年间开办,有金夫千余人,清末因彝族迁入停止办理。	民国时期药商羊俊德雇金夫 5 人试办,产量少。
	三垭		光绪年间产金甚旺,清末因彝族迁入停止办理。	清末有金夫数百
德格	柯鹿洞			有金夫三四十人
炉霍	炉霍			有金夫六七十人
	雄鸡岭			
	瓦谷		在炉霍城西约 20 里,出金不多。	
道孚	将军桥			有金夫 400 余人
	泰宁			有金夫 30 余人
	河垭		在康定至道孚大路附近,距泰宁约 8 里,清代年羹尧曾派人采办,出金甚多。民国十八年(1929)丹巴知县彭斗胜曾开采,未得结果。	有金夫 40 余人
	白杨树			有金夫 30 余人
	泗水塘			有金夫 20 余人
	蒙自古			有金夫 20 余人

续表2

所在县	金厂名	开办时间	开办情况	备注
甘孜①	咱科		私营,年产数百两,有金夫百余人。系就本地招雇,纯属汉籍	因资本缺乏、雇工困难,未能大量生产。
	西泥沟		私营,年产百余两,有金夫30余人,系就本地招雇,纯属汉籍。	因资本缺乏、雇工困难,未能大量生产。
得荣	得荣			正开办中
雅②江	崇西			
	密西沟			有金夫一二十人
	坭马冲		在雅江城东100里。曾有金夫百余人,常年挖掘。	重新开办
理塘③	昌会			阿登邓朱等4人承办,金夫16名。
	各母			阿打等5人承办,金夫36名。
	曲科			松龙罗布等4人承办
	沙马			
	独科			
	卡龙			

在阿坝地区，据民国二十四年对金矿的调查，除松潘的漳腊金矿和绰斯甲的二楷金矿外，还有松潘的赤密、黄胜关、晓晴沟、松坪沟、毛儿盖，理番县属之刷金寺、砍竹沟、王家寨、烧坡、夹石口、百大房、红水沟、木卡寨、三齐岩、围鼓、白窝，以包尔古为最丰。茂县所属之骡子坪、平头村、沟口寨、吴家沟、壳壳寨。懋功县所属之蚂蝗沟、日隆关、文空沟，靖化所属之昭平木坡、登春沟、双柏桥、丹札木、俄热等地，均有金矿，只是大多用土法开采。④

① 靖唐：《康北的重镇——甘孜》，载赵心愚、秦和平编：《康区藏族社会历史调查资料辑要》，四川出版集团、四川民族出版社，2004年，第34页。

② 《西康雅江之金矿》,《中行月刊》1934年第6期,第97—98页。

③ 《理化金矿调查》,《川边季刊》1935年第2期,第133页。

④ 周泽亨：《川西北经济建设概要》，《四川经济季刊》1944年第4期，第415页。

（2）采铜业

民国时期，在四川部分涉藏地区还设厂冶炼铜，但产量很少，受制于交通、技术等条件制约，效益不佳，持续时间不长。部分铜矿情况如下：

鱼通紫龙铜矿　民国时期鱼通紫龙铜矿（今康定捧塔乡），由二十四军集资开办。矿质佳，据载每百斤铜矿可炼纯铜 60 斤。[①]

塔藏铜矿　位于松潘之北 160 里，清末曾试办，但因交通运输困难，加之采铜人才缺乏，并未采伐。

平山铜矿　位于理番北，面积约五六十亩。[②]

一碗水铜矿　在汶川县南 60 里，民国七年彰华公司曾经开办，后因燃料不便，停办。[③]

（3）铁矿业

清末，在叠溪设有官办红花园铁厂，冶炼生铁制造铸件，盛时有工人 600 余名。清末还在康定建有铁厂。民国时期部分铁矿情况如下：

道孚菜子沟铁矿　位于道孚县治西北。因矿区在深山之内，交通不便，并未正式大规模开采，仅有附近的铁匠私取矿石冶炼，制成铁器出售。西康建省以后，进行了初步调查，但并未进行开采。[④]

九龙踏耳河铁矿　开办不久就停歇。

松潘草地沟铁矿　为在松潘经商的赵姓汉商开办，每日可产出四五千斤，后因土匪猖獗停办[⑤]。

德昌铁厂　民国八年汶川县漩口乡人姚宝珊在孙家坪开设的德昌铁厂。民国十八年德昌铁厂与荣西铁厂合并为成贤铁厂。[⑥]

---

① 四川省康定县志编纂委员会编：《康定县志》，四川辞书出版社，1995 年，第 233 页。

② 《松理懋茂汶屯区矿产一瞥》，《川边季刊》1936 年第 1 期，第 157 页。

③ 方秋苇：《未开发的四川宝藏——松理懋茂汶》，《中华月报》1934 年第 9 期，第 17 页。

④ 程裕淇、崔克信、周德忠：《西康道孚县菜子沟铁矿山铁矿》，《地质汇报》1942 年第 35 期，第 44 页。

⑤ 沙铁帆：《松潘县概况调查》，《现代读物》1937 年第 29—30 期合刊，第 178 页。

⑥ 阿坝藏族羌族自治州地方志编撰委员会：《阿坝州志》，巴蜀书社，1987 年，第 1252 页。

汶川粉丹坪铁厂　民国二十三年，灌县煤铁厂曾在汶川县粉丹坪开办炼铁厂，后因效益低而停产。①

（4）煤炭

阿坝地区的煤炭资源主要集中在汶川、阿坝、若尔盖、松潘，尤以汶川县漩口地区蕴藏量大。民国后期，有天成、信义等十余家炭厂，其中信义炭厂最大，有工人百余人，所产之焦炭，以竹木筏水运至灌县销售。② 民国六年，汶川商人姚宝珊在粉丹沟开办炼焦厂，生产焦炭，民国八年在漩口开设德昌铁厂后，主要供德昌铁厂炼铁用。其后，又有卓然炭厂等十余家厂商在此开采煤矿，其中信义有工人百余人，年产原煤 161.5 吨，为最大炭厂；卓然、天成、鸿久、崇德等 4 家炭厂，均以生产焦炭为主，年产约 2320 吨，大多经岷江水运至灌县白沙起岸，转销至以成都为主的川西各地。民国末年，因土匪猖獗而先后歇业。

八角庙煤矿　煤炭的开发，集中在汶川县的漩口，光绪三十四年已有人采掘，宣统年间，汶川人陆梅办厂挖煤，直到民国二十四年才停采。③

另清末在巴塘有毛多山煤矿。

（5）其他矿种

九龙岩房子银矿　清道光年间开办银矿，“有四大窑山，七十二个罩子，工人二三千。”每百斤矿石，可出银 5—30 两，另外还可出铅 30 余斤，为“白花上银”，光绪年间，因彝族迁入而停止开办。④

丹巴云母矿　民国时期川东人熊禹君，集资在丹巴泽龙沟开采云母。⑤

---

① 阿坝藏族羌族自治州地方志编撰委员会：《阿坝州志》，巴蜀书社，1987 年，第 1252 页。

② 阿坝藏族羌族自治州地方志编撰委员会：《阿坝州志》，巴蜀书社，1987 年，第 1250 页。

③ 阿坝藏族羌族自治州地方志编撰委员会：《阿坝州志》，巴蜀书社，1987 年，第 1251 页。

④ 邱述钤：《九龙全境视察记》，《康导月刊》1939 年第 4 期，第 27 页。

⑤ 《西康矿产调查》，《四川月报》1935 年第 2 期，第 159 页。

泸定岚安石膏矿　用土法开采石膏，每日约出200斤，全年约产出7.2万斤，石膏主要销往康定、泸定及四川汉源等地作豆腐胶结剂及粉笔的原料。[①]

2. 木业

（1）岷江上游地区

四川涉藏地区森林众多，多老林巨木，种类以杉树为最多。其中岷江河谷因林产丰富，加之水运方便，开采较早，在清末时期进行开发。[②] 大规模的开采则始于民国。

民国元年，灌县人姚宝珊在理县组织森茂公司，对孟屯沟森林进行大规模砍伐。[③] 姚宝珊还在岷江首创“漂木”之举，将木材通过水运的方式往外运输，他还在灌县设立“信义字号”，在成都成立“松太及华夏”等公司，销售木材，成为富甲一方的木商巨子[④]。木材公司一般是向地方当局或头人买山后，雇佣汉族与当地群众进行采伐和运输，木厂通常设立在岷江及各支流附近，由砍工将树林砍伐、裁劈成一定长度的木“墩子”，由运输工人自采伐地点通过集材道和滑道，运至河边堆集，由漂工将其编成木筏，利用水力漂运至灌县。由灌县设立的收材厂捞取上岸，再运至成都等地出售。这种运输方式较便利，不用耗费过多人力、物力，但是木材损耗较大，运送时间较长，加之水流湍急，极易碰坏。

因川西北地区木材丰富，木商获利颇丰，民国时期相继组建了很多木业公司。民国十七年，松理懋茂汶屯殖督办公署为增加财源，又颁发《岷江森林发放规则》，鼓励商人投资办厂伐木。民国二十四年，川政统一，木材从四川大量运销省外，价格上涨，吸引更多的人组织公司、商号从事伐木。抗战期间，木材价格飞涨，商人竞相开设木材公司或商号，岷江上游的采木业达到鼎盛期，木材公司多至十余

① 张涤生：《岚州一瞥》，《康藏前锋》1937年第8—9期合刊，第51页。

② 阿坝藏族羌族自治州地方志编撰委员会：《阿坝州志》，巴蜀书社，1987年，第987页。

③ 刘有栋：《理番之伐木运输与概况》，《四川省林学会特刊》，1938年。

④ 肖洪云：《姚宝珊事略》，载中国人民政治协商会议汶川县委员会文史资料委员会：《汶川县文史资料选辑》第3辑，1989年，第17页。

家。据不完全统计，民国时期，在川西北地区先后进行大规模采伐的木业公司有：森茂公司、松茂荣公司、利森公司、松泰木号、利川实业股份有限公司、利济木号、群利信成公木号、仁和木号、公记木号、泰记木号、同川福木号、翁和木号、辰丰荣木号、同益森木号、远成公司、华章公司、泰和长木号等近 20 家。[①] 据民国二十四年调查，每年沿岷江河漂流而下，至成都出售者，据统计“在千万元以上”[②]。

民国二十五年，因修筑成渝铁路需用枕木，国民政府拟砍伐茂县、理番、汶川三县森林，供给建设铁路所需枕木[③]。四川省建设厅派技士刘有栋踏勘岷江上游松潘、理番、茂县、汶川 4 县森林。根据刘有栋的调查，在松潘，因为“商贾云集，人烟稠密”，森林区域受战乱的焚毁摧残及日用建筑使用薪材，松潘城周围及沿江两岸山地，“悉成不毛”，以致不仅“建筑乏材”，甚至“时有薪贵之叹”。松潘虽然仍有天然林，但是“近岷江两岸者，皆为小面积之幅状”，加之叠溪地震之后，交通梗阻，往外运搬困难，无法利用，只能供松潘附近之用。在理县，县城附近的森林，虽然几经砍伐，但是因为蕴藏丰富，“几无山不林，无沟不树也。”在茂县，除松坪沟、黑水河流域尚未开采外，其余“皆早经开发，无完整森林矣”。在汶川，除三江口一带无人砍伐，余如草坡、桃关沟、七盘沟等“迭经砍伐”[④]。

（2）甘孜地区

甘孜地区，森林蕴藏也非常丰富，出产各种木材。近代以来，在靠近内地、水运比较方便的大渡河上游及支流沿线的泸定、康定、九龙等县，民国时期森林也被大量采伐，只是规模小于岷江上游地区。到 20 世纪 20 年代，因为大渡河上游地区的采伐，靠近泸定的雨洒坪

① 阿坝藏族羌族自治州地方志编撰委员会：《阿坝州志》，巴蜀书社，1987 年，第 987—988 页。

② 周泽亨：《川西北经济建设概要》，《四川经济季刊》1944 年第 4 期，第 415 页。

③ 《蒋中正：令四川省政府为据该省第十六区专员谢培筠建议发放边区森林用供成渝铁路枕木一案仰核办具由》，《军政月刊》1936 年第 7 期，第 33 页。

④ 四川省建设厅：《四川资源报告之一 · 四川之森林》卷 4，1938 年，第 14—15 页。

地区的森林，“皆因滥伐而致童山濯濯”①，距河较远之处的森林，也从常绿的阔叶树林变成杂木丛生、藤蔓猖獗的残林了，但是对森林采伐的步伐并没有停止，并逐渐由大渡河左岸主要为汉人居住的区域向右岸少数民族居住的区域推移。在大渡河上游，“水利便利之处，砍伐森林者，虽不乏其人，但其历史不及青衣江与岷江两流域早”，“所砍林木共约20余万株”②。大渡河森林以面积的广袤而言，首推九龙的洪坝、泸定的雅加埂，这两个区域民国时期开始了大规模采伐。

四川涉藏地区群众砍伐林木③

民国二十二至三十六年（1933—1947），由泸定县参议长陈德滋等集资开办裕康木业公司，最盛时雇工四五百人，采伐泸定县雅加埂林区木材，仅民国二十四至二十八年（1935—1939）的5年间即砍伐木材15万立方米。除裕康木业公司之外，还有共和、明宇、天华等8家木商先后在雅加埂林区砍伐木材。民国二十九年，陈德滋等人又组建康庄木厂，砍伐雨洒坪、小王岗等地森林，历时3年，用工达600余人。民国二十八年西康建省后，省会康定大兴土木、需要木材

① 朱惠方：《大渡河上游森林概况及其开发之刍议》，原载《金大农林新报》1927年第6—8期合刊，收入农林部编：《全国农林试验研究报告辑要》，农林部编印，1941年，第93页。

② 程绍行：《大渡河上游森林调查报告》，载四川省建设厅：《四川资源报告之一·四川之森林》卷3，四川省建设厅编印，1938年，第93页。

③ 图片来源：《取用不竭的天赋良材》，《良友》1940年第158期，第9页。

增多，原西康政务委员、统筹处长程仲梁等人，集资兴办裕边实业公司，经营木材生产，组织人力砍伐康定雅拉河上游及驷马桥一带森林。民国三十一年，川盐银行董事长刘航琛与汉源县羊仁安集资法币800万元，组织益和木业股份有限公司砍伐泸定县湾东、九龙县洪坝的森林。[①] 经营3年后，因资金缺乏而停办。同年，九龙县的福中木业公司继续砍伐洪坝森林，经营4年，所伐木材约10万立方尺。

除大规模采伐以外，炉霍的很多村落均有松木、杉木杂木林，通过"水冲或牛马驮"的方式，运输了很多林木。[②]

（3）木业开发对四川涉藏地区的影响

虽然四川涉藏地区森林繁茂，"所产的木材，足可以供给川西全部建筑的需要，历年采伐都供过于求"，但是也并不如很多人认为的"数百年后也无缺乏之虑"。[③] 在不到20年的时间内，过度开发给四川涉藏地区带来的影响便开始凸显。

其一，官私所办理的采木公司，由于办理者"官气十足，与地方情形完全隔膜"，加之伐木"所需劳力，完全招自外来"，所以当地老百姓很难从中获利。据民国三十一年的调查，在岷江上游雇佣的伐木业工人有一二千人，很少有本地人，多是安岳、乐至前往谋生的汉人[④]。因为当地老百姓在农耕之余，喜入森林打猎或采集，大量森林的砍伐，反而使得老百姓失去了赖以生存的资源。特别是森林砍伐以后，原来林下较肥沃的土壤逐渐被雨水冲刷，生产产量逐渐降低而经常出现土地荒芜的情况，很多老百姓"生活无法则逃亡他处"，使得当地荒山面积"逐渐增加"。[⑤] 加之老百姓对宗教的信仰至深，他

---

① 甘孜藏族自治州林业志编写组编：《甘孜藏族自治州林业志》，四川辞书出版社，1994年，第7页。

② 董兆孚：《炉霍县屯务调查录》，《边政》1930年第3期，第2页。

③ 方秋苇：《未开发的四川宝藏——松理懋茂汶》，《中华月报》1934年第9期，第15页。

④ 经济部中央工业试验所木材实验室编：《川西伐木工业之调查》，经济部中央工业试验所木材实验室，1942年，第6页。

⑤ 四川省政府建设厅编：《四川西北边区垦牧调查报告》，四川省政府建设厅编印，1944年，第9页。

们常“设法阻碍其事业之进行”①。

其二，到民国后期，在岷江上游地区因为“木号林立”，加之“滥伐无度”，岷江上游的理番等地森林“已大减少”，除了深山邃谷、人迹罕至之处尚有森林外，在“水运方面之区域，均已沦为荒山”，尤其是“威州以西百余里地，荒芜更甚，且有大面之山崩。砺砾满坡，倾滚不已，硗瘠不毛，宛如置身漠境”②。因为森林面积减少，森林涵养的水分不够，只有耐旱的草木能够繁衍，遇雨则汇成山洪，晴天则干旱无比，在岷江河谷的汶川、理番、茂县各地频繁发生大旱天气③，经常“气候异常，水旱频仍”④。大旱、暴雨直接造成部分可耕地的区域被淹没。典型的如龙溪沟，民国前期有户口 300 余家，森林砍伐过多后，“遭大旱，复继以大水，平地俱被淹没，非但禾稼均伤，且冲去表土八尺有余，地塌土溃，居民经济日困”⑤。民国三十一年，理番县政府向四川省政府呈文称：“本县为川西森林地带，近几年亦为各木商滥伐林木最剧烈区域。本府以森林系属国有，设有专门机构管理，未便过问。而近年各木商以其各有背景，且借口开发建设，对森林滥加砍伐。所有已开发之山脊，山尽山荒，一片凄凉，以致县属各地山崩地坏，演成今岁及尔后数年未见之旱灾。”⑥民国三十一年，黄炎培至岷江上游视察时，看到岷江曾经茂密的森林变成了满目的荒坡，也痛心地赋诗为纪：“一路山童草不肥，劫后何处觅生机，断崖流石容全毁，煨木成灰利亦微。物力天丰人力勒，采花客去养花稀。沙崩岸覆江流绝，癸酉奇灾付惨唏！”⑦

① 刘刚甫：《松理茂游记》，《边事研究》1939 年第 2 期，第 19 页。

② 《川康天然林之重要性》，《川康建设》1944 年第 5—6 期合刊，第 23 页。

③ 《农林部岷江流域国有林区管理处二周年纪念刊》，农林部岷江流域国有林区管理处刊，1943 年，第 108 页。

④ 四川省建设厅：《四川资源报告之一 · 四川之森林》卷 4，四川省建设厅编印，1938 年，第 20 页。

⑤ 刘恩兰：《川西游记之七 · 朝气蓬勃川西游》，《文化先锋》1947 年第 16 期，第 27—28 页。

⑥ 四川省地方志编纂委员会：《四川省志 · 林业志》，四川科学技术出版社，1999 年，第 194—195 页。

⑦ 《川康天然林之重要性》，《川康建设》1944 年第 5—6 期合刊，第 23 页。

大量的森林砍伐，除对砍伐地区的天气、植被带来影响外，由过度采伐带来的连锁反应，也会给下游地区造成灾难性的影响。如民国二十八年大渡河上游因为砍伐过度，降大雨导致山洪大发，巨石粗砾沿河奔涌而下，汉源以西绵延十余里的良田美宅、桐林梨园在洪水的肆虐下，沃野顿成石田，房舍尽为废墟。① 到民国后期，因为岷江上游的过度砍伐，甚至影响到了成都地区，经常也会“一雨成灾”②。

其三，因为森林砍伐过多，导致岷江流域沿岸沙泥疏松，加之“筑堤艰难，故时有冲溃之患”，同时因为山坡上的森林被砍伐，经常会有崖石崩坠，阻断道路，且“人畜常为之伤亡”。③ 民国二十六年，四川省建设厅又重新在灌县、威州、茂县、松潘等县设立林场，在岷江沿岸造林④。不过因为时间较短，收效甚微。

（三）电力工业

民国时期，伴随着社会经济的发展和民族交流的深入开展，在四川涉藏地区开始出现使用机械动力的电力公司，不过因为交通和技术限制，新式电力仅在少部分地区才有。

民国二十年，康定商人夏永昌、余孚和、德泰合等人筹资成立“美明电灯公司”，在康定城南折多河上白土坎建设水电厂，从上海华成电机厂购买了 25 千伏的同步交流发电机、配电盘、立轴旋桨式水轮机，聘请苏端同负责发电厂的技术工作。发电厂即将完工时，遭山洪破坏。民国二十一年又集资重建成功。因发电量较少，只能供河东（今康定东大街）商住户照明，且只供晚上使用，每晚 7 时送电，10 时关机停电。民国二十五年后才改为通宵通电。⑤

---

① 《川康天然林之重要性》，《川康建设》1944 年第 5—6 期合刊，第 23 页。

② 《建设：建三字第一〇七七四号：令十六区专署、松理茂县政府等：准农林部函为准四川旅沪同乡会代电请严禁滥伐岷江上游一案令仰遵照妥切办理由》，《四川省政府公报》1947 年第 494 期，第 22 页。

③ 四川省政府建设厅编：《四川西北边区垦牧调查报告》，四川省政府建设厅编印，1944 年，第 11 页。

④ 《灌威茂松筹设林场》，《四川月报》1937 年第 5 期，第 148—149 页。

⑤ 《甘孜州康定电力公司志》编纂委员会：《甘孜藏族自治州康定电力公司志》，1999 年，第 19 页。

西康建省以后，白土坎发电厂的电力供应远远不能满足当地所需。西康省政府委员兼财政会办李先春决定集中西康的人才、财力修建一座水电厂。李先春将康定美明电灯公司、启康印刷厂、新康合作社、裕边实业公司等企业合并组成“康裕企业股份有限公司”，成立协康水力发电厂工程处，聘请水电专家王志超担任总工程师兼工程处长负责工程技术，又聘请内地机电、水力、土木、机械等专业毕业的相关人才为工程师进行勘测设计。选定大升航为修建地点，并从美国购置了发电厂的水轮机、控制屏、压力钢管等主要部件。为购买和转运零件，在雅安、成都、重庆、贵阳、桂林及国外的仰光、加尔各答等地设置了11个办事处和转运站。民国三十二年动工修建，民国三十六年竣工发电。装机容量达500千瓦，是当时全国第二大水力发电厂。该厂发电以后，解决了康定城居民的日常用电问题，电厂还“自行设计制作了火盆式电炉向康定的市民宣传推广”[①]，康定成为当时全国普通居民最早使用电炉的地方。

在阿坝地区，民国三十六年理县杂谷脑老街的几家大户，集资成立启明电灯公司，建成一座水电站，装机容量15千瓦，为当地居民提供照明用电。民国三十七年，卓克基土司索观瀛购进800瓦英国造发电机一台，利用水磨水轮带动电机发电，供照明使用。民国三十八年，懋功小官寨土司杨春普，从新津购回美国造成2.7千瓦直流发电机一台，发电供照明使用。[②]

第三节　商业的发展与繁荣

四川涉藏地区与内地的商业贸易从茶马互市已经开始，但是仅限于茶叶贸易，且多由官府垄断，实行引岸制度，在固定的交易口岸进行交易，对输入的商品进行严格的限制。清朝初年，随着茶叶贸易的

① 郭昌平著:《箭炉夜话》，作家出版社，2013年，第104页。

② 阿坝藏族羌族自治州地方志编撰委员会：《阿坝州志》，巴蜀书社，1987年，第1187页。

发展，清朝逐渐放松对输入涉藏地区商品的管制，内地的多种日用商品大量输入。清末，伴随着对四川涉藏地区的大力经营，各地商人纷至沓来，汉藏贸易的商品种类逐渐增加，贸易规模也不断扩大，形成了以松潘、打箭炉、杂谷脑等为代表的汉藏贸易集散口岸，锅庄、歇家[①]、商号等商业组织也逐渐兴起。

一、近代四川涉藏地区商业基本情况

进入近代以后，之前主要由政府主导驱动、民间参与，传统的、单一的、相对封闭的茶马贸易，开始逐渐升级为贸易品种更丰富、跨越地理空间更广阔、参与贸易主体更多元、影响范围更大的，多民族参与、更广泛的全面的民族贸易。

（一）互贸的品种更丰富

民族之间的经济交流，也是各民族之间生产生活物资的大交换。近代，在市场的驱动下，越来越多的各种内地物品进入四川涉藏地区，各民族之间交易的货物，除传统的茶叶和马匹外，还包括内地的各种生产、生活物资，包括布匹、丝绸、种子、食品、调料、五金、百货，涉藏地区的虫草、麝香、贝母、皮张、羊毛、皮革、羌活、大黄、秦艽等土特产，形成涉藏地区与内地之间、与周边其他区域、以及其内部各区域之间，全面的、丰富的、多种类的互通有无的贸易。

其中，从内地输入四川涉藏地区的商品，以茶叶、布匹、粮食等为大宗，最重要的商品为茶叶。另外，在成都和灌县有很多绸厂和布厂专门生产的绸缎、棉布、棉线等也是输入四川涉藏地区的大宗商品，其中绸缎大半是贵族、头人、富人及喇嘛的消耗品，棉布为普通老百姓所需。据民国三十年的调查，每年由杂谷脑销往边地的布匹价值约五六十万。[②] 由于四川涉藏地区的海拔较高，粮食缺乏，老百姓所食玉米、大米等粮食大都由内地输入。如在川西北地区，松潘附近

① 歇家：本意是指客店，即停歇客商货物之家。

② 王文蒙、葛维汉、白雪娇等撰：《川西调查记》，载骆小所主编：《西南民俗文献》第12卷，兰州大学出版社，2003年，第322页。

地区所收集的粮食，仅够县城附近人民4个月食用，其他粮食大多从平武、茂县、灌县、绵竹等地购入。据民国三十三年的调查，仅从灌县输入茂汶理松等县的粮食，大致每年在“一万石上下”。① 除上述大宗商品输入外，还有内地的各种粮油、杂货等的输入。

民国时期康定茶楼中堆积如山的茶叶②

从四川涉藏地区输往内地的商品，以药材、皮毛、山货、黄金等为主。

药材　四川涉藏地区的药材作为重要的土特产品大量输入内地，据民国时期统计，西康输入内地的药材有26种③，以麝香、虫草、贝母、秦艽、大黄、羌活、知母、鹿茸、鹿角等为大宗。在阿坝地区，据民国二十六年的调查，销往内地的药材中，其中松潘产的药材有18种，茂县产的药材有21种，理番产的有30种，汶川产的有38种，懋功产的有10种。另外，抚边、崇化、绥靖等地还有药材，其

① 四川省政府建设厅编：《四川西北边区垦牧调查报告》，四川省政府建设厅编印，1944年，第82、30页。

② 图片来源：《大众画报》1934年第6期。

③ 于锡猷著：《西康进出口贸易》，国民经济研究所刊行，1940年，第8页。

中年产百万斤以上的有川芎、泽泻两种，年产 50 万斤以上的有羌活、芍药，年产 10 万斤以上的有贝母、秦艽、鹿角、当归、丹皮、木通、柴胡、棉蓍、蜂糖、红梅、角棓等①。

羊毛　四川涉藏地区人民以畜牧为生，草原广阔，羊群众多，羊毛产量数额巨大。以康定为例，在清末“仅弹丸一隅，每岁所出羊毛，计有四万五千磅”②。在西康地区，西康羊毛多集中南北两路的甘孜和理化，北路甘孜多转运至泰宁，部分由四川灌县输出，部分经康定出口；南路理化则通过云南中甸、丽江输出。③ 八年抗日战争期间，因交通梗阻，外销市场停滞，西康的羊毛积存较多，西康的羊毛主要销往中国毛纺织厂及西北毛纺织厂。④ 川西北地区的羊毛大部分集中在松潘、杂谷脑，其中一部分从松潘运往兰州，一部分运至灌县。在抗日战争爆发之前，运往灌县的羊毛取道岷江，由今天宜宾至重庆，转至昆明出口，远销海外。在松潘，民国时期“输出者约二万担左右”。抗战时期因为运输困难，外销锐减，加之国内军需羊毛甚多，故出产的羊毛多供应灌县工合协会毛织厂、重庆军政部制呢厂及嘉定、成都等地的毛织厂。⑤

皮货　四川涉藏地区人民大多以牧畜牛羊为业，每年所产羊皮、牛皮众多，加之打猎获取的狐皮、猞猁皮等动物皮毛，民国中期大概每年能产万余张，其中百分之七八十通过商人输往内地。据统计，民国时期从西康输出的皮货有 16 种，以狐皮、羊皮为主要。⑥ 甘孜地区所产老羊皮多销往康定、泸定及汉源、荥经、天全、芦山、越嶲、冕宁一带；所产嫩羊皮如羔子皮等销往四川的约占一半，其余运销长江流域各省，狐皮、猞猁皮等，主要销往四川、陕西、京津沪各商埠。销售总额，每年不下 100 万元。⑦

---

① 霖：《川西之药材》，《四川经济月刊》1937 年第 1 期，第 2 页。
② 《四川打箭炉出口土产》，《万国商业月报》1908 年第 9 期，第 5 页。
③ 陈德模：《西康之羊毛生产事业》，《西康经济季刊》1944 年第 8 期，第 123 页。
④ 《西康打箭炉出产羊毛甚丰》，《征信新闻》1947 年第 602 期。
⑤ 陈兆耕、许宗岱编：《四川畜产 · 羊毛》，四川省农业改进所，1941 年，第 1 页。
⑥ 于锡猷著：《西康进出口贸易》，国民经济研究所刊行，1940 年，第 8 页。
⑦ 《西康之皮货业》，《四川月报》1935 年第 2 期，第 149 页。

鸦片 在巨额利润的刺激下，近代四川涉藏地区大面积耕种鸦片，并成为该地区输出的主要商品之一。如九龙当地所产的鸦片通常是每斤“两小洋四五角”，贩运至成都，可高达“五六元”，因此有财力购买的人经常数以百担至千担购买后运送至成都等地。[①]

另外，还有山货、矿产、黄金等大量输入内地。

（二）互贸的空间更广阔

近代以前，传统的汉藏贸易主要集中在进入四川涉藏地区主干道的少部分城镇。仅有松潘、打箭炉、杂谷脑等几个重要的互市口岸。其中，打箭炉、杂谷脑等互市口岸也是清代康熙、乾隆年间才正式兴起的。如打箭炉，在康熙三十五年（1696）“茶马互市”的口岸才正式从碉门（天全）和岩州（泸定岚安）移至打箭炉，康熙四十一年，清政府正式在打箭炉设立茶关，随后又在泸定大渡河上修建了泸定桥，打箭炉才逐渐成为川藏茶马古道上的第一重镇及川茶输藏的最大市场、汉藏贸易的枢纽。另外，如杂谷脑在乾隆十七年（1752）杂谷土司事件中，废杂谷宣慰司，强行“改土归流”，置杂谷直隶厅，派流官治理。汉族人口才开始迁入，逐渐形成汉、藏、羌族杂居地区，并成为商业集散地。[②] 另外，大小金川之役后改土设屯，商业也才逐步发展起来。

进入近代以后，特别是伴随着四川涉藏地区治理的加强及本地社会经济的发展，在市场的驱动下，四川涉藏地区商业口岸逐渐从点到线，并且不断向纵深处发展，各民族之间互相贸易的空间范围进一步扩大。清末民初，在甘孜地区，商业口岸逐渐从东部各地“更深入康西康南各处”，除康定、巴安等传统的商业要地，其他甘孜、理化、道孚、炉霍、丹巴、道孚、稻城、石渠、邓柯等地成为新兴商业

---

① 刘赞廷编：《民国九龙县图志》，载中国地方志集成编委会编：《中国地方志集成·四川府县志辑》第 67 册，巴蜀书社，1992 年，第 514 页。

② 阿坝藏族羌族自治州地方志编撰委员会：《阿坝州志》，巴蜀书社，1987 年，第 18 页。

口岸。[①] 甚至甘孜北部的德格也参与到整个四川涉藏地区的市场贸易中来，德格出产的土特产如各种矿产及豹皮、狐皮、猞猁皮等沿甘孜北路输送到康定并销往外地，而内地的茶、糖、布匹、绸缎及杂货也在德格行销，当地老百姓对货物的交换“习以为常”。在最边远的石渠，也有汉商携带杂货换取当地老百姓的各种土特产品销往康定，且交易量还非常大，如石渠销往康定的羊毛每年有“四千余驮”、酥油每年“二万余斛”，另外还有牛皮、药材、皮革等，民国初年青海玉树开辟商埠后，通过玉树销往外地的商品种类、数量更多。在邓柯，前往的汉商携带当地老百姓所需要的绸缎及杂货交换土产、羊毛、药材，“春来秋去，行以为常”。[②]

在阿坝地区，进入民国以后，随着地方军阀势力逐渐向阿坝地区扩展，各种商人也相继进入，原由土司统治的卓克基、绰斯甲、梭磨、阿坝等地，各土司也纷纷打开门户，鼓励各地商人前往经商。

（三）贸易的主体更多元

伴随着各民族经济交流的持续、深入发展，近代四川涉藏地区从事贸易活动的主体也越来越多元，除专门从事商业活动的商人外，还有亦农亦商、亦牧亦商、亦工亦商等从事其他职业的人也纷纷加入市场贸易行列。商业贸易的主体种类繁多。根据其民族划分，可划分为汉商、回商、藏商等；根据其籍贯，又划分为陕商、川商、滇商、藏商、浙商等；根据经商者身份又可划分为土司商、头人商、喇嘛商、锅庄主、歇家主等；根据经营商品的种类不同，又可划分为茶商（以雅安茶商、荥经茶商、邛崃茶商、名山茶商、天全商茶商为主）、金香商（经营黄金、麝香）、药材商、牲皮商、布商、杂货商等；根据其商业经营方式，又分为坐商、行商。另外还有很多为商业活动服务的驮队、马帮、背夫。无数的商旅、驮队、马帮、背夫将内地及周

---

① 四川省地方志工作办公室编：《西康通志稿·工商志》，方志出版社，2016年，第454页。

② 刘赞廷编：《民国德格县图志》，载中国地方志集成编委会编：《中国地方志集成·四川府县志辑》第67册，巴蜀书社，1992年，第335、384、448页。

边的各种物资贩运到四川涉藏地区，并将该地区的各种土特产品销往内地甚至海外。

除以上商业组织外，近代四川涉藏地区各民族都以不同的方式、不同的分工、不同的程度参与到市场贸易的行列中来。在市场的驱使下，出于交换商品的需要，老百姓在成为贸易商品的制造者、创造者的同时，大部分地区的老百姓逐渐转变成商业贸易的交换者，他们有的通过被动的以物易物方式，有的通过主动进入市场交换的方式，参与到市场体系中来，打破了四川涉藏地区原有的封闭体系。在部分地区，虽然土司禁止普通老百姓私自贸易，但是在巨大商业利益的诱惑下，许多老百姓也逐渐拥有了商业意识，将自己生产、采集或制作的土特产品拿到市场上去销售。如在木里，虽然木里土司禁止普通老百姓经商，但是在水洛等地，因为山货多，老百姓又擅长铜器、银器与木碗制作，因此为销售自己的东西，他们常“瞒着土司衙门，悄悄将山货、药材运到云南丽江出售”①。

二、特殊商业组织的兴起——锅庄与歇家

（一）锅庄

1. 锅庄概况

锅庄，是近代康定城特有的一种经济组织。锅庄早期是明正土司所属土千户、土百户设立的在康定城听命支差、办理纳贡事宜的派出机构。最初只有 4 家，慢慢发展为 13 家，根据和明正土司关系与支差种类的不同，又有“五大亲信”“四大管家”“四小管家”之分。清末，伴随着赵尔丰在川边的“改土归流”，明正土司势力逐渐衰微，锅庄功能逐渐发生演变，发展成为集客店、货栈和商业中介为一体的特殊商业机构，在沟通内地商贩与各涉藏地区藏商的经济贸易中发挥了特殊作用，最盛时康定城有 48 家锅庄。据民国三十五年至三

① 夺取荣品藏语口述，阿仲文汉语口译，刘先进整理：《解放前木里的商贸情况》，载中国人民政治协商会议木里藏族自治县委员会文史资料委员会编：《木里文史》第 2 辑，1989 年，第 105 页。

十六年（1946—1947）西康省财政厅对康定锅庄进行的调查，康定共有锅庄47家，其中原属48家之列的锅庄仅有20多家。

锅庄一般只驻扎藏商，不住汉商。通常每家锅庄的客商相对固定，没有特殊情况一般不改变。只有在锅庄发生意外，原常驻客户才另易其主。有锅庄主人绝嗣或停止经营，则该锅庄的藏客则卖与其他锅庄，“有取值数千或万余金者”[①]，锅庄的大小依锅庄内所驻藏商的多寡而定，如德格、白玉、甘孜东谷寺以及青海和西藏的藏商常驻瓦斯碉锅庄，甘孜大金寺的喇嘛商、炉霍觉日寺的喇嘛商和青海的藏商常驻木秋云锅庄，道孚驮脚娃常驻杨家锅庄，瞻对娃和更庆寺藏商常驻子耳坡王家锅庄。

锅庄主只为客商提供商业服务，而不直接从事商品的交易。锅庄主一般“多注重感情，而不计较锱铢”[②]。他们为客商提供食宿、货物堆放等服务，并利用自己通晓汉藏语言、熟悉商业行情等有利条件，帮助客商推销商品，提供交易中介服务。锅庄主人收取的费用称为“退头”，亦称“行佣”“佣金”。具体收费标准，分为两种情况：一是为客商提供食宿，按客商交易成交总额的4%提取“退头”；二是只为客商提供住宿而不提供膳食，仅按客商交易成交总额的2%提取“退头”。

2. 民族交流与康定锅庄的兴衰

康定锅庄的发展和兴衰与汉藏贸易的变化、政局的发展息息相关。

清末康定“改土归流”后，明正土司的势力被革除，除和明正土司特别近的几家锅庄外，其他锅庄主为了寻求政治上的庇护，迅速和明正土司脱离关系。阿娘巴巴的锅庄主人阿甲那绒取汉名张正荣，做了康定中区的保正；仲衣措的锅庄主人安随堂，曾任川滇边务大臣傅嵩炑和川边镇守使陈遐龄的翻译；充布措的锅庄主人充宝林担任团

① 《康定锅庄现状》，《康藏前锋》1934年第10—11期合刊，第31页。

② 柯象峰：《西康纪行》，《边政公论》1941年第3—4期合刊，第185页。

总，在成都开办过藏文学校。[①] 同时，锅庄主利用自己精通汉藏双语、熟悉商业信息的有利条件，开始承担起汉藏双方经纪人的角色。

为更好地发展汉藏贸易，一部分锅庄主还主动招汉人入赘到锅庄中，帮助发展汉藏贸易。民国时期谭英华在康定的30多家锅庄中，即有10家招有汉族女婿。10家中汉族赘婿实际掌权管事的便有9家，他们同时将锅庄改为汉姓。如铁门坎汪家锅庄，便招“扯格娃”汪承中为婿，便有汪家锅庄之名。衙门口陈家锅庄的寡妇也招汉人宋希平上门，生一子，取名为陈文明，锅庄也改称陈家锅庄。白家锅庄子死无嗣，其妻接娘家侄女来锅庄，招汉人邱秉忠为婿，因此在“汉人口中，邱家锅庄的名称，代替了白家”。10家中只有一家“赘婿而不曾改姓的，便是主权未曾转移，仍在女主人手中”。如铁木坎木家锅庄为明正土司四大锅庄之一，民国时期也招赘一蒋姓汉人，生一女儿，但锅庄并未改姓。另外，还有些锅庄主为拉近同汉族的关系，也想方设法与汉人拉近关系，如茶店街邱家锅庄主“自称为自寓康定的湖南人的后裔，实际上他们的祖先是明正土司手下头人”。[②] 还有些锅庄主动将自己锅庄名改为汉姓，有的锅庄名是任意取姓，如衙门口陈家锅庄，便是随意取的，有的则是音译祖先之名，如罗家锅庄便是从其祖先罗布簪布中取一字得名。有的则是从锅庄名中截取一字作为名字，如咱家锅庄。

到民国中期，传统的锅庄贸易也发生了变化。锅庄主有时还充当担保人的角色，如购买货物时携带的银数不足，“庄主常为藏客作信用担保”，同时也有“藏客与汉商间直接交涉，下次始付完货价，不烦庄主担保者亦有之”[③]。有的锅庄因为经营不善或其他原因，锅庄主也会将其租赁给汉商使用。如民生巷的彭家锅庄，就当与黄松乔，黄松乔设恒记药行于其中。[④] 另外，还有部分从内地前往康定的汉

---

① 高济昌、来作中：《康定锅庄传闻录》，载中国人民政治协商会议四川省甘孜藏族自治州委员会：《四川省甘孜藏族自治州文史资料选辑》第3辑，1985年，第140—141页。

② 谭英华：《说锅庄》，《边疆通讯》1943年第4期，第1—12页。

③ 《康定锅庄调查表》，《西康建省委员会公报》1937年第3期，第141页。

④ 《康定锅庄调查表》，《西康建省委员会公报》1937年第3期，第144页。

人，他们通过自身的努力发家致富后，自己修建“锅庄”对外营业。如任乃强《西康诡异录》里记载了一位在二道桥卖凉粉的张姓汉人，他将所挣的钱修了个新“锅庄”，“值银一千余两”①。

到民国中后期，西康建省后，内地人口大量前往康定，在康定“代替锅庄地位的银行、钱庄、旅馆、饭店、对栈、贸易行这些组成近代城市的场所，也都一一被建设起来了”，“也渐渐有舍锅庄而径向这些地方接洽”②，锅庄原有的业务受到巨大的挑战。部分锅庄主根据发展的需要，逐渐发生变化。除以前固定的关外藏商居住外，很多前往西康工作且无固定居所的政府公务员也长期居住在锅庄里。据调查，西康建省后，住锅庄的人分为五类：第一是关外商人仍然在自己固定的锅庄内居住，不给房钱，只按起货值抽2%“退头”；第二类是游行喇嘛，通常他们能享受特殊待遇，常常是“另辟洁室，尊崇备至”；第三类是寄居的政府公务员；第四类是“甲朱娃”，即在康定城以缝牛皮包为职业的本地人；第五类是“驮脚娃”，即为人运送货物的关外的本地人。③

同时，为交易方便，一些汉族客商也会选择住在锅庄里。但是大多数汉族客商会住在由汉人修建的“新兴的锅庄”，这些锅庄“概无藏客，多住汉商，且有杂处各种客户者”④。入住者“以川、陕、滇三籍为多，亦偶有来自山西、湖北、湖南及长江下游的”。同时，这些汉式锅庄与藏式锅庄的职能稍有不同，功能也发生了变化，主要为入住客商提供住宿、堆货等服务，传统的中介功能逐渐弱化，只有少部分汉商会请“锅庄主”代销货物，大多数汉籍商人“多不假手锅庄介绍，仅纳房租，另有一种坐商，也是自行批发，实际上与旅舍的客人无异”。⑤“汉式锅庄”更加类似汉地单纯的客栈。

除充当经纪人角色外，部分锅庄也不断拓展自己的经营范围，他

---

① 任乃强著：《西康诡异录》，四川日报社，1930年，第328页。

② 边客：《康定的锅庄》，《今文月刊》1942年第2—3期合刊，第88页。

③ 梁瓯第：《打箭炉——西康纪游之什》，《文讯》1942年第2期，第28页。

④ 任汉光：《康定锅庄调查报告书》，《西康建省委员会公报》1937年第3期，第124页。

⑤ 谭英华：《说锅庄》，《边疆通讯》1943年第4期，第9页。

们兼营商业，资金雄厚的锅庄主甚至直接出关贩卖，或以茶换货。还有的锅庄主甚至北出西川，大批贩货。还有的收集四乡土产，开设门市做起生意。[①]

民国后期，因为经济影响、天灾兵祸，加之印藏滇越铁路铺设通车之关系，各地输出的货物不经康定，特别是抗战以后，内地人口大量移住康定，在康定兴起了银行、钱庄、旅馆、饭店、堆栈、贸易商行等，锅庄的功能部分被新兴的商业取而代之，康定锅庄逐渐衰落。加上兴起的部分锅庄，有 47 家[②]。兴起的锅庄主要是没有政治背景的，增设的有："孙相贵锅庄、郜玉钊锅庄、孙绍先锅庄、孙绍明锅庄、皮子富锅庄、刘海山锅庄、汪彭措锅庄、范家锅庄、岳家锅庄等。"这些锅庄，虽然经营方式、收费标准都与其他锅庄类似，但在当地老百姓心中却没有把它们列入 48 家锅庄之内。[③]

（二）歇家

在松潘、杂谷脑等地，有与康定"锅庄"类似的集客店、马店、仓储、中介、贸易于一体的"歇家"。"歇家"的形成与茶马贸易息息相关。在清康雍年间，已经有由官府设立的"官歇家"，垄断了当地的商业贸易。随着汉藏民族贸易的逐渐放开，越来越多的汉藏商人参与到贸易中来，遂出现了沟通汉藏贸易的歇家，汉藏之间大型的商贸，"便是通过歇家的中介来实现的"[④]。

阿坝地区的歇家的运作方式与康定锅庄类似，集住宿、仓储、中介、贸易、运输等于一身。与康定锅庄一样，通常往来的客商均住在相对固定的歇家里，食宿均由歇家供给，并不单收餐饮费。歇家的主人也帮助住店客人销售货物，生意做成给以酬金，因为佣金的钱比较可观，因此歇家对于客商招待总是很殷勤。住店客人也可以直接与商

---

① 谭英华：《说锅庄》，《边疆通讯》1943 年第 4 期，第 10 页。

② 余舞：《康藏饮茶风尚》，《边政公论》1944 年第 11 期，第 57 页。

③ 高济昌、来作中：《康定锅庄传闻录》，载中国人民政治协商会议四川省甘孜藏族自治州委员会：《四川省甘孜藏族自治州文史资料选辑》第 3 辑，1985 年，第 143—144 页。

④ 《藏族商业贸易民俗》，载钱来忠主编：《四川民俗大典》，四川人民出版社，1999 年，第 429 页。

号进行交易，交易完成后给歇家主一些礼物，不再另给酬金。阿坝地区的歇家主要集中于松潘和杂谷脑。民国时期，歇家的功能也逐渐发生变化，许多歇家也开始对外经商，或者成为“一个或几个藏族区的买卖总代理人”①。歇家到其他区域特别是比较偏远的地方，常常会住在藏商家中，此时他们的角色就发生互换，藏商变成了歇家。②很多内地的商人甚至可凭“歇家”开具的函，到外地开展经营活动，甚至在部分区域，“长官信牌不如歇家凭证”③。

三、近代四川涉藏地区部分城镇的商业情况

（一）甘孜地区

在今甘孜地区，商业主要集中在沿大道的泸定、康定、丹巴、道孚、炉霍、甘孜、巴安、理塘等地，各城镇商业情况简述如下：

泸定　主要集中在泸定县城、冷碛、咱威三地。据《泸定县志》记载，在民国四年，县城已有 90 余家商户，其中有从陕西、邛崃、大邑、仁寿、雅安、北川来的 11 家布庄，另有 24 家杂货。有世丰合、永聚元、春和号、天增公等 4 家资本雄厚的商号，在康定、成都、重庆、上海、香港等地设立有分号，将在涉藏地区收购的土特产运销外地。民国二十四年，在泸定经商的川北商帮由十多人增至 30 多户 50 余人，民国三十一年，更是达到 100 户 200 余人。④ 商品主要为转运，也有泸定出产的药材、羊皮、花椒、丝线等“行销内地”，不过销量很少；还有种植的菜粮销往康定。⑤

康定　康定是近代四川甘孜地区最繁盛的商埠。清代中期以后，“茶马互市”已发展成为以茶为主的全面的汉藏贸易。西藏、青海及

---

① 游时敏著：《四川近代贸易史料》，四川大学出版社，1990 年，第 66 页。

② 李有义：《杂谷脑的汉番贸易》，载李文海主编：《民国时期社会调查丛编》二编《少数民族卷上》，福建教育出版社，2014 年，第 400 页。

③ 阿坝州烟草专卖局编纂：《阿坝州烟草志》，四川人民出版社，2006 年，第 48 页。

④ 泸定县志编纂委员会编：《泸定县志》，四川科技出版社，1999 年，第 356 页。

⑤ 四川省地方志工作办公室编：《西康通志稿・工商志》，方志出版社，2016 年，第 466 页。

甘孜地区各地藏商将麝香、鹿茸、虫草、贝母、羊毛、皮张、黄金和大宗药材等土产，以及印度、尼泊尔的商品运至炉城。内地陕西、山西、江浙和四川各地的汉回商人亦云集炉城，组成商号、商帮，以茶叶及内地所产各种生产生活用品，与藏商进行交易。民国时，城中有商店近“二百家”[①]，有茶叶、府货、金香、邛布、草烟、干菜、制革、纸瓷等商帮。著名藏商邦达仓、英商沙逊洋行也在康定作转口贸易业务，商务远达上海、香港、加尔各答等地，康定也成为民国时期与上海、武汉齐名的三大商埠之一。

丹巴　丹巴自乾隆四十一年设立章谷屯后，成为汉、藏杂居之地，不少商人前往丹巴经商，并在丹巴定居。民国时期，在丹巴从事经商的商家已有四五十家，输入商品主要为内地的茶叶、布匹、器用、洋货杂货等，以及懋功的粮食等。输出的商品主要为麝香、贝母、知母、秦艽等土产，由当地坐商收购后销往康定，再转输各地[②]。

道孚　道孚的商业主要在县城与泰宁两地。商业主要为陕商所垄断。在民国初年，在道孚县销售的内地货物已非常丰富，“绸缎布匹，以及海味、面、酒、洋货、烛、烟”齐备，“灿若五都”[③]。在道孚，汉、藏商家被称为锅庄。清代中后期，道孚县城只有幺女娃、日吾娃、左戈吾娃 3 家锅庄。民国时期，逐步发展到 17 家锅庄，除两家藏商锅庄外，其余皆为汉商锅庄，著名的有丁家锅庄、阎家锅庄、孙家锅庄等[④]。民国时期，道孚县是西康“第三商业中心”，在道孚经商的商家已达“六七十家之多”。输入最多的商品分别是茶叶、布匹、杂货。输出的商品主要为虫草、麝香、贝母、大黄、秦艽等各种

---

① 四川省地方志工作办公室编：《西康通志稿·工商志》，方志出版社，2016 年，第 465 页。

② 四川省地方志工作办公室编：《西康通志稿·工商志》，方志出版社，2016 年，第 466 页。

③ 朱增鋆：《川边政屑》，载赵心愚、秦和平、王川编：《清季民国康区藏族文献辑要》（上），四川民族出版社，2003 年，第 137 页。

④ 甘孜州藏族自治州州志编撰委员会：《甘孜州志》，四川人民出版社，1997 年，第 1245 页。

药材，以及狐狸、猞猁、金钱豹等皮货。销售数量“均较他处为大”。[①]

炉霍　清同治年间，汉商前往炉霍开市后，炉霍商业迅速发展起来。清宣统元年，随川军钟颖进藏的管带（营长）陈渠珍自打箭炉出关经炉霍时，发现当时在炉霍市场上已有猪、豆豉等汉族人常用之食物及当地少见的海产品鱿鱼等。据记载，到达炉霍后，“始有物可市。共购猪一头，鱿鱼数斤，切碎，豆豉炒之，分盛两桶，载之以行”。民国二十六年，只身前往拉萨学法的汉藏教理院教员邢肃芝途经炉霍，当时炉霍城区“沿街有很多汉藏人开的商店，出售日常用品”。[②] 民国时期，在炉霍有商店“二三十家”，输入最多的商品与道孚一样，为茶叶、布匹、杂货。输出的商品主要为藏片、甲子呢、藏绒毯、藏红花、虫草、贝母、麝香、秦艽等药材以及狐、豹等皮货。[③]

甘孜　甘孜原为甘孜寺和麻书土司官寨所在地，清同治年间，麻书土司主动请求四川总督在甘孜招商开市，于是商贾咸集，成为仅次于康定的甘孜地区第二大商业中心。据任乃强民国中期在甘孜的调查，甘孜资本达千两以上的汉商就有 15 家，还有由汉商经营的小商家 50 余家。另外还有 13 家藏商，其中喇嘛商 7 家，土司商 2 家，其余 4 家[④]。输入商品主要为茶叶、布匹、洋货、杂货，输出商品主要为药材、皮货，主要商业为“运茶入藏，运藏货入康”[⑤]。

巴安　巴安商业的形成，始于雍正六年（1728）巴塘粮台设立后。清康熙年间，“内地汉人亦寓此贸易”。其中陕西籍商人最多，姚莹《康輶纪行》记载：巴安“蛮民数百户，有街市，皆陕西客民，

---

① 四川省地方志工作办公室编：《西康通志稿 · 工商志》，方志出版社，2016 年，第 466 页。

② 陈渠珍著：《艽野尘梦》，重庆出版社，2013 年，第 100 页。

③ 四川省地方志工作办公室编：《西康通志稿 · 工商志》，方志出版社，2016 年，第 467 页。

④ 任乃强著：《西康图经》，西藏古籍出版社，2000 年，第 76—77 页。

⑤ 四川省地方志工作办公室编：《西康通志稿 · 工商志》，方志出版社，2016 年，第 467 页。

贸易于此”。[①] 除陕商外，还有川、滇籍商人在巴安经商。巴安商业极盛于清末，赵尔丰在筹建西康省时，拟将巴安作为省会，当时军政经费充足，民间殷富，川陕滇三帮聚集巴城，“蔚为西康第一都会”。[②] 据清末《成都商报》的报道，在巴安已有“洋广杂货铺三家，滇商六家，陕商五家，酱园一家，茶馆三家，菜馆四家，其余粮食铺、面食铺均有数家”[③]。民国初期，因战乱频仍，军政腐败，商业一落千丈。后巴安商业有所恢复，“日臻繁荣”，在巴安经商的商家以陕商为主，其次则为四川、云南、西藏、印度商人。“输入货品以茶叶丝绸、广汉布匹及其他杂货等为主，输出则仅有狐豹猞猁等皮货及少量药材而已。”[④] 到民国后期，虽“仍有陕帮川帮数家”，但是势力大不如前，都是经营小本生意，“资本最大者，亦不过万元”，而滇商则因战乱迁走。[⑤]

理塘　为康南商业中心之一。清末汉商兴盛，当时有 30 余家大商号，几乎全是汉商[⑥]，在理塘寺南门外有一条街，街道上已有商人做杂货生意，“半属陕西人”[⑦]。民国初年，政治不振，汉商受挫，喇嘛商逐渐兴起，长青春科尔寺喇嘛商逐渐垄断理塘贸易，并掌握当地的经济大权，汉商势力渐微，均为小贩。理塘的交易“以麝香、虫草、贝母、药材、边茶、藏货为大宗，每年总值在藏洋数百万元以上。”[⑧] 据 20 世纪 40 年代的调查，当时在理塘经商的居民共 100 余家，其中汉商共 26 家，康商 88 家。

另外，在甘孜地区还有雅江、瞻化、九龙、得荣等商业口岸，不过总体而言规模相对较小，在此不再赘述。

---

① （清）姚莹著，欧阳跃峰整理：《康輶纪行》，中华书局，2014 年，第 106 页。

② 任乃强著：《西康图经》，西藏古籍出版社，2000 年，第 78 页。

③ 《边地见闻录・巴塘之市场》，《成都商报》宣统三年（1911）第 38 期。

④ 四川省地方志工作办公室编：《西康通志稿・工商志》，方志出版社，2016 年，第 466 页。

⑤ 李中定：《康南八县纪要（一）・巴安》，《边疆通讯》1943 年第 4 期，第 17 页。

⑥ 佚名：《治理康区意见书》，载赵心愚、秦和平、王川编：《康区藏族社会珍稀资料辑要》（上），巴蜀书社，2006 年，第 399 页。

⑦ 侯永龄：《游巴塘记》，《万国公报》光绪二十五年（1899）第 125 期，第 10 页。

⑧ 李中定：《康南八县纪要（五）・理化》，《边疆通讯》1943 年第 9 期，第 14 页。

（二）阿坝地区

在今阿坝地区，商业主要集中在松潘、杂谷脑、茂县、懋功、阿坝、南坪等地。其中松潘、杂谷脑是整个阿坝地区最主要的商业城市，是汉人集中交易的中心，是近代阿坝地区最繁荣的商业都会。

松潘　由松潘出黄胜关可以直通甘肃拉卜楞，往西北可通青海的西北部，是四川阿坝地区与青海、甘肃等地贸易的一个中心，其“贸易所及的范围在一千公里以上”。[①] 据宣统三年调查资料，从松潘城销售的茶约“六七千票”、布约“三万数千包”、毛绸“三万数千件”、布头“五千余件”、麻绳“十万余斤”、滔羊“二万余只”、牦牛“千余头”、羔羊皮“三十万张”、羊毛“一百数十万担”、麝香“千余个”、鹿茸“万数千金”。[②] 松潘的藏商、喇嘛商在近代也迅速崛起，据调查，从光绪三十一年至民国末年（1905—1949），在松潘，藏商、寺庙商有“78 户”，有众多的喇嘛商人投身经商的行列之中，如松潘漳腊的尕米寺、山巴寺及部落中的头人，“资本在千元以上的藏商、寺庙商就有达六七七人之多”。[③] 他们将茶叶及各种用品运送至青海、甘肃等地销售。在松潘城内，有丰盛合、义合全、本立生、大盛源、裕国祥、聚盛源六大茶号，杜盛兴、杜盛全两大香号，桂兴店、春阳店、正兴店、文源店等四家皮庄，分别专门经营茶叶、麝香、皮毛生意；南街有杂货业 18 户，旅店 10 户。此外，全城还有 10 家批发庄。[④] 抗战全面爆发后，以青海军阀马步芳为首的一批官僚资本先后进入松潘，改变了松潘原有的商业格局。从民国二十六年起，相继在松潘成立了“德兴海”商号（马步芳开设）、“利民”茶号（阎锡山开设）、“宸丰永”茶号（四川军阀刘跃奎的兄弟刘跃宸与松潘士绅马凌云开设）等茶号，垄断了西北、青海、甘肃及松潘

① 王文蒙、葛维汉、白雪娇等撰：《川西调查记》，载骆小所主编：《西南民俗文献》第 12 卷，兰州大学出版社，2003 年，第 319 页。

② 傅樵斧著：《松潘游记》，文伦书局，1915 年，第 85 页。

③ 屈锡通、江作见：《松潘商贸史话》，载松潘县文史资料委员会编：《松潘县文史资料选辑》第 1 辑，1997 年，第 9 页。

④ 马勇：《松州商贸的历史考察》，《西北民族研究》2005 年第 2 期，第 198 页。

各部落与松潘城的茶叶贸易。官僚资本的进入，使得原有的茶号、香号相继歇业。抗战胜利后时局发生变化，通货膨胀，货币贬值，松潘商业深受影响。

杂谷脑　杂谷脑与松潘同为岷江上游的两个商贸中心。杂谷脑以转口贸易为主，输入商品以茶叶、布匹、食粮、杂货四类为大宗，输出商品以麝香为大宗。民国时期，在杂谷脑有“恒丰久”“德厚长”“益诚号”“鑫盛祥”“祯记”“同利永”等茶号。另外还有主营麝香的香号“杜盛兴”“协成全”“德义志”“张大常”“汤洪发”等。[①]其中，“杜盛兴”与“协成全”两个香号资金最为雄厚，每年可收购麝香“700余市斤”，营业额达“14.5万余元”，另外还兼营虫草、贝母、鹿茸等名贵药材[②]。因为杂谷脑商业繁荣、各地商人众多，民国时期有“盘不完的灌县，挤不满的杂谷脑”之谚。

阿坝[③]　光绪年间，阿坝土官杨俊扎西在前往阿坝县经商的汉、回商人影响下，开始出资经商，由于经营得当，杨俊扎西很快就成为阿坝地区著名的土司头人商。民国年间，杨俊扎西去世后，回商天隆号老板马福德帮助土官华尔功臣烈经营商业，“使华成为草地势力最大、资金最多、贸易范围最广的民族巨商”[④]。除土司商外，民国时期，在阿坝的藏传佛教寺院大多从事商业活动，仅阿坝格尔底寺就有“济娃”40人，商业资本达到了30余万银元。[⑤]据庄学本民国二十三年在阿坝的调查，除土司商、喇嘛商外，阿坝土司官宅“前有围墙，墙内俱属汉人商店”“汉商共有七八十家，人口约四五百人”，主要为“信仰回教者”，另外在格尔底喇嘛寺内还有“廿四家约二百人”[⑥]。从民国二十九年起，华尔功臣烈每年在农历五月二十日举办大型的

---

① 游时敏著：《四川近代贸易史料》，四川大学出版社，1990年，第64—65页。

② 雷伯和：《杂谷脑镇——建国前的川西北重要商品集散地》，载理县志编纂委员会办公室编印：《理县古今》，1984年，第8—9页。

③ 今阿坝县所在地。

④ 阿坝藏族羌族自治州地方志编撰委员会：《阿坝州志》，巴蜀书社，1987年，第1537页。

⑤ 四川省编辑组、《中国少数民族社会历史调查资料丛刊》编辑委员会编：《四川省阿坝州藏族社会历史调查》，四川省社会科学院出版社，1985年，第34页。

⑥ 李媚、王璜生、庄文骏主编：《庄学本全集》(上)，中华书局，2009年，第113、115页。

“扎崇切莫”商贸节，各地的商人及本地的百姓前往交换各自所需物品，商贸节上各族百姓着盛装载歌载舞，还举行赛马、格吞[①]、摔跤等各种娱乐体育活动，成为阿坝地区一年一度最热闹的商贸节日。[②]

南坪　在今九寨沟县城关镇所在地，旧属松潘管辖，清朝时属松潘镇一个营，下设 36 寨，雍正七年筑城。民国二年松潘改厅为县，曾设分县在南坪，后为松潘第二区署。因南坪是其松潘附近唯一产米区域，故较其他各镇更为繁盛。[③] 从清末民初起，有陕西、甘肃、河南、河北等外省客商以及四川的成都、重庆、广元、南充、南部、武胜、蓬安、蓬溪、绵阳、平武等地客商前往南坪经商。南坪药材外销路线有三条：一是东出碧口顺嘉陵江到重庆；一是经平武到绵阳中坝；一是往北走武都天水，沿陇海路到青岛、上海出口。其流通网络和市场规模在当时可与绵阳地区的著名药材集散地中坝相媲美，因而南坪又有“小中坝”之称。在药材生意的影响下，民国时期，南坪的旅店、饮食、酿造、药铺、轿行各业不下四五十家。较为著名的有奂天禄、赵建雄、文义兴、钟树仁等开的客店。另外还有很多旅店业，因兼营买卖，又做客商的经纪人，获利较多，民间流传“宁开南坪店，不坐松潘县”。[④]

除甘孜、阿坝地区商业外，木里因位于从甘孜南部稻城到云南丽江的必经之路，商业也开始逐步发展起来。

第四节　其他行业的兴起与发展

随着四川涉藏地区社会的发展，在当地逐渐兴起了一些为商业服务的服务业及为群众生活服务的其他一些产业。

---

① 格吞：藏语，意为“把带子套在脖子上拔河”，是藏族的传统游戏项目，一般在节日期间举行，可采用面对面、背对背、站式、跪式、卧式等多种方法。

② 阿坝县志编纂委员会：《阿坝县志》，民族出版社，1993 年，第 125 页。

③ 《神秘之松潘草地》，《边政公论》1944 年第 7 期，第 24 页。

④ 吴道富：《南坪中药材史话》，载中国人民政治协商会议南坪县委员会文史资料委员会编：《南坪县文史资料选辑》第 1 辑，1988 年，第 39—49 页。

一、住宿、餐饮

随着四川涉藏地区各城镇商业的发展，从内地前来经商、采金、采药等的人不断增多，在主要的商业城镇和交通沿线兴起了数目众多、种类繁多的为行旅提供食宿服务的餐厅、旅店。

在甘孜地区南北大道的商业城镇上，均有供游客餐饮、住所的场所。如民国时期，从泸定前往康定的道路上，“沿途有售卖饮食者”，且售卖种类非常丰富，有“油条、麻花、鸡蛋、豆花”及“烧饼、馒头、大米饭”供来往的客商、背夫食用。[①] 在康定，也有众多的茶馆、餐馆及住宿场所，饮食馆中“除掉茶馆不及成都考究洁净外，数量也相当的多”[②]；在丹巴，民国时期因懋功、天全汉人较多，丹巴的各种铺子，包括裁缝铺、剃头店、酒铺、茶社、饭馆等“形同内地”[③]。在道孚，采金、经商、垦殖等人众多，“来往客商川流不息”，茶堂、酒店、饭馆、烟馆等应运而生。在道孚县城有可包订酒席、附设茶座的大饭馆三四家，主要供过路客商、军政人员就餐。另外还有数量众多，卖面条、包子、锅盔、凉粉、牛杂汤的小吃店。因为采金者挣钱较多，道孚的酒店客人众多，经常满座，汉藏群众都喜欢吃，而“藏民性好饮酒”[④]，常常会一醉方休。

在阿坝地区，有谚称：“三脑九坪十八关，一锣一鼓上松潘”[⑤]，

---

① 刘赞廷编：《民国泸定县图志》，载中国地方志集成编委会编：《中国地方志集成·四川府县志辑》第 67 册，巴蜀书社，1992 年，第 468 页。

② 易君左等著：《川康游踪》，中国旅行社，1943 年，第 388 页。

③ 刘赞廷编：《民国丹巴县图志》，载中国地方志集成编委会编：《中国地方志集成·四川府县志辑》第 67 册，巴蜀书社，1992 年，第 494 页。

④ 青镇东：《解放前道孚工商业概况》，载中国人民政治协商会议四川省道孚县委员会文史资料编辑组：《道孚文史资料选辑》第 2 辑，道孚县印刷厂印，1987 年，第 68 页。

⑤ 三脑：指灌县境内的寿星脑及汶川境内的西瓜脑、东界脑；九坪，指汶川境内的豆耳坪、兴文坪、银杏坪、大邑坪，茂县境内的羊毛坪（又名凤毛坪）、周仓坪、马念坪、鹿子坪，松潘境内的镇坪；十八关，是指灌县境内的镇夷关、茶关，汶川境内的沙坪关、彻底关、桃关、飞沙关、新保关、雁门关，茂县境内的七星关、渭门关、实大关、永镇关，松潘境内的平定关、镇江关、北定关、新塘关、安顺关、西宁关；一锣，指汶川境内的罗圈湾；一鼓，指茂县石鼓。参见秋生搜集：《三脑九坪十八关一锣一鼓上松潘》，中国人民政治协商会议四川省阿坝藏族自治州委员会文史资料委员会：《阿坝藏族自治州文史资料选辑》第 4 辑，1986 年，第 46 页。

在从灌县前往松潘经过的这32个地点，大多都有供来往商客打尖、住宿、购物的地方。民国四年，松潘知事傅樵斧从灌县前往松潘任职的路途上，对停留的每一个地方，是否有食宿、食物等有详细记载，其中部分食宿点，还不包含在这32个地点中。比如从灌县至汶川大路上，大多都有食宿点。其中，银杏坪“有饭可买”；桃关“有汶川来之糕饼出售，有茶，有蛋，有豆花”；索桥关“店房窄且秽”“有售茶食者”“有售煮熟之四季豆米者”；杨店“可宿，有售饮食者”；三店“饭食须临时煮”；高店子“吃食可买”；汶川县城“有茶馆，有面食，有油炸之麻花、茶点、香料小菜”。从汶川至威州的路上，虽然食宿点减少，但是沿途“有售大锅盔者”，其中经过的白鱼落“有茶铺”；磨刀溪“有切面售”；七盘沟“有饮食售，有茶、酒、粽子”；新堡关（威州）“面食尚好，茶水亦好，小菜亦可买”；过威州后，食宿地点逐渐减少。如在雁门关，“街市荒凉，无饮食”，不过在一些设卡的地方，还是设有食宿点，如在青坡，“有店房”“有售包子及面者”“有茶水”；还有一些原来的食宿点，毁于清末民初，比如文正，在宣统末年“毁于兵火”，只剩“栈房二家，不可宿”；在一些人户比较多的地方，则食宿条件要好，如白水村，有人户数十家，“有店可宿”“有豆花尚好”，甚至还有“售面包者”；在石鼓，“有店，有豆花，有茶水”；在宗渠，有“茶水、豆腐”，然后抵达茂县。由茂县至松潘的路上，食宿点逐渐减少，需要在茂县购买好食品，不过在重要关口及人口稠密的部分地区，还是有售卖食物、饮料者。在石榴沟，“有茶水及豆花、麻花售卖”；沟口砦有“锅盔、豆豉、红糖、米线售”，还有可供住宿的店数家；木苏堡有数十家人，“有茶水、酒、面售”，且能住宿；石大关“有茶水”；普安关“有店可宿”；太平虽无饮食出售，但有供租赁煮食的灶具；平定关有“店房”；正平因民初战乱被毁，通街只有“床三间”；隆昌堡“有店可宿”；新塘关有20余家人，“有茶水、糕饼、饽饽”及“店房五家”；德顺堡有“店房”“茶水”；西宁关“有油炸之青稞麻花及青稞饼”。[①]

---

① 根据傅樵斧《松潘游记》（文伦书局，1915年刊本）整理。

在主要的商业城镇，更是餐饮、住宿、娱乐业齐全。在茂县，民国初年不仅“城外街市甚长”，城内“饮食尚便”“面食尚多”，且有猪肉、猪油、菜油、石膏、红糖等烹制原料或调料售卖[①]。在松潘的北街，有规模宏大的专门接待陕西商人食宿、休息的陕西馆，北街的“福厚长”糕点铺产出的点心，驰名灌县、成都。中街主要为回族人经营的餐饮业、屠宰业，因为屠宰的杂碎众多，经常招惹来成群结队的狗。在南街，形成了专门供挑夫、背夫休憩、食宿的旅店一条街，轿铺、旅店、餐馆、烟馆、赌馆众多。因此，在松潘有“北街大银子，中街的狗，南街的肩挑背抬只听吼”的谚语。在松潘的漳腊，从民国三年开始挖金矿后，兴起了一条长四五里的市场，饭馆、鸦片烟馆、赌馆众多，很多金夫白天吃喝玩乐，晚上进洞挖金[②]。

二、运输、邮政

（一）运输

1. 背夫、驮运

由于交通不便利，在近代以前四川涉藏地区的交通运输方式，主要使用人力和畜力，从内地输入的货品一般是由人力进行背、挑、抬、拉，进入四川涉藏地区以后，则改由牦牛、马、骡、驴等牲口拉运。交通的不便，使得人们进入该地区所耗费的时间、花费的成本远远高于内地，加之山高路险，且道路容易受极端天气的影响常有阻隔，因而运输时间长、运输效率低，从内地进入四川涉藏地区往往需要耗费大量的人财物力。

伴随着与内地物资交换的增多，四川涉藏地区老百姓在闲暇之余从事副业的人逐渐增多。民国时期，西康地区专门为人驮运东西的被称为“驮脚娃”，通常是由关外牧场的“牛厂娃”集合其他家多余的牛马，专门为喇嘛商或大型商号从事货物的驮运。他们从康定起，运

① 傅樵斧著：《松潘游记》，文伦书局，1915 年刊本，第 32 页。

② 屈锡通、江作见：《松潘商贸史话》，载中国人民政治协商会议松潘县文史资料委员会编：《松潘县文史资料选辑》第 1 辑，1997 年，第 12 页。

送内地货物到关外各地，然后又将关外的药材等货物运送到康定销售。因牲畜需要休息、吃草等，驮运速度并不快。不过，因为驮脚娃不怕“夹坝”，商帮货物交给他们运送，比商人自己运送更加妥当、安全，所以生意很好。[①] 甘孜北路为传统的商道，因此沿途从事驮运的老百姓较多。如在炉霍，从炉霍贩运东西至玉树的驮夫每牛一头可得“脚力五六元”，因为贩运的货物数量多，因此仅在炉霍一地，当地很多老百姓都购买牦牛从事驮运，每年从事驮运的牛有“七八千头至万余头之多”[②]。

在康定城，打箭炉城所饮用的水、烧火的炭、需转运的茶包，大多由当地藏族女性背负出售。[③]

在川西北松潘、理番、懋功、茂县、汶川等县，运输方式的选择和当地的交通条件、牲畜的多少密切相关。据民国后期四川省政府建设厅的调查报告，在威州以南，以背运最多，占到了所有运输方式的

驮运货物的牦牛驼队[④]

① 任乃强著：《西康诡异录》，四川日报社，1930 年，第 21 页。

② 刘赞廷编：《民国炉霍县图志》，载中国地方志集成编委会编：《中国地方志集成·四川府县志辑》第 67 册，巴蜀书社，1992 年，第 102 页。

③ 方式：《康定藏民生活素描》，《西北通讯（南京）》1948 年第 8 期，第 26 页。

④ 图片来源：《蒙藏月报》1936 年第 4 期。

茶叶由牦牛驮队运往西藏①

背水出卖的康定妇女②

① 图片来源：《良友》1940 年第 158 期。

② 图片来源：《生活画报》1933 年第 29 期。

岷江沿岸运羊毛的驮子①

背人的背夫②

52%，其次为挑运，占 18%，驮运最少，只占 9%。在威州以北区域，则以挑运最多，背运次之。③ 除了背运货物外，因为来往的客商较多，在四川一些涉藏地区还兴起了“轿铺”。民国二十六年在茂县成立了第一家轿铺，发展“100 多乘滑竿，300 多工人”，工人大多来自威州、灌县等地。后又相继成立了多家轿铺，专门从事“抬人”的服务，“抬人远至康定、松潘各地”④。

2. 运输业的发展

在阿坝地区，民国二十二年叠溪地震之前，从松潘到灌县的运输，基本都是靠滑竿、骡运，在从灌县到松潘的道路上，就有“本地之牲口及汉中河州之骡帮，往返此间者，大小帮不下五千余头”。叠溪地震以后，因路途险阻、瘟疫流行，骡帮牲畜损失较大，此后

① 图片来源：庄学本拍摄，《申报月刊》1934 年第 10 期。

② 图片来源：王小亭拍摄，《大众画报》1933 年第 2 期。

③ 四川省政府建设厅编：《四川西北边区垦牧调查报告》，四川省政府建设厅编印，1944 年，第 31 页。

④《中国少数民族社会历史调查资料丛刊》修订编辑委员会编：《羌族社会历史调查》，民族出版社，2009 年，第 41 页。

“骡帮大衰”[①]。抗日战争爆发以后，从甘、青转销松潘草地的茶路受阻，川茶销路日广，茶运甚旺，驮帮有所恢复。据民国三十三年在松潘的调查，“自云登堡起至松潘城一段六十里内一带居民，家家喂有骡马一二三四头不等”，其中喂养骡马比较多的，即以驮运为专业，往来灌茂松之间，“终年不息”。骡马数量较少的人家，则以驮运为副业。[②] 在卓克基，因为从各地前往卓克基贩运鸦片的商人逐渐增多，甘肃、四川的商人把大量的面粉、布匹、杂货、枪支等运往马尔康换取鸦片，当地老百姓从事贩运的人也多了起来。[③]

在甘孜地区，民国后期随着川康公路的建成，部分条件较好的区域开始使用现代化的运输方式。如在泸定城南，民国二十九年新建小汽车站，有200多辆老式小汽车，往返于泸定与雅安之间，从事运输。民国三十一年，修建从康定至青海的康青公路时，又在泸定的白日坝设公路汽车站。[④] 民国三十三年，康藏贸易公司与交通部共同出资，组建“康藏驮运公司”，由格桑泽仁的弟弟格桑悦希担任经理，驮运公司主要运送由印度经西藏至康定的物资。为此，康藏贸易公司将原来所拥有的227匹驮兽转让给驮运公司，[⑤] 驮运公司以新增加的牲畜作为运输工具。驮运公司在康定、拉萨两地设立总站，从中印边境的噶伦堡至康定，共设运输处12站。

除上述行业外，在四川涉藏地区还出现了一些生活服务行业，如照相、理发、洗染业等，因非主要行业，此不赘述。

---

① 朱县煌：《灌松骡运概述》，《川农所简报》1942年第6—8期合刊，第130—131页。

② 四川省政府建设厅编：《四川西北边区垦牧调查报告》，四川省政府建设厅编印，1944年，第64、68页。

③ 中国科学院民族研究所、四川少数民族社会历史调查组：《阿坝藏族自治州马尔康及绰斯甲地区社会调查材料汇辑》，1963年，第29—30页。

④ 泸定县志编纂委员会编：《泸定县志》，四川科技出版社，1999年，第329页。

⑤ 《康藏贸易公司致西康驮运公司函》（民国三十三年一月三十日），现藏中国第二历史档案馆。

第五章　民族交流与四川涉藏地区社会精神生活方式的发展变化

第一节　宗教信仰

一个地区宗教信仰的发展变化与当地群众的民族文化传统、家庭宗教氛围、自身文化教育水平等因素息息相关。伴随着近代四川涉藏地区民族之间交流的加强，特别是越来越多的其他宗教信仰者进入，无论是大的社会宗教环境，还的是小的家庭宗教氛围都发生了一定变化。其宗教信仰格局逐渐由藏传佛教一枝独秀向多元化、复合型形态转变。

一、近代四川涉藏地区宗教信仰的多元性

四川涉藏地区群众普遍信仰藏传佛教，伴随着各民族之间的交流，内地的汉传佛教、道教等宗教信仰及回族群众的伊斯兰教信仰相继传入，四川涉藏地区宗教信仰呈现多元性特征。

（一）汉族人信仰

伴随着内地汉族人的进入，内地的信仰也逐渐传入四川涉藏地区。汉族人信奉的宗教，不仅仅佛、道二教，还有很多在民间流传的各种宗教。

1. 汉传佛教

四川涉藏地区汉传佛教寺院主要分布在汉族人口比较集中、多民族杂居的区域。明清时期汉传佛教在四川涉藏地区边缘地带兴起并逐渐发展起来。根据民国时期四川涉藏地区各地方志统计，在近代四川涉藏地区的汉传佛教寺院有：松潘的太平寺（嘉靖年间建）、报国寺（崇祯年间建）、圣明寺（嘉靖年间建），汶川的福禄寺，茂县的海会寺、宝藏寺、龙颜寺、普安寺、普贤寺等，泸定的甘露寺，康定的汉人寺，等寺。

2. 道教

四川是道教的发源地，道教信仰在四川有很深厚的根基和群众基础，道教名山、宫观遍及全川各地，伴随越来越多人的进入，道教信仰也逐渐传入四川涉藏地区。

就道教类型而言，在四川涉藏地区流传的主要信仰包括三类：其一是民间普遍流传神道，如土主、财神、灶神、火神等。其二是列入国家祀典神道，如关羽、城隍。其中，在四川涉藏地区各县皆有关帝庙，在理化有吴王庙（吴三桂），在康定有郭大将军庙。① 其三是有功德先哲先贤等，皆一一立祀奉祀。大多是明朝时修建，近代以后新增加了部分有功德的贤哲。如民国初年理番厅的焦兆堂、王廷，因应“同志会”号令反清被杀害。理番民众为了缅怀两位，将其灵位供奉于薛城南门川主庙“忠义祠”。②

就传入时间而言，在甘孜地区，清雍正初年道教已随驻军传入川边甘孜，乾隆年间在康定已建有城隍庙、关帝庙、川主庙、土地庙等。除康定外，泸定、丹巴、九龙、巴塘、道孚、炉霍等地相继建有关帝庙、川主庙、城隍庙、土地庙、财神庙、禹王宫、龙王庙、武侯祠等道教庙宇，供奉有玉皇、老君、财神、城隍、土地等道教神祇。在阿坝地区，明代在松潘、茂州等地修建了众多的城隍、土主、文昌、武庙、火神、川主等道教宫观。

除此之外，在四川涉藏地区还有很多“神教”，据民国二十四年

① 《康民祀神之种类》，《四川月报》1935 年第 2 期，第 187 页。

② 阿坝藏族羌族自治州地方志编撰委员会：《阿坝州志》，巴蜀书社，1987 年，第 22 页。

的调查，西康人民所崇奉之神教名称极多。当时传布较广、信徒较多的“神教”有：“笆笆神教”“棍棍神教”“打牛教”“大耳神教”“四乱教”“阴教”“拜生教”“动动教”等，大多都是祈福禳灾、求遂愿望、修炼道性等。①

据不完全统计，四川涉藏地区近代尚存的各种汉族人信仰，在松潘，有武庙文昌宫、社稷坛、神祇坛、先农坛、城隍庙、厉坛、后稷祠、土主祠；在茂州，有武庙文昌宫、城隍庙、火神庙、江渎庙、川主庙、陈侯祠、朱公祠、何公祠、薛公祠、悯忠祠、武勇祠；在汶川，有福缘寺、川主宫、关帝庙真武殿、平正庙、三官堂、普照寺、广生宫、观音阁、相国寺、痘神庙、孔庙、禹王庙、城隍庙；在南坪，有药王庙、陕西会馆；在打箭炉，有社稷坛、山川坛、先农坛、厉坛、三圣庙、将军庙、城隍庙、关帝庙、川主庙、真君庙、真武宫、炉关福主祠；在章谷屯，有文昌阁、关帝庙、观音阁、龙王庙、城隍庙。②

（二）回族信仰

回族进入较早，明清时期随着陕甘的回族大量进入四川涉藏地区从事贸易、垦殖，在该地区兴建了一批清真寺。明洪武年间，在松潘的青云乡新建了松潘第一座清真寺。康熙二十五年（1686），在松潘拱北修建了拱北清真寺。近代特别是清末民初，在四川涉藏地区又新建、改扩建了一批清真寺。据不完全统计，以松潘的清真寺最多，其中有建于嘉庆年间的下拱北清真寺，建于光绪三十四年的镇江关清真寺，建于民国初年的火烧屯清真寺、佑所屯清真寺、归化清真寺、漳腊清真寺，另外还有德胜堡清真寺、安顺关清真寺等。③ 另外，在绥靖屯乾隆年间已建有清真寺。在南坪，同治末年也在城关修建了清真

① 《西康之喇嘛》，《四川月报》1935 年第 2 期，第 84 页。

② 根据民国《松潘县志》、清《打箭炉志略》、清《章谷屯志》、清《茂州志》、民国《汶川县县志》等资料整理，收入张羽新主编《中国西藏及甘青川滇藏区方志汇编》第 38、40、42 册，学苑出版社，2003 年。

③ 米树森：《松潘回族的形成及伊斯兰教的兴起》，载中国人民政治协商会议松潘县文史资料委员会编：《松潘县文史资料选辑》第 1 辑，1997 年，第 29 页。

寺；在茂州，咸丰年间在城内修建了清真寺；在威州，清嘉庆年间修建了清真寺。在甘孜的康定、巴塘等地回族比较集中的区域，也建有清真寺。其中，巴塘清真寺在嘉庆三年始立寺基，光绪三十一年，四川提督马维骐“扩其规模而成一壮丽之清真寺”，后遭战火被焚。民国时期，由驻扎西康的四十二团团长马成龙及巴塘知事等提议重建。[①]

（三）基督教、天主教

鸦片战争失败后，清政府在各国列强的压力下，签订了一系列不平等条约，英、法等国利用不平等条约获得了在涉藏地区传教的诸多特权，天主教、基督教在四川涉藏地区开始传播和发展。道光二十六年（1846），梵蒂冈以拉萨为中心成立教区，其范围即包括打箭炉（康定）区。道光二十八年（1848），法国天主教传教士在从四川甘孜地区经昌都入藏受阻的情况下，从昌都返回四川清溪（汉源）大林坪，成立了教会对涉藏地区进行侵略的第一个据点。咸丰七年（1857），法国传教士古尔德扮成商人进入打箭炉，在打箭炉建设医院、学校、教堂，并将主教府从大林坪迁至康定。同治二年（1863）10月，法国传教士罗勒拿、肖法日等人前往打箭炉，先后在康定、理塘、巴塘等地购置田地、霸占民房，雇佣长工，企图发展天主教势力，引起当地僧俗人民的不满。法国人进入甘孜地区后，英国人也向清政府提出进入甘孜地区“传教”“游历”“通商”的要求。在阿坝地区，光绪十四至十五年（1888—1889），英国基督教圣公会和法国、罗马天主教会分别派出传教士由成都到达羌族聚居的茂县，在羌族聚居区设立教堂、学校和医院十余所，后又逐渐扩展至小金、金川等藏族聚居区。

二、民族交流与四川涉藏地区宗教的复合型

各宗教信仰传入四川涉藏地区的同时，它们之间也不断彼此接

---

① 《西康巴塘重建清真寺》，《西藏班禅驻京办公处月刊》1931年第9—10期合刊，第55页。

纳、吸收其他宗教文化信仰的元素，在四川涉藏地区形成了一些各族群众兼信并尊，或糅合了其他宗教信仰元素的一些复合型宗教信仰。

（一）各族群众兼信并尊的关帝信仰

在四川涉藏地区，出现了汉藏羌群众共同信仰的神祇。最典型的是“关帝”信仰，近代在四川涉藏地区的军事要塞、重要城镇、内地人口较多的地方均设有关帝庙，甚至“荒城小集”都有供奉关帝的武庙，“汉藏民众，视之惟谨”①。除了专设的庙宇外，在四川涉藏地区的会馆、商铺、财神庙等也普遍供奉关帝。

关帝庙的兴起与中央政府在四川涉藏地区的用兵及老百姓的经商息息相关。其中，规模较大的、影响较广的关帝庙，大多是由驻守当地的驻军修建。如松潘供奉关帝的武庙，即是由明嘉靖年间的松潘总兵何卿所建，后在光绪十四年（1888）由松潘总兵夏毓秀筹资重建，民国时期又由松潘官绅募资再建；另外，如乾隆皇帝平定大小金川以后，在小金川土司官寨所在地的美诺兴建了关帝庙。由于关帝庙大多由当地驻军修建，因此关帝庙的建筑形制、高度也有一定要求，一般是当地最高的建筑。民国二年，在道孚县城雍正年间由驻军修建的关帝庙“坍塌”，县城居民选丁正华为总管，集资重新修建了“高大雄伟三开一层宫殿式”的关帝庙，庙内修建有戏台，还修建有“临街牌楼式”大门②，关帝庙相较于周围的藏式民居要高③。另外，还有部分由汉藏商人共同出资修建的关帝庙。近代四川涉藏地区关帝信仰呈现以下特征：

一是关帝信仰分布区域极广、数量众多。由政府设立、群众自设的关帝庙遍布四川涉藏地区全境，如在松潘，民国时期以供奉关帝的

① 贺觉非：《西康纪事诗本事注》，西藏人民出版社，1988 年，第 148 页。

② 江裕兴口述，青镇东整理：《解放前道孚县城汉团的习俗和庙会概述》，载中国人民政治协商会议四川省道孚县委员会文史资料编辑组：《道孚文史资料选辑》第 1 辑，道孚县印刷厂印，1985 年，第 162 页。

③ 朱增鋆：《川边政屑》，载赵心愚、秦和平、王川编：《清季民国康区藏族文献辑要》（上），四川民族出版社，2003 年，第 137 页。

武庙及以关帝、关公命名的庙宇就有 18 处。[①]

二是关帝信仰融入当地其他文化信仰中。甚至在一些藏传佛教寺庙里，也绘有关羽的壁画。如任乃强民国时期参观炉霍札依活佛的寺院时，寺院斗室的墙壁上绘有以关羽为主要角色的数十幅图画[②]。

三是汉藏羌民族均共同信仰关帝。四川涉藏地区汉藏羌群众均信仰关羽，而且信仰极虔诚。如在巴塘，每年农历三月十五日，关帝庙要演出《桃园结义》《长坂坡》《单刀赴会》等有关三国的戏剧，为满足藏族民众对关帝的信仰，假称关羽是传说中的格萨尔王，关平是格萨尔王的弟弟，周仓是格萨尔王的叔叔等“蛮三国”，同时将格萨尔王入祀关帝庙。因此巴塘关帝庙香火曾极为兴盛，每年农历正月初一、十五，巴塘的汉藏群众纷纷前往关帝庙烧香朝拜。道孚的关帝庙“香火极盛”，每到年节，“汉藏居民，家家户户都去朝拜”，扶老携幼，络绎不绝[③]。另外，在羌族地区，羌族民众除了信奉羌族的各种神灵外，信奉关公者“颇不乏人”[④]。

四是关帝庙还承担着部分其他功能。因是四川涉藏地区较早的汉人聚会场所，关帝庙除举办集会外，还是宣扬皇道的场所，表示对清廷的忠顺，如在光绪皇帝驾崩时举行祭奠，宣统皇帝即位时举行庆典。

（二）“混三教而为一”的“飞鸾教”

在甘孜东部地区的康定、泸定、道孚等地，近代逐渐兴起一种融合“儒、释、道”三教，“三教会参”的“飞鸾教”。光绪二十七、八年间（1901—1902），高云和在雅安天全的金干河修建庙宇，开始

---

① 汪志斌：《四川松潘的关帝信仰》，载四川省社会科学院民族与宗教研究所、中共松潘县委员会、松潘县人民政府编：《松潘历史文化研究文集》，四川人民出版社，2014 年，第 307 页。

② 任乃强著：《西康诡异录》，四川日报社，1930 年，第 111 页。

③ 江裕兴口述，青镇东整理：《解放前道孚县城汉团的习俗和庙会概述》，载中国人民政治协商会议四川省道孚县委员会文史资料编辑组：《道孚文史资料选辑》第 1 辑，道孚县印刷厂印，1985 年，第 163 页。

④ 鲁愚：《边疆见闻：闲话羌民》，《边疆服务》1945 年第 8 期，第 18 页。

传教，“康定、泸定两县人士”一再请高云和前往传教，民国时期该教很快传入川边甘孜地区，并“益见发皇”[①]。

从“飞鸾教”分布情况而言，集中分布在汉族人较多的区域。在康定有坐落于跑马山麓的金玉坛、城西子耳坡的万善坛、茶店街的德备坛。另外，在康定瓦斯沟设有德化坛。在泸定设有福善园，在冷碛有修德园，咱威有护德园，加郡有培善园，磨西有培缘坛，沈村有崇正坛，得妥有信善坛，兴隆场有复义坛，岚安有从善坛。在藏族聚居的道孚县，飞鸾教建有福兴坛。[②]

从供奉的神祇而言，主要供奉儒、道之神祇。在教义上合儒、道、释三教为一，其活动场所大多称为“坛”，但是又根据其供奉的神祇不同，与“庙”“院”“宫”等称谓混用。如康定的金玉坛，又名乐善园，民国时又称“圣谕庙”，有两殿，灵官殿供奉一尊小的灵官神像，主殿供奉玉皇、老君、孔子、文昌帝君等；万善坛，又名大象道院，主要供奉玉皇、太上老君等道教神祇；德备坛，又名通元宫，供奉玉皇大帝、太上老君、元始天尊、孔子、文昌帝君等。为吸引更多的群众信教，部分地区的飞鸾教还“因地制宜”，融入当地其他宗教的一些形态。如邱怀瑾民国二十二年在子耳坡大象道院参观时，发现大象道院旁有一偏殿，里面除供奉有财神，还有藏传佛教宗喀巴演法集会图等，使用的法器是藏传佛教寺院常用的法器，而“坛中所设八供，皆内地佛门设供之奇珍贵品”[③]。

就信教群众而言，飞鸾教主要为汉人信仰，当地的一些藏族群众也信奉。

（三）四川涉藏地区各民族宗教信仰的相互融合

因四川涉藏地区的藏族群众普遍信仰藏传佛教，受藏传佛教文化影响，外来宗教为了能在当地发展和招徕更多信众，部分宗教的传播方式、寺院的修建方式也逐渐与当地的宗教相调适，以当地百姓能够

---

① 李亦人编著：《西康综览》，正中书局，1946 年，第 183 页。

② 李亦人编著：《西康综览》，正中书局，1946 年，第 184—185 页。

③ 《康定巫教》，载邱怀瑾编：《西防纪实》，国西电讯社，1933 年，第 53 页。

理解、接纳的方式传播。如在西康的康定、甘孜、巴塘，有专门的“汉人寺”，但是这种以汉人命名的寺院，却与藏传佛教寺院有很多共通之处。如甘孜的“汉人寺”，“仍是喇嘛，建筑亦喇嘛庙式”①。甚至连西方传教士为传教方便，也“因地制宜”将“佛教与彼圣经相同之点，详为沟通说明”，以致涉藏地区的“许多三宝弟子人云亦云认以为真”。②

同时，伴随着民族之间宗教文化的交流，在四川部分涉藏地区，还出现了将两种甚至三种不同宗教信仰融合在一起的信仰体系，出现了一些复合型的宗教信仰场所。典型的如松潘黄龙寺，黄龙寺建于明代，最初新建时为道教寺，在民国时期，寺内则集释、道、儒诸神，同时聚居藏传佛教喇嘛。另外，还出现了并尊释、儒、道的一些场所，如光绪三年（1877），在小金修建了佛道不分的第一座观音庙（又称观音阁），该庙佛、道不分，供有玉皇、观音等塑像，每逢九日和玉皇、观音等节日时，来自四面八方的香客极多。③

在甘孜地区，藏族老百姓除信仰藏传佛教以外，有的还在家里摆放“家神”加以敬祀。所奉的神各不相类，如“节不”（财神）、“当节”（主贵之神）、“争打”（主寿之神）、“和千”（主牧畜之神）、“贝勒”（主猎取之神）、“无谷”（主婚姻之神）、“玉达”（喜神）等等。每家各祀数神，于房顶处供神位。每日清晨，焚香敬祀。④ 另外，还有“汉土合供”的山神。⑤

在川西北羌族所在的地区，宗教信仰非常复杂，当地老百姓除了传统的羌族宗教信仰外，还有很多信奉藏传佛教，同时“兼信汉族一切神祇”⑥，同时每家都供奉“天地君亲师牌位”，每个大寨子均有

---

① 任乃强著：《西康诡异录》，四川日报社，1930 年，第 168 页。

② 李鉴铭：《康游杂记》，《责善半月刊》1941 年第 12 期，第 22 页。

③ 王勇：《小金宗教文化述略》，载中国人民政治协商会议四川省阿坝藏族羌族自治州委员会、文史资料委员会编：《阿坝藏族羌族自治州文史资料选辑》第 17 辑，2002 年，第 181 页。

④ 《康民祀神之种类》，《四川月报》1935 年第 2 期，第 188 页。

⑤ 《西康之喇嘛》，《四川月报》1935 年第 2 期，第 84 页。

⑥ 四川省国民教育指导月刊编：《四川省边地教育实施》，四川省国民教育指导月刊编印，1941 年，第 37 页。

川主庙，同时供奉观音及关岳等神。[①] 据民国三十二年于式玉在黑水的调查，黑水地区的羌民因为“受了毗邻草地藏民的影响”，均“崇信喇嘛教”，不过他们在信仰喇嘛教的同时，并没有忘记自己的传统信仰，同时存在“白石崇拜”。在他们转经的经塔和祭山神的土堆上，“都陈列着一块白石头”。据于式玉调查，在川西地区，“唯有黑水才看得到这种结合体”[②]。在丹巴的羌族因是屯兵，在最开始到丹巴之时，清廷考虑到藏族地区老百姓信仰藏传佛教的情况，为使在丹巴的羌族适应当地老百姓的宗教信仰，在他们集中居住的地方专门修筑了便于羌民举行宗教活动的一座藏传佛教格鲁派寺院——八思巴寺。寺院建好后，每年阴历正月初九，羌民屯练都要举行一次盛大的“迎佛诵经”活动，在守备、把总、外委的率领下，在八思巴寺的僧人的引导下，“抬上佛像经卷”，“边用羌语大声呼吼，迎佛送经”。[③]

另外，在四川涉藏地区还出现了汉藏群众均认可的一些无派别的僧人，如民国时期炉霍有一位“圣僧”没有宗教派别，但是却“有一种超然的活力，支配许多不信服他的人群”，除当地的藏族群众外，还有很多汉族群众也非常认可他，他也“尤其爱汉人”。[④] 汉人称其为“疯子喇嘛”。

三、民族交流对四川涉藏地区宗教信仰形态的影响

从近代四川涉藏地区宗教信仰的总体分布情况而言，受传统社会环境、宗教氛围的影响，藏传佛教寺院、僧侣仍数量众多、规模较大，在群众宗教信仰中，特别是在边远的农牧区域更是占绝对的主要地位。但是这并不意味着其他宗教信仰没有生存和发展空间。伴随着越来越多内地人的进入，原有的宗教格局逐渐被打破，四川涉藏地区的宗教信仰格局呈现多元化形态。

---

① 邱明亮：《川西边区羌戎民生活考察记(续)》，《西北论衡》1942 年第 3 期，第 63 页。

② 于式玉：《记黑水旅行》，载于式玉著：《于式玉藏区考察文集》，中国藏学出版社，1990 年，第 220 页。

③ 周晓阳：《丹巴羌族的来历与演变》，载中国人民政治协商会议四川省甘孜藏族自治州委员会编：《甘孜州文史资料》第 13 辑，1993 年，第 135 页。

④ 庚梅：《炉霍圣僧》，《康导月刊》1945 年第 2—4 期合刊，第 33—43 页。

（一）在部分区域藏传佛教的影响力逐渐减弱

虽然藏传佛教是四川涉藏地区的主流宗教，教派、僧侣众多，影响力较大，但受民族交流、经济发展、思维观念的转变等众多因素的影响，藏传佛教在部分地区、部分群众心中的影响力逐渐减弱，在藏传佛教寺院的分布特点、信仰教派方面也呈现出一定变化。

其一，在靠近内地的部分区域，受汉文化影响，部分藏族群众的宗教信仰逐渐发生变化。部分受汉文化影响较深的地区，藏传佛教传统的每户人家要送一子入寺为僧的习俗受到了严峻挑战。如民国时期康定鱼通地区，“人民近年渐染汉习”，出现了很多人家“子弟不愿出家”[①] 的情况。在康定的金汤地区，据民国后期的调查，因汉人较多的缘故，当地老百姓对藏传佛教的尊崇程度远低于关外，当地的老百姓虽仍然敬崇喇嘛，但是却无人送子入喇嘛寺了。[②] 在道孚县，自“改土归流”以后，汉藏通婚的后代“皆愿读书，不愿充当喇嘛，倾向汉人礼节”[③]。阿坝“口内”地区的部分藏传佛教寺院也不例外。因为受汉文化的影响，愿意送儿子进入寺院的家庭逐渐减少，还俗僧人也开始增多，喇嘛数量也由此而剧减。如民国十八年黎光明在川西调查时，发现昔日有三四百人的瑟波寺锐减到 100 多人了。还有一部分僧人，名为僧人，但是却穿着普通装束，忙于往来各地经商，只是本寺举行法会的时候才会赶回来参加。[④] 因为宗教观念发生变化，在部分区域，很多僧人也开始受外界的影响不愿为僧了。如民国时期，在“四土”地区，“喇嘛之还俗者，亦屡见不鲜”[⑤]。在部分商业比较发达的区域，藏传佛教寺院里面的喇嘛也开始娶妻生子，加入商业

---

① 邱怀瑾编：《西防纪实》，国西电讯社，1933 年，第 79 页。

② 慕宗：《川康边的处女地：金汤》，《康导月刊》1943 年第 2—3 期，第 61 页。

③ 刘赞廷编：《民国道孚县图志》，载中国地方志集成编委会编：《中国地方志集成·四川府县志辑》第 67 册，巴蜀书社，1992 年，第 602 页。

④ 黎光明、王元辉著，王明珂编校：《川西民俗调查记录（1929）》，台湾“中央研究院”历史语言研究所，2004 年，第 73、78 页。

⑤ 刘恩兰：《理番四土之社会》，《边政公论》1948 年第 3 期，第 34 页。

队伍，如庄学本在马尔康的喇嘛寺时，发现当地“喇嘛多娶妇营商”①。

另外，虽然藏传佛教仍是广大群众的重要精神支柱，因为受外来文化的影响，一部分原受藏文化浸润较深的藏族群众，宗教思维观念也逐渐发生变化。如民国时期包家锅庄的女主人包太太因为其丈夫曾在内地为官，在内地生活过一段时间，据她自述：“夫家为康藏望族，丈夫曾于民国初年在北平任袁世凯的翻译官及众议院议员，为藏人中之表率者”，因此包太太能“操纯正国语”，“她自夫死始携子回康”，与人谈及这段历史的时候，有“不胜今昔之慨”。回康定后，她的一个儿子被选为转世活佛，“三岁入安雀寺学佛，十四岁启程入藏，深造佛典，要三四十岁才可以回来。”对此，包太太不像传统康人视此为巨大的荣光和无比荣幸之事，相反在和别人谈及此事的时候，却落落寡欢，“言语之间大有宁愿儿女克家，承欢膝下，不愿一子成佛”，以至于与之交谈者感慨她的思想观念“完全违背康人的习惯，可见她受汉人习惯已深”。②

同时，虽然部分区域纯粹的藏传佛教信仰开始减弱，但是藏传佛教的信仰与内地来的宗教信仰与本土的原始宗教信仰相结合，在部分地区又形成了复杂多样的民间宗教信仰形态。在这部分区域，苯教和藏传佛教渗透到民间信仰中，进而影响民众的日常生活。如在四川涉藏地区的民族杂居区出现了“公嘛”“阿巴”“阿轨”“帕子”“释比”“毕摩”“苏尼”“端公”等多种类型的以巫师为代表的民间宗教和原始信仰。

其二，受藏传佛教信教群众观念变化的影响，藏传佛教寺院的分布格局、教派种类也呈现出不均衡特征。如据民国时期的调查，因为传统的藏传佛教信仰缺乏信教群众的支持，在康定整个金汤地区，“仅喇嘛数人”，且“皆住家中”，因而以前的藏传佛教寺院，如“如大寨子、捧塔、五大寺、喇嘛洞”等，“均破烂不堪，神像亦多无人

① 李媚、王璜生、庄文骏主编：《庄学本全集》(上)，中华书局，2009年，第103页。

② 梁瓯第：《打箭炉——西康纪游之什》，《文讯》1942年第2期，第28页。

拜扫”[①]。在甘孜地区，整体而言，以康定折多山为界，在折东地区民族交往比较多的区域藏传佛教寺院规模较小、信徒不多，“多处于衰落时期”[②]。在教派的信仰方面，因为民族交流逐渐打破了原有相对封闭的态势，各教派势力相对均衡。典型的如康定城，虽然藏传佛教寺院的数目相对其他区域较少，但是在康定城却是各个教派均有，既有苯教寺院贡加寺，也有宁玛派寺院金刚寺、益穷寺，还有格鲁派寺院安觉寺，萨迦派寺院多扎寺、俄巴寺。在九龙县，随着其他民族的迁入，九龙的藏传佛教影响力逐渐减弱，僧人数量也减少很多，在民国末年，全县虽仍有 18 座喇嘛寺，但全县的喇嘛人数在藏族人口中占比不到 1%[③]。

（二）在四川涉藏地区各城镇各种宗教信仰体系兼容共存

在藏传佛教信仰减弱的同时，在民族交流比较频繁的区域，多元包容的宗教文化精彩纷呈，呈现不同宗教信仰兼容共存的格局。

伴随着进入民族的逐渐增多，特别是汉、回族的增加，他们出于在异地的相互关照、对祖先的崇拜、相同的生活习惯、对故土的眷念等多方面的需求，各种宗教信仰体系也逐渐建立起来，四川涉藏地区的信仰体系也开始丰富和多元起来。

最典型的如民国时期的康定城，在不到 4 平方公里的土地上，不仅有藏传佛教各教派的寺院，同时还聚集了世界三大宗教和五花八门的汉人信仰，建有包括藏传佛教各教派寺庙和关帝庙、文昌宫、龙王庙、武侯祠、川主宫、观音阁、忠烈祠、圣谕寺、郭达将军庙、大象道院、通元宫、土地祠及清真寺、天主教堂、福音堂、基督教堂等不同信仰的 40 多座宗教场所[④]。在木里，近代由于汉、藏、彝、纳西、蒙古族等各种民族杂居，因此各民族的宗教信仰、祭祀活动相互影

---

① 慕宗：《川康边的处女地：金汤》，《康导月刊》1943 年第 2—3 期合刊，第 61 页。

② 高谦：《康定县藏传佛教概况及其在历史上产生的影响》，载中国人民政治协商会议甘孜藏族自治州康定县委员会：《康定县文史资料选辑》第 3 辑，1989 年，第 19、25 页。

③ 九龙县档案县志编：《九龙县民族志》，2006 年，第 27 页。

④ 刘赞廷编：《民国康定县图志》，载中国地方志集成编委会编：《中国地方志集成·四川府县志辑》第 67 册，巴蜀书社，1992 年，第 51 页。

响。如在木里的汉族，除了有玉皇会、观音会、土蚕会、财神会、山王会、药王会等传统的信仰方式外，在木里世居的汉族还“普遍信奉喇嘛教”，有的“还信东巴教”，逢当地藏族、纳西族的宗教信仰有活动时，很多汉族还一起“参加祭祀活动”①。民国初期的威州是“不到二百户人家”的小集镇，但是建有三官堂、文昌宫、武显庙、城隍庙、观音堂、仁寿寺、娘娘庙、东岳庙、文庙、龙王庙、真武庙等“大小寺、庙、观、堂竟有二十一座”，宗教场所占地面积达威州镇的“四分之一”②。

（三）在大部分地区藏传佛教对汉藏群众仍有较强影响力

不可否认的是，在四川涉藏地区，因藏传佛教寺院、僧侣众多，藏传佛教在当地群众中仍有较深厚的群众基础和信仰根基。受藏传佛教氛围的影响，在部分地区出现了外地移居涉藏地区的汉人入寺当喇嘛或者活佛的情况。如民国时期康定南无寺的“小佛都督”即是从内地前往四川甘孜地区的“江西人”，因为“生而灵异”被认定为南无寺的“小佛都督”，3 岁多就被接到寺院里。③ 民国时期，道孚灵雀寺的“佛都督”也是“从汉族转世而来”④。另外炉霍“朱倭大喇嘛寺的小活佛”也是汉人，而且“是炉霍某商人的独子”。⑤ 瞻化县的大盖寺活佛郎加多吉在圆寂前，召集大盖寺僧众称，“不日将死，死后即投生于泸定县陆姓家中，母为董氏，均为汉籍”。郎加多吉圆寂后，果于泸定县府差役陆福全家中，寻访到转世的活佛，并将他迎接回寺⑥。

---

① 王心和：《木里汉族见闻》，载中国人民政治协商会议木里藏族自治县委员会文史资料委员会编：《木里文史 · 民族史料专辑》，1996 年，第 40—43 页。

② 李增实、向宇栋：《威州镇解放前的寺、庙、观、堂、庙会及封建迷信活动介绍》，载中国人民政治协商会议汶川县委员会文史资料委员会：《汶川县文史资料选辑》第 2 辑，1987 年，第 109 页。

③ 董兆孚：《徼外旅痕》，《边政》1930 年第 4 期，第 27 页。

④ 屺瞻：《西康的喇嘛》，《人言周刊》1934 年第 23 期，第 459 页。

⑤ 梅幼云：《打箭炉到甘孜》，《旅行杂志》1946 年第 4 期，第 34 页。

⑥ 刘赞廷编：《民国瞻化县图志》，载中国地方志集成编委会编：《中国地方志集成 · 四川府县志辑》第 67 册，巴蜀书社，1992 年，第 243 页。

除有部分进入四川甘孜地区的汉人成为活佛外，同时还有很多汉人入喇嘛寺当了喇嘛。如在道孚县，“汉人子弟亦有送入喇嘛庙内”①。在灵雀寺，经常会有神灵附着于喇嘛身上，在民国二十三年，灵雀寺的三次神附人身的现象，有两次均是在汉人身上发生。② 民国二十五年，冯云仙在灵雀寺参观“法神”神会时，发现当日“法神”附身之喇嘛，是山西人，名孙大。③ 另外，如新中国成立后理塘县的首任县长吴健康，藏名阿达，是陕商后裔，汉藏联姻，也自幼在理塘长青春科尔寺当喇嘛，后随理塘寺的喇嘛商赴丽江、玉树、康定等地经商，深得理塘喇嘛寺上层的信任。④ 民国时期九龙县的保正张寿山，其父亲是清末留居九龙的天全商人，不仅他的弟弟张杜吉被其父送到喇嘛寺为僧，他的儿子沙处·嘎让扎巴（1905—1959）还在民国时期被认定为九龙县扎鲁寺的第七世扎鲁活佛。⑤

那么，为什么会出现汉人愿意入喇嘛寺为僧的情况呢？

一方面，与汉人在当地的生活境遇、经济条件相关。在四川涉藏地区，喇嘛比较受人尊崇，在大的寺院里，当喇嘛按照所处地位的高低，可以“分得糌粑盐茶”，因而很多汉人出于经济的考虑，愿意入寺充当喇嘛，“目的在藉以赡养家人”⑥。如泰宁喇嘛寺，因为“发给砖茶糌粑较丰，则汉人子弟，亦多往为札巴矣”⑦。还有部分经商的汉人，因经商失败也转入喇嘛寺为僧。如民国二十三年庄学本在格尔底寺碰到的汉人罗喇嘛，便是从成都前往阿坝经商的商人，因经商失败在阿坝出家。⑧

另一方面，也有受当地浓厚宗教氛围影响，或者是其他原因，偶然成为喇嘛或活佛的。典型的如上述炉霍朱倭寺的汉族小活佛，他出

① 冯云仙：《西康关外日记》，《蒙藏月报》1936 年第 6 期，第 13 页。
② 《西康道孚灵雀寺一瞥》，《康藏前锋》1934 年第 10—11 期合刊，第 33 页。
③ 冯云仙：《西康关外日记》，《蒙藏月报》1936 年第 6 期，第 13 页。
④ 四川省理塘县志编纂委员会：《理塘县志》，四川人民出版社，1996 年，第 538 页。
⑤ 四川省九龙县志编纂委员会：《九龙县志》，四川人民出版社，1997 年，第 508 页。
⑥ 《关外盗风民俗报告》，《西康建省委员会公报》1937 年第 2 期，第 156 页。
⑦ 任乃强著：《西康诡异录》，四川日报社，1930 年，第 118 页。
⑧ 李媚、王璜生、庄文骏主编：《庄学本全集》（上），中华书局，2009 年，第 115 页。

生时，刚好碰巧朱倭大喇嘛转世，当时根据藏传佛教转世的仪轨，“打卦说是生在他家”，为了迎接佛都督回寺，还颇费了不少功夫，并给他父母许诺了很多好处，“允许在朱倭修所汉房给他父母住。并供他父母终身，才把他接回寺来”。由于该活佛是汉族血统，所以见当地藏族老百姓的时候“架子很大”，见了汉人，“则非常亲热”。[①] 另外如道孚灵雀寺的法神喇嘛孙大，据任乃强的调查，他原是道孚的小商人，机缘巧合之下，当了法神喇嘛。孙大因得羊癫风病，数年不愈，求治于当地有名的郎章喇嘛，郎章喇嘛称他是因为灵雀寺法神附体才如此。孙大很高兴，炫于僧众，起初灵雀寺各喇嘛很不服气，不肯迎孙大，后道孚有好事者，将孙大“迎入关帝庙降神，历一年久，言无不验”，而灵雀寺一年之中“屡有灾异”，灵雀寺才迎孙大，奉为法神喇嘛[②]。

四、近代汉藏宗教文化之交流

汉藏宗教文化之间的交流，主要表现在内地佛教界与四川涉藏地区藏传佛教界之间的相互交流。

一方面，在内地兴起了开办汉藏佛学院、入藏地学法的热潮。为增进对涉藏地区藏传佛教的研究，民国十三年，大勇法师组建北京佛教藏文学院，聘请康定充家锅庄的主人、“康定跑马山慈愿大师的弟子”充宝琳担任藏文教授。[③] 民国十四年，北京佛教藏文学院改名为“赴藏学法团”，大勇法师任团长，经河南、湖北经四川进入西康地区，因入西藏受阻，在甘孜地区停留了一段时间。黄慕松在康定跑马山寺院参观时，发现居住在该寺研究佛经的有“汉僧二十余人”，并且有“北平佛教藏文学院乙丑‘赴藏学生团’之驻炉同学会”。[④] 后“赴藏学法团”成员能海法师、超一法师、观空法师、法尊法师等，

---

① 梅幼云：《打箭炉到甘孜》，《旅行杂志》1946 年第 4 期，第 34 页。

② 任乃强著：《西康诡异录》，四川日报社，1930 年，第 114 页。

③ 法尊：《法尊法师自述》，载中国佛教协会：《佛教人物古今谈》（下），中国佛教协会，1996 年，第 588 页。

④ 黄承恩：《使藏纪程》，载骆小所主编：《西南民俗文献》第 9 卷，兰州大学出版社，2003 年，第 48 页。

又从打箭炉出关，赴甘孜县、德格县等地藏传佛教寺院学习佛法。其中法尊法师由于“聪慧过人，过目即能背诵”[①]，在入藏受阻的情况，在康定跑马山跟随慈愿大师学习了一年的藏文文法，以及藏文学习的初级书籍和藏传佛教宗喀巴的系列佛教典籍。民国十六年，法尊法师又在甘孜扎噶寺学习藏传佛教，学习期间进步神速，民国二十一年，法尊法师进入西藏哲蚌寺学习。

民国二十四年，在太虚法师的倡导和主持下，在川渝两地刘湘、刘文辉等地方实力派的支持下，在重庆成立了旨在“沟通汉藏文化、融合汉藏感情”的汉藏教理院。法尊法师回到汉藏教理院担任代理院长，他聘请原来曾一起前往康藏学法的赴藏学法团的释严定、释观空、释密严、释常光等人担任教师，讲授有关藏传佛教、历史、文化、语文、风俗等方面的知识，并且编著了很多有关涉藏地区历史文化方面的书籍。除此之外，法尊法师还从甘孜地区邀请了他在学法时认识的诸多高僧大德，如阿旺堪布、诺那活佛、贡噶活佛、根桑活佛等到汉藏教理院担任客座教授，给学员们讲授佛法。并招收四川涉藏地区的学生到汉藏教理院学习。民国三十一年，在北京雍和宫开办藏传佛教学院，招收雍和宫幼年喇嘛 30 名学习汉藏典籍。次年，改名为北京汉藏佛学院，招收北京各喇嘛寺幼年喇嘛，以培养沟通汉藏佛学之人才。[②] 民国三十六年，由章嘉呼图克图、喜饶嘉措及康定贡噶寺的贡噶活佛共同发起，由曾前往拉萨学法 8 年的超公上师主持，在无锡梅园开原寺创办汉藏佛学院。[③]

在内地兴起“藏传佛教热”的影响下，汉藏佛学院毕业的一些学生及各省佛学界的一些人士也在民国时期途经四川甘孜地区前往西藏等地研习藏传佛教。如邢肃芝，在汉藏教理院学习期间，和客座教授根桑活佛建立了很深的情谊。民国二十五年邢肃芝毕业后，在太虚法师的支持下获得中央政府的资金资助，成为“第一个被批准的入

---

① 麟：《近代国人康藏旅行之概述》，《中央亚细亚》1943 年第 4 期，第 74 页。

② 《北京汉藏佛学院举行开学典礼》，《佛学月刊》1943 年第 5—6 期合刊，第 30 页。

③ 章嘉、喜饶嘉措、贡噶：《无锡汉藏佛学院缘起》，《觉有情》1947 年第 193—194 期合刊，第 9—10 页。

藏研究人员"[①]。民国二十六年，他途经西康入藏，经过8年苦读，成为第一个获得"拉然巴格西"学位的汉人。民国三十四年，27岁的南怀瑾前往西康学习藏传佛教密宗，参访了西康的贡噶、根桑活佛，学习密宗各派，西康多位上师认为南怀瑾已是"合格的密宗上师"。后来在成都大慈寺，贡噶活佛还亲自传授藏传佛教的显密大小戒律给南怀瑾[②]。

另一方面，四川涉藏地区内部僧、俗各界也加强了对内与对外的宗教交流。在西康，在刘文辉的大力支持下，在康定日库活佛的主持下，由刘文辉的藏语秘书、内地的大刚法师等组成筹备委员会，积极筹建佛学院，"沟通文化，调和政教"[③]。民国二十七年，康定五明学院成立，在成立大会上，"从来足迹不到康定的大德高僧"纷纷前往，"达一百余人"。[④] 五明佛学院，分内明、因明、声明、医药明、工巧明，每系设导师"一至三人"，招收"康僧三百名，汉僧亦得附学"[⑤]。

另外，还有部分在四川涉藏地区掌握有实权的军政人物，因崇信藏传佛教及施政之需要，也积极与当地藏传佛教各寺院建立密切联系。如主政西康的刘文辉，他和妻子都崇信藏传佛教，尊崇高僧大德，他们通过对寺庙的慷慨布施，以此来增进与藏传佛教界上层人士的感情，如"大白事件"以后，刘文辉个人"捐洋一万元，以作重修大金经费"[⑥]。刘文辉还专门对藏传佛教的一些问题展开研究，具有一定的佛学功底。如刘文辉在《康导月刊》上发表的《国人对康藏佛教应有之认识》一文，将藏传佛教与汉传佛教进行比较，从佛

① 邢肃芝（洛桑珍珠）口述，张健飞、杨念群笔述：《雪域求法记——一个汉人喇嘛的口述史》，生活·读书·新知三联书店，2008年，第59页。

② 南一鹏著：《父亲南怀瑾·远走康藏学善财》（上），浙江人民出版社，2015年，第140页。

③ 《西康筹设五明学院》，《海潮音》1938年第7期，第55页。

④ 刘文辉：《建设西康新十讲》，载赵心愚、秦和平、王川编：《康区藏族社会珍稀资料辑要》（下），巴蜀书社，2006年，第726页。

⑤ 贺觉非：《西康纪事诗本事注》，西藏人民出版社，1988年，第50页。

⑥ 《川康总指挥刘文辉捐款重修甘孜大金寺》，《川边季刊》1935年第2期，第208页。

理的角度论证了藏传佛教显密具备、内外合修、大小兼赅等特点。[①]在刘文辉的影响下，他的一些下属也崇信藏传佛教，并积极处理好与当地藏传佛教寺院的关系。如西康省第四保安部司令曾言枢，便是虔诚的佛教徒，他平时穿军装，但进藏传佛教寺院就着僧装，因此受到康南各藏传佛教寺院上层人士的敬仰及当地老百姓的喜欢，被称为“曾喇嘛”[②]。另外，稻城县县长乔雁臣、定乡县长伍进修等在主政期间，也曾赴喇嘛寺“念观音经”，祈祷和平[③]。

随着汉藏佛教界的频繁往来，西康地区的诺那活佛、贡噶活佛、根桑活佛等应内地佛教界的要求，纷纷前往内地传法、收徒，举行各种汉藏交谊活动，一定程度上消除了文化隔膜，增进了汉藏民族之间的相互了解。如萨迦派兼通宁玛派佛法的根桑活佛，民国二十五年，受成都“少城佛学社”的要求，前往传授萨迦派密法，后又应长沙各居士之邀，前往湖北、湖南等地弘法。[④]随着越来越多的喇嘛进入内地传法，在各地佛教居士中掀起了藏传佛教热潮，以致引起了内地佛教界部分人士的担忧，如法舫法师根据内地很多“学了佛的在家居士，只要看见一个喇嘛，都当成活佛”，“觉得喇嘛身上有不可思议的神妙”及“全国的国民，大多都迷在喇嘛身上”等情况，曾专门撰文建议蒙藏委员会严格规诫喇嘛严守戒律。[⑤]

除藏传佛教界上层人士在内地的活动以外，近代四川涉藏地区的普通民众特别是阿坝地区的藏族僧俗群众，一直有前往峨眉山礼拜普贤菩萨的风俗。峨眉山作为普贤菩萨道场，在当地普通百姓中有很大的影响力。如光绪二十四年（1898），英国旅行家伊莎贝拉·伯德在从灌县到兴文坪的路上，看到很多“红衣喇嘛从我们身边经过去峨

---

① 刘文辉：《国人对于康藏佛教应有之认识》，《康导月刊》1945 年第 2—4 期合刊，第 1—2 页。

② 理塘县志编纂委员会：《理塘县志》，四川人民出版社，1996 年，第 534 页。

③ 《消息摘要：祈祷和平》，《戍声周报》1937 年第 1—30 期合订本，第 109 页。

④ 《根桑活佛将莅湘讲授藏密，长沙居士多人发起赴川迎请》，《康藏前锋》1937 年第 8—9 期合刊，第 75 页。

⑤ 法舫：《蒙藏委员会规戒喇嘛严守戒律》，《海潮音》1935 年第 8 期，第 4—5 页。

眉山朝圣”,[①] 民国时期，阿坝四土地区的喇嘛信徒，也常常步行至峨眉山礼佛。[②] 通过他们的朝佛行为，进一步沟通了汉藏两地宗教之间的联系，同时也增强了四川涉藏地区藏族同胞与内地各族人民的交往。

第二节 语言习俗

一、语言习俗的转变

语言是区域文化的重要载体，同时也是各民族交流和沟通的重要工具，是不同文化之间保持接触和交往的重要手段。近代四川涉藏地区除通用的藏语外，还有十分复杂的“地脚话”。伴随着汉藏等民族的深入交流，各民族语言的交流、互通也越来越广泛，四川涉藏地区各民族使用的语言习俗也不断发生演变。

（一）语言的相互学习

伴随着民族之间交流的出现，在语言的选择和使用方面，往往是“少数族群”更多地向“主流群体”的语言方向调适。通常情况下，其他族群在语言的选择和使用上，会自觉或不自觉地选择学习或使用在当地的“主流语言”。在靠近内地的区域，汉藏间经济贸易比较频繁，使用汉语言的频率较高；而在相对边远的集镇、汉藏间经济贸易相对不发达，特别是在四川涉藏地区广大的农牧地区，使用藏语言的频率则较高。

1. 学习使用“汉语”

一方面，汉语因为是政府使用的“官话”，成为四川涉藏地区部分区域特别是主要城镇的通用语言。虽然在偏远地区很多普通藏族群众大多还是不懂汉语，但总体而言，靠近内地、居住汉人越多或是与

① ［英］伊莎贝拉·伯德著，卓廉士、黄刚译：《1898：一个英国女人眼中的中国》，湖北人民出版社，2007 年，第 261 页。

② 《番民情调》,《中华（上海）》1935 年第 35 期，第 19 页。

外界经济交流越多的区域，汉语的普及率和使用率越高。一些城镇的藏族居民在与汉族交流的过程中“习得”了汉语，如在阿坝的梭磨地区，民国时期，“他们有自己的语言，但用藏文书写，所有碑匾、路标上的告示和铭文都用藏文”。但是在许多与汉人毗邻而居的村子里，当地老百姓很多人却选择说汉语。[①]

同时，接触外部世界较多、需要频繁与汉族打交道的、在当地社会地位较高的土司、头人等，越是通晓外部的语言。如清末瞻对地区当地人基本都说藏语，但是其女土司马孜却“精通汉语”[②]。又如阿坝卓克基土司索囊仁清因为长在汶川，“幼时曾在蓉市读书”[③]，所以“不但能讲汉语，并且能通汉文”，因为受汉文化影响较多，没有语言和文字的隔阂，卓克基土司“办事的手段和思想，也比其他的土司灵活而老练”，和当地的屯署保持较好的关系。[④] 另外，还有一些见多识广的土司不仅通晓汉语，而且还成为本区域倡导使用汉语的推动者。

当语言交流成为不同民族交流的一种“刚需”的时候，从事经商的藏族商人有了主动学习汉语的动力和决心。民国时期，刘曼卿在康定期间，为了购买骡马曾乔装商妇拜访康藏巨商德主郎吉，她发现德主郎吉的汉语非常准确，询问之下，才知道德主郎吉“仅由人口授，自己分张默契之”，并且据他讲“心之所好，学来亦不甚吃力，数日摩娑，数月练习，即已晓畅无阻”。[⑤] 另外，一些准备走出四川涉藏地区的藏族女性，因为交流需要，也努力学习汉语。比如民国时期刘家驹的妻子玉珍纳母住在打箭炉期间，觉得“所欠缺的就是汉

① ［英］伊莎贝拉·伯德著，卓廉士、黄刚译：《1898：一个英国女人眼中的中国》，湖北人民出版社，2007 年，第 316 页。

② ［英］W. W. 福格森著，张文武译，张皓校：《青康藏区的冒险生涯》，西藏人民出版社，2003 年，第 164 页。

③ 《川西北考察历尽惊险，友熊而归》，《燕大通讯》1945 年第 4 期，第 13 页。

④ 庄学本著：《羌戎考察记——摄影大师庄学本 20 世纪 30 年代的西部人文探访》，四川民族出版社，2007 年，第 161 页。

⑤ 刘曼卿著：《康藏轺征》，商务印书馆，1934 年，第 25 页。

话”，便留心学习汉语，“厚着脸皮多讲。”[①]

另外，还有一部分特殊的群体，也会选择汉语作为“中介语言”进行交流。典型的如在民国初年嫁给英国驻打箭炉领事的仁钦拉姆，因为她只是略识英文，而其丈夫金路易则略懂藏语，但是因为两人的汉语均“甚流利”，所以他们之间均是用汉语这一媒介进行交流和沟通。[②]

在川边地区，伴随着西康建省的逐渐推进和汉藏交流的进一步加深，四川涉藏地区远离内地的一些县域的藏族百姓也开始普遍说汉语，如在邓柯的藏族同胞中已“多有能操流利汉语，知汉人习惯”[③]的人。在定乡，虽然汉人“只有数家，住在县城”，但是“县城附近居民，无论男女，俱能说少数汉话”。[④]

2. 学习使用“藏语”

进入四川涉藏地区的各民族，如果能够流利使用藏语，更有利于加强与本土居民的交流和沟通，因而他们也努力学习当地的语言，“不论农商，皆习番语，为其便与番民称贷交易也。”[⑤] 民国时期，在西康经营药材的“皆为汉人，而以山西人为最多”，因为他们在西康“历时悠久，熟谙康语”，因为语言相通，减少了民族不同带来的隔膜，“故双方甚为亲近”。[⑥]

另外，许多进入四川涉藏地区调研的学者，如庄学本、任乃强、黎光明、孙明经等在调查过程中，也积极学习当地语言。如民国二十八年孙明经在西康考察时，为了能和当地老百姓直接沟通，他随身携带自制的手抄藏语口语字典，将自己考察过程中需要使用的语言及宣

① 玉珍纳母著，张静波整理：《玉珍纳母旅行笔记》，《开发西北》1935 年第 1—2 期合刊，第 107 页。

② 宝天女述，金路易著，汪今鸾译：《余之西藏观》，上海商务印书社，1931 年，第 5 页。

③ 蒙藏委员会档案：《蒙藏委员会抄送青康沿途情形报告致交通部公路管理处函》，载中国藏学研究中心、中国第二历史档案馆合编：《民国时期西藏及藏区经济开发建设档案选编》，中国藏学出版社，2005 年，第 72 页。

④ 蓝希夷：《定乡素描》，《康导月刊》1940 年第 12 期，第 55 页。

⑤ （清）何远庆纂修：《松潘纪略》，清同治十二年（1873），转引自吴觉农编：《中国地方志・茶叶历史资料选辑》，农业出版社，1990 年，第 707 页。

⑥ 《改良西康畜牧之我见》，《康藏前锋》1934 年第 10—11 期合刊，第 18 页。

传抗战的一些语言，请西康的藏文教师翻译出来，抄写在本子上“进行练习”[①]。

为了加强对藏语的学习，在一些地区还专门成立了学习藏语的机构，如在康定，“各地土语亦无不熟悉，并精通英法印度文语”的谢国安在康定开设藏文藏语夜课补习班，许多想要学习藏语的各界人士纷纷前往学习，“各界人士数十人之多”。[②] 在巴安，在巴安图书馆内设有藏语文专修班，聘请了藏语文造诣极深的格桑汪惟担任教授，除教授当地儿童外，在巴安“不少留心边疆人士，也进去附带学习”。[③]

当然，语言作为交流沟通的工具，受到使用环境的影响。在部分偏远地区，由于在当地使用汉语的人较少，汉语不具备使用人数和功能上的优势，也有部分使用汉语者开始边缘化，渐渐减少了汉语的使用，开始普遍使用当地的本土语言。据柯象峰民国三十一年在道孚的调查，前往道孚的汉人“多娶康女，除无发展归去者外，多在此成家立业。其第一代子女，尚稍懂汉语、汉情”，但是第二代以下，却开始逐渐只会藏语，渐渐为当地其他民族所同化。[④] 特别是在远离城镇的区域，与藏族通婚的汉族的语言“藏化”现象更为明显，柯象峰在西康调查时，便发现了好多汉人语言“藏化”的现象。

3. 多种语言熟练转换的区域

在族群杂居区的民族，在语言的使用和选择上，一方面语言作为族群的象征和标志，各民族的语言仍具有强大的生命力，大多数族群仍保持了在自己民族内部使用本民族语言进行交流的习惯，另一方面，他们又把其他民族的语言作为重要的“交流工具”，积极学习，并在与其他族群交往的时候加以运用。典型的如丹巴的羌族、回族，巴塘的纳西族，九龙的汉藏彝交界区，他们在不断迁徙、对外交往、对外融合的过程中，通过各种方式与当地的多种民族进行联系和交

① 孙建秋、孙建和编著：《孙明经西康手记 1939&1944》，中国民族摄影艺术出版社，2016 年，第 17—18 页。

② 《康定小学采用藏文》，载邱怀瑾编：《西防纪实》，国西电讯社，1933 年，第 89 页。

③ 巴人：《西康的新巴安》，《康导月刊》1942 年第 45 期，第 77 页。

④ 柯象峰：《西康纪行（一续）》，《边政公论》1942 年第 7—8 期合刊，第 114 页。

流，出现了语言兼用的普遍情况，他们可以同时使用本民族语、汉语、藏语三种语言进行交流。

（二）语言的混杂

民国时期，因为大量的其他民族进入四川涉藏地区，他们在使用自己语言的同时，还使用其他民族所说的语言，因而在不同语言之间，还特别容易产生混杂的现象。

在语法方面，受藏语言表疑问的语气助词通常放在动词前、否定词也通常会放在被否定的动词之前的影响，在当地生活时间较长的汉人或者汉藏后裔在说汉语的时候，也常常会出现词汇颠倒使用的情况。据民国时期靖唐在甘孜的调查，发现长期生活在甘孜的汉人，受康方言喜欢将动词置于名词之后的影响，“其子孙之语言及康人操汉话者，往往受康语语法之影响，颠倒错乱，新谛听之，极为可笑”，他举例：

> 一个不是不有（意为只有一个）
> 好的不是（意味不好）
> 你们人好多有（意为你们有若干人）
> 这个啥子是的（意为这个是什么）①

又如陈治荣民国时期在雅江的调查，因为当地汉族大多与藏族通婚，因此除原有汉康两种语言外，另外还产生了一种混杂语言。这种混杂语言，通常是汉藏联姻的后代在使用，“另成一派”，在说汉语的时候，通常会使用藏文文法，其语尾音调，又使用藏语腔调。如“你不要去”，他们通常会说成“你去的不是”。初到雅江，没有听习惯的汉人，常常会“实难解悟”，认为“不伦不类”，并“咄咄称怪”。② 又如在川西北地区，汉族在与当地民族联姻以后，受当地语

① 靖唐：《康北的重镇——甘孜》，《康导月刊》1944 年第 1 期，载赵心愚、秦和平编：《康区藏族社会历史调查资料辑要》，四川出版集团、四川民族出版社，2004 年，第 30 页。

② 陈治荣：《今日之雅江》，《康导月刊》1938 年第 4 期，第 90 页。

言环境的影响，他们所说的汉语言也发生了部分变化或变异。如民国时期，在汶川、理番一带有若干安岳等县人，他们以木石瓦泥工为主，“赘于土人家，久之自成一族，语言与汉殊”①。

在词汇方面，也出现了借用其他语言词汇的情况。民国时期谭英华在调查康定锅庄中，发现因为汉藏通婚的原因，藏语也大量借用了汉语的词汇。比如藏语里面的一些习惯用语，出自汉语。其中有部分词汇是原有康人词汇里有的，根据内地的使用习惯，又赋予了新的意思。他举例：如 Ah-yea-po 两字为藏语中原有，又与汉语中的“阿爷”“阿婆”相近，因而他们率性采用后面的音节用以称呼外祖父母。而有的是以前没有，根据内地的习惯借用的新词。如康人对父亲或母亲的姊妹的丈夫多无固定的称呼，他们便用 Ba-Ba 一字，即川语“伯伯”来称呼。至于兄弟、姊妹更通用汉语“阿姐”“阿妹”，此外借用的更多。②

在音调方面，因为各种语言的语音语调各不相同，部分语言种类比较多的区域，很多老百姓在使用其他民族语言的时候，会受自己传统语言语音语调的影响，出现语音的混杂。如松潘是汉藏贸易的重镇，随着商业的发展，在松潘形成了非常有趣的语言现象。在松潘，民国时期根据其与城镇居住的远近、受汉文化影响的大小、使用语言的差异，在汉族官员和普通民众的认知里，藏族被分为“生番”和“熟番”两种，“熟番”因为住松潘城四郊，与汉、回族接触较多，汉语成为该区域的优势语言，故熟番“能汉语者极多”，“且饮食起居，亦有模仿汉人”，而“生番”则居地离城较远，从事牧业，住帐篷，所以大多“不能汉语”。③ 总体而言，松潘以北汉人逐渐减少，而松潘及松潘以南，则汉人逐渐增多，因而进入松潘以北的汉人，为了交流需要，必须要学习藏语，以至于在民国时期有“学番不像番”之谚，而在松潘以南的藏羌等族他们则必须学习汉话，故有“学汉

---

① 赵正平编：《四川专号·四川之边地与开发》，新中国建设学会，1935 年，第 11 页。

② 谭英华：《说锅庄》，《边疆通讯》1943 年第 4 期，第 13 页。

③ 顾学箕：《松潘生番之卫生情形》，《医育》1939 年第 2—3 期合刊，第 26 页。

不像汉”之谚。[①] 在川西北九子屯，所使用的语言为单独一种，“既非羌语，又非戎语，概系汉羌戎混合而成之一种特殊语言”[②]。

在部分地区，因为来自四面八方的外来人口太多，出现了操持不同语音语调的人齐聚一地的情况。如近代在南坪地区，由于从政、戍边、经商、务工、避难、逃荒等多种原因，特别是民国时期在南坪普遍种植大烟，四川上百个县份及外省陕西、甘肃、河南、山西等全国20多个省的人前往南坪“赶烟场”，在南坪地区使用的汉语言多种多样，在当地定居的老百姓在操持各自方言的同时，也受其他语言的影响，说的语音语调五花八门，“南腔北调”，兼有南方语音和北方语音的特点，因此有“南坪不象川”的说法。[③]

二、语言中介“通事”职业的出现

通常情况下，汉人进入四川涉藏地区后，特别是在一些重要的集镇，如康定、松潘等地，因为交流的需要，大多数人一两个月大概能了解简单的藏语，一两年后基本都能与当地老百姓交谈。但是初来乍到的官员、商人或其他短时间停留没有语言学习“刚需”的人，在未掌握藏语前或者在一些特定的场合下，往往需要延请当地熟悉汉藏两种语言的人帮忙翻译，因而逐渐在四川涉藏地区出现了专门或临时兼职的语言中介——“通事”。通常情况下，凡有兵士、衙门的地方通常都要聘用专职的“通事”，一般“凡有兵数十人，即雇用通事一名”[④]。有“政令宣传”“民刑诉讼”等涉及政令、政务的事情，往往要请通晓汉藏文的“通事”进行转译。另外，部分前来调研、公干的人，他们也因为不通当地语言，需要聘请“通事”。“通事”的出现，进一步加强了汉藏民族间经济、文化的沟通和交流。

① 王成敬：《四川盆地与松潘草地间之商业与交通》，《地理》1942年第3—4期合刊，第51页。

② 邱明亮：《川西边区羌戎民生活考察记（续）》，《西北论衡》1942年第3期，第63页。

③ 南坪县地方志编纂委员会编：《南坪县志》，民族出版社，1994年，第836页。

④ 四川督军署参谋处辑：《戍边必携》，四川官印刷局，1919年，第38页。

（一）“通事”的身份

通常情况下，“通事”通常是由以下三类人担任：一是“通事”大多数人都是汉藏、汉羌结合的后裔，因为父母关系，他们自幼有多种语言环境，对语言的掌握、熟练程度要远远高于本地其他人，同时他们也更能理解两种民族文化的差异，并能转化为对方能够理解的语言。在部分区域，有的“通事”因为特殊的身份，还可以熟练运用三种语言及四川涉藏地区本地的部分方言。如民国时期黑水衙门里唯一的正式翻译杨通事，他的父亲本姓陈，入赘当地杨姓家，生的儿女因父亲是汉人，除了能操当地的语言外，还都说流利的汉语，因此在衙门里担任“通事”①。

二是部分“通事”虽然不是汉藏后裔，但因为是前往四川涉藏地区时间较长的汉人，在当地待的时间较长，也熟练掌握了当地的语言，或专职或在闲暇之余担任“通事”。

三是在四川涉藏地区的“锅庄主”“歇家”等特殊中介组织，也有部分为汉藏后裔，因为他们本身是汉藏贸易的中介，需要每日与汉、藏两类客商及来自不同区域的人打交道，所以他们都能熟悉运用汉藏语言，在汉藏双方客商直接交易的时候，他们也往往临时兼任“通事”的责任。

“通事”一般是在汉藏人口比较集中或者官府、衙门里才有，如在甘孜，“惟打箭炉有能通汉番语言之人”，故出关的官员、军队需要在打箭炉便请好“通事”②。

（二）“通事”的利弊

“通事”的出现，一方面缓解了汉藏民族间的语言隔阂，为促进汉藏双方的沟通、经济贸易的发展、政策政令的宣传发挥了重要的作用。另一方面，因为“通事”的语言水平和文化差异，在“通事”

---

① 于式玉：《记黑水旅行》，载于式玉著：《于式玉藏区考察文集》，中国藏学出版社，1990 年，第 201 页。

② 伍非百著：《清代对大小金川及西康青海用兵纪要》，1935 年铅印本，第 149 页。

翻译的过程中，也常常出现一些问题和存在一些弊端，沟通不畅的问题仍客观上存在。表现为：一是因为“通事”的水平参差不齐，对于简单的日常对话，问题不大，但是对于更复杂、要求更精准、具有专业性的翻译内容，则往往很难胜任。如任乃强民国十八年在瞻化参加当地的宴会，请通事给他翻译当地老百姓唱的歌词，通事“或解或不解”，对于通事的翻译，语言和文学功底非常好的任乃强“聆之毫无趣味”，以至于“渐昏昏坐寐”。[①] 特别是涉及一些政策政令、科学知识的宣传方面，由于“通事”自身的水平和当地老百姓的理解能力有限，仅靠通事传话，“等于打个对折，徒增疑惧”[②]。对于一些科学性的知识，如牲畜防疫等知识，“通事”因为自身知识水平有限，翻译效果更是大打折扣。如民国二十九年，松理茂边区职校兽医组曾赴松潘为牲畜免费开展诊疗和牲畜疾病防疫的调查和宣传工作，结果因为“草地种族复杂，语言多异”，所请的“通事”在翻译时，“已失一部分原意”，再加上当地老百姓“无知”，“通事不肯详述”[③]，很难了解到草地牲畜的详细情况。

二是四川涉藏地区地域较广，因山川阻隔、交通不畅，各地语言不断分化，语言十分复杂，地脚话众多，各地语言不统一，常常“相隔二三十里路，说话就有些不同”[④]。邻近地区只有口音的差异，交谈尚无困难，但是相隔较远的地区差别逐渐加大，因此部分通事只能应付当地土语的翻译。

三是存在部分“通事”利用其语言中介的特殊身份，利用沟通双方的信息交流不畅，常常两头捞取好处或者故意偏袒一方。如民国初年，在甘孜地区，如发生诉讼，常常要请通事翻译，甚至会说汉语的人，在发生诉讼时，“乃偏不用汉语”，要请通事从中翻译，而通

---

① 任乃强著：《西康图经》，西藏古籍出版社，2000 年，第 113 页。

② 赵海泉：《漫谈西康康区畜牧事业上之困难及其克服》，原载《畜牧兽医月刊》民国三十年（1941）第 7—8 期合刊，转引自《四川畜牧兽医史料》，四川畜牧兽医史料学组，1985 年，第 124 页。

③ 蒋次升：《四川松潘草地畜牧兽医调查报告》，四川省政府建设厅，1941 年，第 5 页。

④ 黎光明、王元辉著，王明珂编校：《川西民俗调查记录（1929）》，台湾“中央研究院”历史语言研究所，2004 年，第 62 页。

事则常常“从中舞弄”，当地老百姓也“欲恃通事从中袒庇”[①]。而一些“通事”也利用其特殊的身份，向当地土司、头人乘机索取好处。如赵尔丰的“通事”，就曾在德格“索土司喇嘛数千两之多”[②]。因为“通事”的特殊身份，在很多地方当地老百姓往往是“不敬畏汉官，而敬畏通事”，“通事”也往往凭借身份胡作非为。如民国时期道孚县署的张通事，便因为与当地保正勾结舞弊，遭到群众的控诉而受到严惩[③]。

另外，在一些重大事件中，因为“通事”文化水平高低不同和在该件事情中的利益等因素，常常有“通事”徇私舞弊、调拨是非之举，如在“泰宁事件”中，“通事”张锡泰[④]“对汉官说喇嘛失势力，且谋叛”、又说“喇嘛等多制枪炮备汉官，免灭亡”。结果进一步激化了矛盾，以致查骞有“边地通译，存心公正者少”之感慨。[⑤]

第三节　习俗风尚

一、物质层面的变化

在传统文化体系中，相对于政治制度、文化观念的改变，最容易受外界影响并发生变化的是物质层面的改变。伴随着四川涉藏地区商品贸易的繁盛，从外地流入的各种新鲜事物也逐渐开始成为时尚，并且吸引着更多边远地区的人加入这个潮流中来。

当然，最先有物质条件享受“舶来品”的还是经济条件较优的土司、头人等上层人士。如民国时期的木里土司，因为木里是政教合一，土司通常又是喇嘛，平时土司“学习汉藏文，诵念佛经，暇时

① 徐金源：《川边游记》，京城印书局，1932 年，第 7 页。

② 伍非百著：《清代对大小金川及西康青海用兵纪要》，1935 年铅印本，第 150 页。

③ 《道孚县府严办张通事》，载邱怀瑾编：《西防纪实》，国西电讯社，1933 年，第 110 页。

④ 据查骞记载，张锡泰为打箭炉人，藏名工布次日，曾剃度为僧，平时好说《三国演义》《水浒传》。

⑤ （清）查骞撰，胡文和校注：《边藏风土记》，载骆小所主编：《西南民俗文献》第 6 卷，兰州大学出版社，2003 年，第 59—60 页。

则玩弄珠玉、鹦哥，或其他洋货，如枪械、电棒、留声机、煤气灯之类，衙中购置完备”①。理塘的毛丫土司，也收集了很多内地的瓷器和绸缎衣服。② 另外，一些土司已经开始使用现代化的“奢侈品”，比如手表、钢琴。如阿坝地区的梭磨土司，在清末的时候就已经开始佩戴“贵重的手表”，并且拥有了钢琴。③ 黑水头人苏永和家里，来自内地的各式各样的东西也应有尽有，有“瓷器、俄国的毛毯、锦绣的被面”等，“内地所有的，差不多都有”。④

康定一部分与汉族关系比较密切的“锅庄主”，因为他们经常与内地客商打交道，接触的外来商品比较多，加之他们经济实力雄厚，有财力购买内地的商品甚至是奢侈品，所以他们也是最早开始使用内地商品的人。如康定铁门坎的包家锅庄主，“喜用内地货物及洋货”，其使用的内地商品较之当地汉人使用的物品更加考究，对于内地好的商品，锅庄主往往会“不吝重价”，将其购买回家，因而他们使用的日用之物，“无一不精美异常”。⑤

另外，还有部分喇嘛因为从事商业及受汉族的影响，生活习俗也开始发生变化。如民国时期德格印经院的院长喇嘛布楚楚，“因其少时曾从戎于赵尔丰部下”，民国时期又“贸易于昌都康定等处，熟悉内地情形，故对人（尤以对汉人）特善”，因而其生活情形，“亦多汉化”，大卧室内，“床上置有丝棉被盖等物。”⑥ 甘孜县的甘孜、大金两寺的喇嘛也是“高床为铺”，使用的茶几、桌椅等“形同内地”⑦。又如卓藏寺⑧喇嘛曾到成都，所以“生活情况，室中陈列，

① 刘历荣：《西康木里宣慰司政教概况》，《西南边疆》1940 年第 8 期，第 65 页。

② 贺觉非：《我所熟悉的西康土司》，载湖北省政协文史资料委员会：《湖北文史》第 2 辑，2005 年，第 75 页。

③ ［英］伊莎贝拉·伯德著，卓廉士、黄刚译：《1898：一个英国女人眼中的中国》，湖北人民出版社，2007 年，第 312 页。

④ 董品瑄：《黑水河畔二三事》，《风土什志》1944 年第 4 期，第 47 页。

⑤ 《蛮商陈设华丽》，载邱怀瑾编：《西防纪实》，国西电讯社，1933 年，第 59 页。

⑥ 《德格印经院概况》，《四川月报》1936 年第 6 期，第 234—235 页。

⑦ 刘赞廷编：《民国甘孜县图志》，载中国地方志集成编委会编：《中国地方志集成·四川府县志辑》第 67 册，巴蜀书社，1992 年，第 155 页。

⑧ 卓藏寺：位于今若尔盖县阿茸乡，民国时期归松潘管辖。

思想行动”，均汉化了[①]。很多前往四川涉藏地区经商、公干的人也往往会携带一些内地的物品赠送当地的喇嘛、活佛。如民国十九年，唐柯三携带了很多钢笔、铅笔、墨水，赠送各喇嘛寺的喇嘛，“皆极受欢迎”[②]。

与土司头人、活佛喇嘛的“奢侈品”相比，在普通民众中流行的物件则相对廉价和普通，通常是一些简单的日用品，比如牙刷之类，但是因为之前少有人用，因此也常常成为少部分老百姓向外炫耀的资本。如民国时期李有义在黑水调研时，发现很多藏族民众会前往杂谷脑“观光”，当地的老百姓喜欢把一把牙刷挂在胸前，据说这是由杂古脑观光回来的人传授给他们的。[③] 另外，随着内地一些宝石由内地商人传入，也成为藏族老百姓的流行风尚。如在甘孜地区，陕西商人张宝实自年幼便在甘孜各县销售河南省南阳僚河两岸产的绿斑的碎石，他将碎石“加绿色煮染”“销于全藏”，作为装饰品、手串、项链，当地老百姓视为“珍品”，纷纷出高价购买，“无谓男女，手心戴之成为风俗”。[④]

另外，一些内地的花卉、植物也传入了四川涉藏地区。如民国时期康定包家锅庄引进栽种牡丹花，因为“从来牡丹称富贵，边关几株尤珍贵”的缘故，牡丹花开时竟然“一时惊动满城人”“看花士女如云来”。[⑤] 在甘孜县，民国时期很多内地汉人携带牡丹、芍药等花草前往甘孜种植，因为比较珍稀，“本是洛阳种”，还引得“塞上人奇当画看”。[⑥] 在德格县，清末以后，有部分携带内地的菊花、月季、海棠、老来红、万年青等花种在房前屋后种植。德格的千户大务罗

---

① 蒋次升著：《四川松潘草地畜牧兽医调查报告》，四川省政府建设厅编印，1941 年，第 11 页。

② 唐柯三：《赴康日记》，新亚细亚学会出版科印行，1934 年，第 47 页。

③ 李有义：《杂谷脑的汉番贸易》，载李文海主编：《民国时期社会调查丛编》二编《少数民族卷（上）》，福建教育出版社，2014 年，第 400 页。

④ 刘赞廷编：《民国白玉县图志》，载中国地方志集成编委会编：《中国地方志集成·四川府县志辑》第 67 册，巴蜀书社，1992 年，第 263 页。

⑤ 刘希武：《康定包家锅庄观牡丹》，《康导月刊》1939 年第 12 期，第 69 页。

⑥ 刘赞廷编：《民国甘孜县图志》，载中国地方志集成编委会编：《中国地方志集成·四川府县志辑》第 67 册，巴蜀书社，1992 年，第 144 页。

贝，曾驻川办事多年，深染汉习，且“知汉人礼节”，他也在家中栽种数株梅花，引得当地“人多贺之”，且专门有人为其赋诗一首：“钦妆一任博冬风，雪里百战奇画工，待得花开娇没力，艳留千户夸群雄。”① 在九龙，因为汉人居多，他们将内地的梅兰竹菊及海棠、月季、向日葵、老来红等花卉带入九龙。② 甚至在县城海拔很高的理塘，也有内地汉人将鸡冠花、海棠花、月季、菊花等内地花卉带来种植。③ 在瞻化，受汉人的影响，当地的藏族老百姓也开始喜欢栽养鸡冠花、月季、指甲花、菊花、向日葵、万年青等内地绿植花卉。④

同时，内地的很多游戏也相继传入。如民国时期，康定“旧式之骨牌，点点红，骰子，象棋及新式之麻雀牌、扑克，一一俱如内地”⑤，只是玩法与内地稍有不同。在康北重镇甘孜，“骨牌也极为流行，牌数较通常多一倍”，“喇嘛及平民中之有闲分子，常藉之消遣时日。”⑥ 另外，四川涉藏地区很多土司非常沉迷于内地的游戏，如索观瀛经常也会“搓搓麻将”。⑦

二、姓氏习俗的变化

（一）取汉姓

姓名是一个人在社会上存在、活动及与人交往的重要符号。如何

① 刘赞廷编：《民国德格县图志》，载中国地方志集成编委会编：《中国地方志集成·四川府县志辑》第67册，巴蜀书社，1992年，第336—338页。

② 刘赞廷编：《民国九龙县图志》，载中国地方志集成编委会编：《中国地方志集成·四川府县志辑》第67册，巴蜀书社，1992年，第509页。

③ 刘赞廷编：《民国理塘县图志》，载中国地方志集成编委会编：《中国地方志集成·四川府县志辑》第67册，巴蜀书社，1992年，第668页。

④ 刘赞廷编：《民国瞻化县图志》，载中国地方志集成编委会编：《中国地方志集成·四川府县志辑》第67册，巴蜀书社，1992年，第232页。

⑤ 蓝铣：《西康小识·戏具》，《康藏前锋》1933年第3期，第46页。蓝铣在文中就戏具传入康定的变化，感慨道：“以是观之，一戏具也，而能不相因袭，各具心思，苟善为导之，则康人之心灵，何能下人。”

⑥ 靖唐：《康北的重镇——甘孜》，载赵心愚、秦和平编：《康区藏族社会历史调查资料辑要》，四川出版集团、四川民族出版社，2004年，第33页。

⑦ 建德·东周：《索观瀛传》，载中国人民政治协商会议马尔康县委员会：《马尔康县文史资料》第2辑，1992年，第29页。

取名，往往折射出一个区域大的社会环境和文化取向。随着民族交流的深入发展，四川涉藏地区的姓氏习俗也逐渐发生变化，各民族取汉姓便是流行趋势之一。在非常重视家族、门第世袭的名门望族如土司、头人中，取汉姓更是普遍现象。

考察四川涉藏地区土司取汉姓的渊源，最早发端于明代国家对有军功的土司的赐姓。明代始，部分土司在随朝廷出征时，因为建立军功，被朝廷赐予新的姓名或姓氏。相对于赏赐物品，赐姓似乎成为更高规格的奖赏，受赐者通常以能获得朝廷的赐姓为殊荣，通常会以赐姓为家姓。如茂州陇木土司，嘉靖年间从总兵何卿征讨白草羌，立下军功，被明朝廷赐姓何。① 第十九代瓦寺土司桑朗荣宗，因在乾隆时期随朝廷征剿杂谷土司建立军功，被朝廷赐名索诺木荣宗，从此以后，瓦寺土司便以索为其汉姓。如泸定安土司，乾隆年间被赐汉姓汪，后世代姓汪。② 另外还有部分土司以先祖名字任取一字为姓，或取第一字者为姓，如泸定冷边周土司。还有一些不知道其姓氏来源于哪儿的土司姓氏，如茂县西南的岳希土司坤氏，牟托土巡检温氏等。除取汉姓外，有的土司还与内地人士一样，有字号，还为自己制作专门的名片，如明正土司甲宜斋，字敬亭③；卓克基索观瀛，字“海寰”，取意心胸宽广，能放眼世界。④ 民国时期，理塘毛丫土司施郎降泽，不仅根据“长官司”的谐音，给自己取名“张根生”，还设计了自己的汉式名片。⑤

在阿坝地区，因为土司贵族带头取汉姓，在靠近内地的一些区

① 茂汶羌族自治县地方志编纂委员会编：《茂汶羌族自治县志》，四川辞书出版社，1997 年，第 672 页。

② 泸定县志编纂委员会编：《泸定县志》，四川科技出版社，1999 年，第 138 页。

③ （清）查骞撰，胡文和校注：《边藏风土记》，载骆小所主编：《西南民俗文献》第 6 卷，兰州大学出版社，2003 年，第 28 页。

④ 建德·东周：《索观瀛传》，载中国人民政治协商会议马尔康县委员会：《马尔康县文史资料》第 2 辑，1992 年，第 17 页。

⑤ 贺觉非：《我所熟悉的西康土司》，载湖北省政协文史资料委员会编：《湖北文史》2005 年第 2 辑，第 74 页。

域，如瓦寺土司所辖区域的老百姓，在清末时大多都有了汉姓[①]。还有部分藏族，以房名或以父亲名字的第一字作为姓氏，有的稍作改动，比如在卓克基管辖的地区，当地的“苏”“苟”“余”“耿”等姓都是从房名中的一个字延续下来的汉姓。[②] 同时，伴随着越来越多藏族女性与汉族男性通婚，很多“与汉人通婿者”也开始取一汉名[③]。

不过对于刚刚有汉姓的老百姓而言，姓氏代表的意义与内地姓氏代表社会血缘、家族集体的意义不同，姓氏取得较为随意。如民国《汶川县县志》记载，在威州的一个寨子里，张、王、马三姓是大姓，因为大多数汉人入赘为婿，子女“应随女家姓氏”，也有入赘后子女父母亲姓各取一个的，所以当地老百姓“一个人，常有两三个姓名”，也有“父子姓氏不同的”，以至于“初次遇见他们的人，竟莫名其妙”。[④] 民国二十三年，陪庄学本前往川西北考察的旅伴索囊仁清也因为经常要与汉人交际，所以胡乱地起了个汉名叫杨青云。[⑤] 甚至还有活佛取汉姓的情况，如松潘地区瑟波寺的活佛，曾拜寄于当时松潘镇的程镇台，所以取了汉名姓程，并且自认是程咬金的后裔。[⑥]

在甘孜地区，在赵尔丰经营川边时，曾大力“喻以姓氏之必要”，取一汉姓也渐渐在普通百姓中流行开来，“始各以名之首音译为姓，则康民于是有姓矣”。一些普通的藏族老百姓，也因为对外交流、交往的方便，取一汉姓，更有些“慕汉风者，每取一姓名以夸

---

① 黎光明、王元辉著，王明珂编校：《川西民俗调查记录（1929）》，台湾“中央研究院”历史语言研究所，2004 年，第 159 页。

② 建德·东周：《索观瀛传》，载中国人民政治协商会议马尔康县委员会：《马尔康县文史资料》第 2 辑，1992 年，第 15 页。

③ 陆诒、黄举安：《西康风俗丛谭》，《开发西北》1934 年第 2 期，第 66 页。

④ 《阿坝州文库》编委会编：《汶川县县志》，四川民族出版社，2013 年，第 137 页。

⑤ 索囊仁青：今四川阿坝藏族羌族自治州理县嘉绒藏族人。见庄学本著：《羌戎考察记——摄影大师庄学本 20 世纪 30 年代的西部人文探访》，四川民族出版社，2007 年，第 5 页。

⑥ 黎光明、王元辉著，王明珂编校：《川西民俗调查记录（1929）》，台湾“中央研究院”历史语言研究所，2004 年，第 80 页。

示人，以自命为华族”[①]。如据仁钦拉姆记载，边地的藏族常常取一汉姓名字，若干名字是由“祖宗所授，若干则本人自取，或其父所取，大抵因中文上之便利起见”。仁钦拉姆家族也取汉姓为“孙”。[②]还有部分汉姓，是清廷在加强对四川涉藏地区地方治理时，为方便造册存档，根据需要给他们定的汉姓。如康定鱼通地区，有部分人是乾隆时期大小金川之役被抓的俘虏，因无姓，就赐姓为“金”。另外，鱼通地区的高、杨两姓，传说是因为鱼通是天全高、杨两土司管辖之地，为造册存档方便，也赐姓大部分人为高、杨。[③]

当然，也有部分区域的老百姓取了汉名后，因为实际生活中使用较少，又渐渐出现不再使用的情况。如清末川边的稻城，“改土时均赐有姓”，但是进入民国以后，“概未遵行，三代以后不识派衍何人。”[④]

（二）取藏名

进入四川涉藏地区定居的其他民族，因为与藏族联姻或者居住日久，他们常常也取一藏名。如民国时期的道孚县，部分汉族甚至祖籍姓氏都遗忘了，而改用纯藏名；部分汉族用汉姓取藏名，如杨扎西、张彬巴、牟大吉等；仅有少数汉族仍按照家族字辈取汉名，但是同时给自己取一藏名，汉名、藏名同时并用。[⑤]

伴随着汉藏通婚的增多，他们的后代取一汉名、取一藏名的情况更是平常。据调查，民国时期“十足康民而又姓者，皆系汉男康女结合同化所致”[⑥]。在九龙的三岩龙、呷尔、汤古等地，经商的陕西商人有很多在藏族人家“坐锅庄”，因此有大量汉藏结合的后裔，他

① 蓝铣：《西康小识·其他》，《康藏前锋》1933 年第 4 期，第 46 页。

② 宝天女述，金路易著，汪今鸾译：《余之西藏观》，上海商务印书社，1931 年，第 101 页。

③ 格勒著：《康巴史话》，四川美术出版社，2017 年，第 139 页。

④ 董用霖：《稻城县概况》，《边政》1930 年第 4 期，第 3 页。

⑤ 江裕兴口述，青镇东整理：《解放前道孚县汉团的习俗和庙会概述》，载中国人民政治协商会议四川省道孚县委员会文史资料编辑组编辑：《道孚文史资料选辑》第 2 辑，道孚县印刷厂印，1987 年，第 159 页。

⑥ 李培芳：《康民婚姻访问记》，《戍声周报》1937 年第 1—30 期合订本，第 52 页。

们通常各取一藏名、汉名。[1]

因为姓氏相同、血缘相通，汉藏间之畛域进一步被打破。

第四节　文化教育艺术

一、文化教育

四川涉藏地区地广人稀，在近代以前，社会面貌较单一，社会发育程度较低。在改土归流前，“宗教即是教育，教育即是宗教”“佛寺即是学校，学校即是佛寺”[2]，寺院教育成为该地区教育的根本方式，普通子弟没有受教育的机会。元明以至近代，大批汉民进入，部分内地先进的文化因此得以传播到四川涉藏地区。元明清时期进入的汉民多为带有军事、垦荒性质的底层民众或士兵，其文化层次较低。从汉藏民族文化交流看，汉族文化虽然较藏、彝等少数民族较高，但在清代以前，进入的汉民多属于保障交通或戍守边疆的军台衙役，或者贩卖皮毛、药材等物品的商贾小贩，甚至是政府流亡刺配之人，文人墨客较少来到此地。即使有官员来此主政，多是捐纳入流者为多，另外大多是匆匆一过，留下些许诗文，如段玉裁曾官化林，李心衡曾宰金川，其他的如姚莹曾至乍丫，杨揆曾入西藏，还有果亲王、查礼、孙士毅、王师我等，经过四川涉藏地区，偶有题咏，便成千古韵事。

清末，内地大批人才在赵尔丰的号召下纷纷进入四川涉藏地区。据任乃强统计：“查所调用官吏59名中，只进士1人（吕咸熙，云南浪穹人，任文案），举人13名，此外乡试副榜2名，贡生10名，增生1名，附生3名，监生18名，学校毕业者5名，无资历者6名。”[3] 随着赵尔丰在川边兴办教育，设立学校、编制乡土教材，聘请内地名师赴川边办学，为四川涉藏地区培养了大批人才，民国时期

---

① 九龙县档案县志局编：《九龙县民族志》，2006年，第34页。

② 文丰：《西康分校之刍议》，《康藏前锋》1933年第4期，第22页。

③ 任乃强：《康藏史地大纲》，西藏古籍出版社，2000年，第190页。

更是有一大批知识分子进入，极大提升了四川涉藏地区整体的文化水平。

（一）内地知识分子推动四川涉藏地区文化发展

一是积极兴学、劝善化导乡邦。在汉人比较多的地区，在官办学校未开办之前，从外地来定居的汉人开办的私塾是主要的办学形式。如松潘，从宋代开始，便有杰出人士积极兴学，开办私塾，劝善化导乡邦，以身施教。明嘉靖年间，在松潘成立了著名的岷山书院。另外在茂州、汶川、松潘卫、杂谷、龙安府建有书院或县学。如在汶川，早在乾隆二十五年（1760），在知县李成桂的主持下，建立了汶川书院，书院由当地汉绅、瓦寺土司捐资购置田产收租办学。[①] 在川边地区，从光绪中期开始，陈惠之、王选楼、李天祥等康定的士绅已在家设立私塾，招收学生。[②] 清末民国时期，在四川涉藏地区开办新式学堂以后，所办私塾相继减少。不过在部分地区，由于教育经费短绌，在部分地方仍存在私塾。如民国时期，在炉霍县，由于从清末以来的“数十年以来，学费支绌时开时闲”，加上当地汉人居多，因此他们大多“自立私塾”，因为重视教育，民国时期在炉霍私塾里学习后，“经官保送四川或进京转入大学，尚有数人，现已为仕”。因为在炉霍，当地汉人比较重视教育，学习氛围和风气较好，因此在普通公立学校培养出来的学生质量都要“胜于他县”。[③]

除设立私塾外，还有由地方知名人士倡导成立的、专门为贫寒子弟教授知识的义学堂。道光五年（1825），懋功屯务厅义学成立。在懋功，光绪十四年设立厅学以后，历次科考，文生 24 名，但是大部分是“客籍者冒入者”。[④] 同治年间，松潘学署义学堂、松潘岷山书院义学堂相继成立。光绪年间，在打箭炉设立河东、河西义学两所。

---

① 汶川县政府编：《汶川县县志》，汶川县政府刊印，1944 年，第 3 页。

② 四川省康定县志编纂委员会编：《康定县志》，四川辞书出版社，1995 年，第 470 页。

③ 刘赞廷编：《民国炉霍县图志》，载中国地方志集成编委会编：《中国地方志集成·四川府县志辑》第 67 册，巴蜀书社，1992 年，第 98 页。

④ （清）兴元纂修：《懋功县乡土志》，民国六年抄本。

二是编辑志书与乡土教材。随着越来越多有识之士的进入，为便于当地群众了解当地历史、文化及教育的需要，部分有识之士还积极编辑志书及乡土教材。据初步统计，编辑的乡土志书、县志有：道光年间钱召棠纂修的《巴塘志略》、道光年间的《茂州志》、同治十二年（1873）何远庆纂修的《松潘纪略》、同治十三年（1874）吴德煦纂修的《章谷屯志》、光绪年间张继纂修的《定瞻厅志略》、光绪三十二年李之珂纂修的《四川新设炉霍屯志略》；民国四年，南坪民间文士马秉忠、徐步蟾私修编撰的《南坪乡土志》成书，为阿坝州境内历史上第一部乡土志书。另外，还有《懋功县乡土志》（清兴元纂修，民国六年出版）、《新修懋功屯志略》（兴元）、《抚边屯乡土志》（刘文增）、《茂州乡土志》（谢洪思）、《崇化屯志略》（刘永光）、《泸定县乡土志》（王世瑀、张培恕纂修，手抄本，1949）等成书。民国十二年，经过6年时间由张典等修、徐湘等纂的《松潘县志》成书。民国三十二年，在汶川县县长祝世德的组织下，编纂了《汶川县志》和《图说》。[①]

三是展开调研、传播边地文化。民国时期，一大批经边大员、研究学者、文人墨客因为各种原因进入，对四川涉藏地区的人文、历史、民族等展开研究，进一步推动了该地区社会、经济、宗教、文化等方面的研究。如任乃强，从民国十八年开始，多次赴西康地区考察，撰写了《西康诡异录》《西康十一县考察报告》《西康图经》等著作，开康藏研究之先河。另外还有刘赞廷、贺觉非等以不同的方式记录了西康的历史、文化、社会、风俗、古迹等。民国时期，还有多位摄影家、记者前来考察风土民情，如上海《申报》的王小亭、刘硕甫，《良友》《中华》《申报》的特约记者庄学本，金陵大学的孙明经，先后用影像、图文等方式，生动形象地记录了近代四川涉藏地区的经济、山川、地理、民族、文化、物产。还有不少艺术家也纷纷前来采风，吴作人、叶浅予等著名画家先后赴西康写生，用画笔展现了涉藏地区的自然、人文风情。

---

① 阿坝藏族羌族自治州地方志编撰委员会：《阿坝州志》上册，巴蜀书社，1987年，第22、24、32页。

嘉绒地区私塾中的汉藏族学生①

（二）新式教育在四川涉藏地区的推广

在四川涉藏地区推行新式教育是提升区域文化水平的重大举措，通过开办新式教育，造就了一批熟悉汉藏文化的藏族精英人士，实现了涉藏地区教育向近代新式教育的转变。

1. 甘孜地区

就学校数量而言，光绪二十九年（1903），打箭炉厅同知伍文元在打箭炉创立“大同学堂”，开创了川边甘孜地区第一所官话学堂。光绪三十年，巴塘粮务委员吴锡珍在巴设立官话学堂。赵尔丰经营川边聘吴嘉谟为学务局长，设治巴塘，综理川边地区教育事宜，在川边各地设立模范、官话两种学校。不到3年时间，在川边开办的各式学

① 图片来源：《中华月报》1934年第2期。

校达到“一百六十多所”。据统计，仅在巴塘，清末就开办了6所初等小学、21所官话学校、6所女子官话及雕刻科、陶冶学校、师范讲习科、藏语专修科、官话师范传习所等和实业相关的学校、科室。另外在义敦、理化、河口、定乡、稻城等县，还开办了初等小学和官办学堂多所。①

民初，清末开办的很多学校中辍，仅康定还有初小两所、高小一所，学生也仅20余人，泸定有两所男学校、女子小学校两所，其他各县学校则全部停办。民国六年川边镇守使陈遐龄，恢复了丹巴、雅江两所学校，虽试图恢复巴安、甘孜、理化等各校，但因无学生而中止。在巴安，教会开办的教会学校，“学生一切费用，如纸笔书籍等，都有他们供给，并免缴学费”，很多孩子进入教会学校上学。巴安当地士绅在曾理学的倡导和竭力主持下，重新新办了学校，在无书籍、无经费的情况下，在关帝庙开始上课，“居然成效很大”②。民国十一年以后，又先后恢复了道孚、炉霍、甘孜三地学校，但对学校、学生人数均缺少确切统计。③

民国十七年起，刘文辉入主西康后，对各级县立小学开始整顿，西康各县教育也开始逐步恢复。不过就新式学校的开办而言，各个地方的情况冷热不均，设立的学校数目也有所差异。在比较大的城镇，特别各民族杂居的区域，老百姓的思想更为开放，大多积极送子女入学，开办的学校较多。据民国二十五年对西康地区教育的调查报告，在泸定、康定、巴安、丹巴、道孚、炉霍、甘孜、九龙、雅江、瞻化、白玉等12县各种级别的学校中，东部地区各县设立的学校比较多，在泸定县，建立的初级小学最多，达到了17所。其次学校比较多的县份是康定和巴安，在康定，除县立两级小学、三道桥小学外，还有专门的县立女子小学、天主堂西康化小学、清真寺立中阿两级小学。在巴安除县立两级小学外，还有私立华西两级小学。在关外的康

① 郭维屏：《西康之教育》，载《西北问题季刊》1936年第1—2期合刊，第82—84页。

② 杨宗汉：《谈谈我乡西康巴安的教育情况》，《首都学生》1935年第32期，第339页。

③ 周应奎：《西康教育沿革》，《康导月刊》1939年第12期，第31页。

北地区，在道孚、炉霍、甘孜县，除设立县立小学外，还设立数量不等的官话学校。其中炉霍、甘孜分别有3所官话学校，道孚有1所官话学校。而在九龙、雅江、理化、瞻化、白玉，各只有1所县立小学。①

就学生人数而言。清末，因为赵尔丰规定7岁以上的适龄儿童必须送入学堂学习，因此巴塘、理塘、乡城、稻城、雅江等地的学堂学生数众多，光绪二十四年，共有学生290人，宣统二年，学区进一步扩大，“学生有三千人之多”②。民国时期，因为很多学堂废除，政府也无力推行教育，学生数量逐渐减少。不过总体而言，在靠近内地的学校，学生人数比较多；越是边远、封闭的地区，老百姓则将送子女入学视为当差，很难招到、留下学生，学生数量则相应较少。据民国二十五年对西康各地学校人口数额的统计，在泸定县有17所县立小学，每个学校多者上百人，少者也有30人左右。在雅江，全县唯一的县立小学人数仅有20人，在理化唯一的县立小学仅有19人。③ 如民国时期泰宁实验区小学60多名学生中，虽然三分之二为康人，“多系强劝而来”，“系不得不应付汉官，而不得不当‘学差’”。学习的内容有国语、汉语、算数、公民、常识、工作、唱歌等科。④

为什么会出现官办学校“难招生”，四川涉藏地区老百姓将送子女读书视为“学差”的情况呢？一方面，在推进新式教育中，依靠行政手段强行推进，以致当地老百姓视为差役。因此就整体而言，清末实行的新式教育虽然在某种程度上提升了涉藏地区民众整体文化水平，尤其是加深了对汉文化的教育与认知，但由于赵尔丰被杀后，各土司纷纷抛弃废除新学，新式教育遭受波折。另一方面，老百姓不愿意送子女读书，更多是从经济利益角度进行考量。据任乃强调研，在西康地区，藏传佛教寺院能吸引老百姓将儿子送入寺院当喇嘛的一个

① 《西康教育之调查》，中央统计处编：《中国国民党指导下之政治成绩统计》1936年第2期，第31—34页。

② 郭维屏：《西康之教育》，《西北问题季刊》1936年第1—2期合刊，第82页。

③ 《西康教育之调查》，中央统计处编：《中国国民党指导下之政治成绩统计》1936年第2期，第34页。

④ 柯象峰：《西康纪行》，《边政公论》1942年第7—8期合刊，第111页。

重要原因，是藏传佛教寺院运用了经济手段，因为“小沙弥，皆甚年幼，不能担任他项工作，使不出家，惟有坐耗饮食，一经出家，便每日可得茶与糌粑少许，计约值藏洋一咀”，因而送入寺院，便成为“有利可图”之事了，而送入官办学校，也自然是“无利可图”。[①]为了鼓励老百姓将子女送入学堂读书，部分地方还对愿意入学的儿童给予激励，如瞻化县的小学很难招生，知事张赐培创新方法，对于愿意入校读书的儿童，“每人每月发粮一斗”，于是一下招到了60余名藏族孩童，“中有数孩，识汉字颇多”。[②]

就办学质量而言，甘孜的康定、道孚、巴安等地开新式教育的先河。赵尔丰时在巴塘设立了初等小学、官话学堂各一所，教授内容有修身、讲经、国文、历史、地理、算术、格致等科目。因为赵尔丰强力推行，对“学龄儿童不入校者，问其家长”，且免除学生一切学杂费用，对于成绩优秀的学生，还给予奖励，因此巴安的教育“盛极一时”[③]。虽然赵尔丰办学时间比较短，但是“文化的新苗”却已经种在“学子们的脑里了”。民国时期，在西康很多地方的老百姓都将入学校读书视为当差，只有巴安，学生“几乎全系自愿入学”[④]。在巴安，从清末以来，“百姓好读甲于全康”，“数十年以还”，从巴安学校“毕业者数千人”，“诚为一文化之区”。从巴安各学堂毕业者“进京或就四川考入大学者数十人”，其中代表人物为格桑泽仁、刘家驹等。[⑤]

除小学教育，近代在川边地区，根据当地发展的需要，设立了一些职业教育学校。如赵尔丰经营川边时，光绪三十二年在成都华阳设立四川藏文学堂，在打箭炉设立藏文专修学堂。四川藏文学堂“以铸造边徼办事译员与各种实业教习为宗旨”，开设修身伦理、藏语、

---

① 任乃强著：《西康诡异录》，四川日报社，1930年，第118页。

② 任乃强著：《西康诡异录》，四川日报社，1930年，第112页。

③ 周应奎：《西康教育沿革》，《康导月刊》1939年第12期，第31页。

④ 孙建秋、孙建和编著：《孙明经西康手记1939&1944》，中国民族摄影艺术出版社，2016年，第233页。

⑤ 刘赞廷编：《民国稻城县图志》，载中国地方志集成编委会编：《中国地方志集成·四川府县志辑》第67册，巴蜀书社，1992年，第886页。

英语、国语、历史等课程，加强涉藏地区地理、政治、语言、历史、宗教、民俗、文化等方面的教学。四川藏文学堂开办 3 年时间，共培训学生 93 名，从宣统元年开始分批次赴川边，其中从成都赴康定的 77 名学生中，从康定出关到巴塘的有 63 名，“始收铸造关外师资之效”。为增强师资在关外的适应能力，赵尔丰还在打箭炉设立关学师范传习所，以“预储师资通贯语言为宗旨”，培养赴关外之师资。[①] 赵尔丰还在川边各县设立农业学校，给予各种种子，教民耕种。在巴塘设立陶瓷学校，聘请日本专科瓷器技师池田小岛教手工制陶方法。刘文辉经营西康后，锐意兴办学校，在原康定明正街明正土司署，设立康定师范学校，培养师资，开办国语讲习班，以“养成宣传人才及通译人才”。[②]

2. 阿坝地区

在阿坝地区，改流较早或受汉地文化影响较早的部分区域，如松潘、杂谷等地，从明朝开始，已经开始办学，建有茂州学、松潘厅学、杂谷厅学。民国时期，政府在教育方面的投入相对较少，很多地方的学校都是在当地士绅的倡导下建立起来的。在松潘，除了政府主办的学校外，还有由民间资本开办的私立学校。在南坪，民国十一年，在当地士绅徐必超、徐步蟾、赵仕魁的努力下，在南坪设立高等小学一所。民国二十六年，在南坪的永丰、安乐等六地，由学生家长、地方共同集资开办了 6 所短期小学。民国三十年，在短期小学的基础上，建立保国民学校。[③]

光绪年间，在绥靖屯（今金川），设立“绥靖屯公立学堂”，开办蒙学。民国十二年，在绥靖屯知事的主持下，又进一步扩建蒙学堂，由当地士绅潘仲藩、冯光厚担任教师，除教授《三字经》、四书五经，还开设算术、体操等课程，进入学堂学习的学生“近百人”。民国二十五年，绥靖、崇化两屯合并为靖化县，原有的“绥靖屯公立学堂”也改为“靖化县立城厢小学”。同年，又新设立“四川省立

---

① 张敬熙：《三十年来西康教育》上卷，商务印书馆，1939 年，第 49—61 页。

② 周应奎：《西康教育沿革》，《康导月刊》1939 年第 12 期，第 31 页。

③ 南坪县志编纂委员会：《南坪县志》，民族出版社，1994 年，第 779—780 页。

靖化小学”。民国三十一年，米珍担任靖化县长时，专门从成都招聘了30多位教师，充实靖化各地师资，在各学堂开设了国语、算术、公民、历史、地理、自然、体育、音乐、美术等科目，因为这些外地来的老师“不乏能人”，教授的课程很受学生喜欢。[①] 在川西北茂县屯属所在的沙坝地方，民国时期开办了第二边民学校，由于“学生之学食等费，概由公家担任”，开学的时候，所属各区的“汉夷人民子弟，均极踊跃来学”[②]。

（三）四川涉藏地区精英人士开始重视汉文化学习

与四川涉藏地区普通老百姓不愿意送子女去新式学堂接受教育相反的是，土司、头人及通过经商致富、并在当地娶妻生子的汉人等地方精英人士，越来越开始重视对汉文化的学习。具体表现为以下几个方面。

一是延聘老师在家开办私塾。近代四川涉藏地区土司开办私塾是非常普遍的事情。据《打箭炉志略》记载，早在乾隆年间，明正土司已开始“延师课其子侄”[③]。在清末，靠近内地的咱里土司所辖的松林坪、木杉沟、海子山、咱里等地，在土司的提倡下，已经开始办有私塾。因为咱里土司提倡办学，有很好的文化氛围，宣统元年由打箭炉军粮府在沙湾、咱里两地开办了泸定最早的官办学校。[④] 清设章谷屯后，丹巴的巴底、巴旺土司及附24村的头人，大都延聘教师，设馆在家，教授自己及亲属子女，私塾或设于祠庙中，或设于土司或头人家里。[⑤] 如巴旺土司王福元，曾在丹巴新设的小学校里学习过[⑥]。

---

① 蔡仁政：《金川教育史话》，载中国人民政治协商会议四川省阿坝藏族自治州委员会文史资料委员会：《阿坝藏族自治州文史资料选辑》第4辑，1986年，第30—34页。

② 《黑水夷人倾心汉化》，《四川月报》1933年第3期，第131页。

③ 四川省康定县志编纂委员会编：《康定县志》，四川辞书出版社，1995年，第470页。

④ 杜永彬：《咱里土司史略》，载中国人民政治协商会议四川省泸定县委员会文史资料工作委员会编：《泸定文史资料选辑》，2003年，第264页。

⑤ 四川省甘孜藏族自治州丹巴县志编纂委员会：《丹巴县志》，民族出版社，1996年，第527页。

⑥ 刘赞廷编：《民国道孚县图志》，载中国地方志集成编委会编：《中国地方志集成·四川府县志辑》第67册，巴蜀书社，1992年，第494页。

民国时期，土司开办私塾的越来越多，如鱼通土司甲仁安民国二十四年，在家开办私塾，教授其子及其管家之子汉文书籍；金汤的头人金银安也设立私塾，教授其子侄和附近头人子弟学习汉文。① 卓克基土司除自己注重汉文化的学习外，还在他官寨所在的西索村的私宅里开办私塾，聘请黄良文为先生，教读古文。在松岗，也开办了私塾，学堂设立在直波村一寺庙内，请内地的汉族先生教授《三字经》《百家姓》及“四书五经”等。② 民国时期，木里的董把总、纪把总也在家中聘请老师开办私塾，附近子弟支付部分酬金也可进入学习。③

除土司、头人积极开设私塾外，民国时期康定的部分藏族锅庄主，也聘请教师在家里开办私塾，除自己子弟、亲属外，还让当地愿意读书的其他人接受内地教育④。还有部分私塾是在四川涉藏地区定居下来的商人在当地娶妻生子后，为了传承内地的文化，专门设立私塾。如民国时期，在马尔康，回族商人马有德设私塾于马塘，专门聘请先生用传统方法教授“四书五经”，私塾招收的学生除了当地马、熊两个大族外，还附带招收其他村民子弟。⑤ 民国三十一年，在阿坝县经商的商人也在阿坝开设私塾教育。⑥

二是积极赴内地接受新式教育。除在家中开办私塾外，很多土司、头人还将自己子女送到内地，接受内地更好的教育。如瓦寺土司的子女一般是读私塾后，送灌县、成都读中学。⑦ 在靖化（今金川县），民国时期，有蔡正暄等十多名学生前往成都、南宁等地公费学

---

① 四川省康定县志编纂委员会编：《康定县志》，四川辞书出版社，1995 年，第 470 页。

② 四川省马尔康县地方志编纂委员会：《马尔康县志》，四川人民出版社，1995 年，第 512 页。

③ 木里藏族自治县志编纂委员会编纂：《木里藏族自治县县志》，四川人民出版社，1995 年，第 721 页。

④ 邱怀瑾编：《西防纪实》，国西电讯社，1933 年，第 14 页。

⑤ 马尔康县地方志编纂委员会：《马尔康县志》，四川人民出版社，1995 年，第 512 页。

⑥ 阿坝藏族羌族自治州地方志编撰委员会：《阿坝州志》上册，巴蜀书社，1987 年，第 32 页。

⑦ 《嘉绒瓦寺土司的后代——全国人大代表、阿坝藏族自治州政协副主席索观涛采访记》，载杨恩洪著：《藏族妇女口述史》，中国藏学出版社，2006 年，第 147 页。

习[①]。在松潘，阿思峒大寨部落的土千户王道生，也将儿子王额来送到边民学校接受汉文化教育，后王额来赴成都军官军校接受专业训练和学习。[②] 另外，天全的高土司等也积极派子嗣前往内地求学。民国二十年，南京国民政府在中央政治学校专门建立蒙藏班，号召边疆的有志青年赴内地学习。蒙藏班学时为 3 年，主要学习农业行政和教育行政。民国二十二年，蒙藏班又先后更名为南京蒙藏学校、国立南京边疆学校。据不完全统计，前后有 150 人赴雅安、成都、南京、北平等地的学校求学。其中就有已废明正土司的后人甲联芳、甲联升，泸定的已废土司余锡禄等人。其他则大多是在康定、巴塘、理塘等官办学堂或教会学校受过基础教育的学生。[③] 除精英家庭以外，还有很多在涉藏地区接受了基础教育、具备一定知识水平的西康青年，“鼓着十足的朝气，不信父母的劝告和恐吓，打破宗教上的迷信”，纷纷前往内地求学。虽然从西康前往南京要“历经三月余的长途”，还且还要“跋山涉水，踏穿雪地冰天”，但是他们也不避艰险、不辞劳苦，相约出门、集中前往，因为一次前往内地求学的人过多，常常“各地的招待所弄得应接不暇”[④]。在四川涉藏地区条件较好的巴塘，受格桑泽仁等人的影响，在民国二十一年前后，从巴塘前往南京读书的学生就有 50 多人。[⑤]

三是请专门老师教授汉地文化。在四川涉藏地区相对边远区域的一些土司，也开始意识到学习内地文化、通晓内地语言的重要性。如甘孜县的女土司德钦汪母，民国六年出生，从小她母亲就专门请了汉

① 《金川教育史话》，载中国人民政治协商会议四川省阿坝藏族自治州委员会文史资料委员会：《阿坝藏族自治州文史资料选辑》第 4 辑，1986 年，第 30 页。

② 四川省阿坝藏族羌族自治州松潘县志编纂委员会编：《松潘县志》，民族出版社，1999 年，第 944 页。

③ 郭建勋、朱茂青：《抗战时期康东旅外青年笔下的“康区”》，《西南民族大学学报》2014 年第 3 期，第 11 页。

④ 刘家驹：《折多山与西康的青年》，《西藏班禅驻京办公室月刊》1931 年第 9—10 期合刊，第 19 页。

⑤ 曾文琼：《格桑泽仁》，载中国社会科学院近代史研究所、中华民国史研究所合编：《中华民国史资料丛稿人物传记》第 16 辑，中华书局，1982 年，第 73 页。

文老师给她教授汉文。[①] 在靠近内地的土司，学习的内容则更加全面。如瓦寺土司，专门在衙署内聘请教授国文的老师教授汉文，课本采用初小教科书，国文、算术、自然等均有，并教授《论语》《孟子》。[②] 如后来担任卓克基土司的索观瀛，光绪二十六年（1900）出生，他父亲在他7岁的时候，除了让他在私塾接受启蒙教育外，还专门在家里请了一位清朝的举人郭褒给他担任家庭教师，专门教他“孔孟之书”[③]。

四是积极支持开办边民学校。民国时期，松潘县的头人屈登英自己出资，捐助国立松潘初级实用职业学校房屋十余间，价值10万元以上，受到国民政府的嘉奖。[④] 除此外，松潘清真寺上中下三寺，都开办有伊斯兰学校。[⑤] 松潘大寨土司但真王吉在松潘边民学校成立后招不到学生的情况下，首先把自己的儿子送到学校，以示提倡[⑥]。民国二十五年，松潘大姓土司荣德清、大寨土司乔登保纷纷建立番民小学校，但是没办多久即停办。[⑦] 另外，在松潘的十里乡，也有一姓郭的土司曾开办学堂，当地也因此被称为“郭学寨”[⑧]。在卓克基，索土司的姨太太官淑贞，刚开始一句国语也不会说，在索土司的影响下，一年之间不仅能说很流利的国语，还能读书写信、背诵古诗，并且找到边疆服务部，请求在她的家乡坎木根寨办了一所小学。[⑨] 丹巴

---

① 贺觉非：《我所熟悉的西康土司》，载湖北省政协文史资料委员会编：《湖北文史》2005年第2辑，第69页。

② 宓贤璋：《瓦寺土司政治调查》，载李文海主编，夏明方、黄兴涛副主编：《民国时期社会调查丛编》二编《少数民族卷（上）》，福建教育出版社，2014年，第581页。

③ 建德·东周：《索观瀛传》，载中国人民政治协商会议马尔康县委员会：《马尔康县文史资料》第2辑，1992年，第18页。

④ 《令：义陆字第一三四〇〇号（中华民国卅三年六月十五日）：为四川省松潘县屈登英捐资兴学应予嘉奖由》，《行政院公报》1944年第7期，第53页。

⑤ 黄白殊：《松潘之教育》，《新四川月刊》1939年第6期，第37页。

⑥ 黎光明、王元辉著，王明珂编校：《川西民俗调查记录（1929）》，台湾“中央研究院”历史语言研究所，2004年，第98页。

⑦ 四川省阿坝藏族羌族自治州松潘县志编纂委员会编：《松潘县志》，民族出版社，1999年，第671页。

⑧ 松潘县地名领导小组编印：《松潘县地名录》，1983年，第22页。

⑨ 东餃：《我所知道的官淑贞小姐：一位热心办学的嘉戎女子》，《边疆服务》1948年第24期，第10页。

松安寺的堪布在内地云游期间，“通过对内地经济、文化的考察”，意识到在丹巴发展教育的重要性，他返回丹巴后，捐款“250 万法币”，耗费 3 年时间，将破烂不堪的巴旺小学建成“颇具规模的中心小学”。①

五是重视对汉族知识的学习。早在明代，部分受汉文化影响较深、思想比较开放的涉藏地区土司，已经开始积极学习内地文化，如董卜韩胡在明代，求《御制大诰》《周易》《尚书》《毛诗》《小学》《方舆胜览》《成都记》诸书②。另外如索观瀛，在其卓克基官寨二楼还设立了一间名为“蜀锦楼”的藏书屋，收藏了很多书籍，包括《三国演义》《古文观止》等，还有每天阅读报纸的习惯。③

二、艺术方面

（一）音乐舞蹈

1. 音乐

早在清乾隆年间，在四川一些涉藏地区，已流行内地的一些歌谣。如在巴塘经商的陕西商人张某曾于巴塘、理塘之间创作了一首《行路难》的歌曲“与人民唱和”，张某去世后，巴塘人民将张某歌唱的山命名为“充本拉山”，意为“汉人山”。当地百姓“因爱此歌”，到处传唱。民国时期，这首歌还“行于全藏，无谓男女，均爱唱之”。④

伴随着近代四川涉藏地区各民族的交往，老百姓也开始传唱内地流行的一些歌曲。在甘孜地区，民国时期一些和内地接触比较多的人，也开始主动学习唱内地歌曲。如民国二十五年冯云仙在道孚时，当时给她提供汤役的女孩撤松能唱当地驻军部队的一些军官教给她的

① 丹巴县志编纂委员会：《丹巴县志》，民族出版社，1996 年，第 647 页。

② （清）张廷玉等撰：《明史·董卜韩胡宣慰司传》，岳麓书社，1996 年，第 4934 页。

③ 建德·东周：《索观瀛传》，载中国人民政治协商会议马尔康县委员会：《马尔康县文史资料》第 2 辑，1992 年，第 32 页。

④ 刘赞廷编：《民国巴安县图志》，载中国地方志集成编委会编：《中国地方志集成·四川府县志辑》第 67 册，巴蜀书社，1992 年，第 891 页。

多首汉歌及许多军歌曲。[①] 民国时期从绰斯甲嫁到道孚榆科的土司外甥女工丝翁姆，因为从小便同汉人一起玩，受汉人哼东北风、十二杯酒等当时流行小调的影响，她也经常“哼哼流行小调”。[②]

除此外，一些经常前往内地的藏族，也将内地音乐带到了四川涉藏地区，并在此基础上，进行改良、加工，再创作出一些深受当地老百姓喜欢的歌曲。如民国时期格桑泽仁和好友格桑群觉根据巴安的习俗用汉、藏文字创作的《巴安月令曲》弦子词，借用汉族《孟姜女》曲调，用藏语演唱，汉藏结合，成为汉藏同胞耍坝子、婚丧嫁娶等重要时刻不可缺少的表演节目。[③]

抗日战争爆发以后，为更好宣传抗日、增强涉藏地区各族同胞的爱国意识，民国二十七年，西康各界人士成立西康音乐改进会，收集当地老百姓熟知的歌谣，填入宣传抗战的新词，宣传抗战。[④] 西康省正式成立以后，刘文辉下令西康各县政府、设治局、泰宁区署各地采集激励民族奋发之气的歌曲编辑成集，在西康各学校、社教团体进行演唱。[⑤]

在阿坝地区，由于靠近内地，很多汉族的歌曲也伴随着外来人口传入川西北。如民国三十年，王文蒙、葛维汉、白雪娇等人所在的大学生暑期边疆服务团在阿坝地区调查之时，发现当地藏族已经开始传唱内地之曲，但是“多仅用其调，换以戎语之词”，除此外，还有一些“调词全采用者”。[⑥] 在阿坝县，伴随着“崇拉”市场的兴起，各地的表演艺人也纷至沓来。[⑦] 在南坪，因为毗连文县“陕西籍居其二三，文县籍居其六七”，由陕西移民传入背工调，文县的移民传入花

① 冯云仙：《西康关外日记》，《蒙藏月报》1936 年第 6 期，第 14 页。

② 王涤瑕：《榆科见闻记》，《康导月刊》1942 年第 1 期，第 34 页。

③ 黄德权著：《格桑泽仁传奇》，四川美术出版社，2015 年，第 122—124 页。

④ 四川省地方志编纂委员会编：《四川省志 · 文化艺术志》，四川人民出版社，2000 年，第 195 页。

⑤ 刘文辉、韩孟钧：《训令：省教字第〇一九八号》，《西康省政府公报》1939 年第 5 卷，第 202—203 页。

⑥ 王文蒙、葛维汉、白雪娇等撰：《川西调查记》，载骆小所主编：《西南民俗文献》第 12 卷，兰州大学出版社，2003 年，第 242 页。

⑦ 阿坝州文化局编：《阿坝藏族羌族自治州文化艺术志》，巴蜀书社，1992 年，第 93 页。

调，在当地融合汉、藏、回等各民族音乐风格，形成了独特的南坪弹唱。清末民国时期，南坪的弹唱艺人米老汉还在成都、重庆、陕西汉中等地传唱。[①]

在内地音乐传入四川涉藏地区的同时，一些进入该地区的内地人，也主动学习涉藏地区的传统说唱艺术，如从内地随父亲前往炉霍经商的汉族梁文权（1898—1956），他在炉霍谋生期间，拜当地的格萨尔说唱艺人学习传唱格萨尔，学成后在丹巴等地传唱，他还用竹片制作吹奏工具，吹奏嘉绒地区流行的一些有名的锅庄曲目，深受当地老百姓喜欢。[②] 同时，四川涉藏地区的歌曲在民国时期经一些艺术家的努力，走出四川涉藏地区，走上更高的舞台。其中，最负盛名的便是《康定情歌》。该歌曲源于康定雅拉沟汉族民歌“溜溜调”，在传唱的过程中，逐渐融入康巴藏族的豪爽、浪漫，成为当地各族百姓都喜欢传唱的歌曲。20 世纪 40 年代，由吴文季在康定收集到此歌词，交由著名作曲家江定仙配曲，改名为《康定情歌》。民国三十六年（1947），著名女高音歌唱家喻宜萱在南京正式演唱《康定情歌》，由此传入内地。民国三十八年 5 月、6 月，喻宜萱又先后在巴黎、伦敦的演唱会中演唱了该歌曲，康定由此名扬五湖四海。

2. 舞蹈

随着各族群众进入四川涉藏地区，内地的一些民间舞蹈也随之传入。如陕西商人将华北地区流行的彩船灯、马马灯等民间舞蹈引进涉藏地区，在春节时与内地的龙灯、狮灯等一起演出，庆祝新春佳节。[③]

民国时期，在归国华侨、著名舞蹈家戴爱莲女士的努力下，四川涉藏地区的一些歌舞也走上了更广阔的舞台。抗战前后，戴爱莲回到祖国后组织“中国舞蹈艺术社”。民国三十四年 4 月至 5 月，戴爱莲

---

① 阿坝州文化局编：《阿坝藏族羌族自治州文化艺术志》，巴蜀书社，1992 年，第 103—104 页。

② 丹巴县志编纂委员会：《丹巴县志》，民族出版社，1996 年，第 717 页。

③ 江裕兴口述，青镇东整理：《解放前道孚县城汉团的习俗和庙会概述》，载中国人民政治协商会议四川省道孚县委员会文史资料编辑组：《道孚文史资料选辑》第 1 辑，道孚县印刷厂印，1985 年，第 166 页。

随同丈夫著名画家叶浅予一起到西康采风，在西康期间，戴爱莲主动到老百姓家中学习跳康定的锅庄舞和巴安的弦子舞，创作了《春游》和《巴安弦子》舞蹈，并用舞谱将8个藏族舞蹈记录下来。[①] 回到重庆后，戴爱莲邀请中央大学边疆研究会、中国民间乐舞研究会、边疆学校藏族同学会等参加表演，将鲜为人知的藏族舞蹈在重庆、上海等地表演，受到内地人士欢迎。[②] 其中和四川涉藏地区相关的舞蹈有“嘉戎酒会”“巴安弦子”“端公驱鬼”等。[③] 在戴爱莲的影响下，在上海、北平的大学校园里也开始流行跳欢快、健康的边疆舞蹈，“有力地促进了民族自尊心提高”[④]。

在松潘县城和进安乡一带，近代还流行回族的“花灯歌舞”。据传，清朝末年慈禧太后“破万寿”，要选“松、鹤、遐、龄”四镇诸侯去贺寿。当时，松州因占一个“松”字，恰是四镇中之一字，便被入选。松州总政陈金敖进京贺寿。在贺寿时，宫廷内表演了汉族的“九莲灯”舞，陈金敖看后学会便带回松潘，因而松潘回族“花灯”具有汉族“花灯”的风格特色。每逢春节、喜庆之日，松潘回族都要跳“花灯”以示欢乐之情。另外，一些四川涉藏地区的土官在进京朝贡的时候，也将在内地看到的一些舞蹈、戏剧学会后到当地表演。如松潘牟尼沟的土官，在清末的时候也曾赴京朝贡，“蒙慈禧太后赏赐彩丝皮一张”，回松潘以后，该土官每遇庆祝年节，“必鼓乐表演”，周边的林波寺、山巴寺，“皆仿制之，以为戏”。[⑤]

---

① 戴爱莲：《我的舞蹈生涯》，载全国政协文史资料研究委员会编：《撞击艺术之门——文学艺术大师回忆录》，中国文史出版社，2016年，第485—486页。

② 《边疆音乐舞蹈大会》，《中美周报》1947年第266期，第27页。

③ 陈磊：《“边疆音乐舞蹈大会”观后》，《中华全国体育协进会体育通讯》1946年第1期，第4—5页。

④ 戴爱莲：《我的舞蹈生涯》，载全国政协文史资料研究委员会编：《撞击艺术之门——文学艺术大师回忆录》，中国文史出版社，2016年，第486页。

⑤ 杨抚权：《五县三屯藏民之生活与习尚》，《西北问题季刊》1936年第1—2期合刊，第268页。

边疆音乐舞蹈大会上表演巴塘弦子①

（二）戏剧

随着越来越多的内地人进入四川涉藏地区，内地的川剧也开始传入。早在清末，在汉人比较集中的康定、丹巴、泸定、巴塘、甘孜等县，在当地举办的庙会上经常都会有川剧表演。如丹巴的绒岔道沟，虽然只有汉民五六十户，但是却建有川主会馆与戏台，在当地矿业比较繁盛的时候，每年都会从内地聘请戏班前往表演，“演奏戏文累日”②。汉族移民还在会馆中唱戏酬神，在汶川地区，每年4月份举办的“劝业会”上，“所有买卖，免税三日”，周边的人民都会前往汶川购买所需物品，在会场上，还会有内地的川剧等，“以资庆祝”。③ 民国二十年，金堂、绵阳、江油、平武、梓潼、剑阁、昭化等地的川剧艺人赴南坪演出川剧，川剧由此传入南坪。同时，陕甘等

① 图片来源：《中美周报》1947年第266期。

② 任乃强著：《西康图经》，西藏古籍出版社，2000年，第444页。

③ 丁作韶：《川康边区视察记》，《大中国周报》1933年第8期，第26页。

地的秦腔艺人也前往演出秦腔。民国二十九年，南坪士绅集资成立川剧戏团，定期在南坪表演川剧。[①]

西康建省委员会筹备期间，建省委员任乃强于民国二十六年在康定组织游艺宣传队，新招城乡汉、藏、回等30余人，教他们学戏，除学川剧外，还练习杂技，教简单的戏法，双簧、魔术和演说的方法。同时从内地招来的戏班老师与康定城的票友自发利用周末时间在康定表演[②]。民国二十七年，游艺宣传队改为“卫乐剧院”，由李连五、杨体元等人从内地聘请川剧名角陈书舫、唐笑吾、曾荣华等前往康定演出，表演的《送行》《拷红》《秋江》《玉堂春》《西厢记》《焚香记》《翠香记》等非常受人欢迎，陈书舫还与曾荣华、唐笑吾等编导演出了《柴市节》《戚继光》《岳飞抗金》等多出爱国传统剧目，所得收入全部捐献抗日。[③] 抗战胜利以后，卫乐剧院内迁，大多数艺人离开康定。康定一些川剧爱好者，自发组织成立“票联社”，贷款购买川剧表演所需的行头，邀请卫乐剧院未离开的艺人定期在康定的颐康电影院演出，每月演出8—9场。[④]

另外，受内地戏剧的影响，部分地区的藏戏也进行了创新。如阿坝，民国三十六年土官华尔功臣烈大胆改革庙会，创新安多藏戏，每年由汉回商人捐赁汽灯，在他的官寨旁演出《直麦更登》《松赞干布》等藏戏剧目，川甘边境百姓蜂拥而至，前往观看。[⑤]

（三）绘画

民国时期，有多位国内有名的画家前往四川涉藏地区旅行写生，深入体验少数民族生活，通过画笔将涉藏地区的人文风情描绘出来。著名画家吴作人于民国三十四年2月，前往甘孜地区写生，在康定举行个人画展。5月，在成都展出了他在康定等地采风的“吴作人旅边

---

① 南坪县志编纂委员会：《南坪县志》，民族出版社，1994年，第833页。

② 《康定游艺宣传队正式公演》，《康藏前锋》1937年第10期，第47页。

③ 甘孜藏族自治州州志编撰委员会：《甘孜州志》（下），四川人民出版社，1997年，第1813页。

④ 康定县地方志编纂委员会编：《康定县志》，巴蜀书社，2000年，第525页。

⑤ 阿坝州志办：《华尔功臣烈》，《四川近现代人物传》第3辑，第325页。

画展”，展出了打箭炉少女等画。[①] 民国三十四年，著名漫画家叶浅予和其夫人、著名舞蹈家戴爱莲在庄学本的陪同下前往西康采风，叶浅予在采风途中通过给日记配漫画的方式，记录了他 53 天的西康采风日记——《打箭炉日记》。国画大师张大千在民国三十六年前往西康采风，在康定画出了御林宫、头道水、跳锅庄、锅庄阿佳等许多名画，并配有诗咏。张大千采风回成都后，举办了“张大千西康游纪行画展”，轰动蓉城。张大千还出版发行了《西康纪游》图册，宣传西康的山川地理、风土人情。

在阿坝地区，明清以来，松潘汉、回等民族崇尚国画、书法，在收藏历代大师名作的同时，本地和外地在松潘做事的官员、士绅、商贾、文人在业余还创作了大量以山水和梅、兰、竹、菊、渔、樵、耕、读乃至花、鸟、虫、鱼为题材的彩墨、水墨画。留下了若干长卷、斗方、横椎、条幅。民国时期，出现了文根堂、文继和、雍德臣等一大批在川西北有一定影响的国画优秀人物。[②]

三、体育

随着民族交流的深入发展及新式教育在四川涉藏地区的推广，内地的体育项目也逐渐传播到四川涉藏地区。

学校体育方面，从清末开办新式学堂开始，已规划了部分学生活动的场地，只是场地大多是由寺庙、土司、头人的房舍，活动场地过于狭小。民国以后，各级学校开始重视学生的体育锻炼，并引进各种现代体育实施。在道孚，民国十一年在关帝庙后新修的小学里，设有“篮球场、排球场、沙坑”和“乒乓球室”[③]。在丹巴，民国九年在传教士开办的天主教学校里，辟有专门供学生锻炼的操场，并逐步教授学生“哑铃操、徒手操、杠架、打秋千、滚铁环”等活动。由丹

① 黄宗贤、范美美编著：《吴作人》，重庆出版社，2006 年，第 142 页。

② 四川省阿坝藏族羌族自治州松潘县志编纂委员会编：《松潘县志》，民族出版社，1999 年，第 721—722 页。

③ 道孚县志编纂委员会编：《道孚县志》，四川人民出版社，1997 年，第 492 页。

巴政府成立的官话学堂里，也有“体操、单杠、秋千等活动”[①]。在白玉，民国二十二年新成立的白玉县小学里，也设有“球架、杠架、沙坑”等体育设施，并开展“篮球、乒乓、双杠、跳高、跳远”等体育活动。民国二十七年，在丹巴设立童子军，聘请教练进行军事化的训练。[②] 在巴安，从西康建省后，巴安城内各式学堂开设体育课。民国三十二年巴安师范学校成立后，设专职的体育老师，购置了“篮球、排球、垒球、板羽球”等运动器材并开设了相应的体育课程[③]。

群众体育方面，民国二十七年，精于北派套路、器械、气功的陕西渭南人刘登洲前往甘孜康定，在康定先后带徒 200 多人，教练武术十余年。民国三十年 1 月，康定民教馆举行讲演大会国术表演，刘登洲表演了金刚拳和最精彩的对子、双剑等。[④] 民国二十九年，原北洋军阀张宗昌的镖师、河北沧州人冯子君因避战乱流落至康定，冯武功高强，内功好，很快吸引了一批人学习武术。后来冯子君在康定办起了“国术馆”，馆址设在忠烈祠。初有学员 20 余人，主要都是在康定经商的陕西商人，后影响不断扩大，学员逐渐增多，又有学生、教师和来自社会的各种人员参加。教授的套路主要属南派，刀、枪、剑、戟、戈、勾、矛、棍等十八般武艺都有，还有冯子君的保留招数，如虎头勾、六角刀、三节棍、流星等。[⑤] 康定国术馆成立后，康定城各界学习武术的热忱高涨，社会各界均开始纷纷学习武术，当时驻康部队 136 师也邀请国术馆到部队向官兵传授武术，教打“满江红”套路。另外，康定的各级学校，也组织“晨呼队”，在康定城内高呼抗日口号，在操坝练习武术，激励各界抗日意志[⑥]。

---

① 丹巴县志编纂委员会编：《丹巴县志》，民族出版社，1996 年，第 608 页。

② 白玉县志编纂委员会编：《白玉县志》，四川大学出版社，1996 年，第 447 页。

③ 巴塘县地方志编纂委员会编：《巴塘县志》，方志出版社，2001 年，第 414 页。

④ 韩磊、艾建伟：《康定武术馆始末》，《四川体育史料》1985 年第 3 期，第 59 页。

⑤ 甘孜州志编撰委员会：《甘孜州志・文化志》，四川人民出版社，1997 年，第 1951 页。

⑥ 白然章：《康定国术馆的成立与活动》，载中国人民政治协商会议甘孜藏族自治州康定县委员会编：《康定县文史资料选辑》第 2 辑，1988 年，第 49—51 页。

第五节　节日庙会

伴随着民族交流的繁盛，在四川涉藏地区形成了一些各民族共同参与、庆祝的节庆和庙会活动。

一、节日习俗

（一）年节习俗

四川涉藏地区汉、藏、羌、彝各民族都有自己的传统节日，如藏族有藏历年，回族有开斋节、古尔邦节、圣纪三大节日，彝族有火把节。在涉藏地区汉族比较集中的区域，基本保持和内地一样的风俗习惯，过春节、清明节、端午节、中秋节等传统节日。随着交往交流的加强，各民族在过传统节日的时候，其他民族也纷纷参与进来，逐渐成为当地各族群众共同欢庆的节日。

在甘孜地区，民国时期在康定过春节时，近汉俗者，“亦用爆竹以祛除不祥”。[①] 当地老百姓过年过节，“通如汉人”，过春节时，他们也会贴春联、放爆竹、投贺年卡片。端午节也会吃粽子，中秋节吃月饼等。[②] 在九龙，杂居区的藏族也会同汉族一起过端午节、中元节、中秋节等节日。[③] 在甘孜北部汉人居住较多的地区，很多当地老百姓也渐渐仿效汉族风俗，如民国二十五年冯云仙在炉霍虾拉沱时，发现当地的藏族老百姓不仅都能说汉话，而且“门外也贴春联、门神”。[④] 在理塘，当地百姓受陕商过春节拜年习俗的影响，也仿效内地的拜年习俗，三五成群，在正月的前三天，不管路上碰到的人是否相识，“拦路大呼拜年”[⑤]。

---

① 蓝铣：《西康小识・岁时》，《康藏前锋》1933 年第 3 期，第 9 页。

② 克兴：《西康打箭炉纪游》，《中论旬刊》1937 年第 18 期，第 16 页。

③ 九龙县档案县志局编：《九龙县民族志》，2006 年，第 13—14 页。

④ 冯云仙：《西康关外日记》，《蒙藏月报》1936 年第 6 期，第 16 页。

⑤ 贺觉非：《西康纪事诗本事注》，西藏人民出版社，1988 年，第 109 页。

因为在松潘经商的大多是内地的商户，因此在民国初年，松潘的春节已如内地一样，耍耍龙灯，且“花炮极多，各商店燃放花炮以数千串”，所燃之花炮均从灌县运来。[①]

同时，四川涉藏地区的藏族群众在过传统的藏历年时，其他民族也经常会一起欢度。如在道孚，当地的汉族在藏历年时，也会按照藏族的风俗习惯，准备酥油花、炸康遮（麻花），与当地藏族群众一起欢度藏历年。[②]

在木里，彝族村落里的苗、藏、蒙古、汉等民族在彝族传统的“火把节”里，也会“高举火把，共庆节日”[③]。

（二）游乐习俗

游乐习俗是民族节日风俗中的重要内容之一，也是民族之间集中交往交流的盛大节日。四川涉藏地区的游乐活动，主要有转山、赛马等活动。

转山　一个民族生活习性的形成，受其生存环境、气候等自然因素的影响。四川涉藏地区所在的青藏高原气候寒冷、空气稀薄、高山阻隔，是藏族与其他民族共同生存、发展的空间，世代居住于此的人们与自然相互依存。他们在享用大自然所赐予的恩惠的同时，对自然的依赖感亦深入到他们生存感的核心之中。他们并没有忘记对自然的回敬与关爱，涉藏地区的一山一水一溪一泉，都被他们赋予了人格和神性。涉藏地区百姓奉行“万物有灵”，他们认为每一座山峰都有神灵，这些神祇主宰着人们的吉凶祸福，山是神灵之家，因此在很多地方每年都会举行盛大的转山祈福活动。在康定，每年农历四月初八日佛祖生日的时候，会举行盛大的转山活动。转山活动期间，康定城的

---

① 傅樵斧著：《松潘游记》，文伦书局，1915 年，第 79 页。

② 江裕兴口述，青镇东整理：《解放前道孚县城汉团的习俗和庙会概述》，载中国人民政治协商会议四川省道孚县委员会文史资料编辑组：《道孚文史资料选辑》第 1 辑，道孚县印刷厂印，1985 年，第 168 页。

③ 马热木子、周命藻：《木里境内的彝族》，载中国人民政治协商会议木里藏族自治县委员会文史资料委员会编：《木里文史·民族史料专辑》，1996 年，第 67 页。

各机关、团体、学校都“无形放假一天”，各种商贩“忙得不亦乐乎”[①]。在理塘，在毛丫土司管辖之地，在每年农历八月中旬“必齐集人民，敬祀山神”。届时“全区人民”及喇嘛寺、理塘土司均支起帐幕，“喧闹若市，嘶声震耳，怒马狂奔，亦可观矣。”转山完后，还要举行赛马活动和“跳锅庄、唱弦子”等娱乐活动。[②]

赛马　在康定，每年农历五月十三日都会举行盛大的“赛马会”，民国以前，赛马会通常由明正土司亲自主持。[③] 西康省政府成立以后，刘文辉为了“激励边民之尚武精神，训练边民之体魄，并促进汉藏民族之精诚团结”，决定扩大赛马会规模，延长各族群众参加赛马活动的时间。在民国二十九年举办的赛马会中，刘文辉亲任赛马会会长，另由136师师长唐英担任赛马会副会长。在比赛的首日，在跑马山举行汉藏各群众共同参加的爬山、登峰运动，次日在康定的南校场举行赛马比赛。参加赛马比赛的多数为藏族，刘文辉12岁的四公子在参加在赛马会的时候，取得了平地赛冠军。刘文辉的夫人杨蕴光，也巾帼不让须眉，骑马“驰骋原野”。藏族同胞因“习于汉族妇女之娇弱”，视刘夫人为“天神”[④]。整个赛马会期间，康定城“万人空巷”[⑤]，各族群众纷纷前往参加。民国时期，除康定赛马会外，理塘在农历三月十三日、六月三日也举行赛马会。[⑥]

---

① 涂吟秋：《边地风光康定的“转山会”》，《妇女共鸣》1943年第9—10期合刊，第19页。

② 鸿登：《毛丫之祀神山》，《戍声周报》1939年第156期。

③ 康定县地方志编纂委员会编：《康定县志》，巴蜀书社，2000年，第462页。

④ 彭文渊：《汉藏民族大团结：西康赛马盛会》，《东方画刊》1940年第6期，第23页。

⑤ 《西康戍军的新阵容与政治的新动态》，《良友》1940年第158期，第3页。

⑥ 贺觉非：《西康纪事诗本事注》，西藏人民出版社，1988年，第100页。

西康赛马会盛况①

参加西康赛马会的刘文辉夫人杨蕴玉女士②

① 图片来源：《良友》1940 年第 158 期。

② 图片来源：《东方画刊》1940 年第 6 期。

刘文辉的四公子参加赛马会①

二、庙会活动

（一）神庙会

在甘孜地区，各种庙会活动最多之地为康定城。三月十八日为娘娘会，相传为痘麻催生送子三娘娘成道之日，汉人以子女扮戏平抬于高架上，游于市曹，或则将孩童作各种奇装异饰，抱骑马上，同游街市，谓之侍奉神祇，观会之红男绿女，拥挤不通②。农历四月初八，为佛祖生期，康定城“无论男女老少”，前往南门外南无寺、夺吉扎寺两寺，大家“携酒载食，支幕绿草间”，各族女性着盛装参会，“华夷士女斗芬芳”③。在道孚，每年阴历六月初四惠远寺会举行盛大的跳神会，“凡县属的居民及当地机关人士，不分男女老幼，如怒涛般的奔涌而来，有万人空巷之势”。大家“身着新装，面露笑容”，

① 图片来源：《东方画刊》1940 年第 6 期。

② 王业鸿：《康定概况》，《新西康》1938 年第 2 期，第 27 页。

③ 贺觉非：《西康纪事诗本事注》，西藏人民出版社，1988 年，第 101 页。

“傍暮方休”。① 在巴安，每年在八月中秋前后还要举行盛大的藏戏表演，“所有城乡的人，大家都认为是每年最热闹，最盛大会期”②，在藏戏表演的前几日，各族群众纷纷搭好帐篷，支好锅灶，会期的时候全家老小都一起参加。巴安每年的藏戏表演能“吸引观众约二三千人之多”，对“冷落的边塞”而言，确是“一次空前的盛会”。③ 另外，还有由巴安“汉商公会”组织，汉藏等各族群众共同参加的朋友会，著名的女性朋友会有“拈香姐妹会”，藏语为“布擦布嫫”；男性朋友会有“巴塘乐群会”。朋友会成员不分民族，自愿参加，每到节庆喜事，都要聚集在一起聚餐、跳弦子、喝喜酒。④

巴安藏戏⑤

① 黄可东：《乾宁惠远寺》，《西康社政》1947 年第 1 期，第 72 页。

② 蒋永和：《藏戏在巴安》，《康导月刊》1943 年第 1 期，第 61 页。

③ 《康藏猎奇记录（一）·巴安番人正在举行一年一度最热闹的藏戏》，《良友》1940 年第 152 期，第 33 页。

④ 李锦、袁晓文：《交融与融合——关于巴塘汉族的个案分析》，《黑龙江民族丛刊》2001 年第 1 期，第 94 页。

⑤ 图片来源：《良友》1940 年第 152 期。

在阿坝地区，民国初年松潘城中的“城隍庙”因为是明代古庙，供奉有“姚将军”，因为供奉的“神甚灵”，在多次战乱、众多庙宇被焚毁的情况下，一直保存了下来，并成为松潘城和周边老百姓共同信仰的场所之一。每年农历三月二十一日，该城隍庙会举行极为热闹的庙会，庙会上有“大戏班”“傀儡班”等各式表演，周围各寨群众等“不远千里来”城隍庙“焚香礼神”。在松潘的林波寺，每年农历四月十五的跳神会，松潘附近的“汉夷往观”。[①] 在懋功，每年农历五月二十八日，是一年一度的城隍会，“乡乡寨寨善男信女涌进县城赶会”，人头拥挤、盛况空前。[②] 在汶川，每年的庙会更是众多，在农历的二月初二为梓潼会、三月二十为娘娘会、三月二十八日为东岳会、四月八日为佛祖会、四月二十八日为药王会、五月初十为城隍会、九月十三为单刀会。

（二）民族交流与大型庙会的兴起

四川涉藏地区近代各地庙会大多局限于当地群众参加，除此外，还有参与民族更多、参与人数众多、内容也更多样的大型庙会。大型庙会在形式上大多是供各族群众游乐、敬神的香会，但是因为四面八方的群众纷至沓来，从庙宇外延展开来，形成临时的交易市场，庙会的传统功能也逐渐发生变化，大型庙会同时成为各民族交流物资、展示文化、沟通情感的重要盛会。近代四川涉藏地区大型庙会的举办主要集中在人口规模较大的康定、松潘等地，其中以松潘的黄龙会规模最为盛大。

每逢庙会期间，各地商贾云集，各族群众汇聚一地，“互通有无”，大多数涉藏地区老百姓乘赶庙会进行物资交易。他们在摆摊设点，贩卖自己生产、采集的土特产品的同时，购买自己所需要的生产、生活物资，而富商大贾则大量收集土特产品贩往内地，同时将运

① 傅樵斧著：《松潘游记》，文伦书局，1915 年，第 78、94 页。

② 范克信、贾中灵采集整理：《沃日土司历史概况》，载中国人民政治协商会议小金县委员会文史资料委员会编：《小金文史资料选辑》第 3 辑，1992 年，第 73 页。

送来的内地物资在庙会上销售。很多庙会因此成为当地重要的商贸集会。如松潘"城隍会"，"朝会的人们只有十分之二三是烧香还愿而来的"，其余的有贩卖商品的、有烧香还愿的、有看热闹的、有讨口的①。在松潘，每年农历六月十五日的黄龙庙会，规模宏大，在民国初年从各地赶来参加黄龙庙会的汉番"不可胜计"，还有很多从数千里外的"青海、西藏、蒙古来者"②。民国中期的黄龙会依然热闹非凡，会前几天就会有从青海、西藏、甘肃及四川的平武、江油、绵阳、北川、茂县等地，和松潘所属的南坪、小黑水、阿坝、红原、若尔盖、三俄洛赶来参会的人。各族群众均"携帐幕，驮酒肉"在庙会开始前，齐集在山沟中，"一时不约而集者千万人"③，"各族的帐幕连绵数十里"，松潘附近的汉藏回羌各民族，成群结队，带上各地土特产品，前往参加。④ 在汶川，每逢庙会，镇上及附近村寨的各族群众，均会前往赶会，会期中，"商贾云集"，来自灌县、崇庆、彭县等地的商贩将各种农副土特产品带到会场销售，汶川的各族群众也将自产的花椒、药材等产品运至市场出售。⑤

近代四川涉藏地区大型庙会举行的时期，也是各民族集中展示传统文化的一次盛会。松潘黄龙庙会是各民族展示民族歌舞、曲艺、服饰等的文化博览会。早在光绪元年（1875），参加黄龙庙会的马尧安曾记载黄龙庙会的盛大情况，他看到在黄龙庙会上各族群众搭建的帐篷"分布如连营"，到夜晚的时候，每个帐篷点燃篝火，燃烧的炉火"明灭如星光"，参加庙会的各族群众"排列大围，环跳互唱"，欢快的歌声"声应山谷"。松潘的汤子青曾形容松潘黄龙庙会："香火万家朝六月，羌歌氐舞杂喧填。"⑥ 民国时期，由于参加松潘黄龙庙会

---

① 王天元著：《近西游副记》，拔提书店，1935 年，第 61 页。

② 傅樵斧著：《松潘游记》，文伦书局，1915 年，第 93 页。

③ 《神秘之雪山黄龙会》，《中华（上海）》1935 年第 33 期，第 8 页。

④ 建勋：《川西黄龙寺》，《家庭周刊》1937 年第 144 期，第 63 页。

⑤ 李增实、向宇栋：《威州镇解放前的寺、庙、观、堂、庙会及封建迷信活动介绍》，载中国人民政治协商会议汶川县委员会文史资料委员会：《汶川县文史资料选辑》第 2 辑，1987 年，第 112 页。

⑥ 张典等修，徐湘等纂：《松潘县志》卷 5，1924 年，第 12 页。

的各族群众“皆着新服饰、宝器”，因此黄龙庙会又被当地群众视为“赛会之期”，穿着的服饰各式各样，大多都是“外间所未曾见过者”①。其中有穿着“毪衣皮套”的羌族，“羊裘皮帽”的“番族”，穿着“布袄遮帕”的“戎人”，还有“毪衫赤足”的“猼猓”②；不同群众说着各自不同的语言，齐聚一处。夜间则灯火耀天、歌声震地，日夜狂欢、歌舞达旦，“各民族一同狂欢，跳锅庄的，唱山歌的，唱民谣的，吼多声部的，弹琵琶的，吹笛子的，欢声笑语，回荡山谷。”③ 身临其境参加黄龙庙会的人，“有如观光了一次西陲民族音乐会”④。

另外，盛大的庙会，也是各族群众的一场情感沟通会。民国时期，在康定举办的娘娘会、将军会、城隍会上，汉藏族群众都积极参加，“四乡群众皆至，十分热闹”⑤。同时大型庙会也是无数青年男女公开寻觅心上人的最佳时期，在跳动的锅庄中，在唱响的旋律中，男女青年互诉衷情，增进了彼此情感的交流。

---

① 傅樵斧：《松潘游记》，文伦书局，1915 年，第 93 页。

② 《神秘之雪山黄龙会》，《中华（上海）》1935 年第 33 期，第 8 页。

③ 张瑞和：《黄龙寺庙会》，载中国人民政治协商会议松潘县文史资料委员会编：《松潘县文史资料选辑》第 1 辑，1997 年，第 101 页。

④ 建勋：《川西黄龙寺》，《家庭周刊》1937 年第 144 期，第 63 页。

⑤ 四川省康定县志编纂委员会编：《康定县志》，四川辞书出版社，1995 年，第 464—465 页。

第六章　民族交流与四川涉藏地区社会生活习俗的发展变化

衣食住行、婚丧嫁娶等社会生活习俗与当地的社会生产方式、生产力发展水平、民族交往等紧密相关，伴随着近代四川涉藏地区各民族之间的频繁交往，各民族的社会生活习俗也相应发生了变化。

第一节　饮食习俗

“民以食为天”，吃什么？如何吃？与当地的物产条件、自身的经济实力、当地的食物供给及各民族的宗教观念等密不可分。随着越来越多的人及内地物资传入四川涉藏地区，各民族的饮食结构、烹饪方式、饮食习俗、饮食器皿等也发生了明显变化。

一、饮食结构的变化

（一）饮食的“藏化”

因为四川涉藏地区海拔较高，蔬菜种植困难，素食较缺乏，加之气候寒冷，人体需要较高热量，才能抵御高海拔地区的寒冷，减轻高原反应，所以饮食一直是以高蛋白、高热量的牛羊肉、酥油茶为主，较少食用蔬菜、水果。

对前往四川涉藏地区的汉人，由于条件的限制，也只能选择和当地群众一样的生活方式，食用方便携带、高热量的糌粑、酥油茶及风干的肉块。这种饮食结构中虽然加入了茶叶，但是因为缺少植物纤维，高原气候干燥，加之糌粑是经“煎炒燥热”，内地人开始食用糌粑的时候，往往不习惯，而且经常会“患腹痛”。但是因为没有其他的食物可供选择，他们只能“入乡随俗”，经过一段时间的调整，会逐渐适应涉藏地区的饮食，“亦无他异”。[①] 他们亦“家置一壶，以为常”，开始制作酥油茶。[②]

除了普通老百姓会根据实际情况调整自己的饮食习惯，以适应当地的高寒天气外，甚至部分特殊人士，如“不茹荤酒”的僧人进入涉藏地区的时候，因为当地素食缺乏，也会改变其只是吃素的饮食结构，开始食用荤菜。如民国时期的“学法团”在甘孜地区时，“行动饮食多感不便”，也“遵从藏俗，全体开荤”。[③]

总体而言，在四川涉藏地区的内地人，食用动物蛋白较多，除新鲜蔬菜与果实外，摄取的肉类、乳类较内地多，整体的营养较内地居民更优[④]。

（二）饮食的“汉化”

在四川涉藏地区，受传统宗教观念的影响，藏族民众认为食用有爪、无四肢的食物不好，对于内地传统饮食中的鱼、鸡、蛋等，均认为不能吃。但是随着民族交流程度的加深，内地越来越丰富食物品种的进入，很多人“似乎已经发现了鸡、鱼等是好吃的东西”[⑤]，因此从前的禁忌也渐渐破除了。

特别是一些条件比较好的土司、贵族，他们的饮食习惯更是发生

---

① （清）查骞撰，胡文和校注：《边藏风土记》，载骆小所主编：《西南民俗文献》第6卷，兰州大学出版社，2003年，第117页。

② 《酥油茶》，《金刚钻月刊》1934年第5期，第13页。

③ 《学法团也蛮化》，载邱怀瑾编：《西防纪实》，国西电讯社，1933年，第34页。

④ 郑集、顾学箕：《松潘中等汉回人膳食之调查》，《科学》1940年第2期，第116页。

⑤ 黎光明、王元辉著，王明珂编校：《川西民俗调查记录（1929）》，台湾“中央研究院”历史语言研究所，2004年，第39页。

了巨大的变化。如卓克基索土司，因为他幼年在成都读书，加之受汉族夫人的影响，索观瀛的饮食习惯逐步汉化，他专门聘请了汉族厨师为其烧制花样繁多的川菜，吃饭时一般“先喝酒后吃饭”，菜的品种也很丰富，常常食用“海参、鲜鱼、皮蛋、香肠”。因为当地缺乏内地的一些食物，土司食用的“大米、曲酒，新鲜蔬菜、调料（多进日本味精）多是从成都、郫县、灌县和温江等地调运”。为了保持蔬菜新鲜，“还有专人组织运输，在库房、厨房储存也相当注意。”① 民国二十三年，庄学本在卓克基考察时，卓克基索土司还专门钓鱼设鱼宴款待庄学本及陪同的地方绅商。② 民国时期，黑水的头人也喜吃白米饭，因为当地无米，他由专人从茂县背米来吃③。另外，在松潘，也有专人从灌县、平武运米去销售，不过价格昂贵，只有富庶之家才能享用。④

“物以稀为贵”，四川涉藏地区山珍较多，有“熊掌、鹿筋尾及兔獐雉之肉”等内地人士视为山珍的食材，当地百姓却并“不以为佳肴”。相反当地很少见的海味，反而成为土司、头人宴请贵宾的食物。“土司头人及堪布大喇嘛等，亦有海味，以供庖厨而食。”⑤ 民国二十年，国立中山大学川边调查团在理塘调查时，理塘县县长张次培设宴宴请，酒席上“海味甚多”，调查团成员均感叹“处此交通困难之地，有此盛馔，真令人难忘”。⑥ 民国二十八年，冯云仙女士在甘孜访问时，绒坝岔土司汪甲准备了一桌海参席，“海参席在西康，已作为贵族招待上宾用。”⑦

除了土司经常置办汉式宴席宴请内地客人外，还有部分在四川涉藏地区经商的商人，为了笼络当地土司，也经常做美味可口的内地菜

① 建德·东周：《索观瀛传》，载中国人民政治协商会议马尔康县委员会：《马尔康县文史资料》第 2 辑，内部发行，1992 年，第 30 页。

② 李媚、王璜生、庄文骏主编：《庄学本全集》(上)，中华书局，2009 年，第 103 页。

③ 蒋旨昂：《黑水头人与百姓》，《大学（成都）》1944 年第 3—4 期合刊，第 70 页。

④ 谭可瞻：《灌松旅途一瞥》，《现代读物》1937 年第 29—30 期合刊，第 193 页。

⑤ 马泽昭：《西康风土政制概要》，《农林新报》1930 年第 220 期，第 454 页。

⑥ 哈姆著，李承三译：《旅行纪略》，《自然科学》1931 年第 2 期，第 251 页。

⑦ 冯云仙：《西康关外日记（四）》，《蒙藏月报》1937 年第 1 期，第 12 页。

肴请当地土司品尝。如民国时期在木里经商的云南商人“李百万”，经常在木里大摆宴席，“置办各种滇、川名菜”，或宴请木里大喇嘛，或派人直接将烹制好的菜肴送到木里大喇嘛住所，请他们享用。[①]

除部分土司饮食开始“汉化”外，在种植蔬菜比较多、受汉族文化影响较多的区域，如甘孜的康定、巴塘，阿坝的杂谷脑、松潘等地的老百姓，除仍食用传统的糌粑、酥油茶外，部分人开始意识到传统的饮食方式“不卫生”[②]，越来越多地开始“用汉人的饮食了”[③]。

（三）饮食的相互融合

因为藏族的传统饮食，蛋白质丰富、营养较高，但是蔬果缺少，容易出现内热、便秘等情况，而内地的蔬果种植较少，在四川涉藏地区原属土司等才能享用的“奢侈品”，伴随着各族人民的经济交往以及在内地蔬果品种的引入，在四川涉藏地区的各城镇，老百姓能够购买的食物种类越来越多，饮食结构也越来越多元，部分饮食观念也发生变化。

一是对四川涉藏地区的传统饮食进行了改良。伴随着越来越多内地物资的进入，康定一些讲究的藏族群众开始注重酥油茶的口感和营养，对每日必喝的酥油茶进行了部分改良。传统的酥油茶只是由酥油和粗茶制成，慢慢地，有些藏族在酥油茶中添加鸡蛋、核桃、花生。不过因为这种酥油茶价格不菲，且制作更加麻烦，一般是“有钱藏民的饮料”，或是在招待宾客时，才如此制作。[④] 在木里生活的布依族因为与当地汉藏群众杂居，因此他们的主食与汉族大同小异，同时也与藏族一样喜欢喝酥油茶，因为特别喜欢吃核桃，因此“核桃是

---

① 夺取荣品藏语口述，阿仲文汉语口译，刘先进整理：《解放前木里的商贸情况》，载中国人民政治协商会议木里藏族自治县委员会文史资料委员会编：《木里文史》第2辑，1989年，第98页。

② 徐仁常：《康人的日常生活与生计》，《康导月刊》1943年第5期，第20页。

③ 陈云皋讲：《康藏问题在国防上的重要性》，《国闻周报》1930年第26期，第3页。

④ 方式：《康定藏民生活素描》，《西北通讯（南京）》1948年第8期，第25页。

布依族打酥油茶的必须配料”[①]，加入核桃的酥油茶别有一番风味，慢慢地当地藏族老百姓也习惯在酥油茶里添加核桃了。

二是老百姓的食品逐渐多元化。伴随着各民族的进入，四川涉藏地区老百姓可以选择的食物材料、食品种类也逐渐增多，特别是在城镇，由于各民族的特色小吃相继传入，当地老百姓可以品尝的食品越来越多元，极大地丰富了当地的物质生活。在巴安，开始种植小麦以后，巴安的面粉（俗名灰面）为“全康之冠”，除了传统的青稞面制作的糌粑，面粉逐渐成为当地老百姓的主食。巴安女子，特别是“随嫁汉人之妇女”[②]，“素号食面高手”，尤善制作银丝细面，俗称“巴塘面”，只要到达巴安的人“莫不大吃特吃”。相应地，巴安食面人家占了全城的“二分之一”。同时，因为巴安土质较好，气候适宜小麦生长，所产面粉较好，也开始有人制作面包，制作的面包甚至较成都的面包店更优，色香味俱全。[③] 在阿坝地区，沿岷江的各城镇，老百姓可以购买到的食物则更多元，如民国初年，在茂县至松潘途中的叠溪，已可买到猪油、猪膘、菠菜、豆腐、皮蛋、大面包、五颜六色的糖果等众多的内地食物。在松潘城，民国初年，因为回族众多，城内各种清真食品种类繁多，有酥月饼、鸡蛋糕、芝麻锅巴糖、锅盔、面包、饼子、麻花，还有各种内地的粽子、凉粉、切面、包子等。除做好的熟食外，还可以购买到鸡、蛋、火腿、各式小菜、米、蕨粉、豆豉、胡豆瓣、挂面、灰面、豆粉、黄豆、芝麻、苞谷面、花椒、海椒、芝麻油、桐油等众多内地的食材和调料。[④]

三是开始使用内地的烹饪方法烹制食物。伴随着越来越多内地人的进入，内地蒸、煮、煎、炸等烹饪方式也逐渐传入四川涉藏地区。当地传统的饮食是喝酥油茶、吃糌粑、风干牛肉，鲜有蒸、煮的食品。如民国时期，即使是在比较偏远的德格地区，耍坝子的时候，会

① 陈扎西：《木里境内的布依族》，载中国人民政治协商会议木里藏族自治县委员会文史资料委员会编：《木里文史·民族史料专辑》，1996 年，第 181 页。

② 杨仲华：《西康之概况》，《新亚细亚》1931 年第 5 期，第 40 页。

③ 何许人：《康南游记（续）》，《康导月刊》1942 年第 2—3 期合刊，第 72 页。

④ 傅樵斧：《松潘游记》，文伦书局，1915 年，第 49、83、87 页。

“置炊具，备饮食”，制作“切面、蒸饺”等予以庆祝，不过即使是“切面蒸饺”这种内地比较普通的食品，在当地也会被大家“视为珍品”[①]。在川西北的羌族地区，羌族一般是以玉蜀黍、小麦、荞麦为主要食物，食用方式一般是磨成粉或烧成饼、或煮作汤、或蒸作饭团状而食，“油盐亦不能率用”。民国时期，受周边汉族的影响，渐渐有“素封之家，仍学步汉人，粜米市肉，购时行鲜菜”，使用油进行烹制。[②] 在木里，迁入的汉族把玉米的多种吃法及各种蔬菜的烹饪加工方法传给当地的其他民族。[③]

在康定等地的很多汉人采用“半汉半康”[④] 的饮食方式，因为当地米价较贵，所以部分改为吃面食、玉米或其他杂粮。由于猪肉很少，多从外地运入，价格昂贵，大多选择吃新鲜的牛肉。而在关外的汉人，受制于自然地理条件的影响和当地物产的局限，其饮食习俗则基本“藏化”，如炉霍的汉族“也是照样的和藏族一样，每天的需要食料，牛羊猪肉蔬菜糌粑为大宗，麦面少有，牛酪牛乳早晚不离”。[⑤]

四是部分饮食习惯也发生了变化。在康定、泸定、巴安、道孚、雅江等地，虽然像内地那样，在正月之际也会举办宴席。通常在汉官、土司及头人等的宴席过程中，“凡为主人之礼，须例以菜肴戴于头上，曲膝行以进，后则命妇女辈跳歌侑酒”。后来因为“稍染汉俗，不肯作是种种礼节也”。[⑥] 同时，除重要的集镇外，四川大多数涉藏地区生活物资缺乏，通常出差或者公干的人很难携带大量吃的东西，所以最简便的办法也是携带“糌粑酥油，牛腿羊肘”，吃东西时“三捏两揉，连毛入口”[⑦]，因为这种生活方式简单方便，所以大多数人在此地区特别是在牧区、野外工作的人，都养成了“捏糌粑”“食

① 马裕恒：《西康德格县概况》，《康藏前锋》1936 年第 3 期，第 35 页。

② 汉周：《屯区鸟瞰》，《川边季刊》1935 年第 4 期，第 172 页。

③ 王心和：《木里汉族见闻》，载中国人民政治协商会议木里藏族自治县委员会文史资料委员会编：《木里文史 · 民族史料专辑》，1996 年，第 51 页。

④ 程裕淇著：《西康剪影》，独立出版社，1945 年，第 23 页。

⑤ 丹珍：《西康炉霍县概况》，《康藏前锋》1936 年第 6 期，第 40 页。

⑥ 蓝铣：《西康小识 · 宴乐》，《康藏前锋》1933 年第 3 期，第 41 页。

⑦ 赵海泉：《漫谈西康康区畜牧事业上之困难及其克服》，原载《畜牧兽医月刊》1941 年 7—8 期合刊，收入《四川畜牧兽医史料》，四川畜牧兽医史料学组，1985 年，第 124 页。

糌粑”的习惯。

二、饮食器皿的变化

伴随着各民族之间交流的加强及内地物品的逐渐传入，四川涉藏地区的饮食器皿及炊具也逐渐发生了变化。

饮食器皿的改变，首先是从土司、头人及富有人家开始的。土司、头人及其他经济较殷实家庭，在改变自己饮食结构的同时，也开始使用内地的饮食器皿。如黑水头人吃饭所用的碗盏，“玻璃、搪瓷、江西瓷都有，与百姓之用木碗而不洗者自是不同”①。卓克基土司索观瀛拥有和使用的餐具则更是高级，不仅使用景泰蓝茶壶，还使用玉石茶盘、白银火锅等②。在木里，云南商人也将搪瓷、塑胶制品贩运到木里，“木里富豪人家争相购买，商店生意兴旺”③。

另外，除当地老百姓传统使用的木碗外，来自内地的土碗也为越来越多的人使用。民国三年，松潘知事傅樵斧从灌县前往松潘任职的途中，发现从灌县运往岷江上游各地的商品中，就有很多土碗和竹器。④ 另外，内地的筷子也逐渐被很多藏族群众所使用，用以代替以前的细树枝来搅拌东西。除了准备筷子在家里使用外，在一些地方，很多人还把筷子作为稀奇之物，放在腰间带的小刀的刀鞘里，随时可以取出使用。

随着各民族之间交往的加强，酒器也慢慢发生变化。藏族老百姓均好喝酒，饮酒一般习喝“咂酒”，即将竹管插入酒瓮中，互相传递，以示关系亲密。因为当地老百姓嗜酒如命，所以前往经商的汉商常常会携带酒水、茶盅，与当地人交易，“两三杯后，即使不成的交易，也就成功了”。慢慢地，汉地的茶盅也开始传入涉藏地区，常常

---

① 蒋旨昂：《黑水头人与百姓》，《大学（成都）》1944 年第 3—4 期合刊，第 70 页。

② 建德·东周：《索观瀛传》，载中国人民政治协商会议马尔康县委员会：《马尔康县文史资料》第 2 辑，1992 年，第 30 页。

③ 夺取荣品藏语口述，阿仲文汉语口译，刘先进整理：《解放前木里的商贸情况》，载中国人民政治协商会议木里藏族自治县委员会文史资料委员会编：《木里文史》第 2 辑，1989 年，第 101 页。

④ 傅樵斧著：《松潘游记》，文伦书局，1915 年，第 8 页。

被一些“矜贵”人家当作酒器来使用。[1]

在炊具方面，伴随着越来越多的商人将不同种类的商品带到四川涉藏地区，云南制造的铜锅、铜瓢等深受当地老百姓的喜欢，如木里的老百姓，因为云南商人将铜炊具贩运到木里，“凡每户人家，无论贫富，都要想方设法购买”。[2] 另外，民国时期印度产的铝制炊具，也贩销到了四川涉藏地区的很多地方。内地的铁锅也进入当地老百姓的家中。[3]

第二节　传统服饰

因气候寒冷，四川涉藏地区的服装无论样式，还是材料均比较单一。近代以后，伴随着汉藏贸易的发展，内地服装样式、新式服装材料逐渐传入，四川涉藏地区服装使用的材质更加多样，样式也更缤纷复杂。

一、近代四川涉藏地区服饰的演变

在甘孜地区，“改土归流”时对藏族的传统服饰和装束作出了相关规定，明令当地妇女“拖辫发，着长裙，易发威髻。长衫齐踵，楚楚汉装”[4]。因此，内地服饰逐渐成为当时老百姓的主要服饰。民国成立后，在甘孜地区，仍有很多涉藏地区老百姓穿着改流时统一要求穿的汉式服装。民国时期，考试院秘书许公武跟随戴传贤前往西康致祭九世班禅大师时，在西康往来5个月的时间内，根据沿途所见所

---

① 张叶舟：《西番杂记》，《太平洋周报》1944年第93期，第2099页。

② 夺取荣品藏语口述，阿仲文汉语口译，刘先进整理：《解放前木里的商贸情况》，载中国人民政治协商会议木里藏族自治县委员会文史资料委员会编：《木里文史》第2辑，1989年，第99页。

③ 黎光明、王元辉著，王明珂编校：《川西民俗调查记录（1929）》，台湾“中央研究院”历史语言研究所，2004年，第44页。

④ （清）查骞撰，胡文和校注：《边藏风土记》，载骆小所主编：《西南民俗文献》第6卷，兰州大学出版社，2003年，第27页。

感赋诗百余篇，在从康定出关后见当地康人所穿的汉式服装，专门赋诗：“西方原有遗黎在，汉制衣观照旧裁。”[①] 感慨在关外的老百姓仍然还穿着汉装。在嘉绒地区的贵族女子，民国时期也通常着清朝时的服饰[②]。伴随着各民族之间的频繁交流，各民族的服饰风格、服装材料等方面也发生了一些变化。

在服饰风格方面，受汉藏交流的影响，越是接近内地的地域，当地老百姓在生活上越是选择穿汉装。如黄慕松入藏经过康定鱼通土司地时，鱼通土司甲仁安携其夫人前往拜谒，黄慕松发现他们已“完全汉化，不过女子尚盘辫而已”。[③] 在木里，民国时期，除有些人“改效汉人衣冠”，还有部分人的穿着采取汉藏结合的混搭风格的服装，比如有的妇女穿“康服而外披汉女短衫”，穿着“不伦不类，无奇不有”。[④] 另外还有部分已汉藏通婚的妇女，也会“著汉服”[⑤]。在九龙汉藏杂居地区，汉、藏民族穿着“时藏、时汉”，从服饰上基本无法区分是什么民族[⑥]。在甘孜地区，20 世纪 30 年代，靠近内地的一些时髦藏族青年经常“冠欧洲之中折笠，或呢博士，服履亦如内地”。[⑦]

在服饰材料方面，随着内地的布匹、绸缎逐渐传入，服装材料的使用和风格也逐渐发生改变，总体而言，越靠近内地，因气候暖和，布匹易获得，使用布匹越多；越往海拔高的区域，气候越冷，布匹价昂，使用布匹的越少。因为四川涉藏地区动物比较多，皮毛较容易获得，在以牧业为主的区域，反而是“皮贱布贵”，普通老百姓通常都是穿羊皮或獐皮等制成的皮衣，很少使用布匹。在甘孜地区，随着内

① 许公武：《康游吟：奉和季陶先生，途中见康人服装感怀口占》，《蒙藏旬刊》1938 年第 156—158 期合刊，第 15 页。

② 刘恩兰：《四川省西北边引琐记》，载四川省国民教育指导月刊编：《四川省边地教育实施》，四川省国民教育指导月刊编印，1941 年，第 77 页。

③ 黄承恩：《使藏纪程》，载骆小所主编：《西南民俗文献》第 9 卷，兰州大学出版社，2003 年，第 43 页。

④ 邱述钤：《木里纪行》，《康导月刊》1939 年第 12 期，第 26 页。

⑤ 洪裕昆：《旅康宝鉴（续）》，《康导月刊》1938 年第 4 期，第 38 页。

⑥ 九龙县档案县志编：《九龙县民族志》，2006 年，第 48 页。

⑦ 《西康人民风俗纪要》，《川边季刊》1935 年第 2 期，第 190 页。

地布料逐渐传入，部分土司、头人穿的服装中，开始将内地的布匹“镶嵌成种种花纹”，如在牛厂的头人通常在獐皮表面的四周镶嵌一掌宽的蓝布作为装饰，而有势力的头人，则以整块蓝布为面。而最为昂贵的衣服，则是使用从四川输入的织金缎面做衣服，在领缘脚边装饰一掌宽的皮料，因为这种衣服“值藏洋两百余元”，所以只有大土司家才能置办。因为“边地布匹价昂”，使用内地布匹制作的衣服“所值甚大”，所以只有土司、头人才能如此穿着。慢慢地，随着内地布匹越来越多地传入，布匹价格有所下调，部分“中产番户”也开始仿效土司、头人置办用布匹作装饰或面料的衣服，不过因为价格昂贵，所以他们往往只有在“佳节盛会衣之”①。而在从事农业的区域，因为气候温暖，距离牧场较远，加之内地商品相对较多，则是穿着布匹制作的衫子，使用的材料也是土司与老百姓各不相同，大贵之家才使用从内地来的绸缎与布匹制成的布衫、绸衫、线衫；而普通老百姓，则使用自己制作的土布做成的衫子。在羌族地区，清末羌族人家每户都有麻园，当地妇女利用闲暇时间织麻布、制麻衣，伴随着崇州产的土布大量输入川西北地区，供藏、羌老百姓使用，羌族地区传统的麻布因为“费工甚大,且不美观”，加之在羌族地区“生产有了发展”，老百姓可以从事多种副业，“收入也不少”，麻布逐渐被土布代替。②

在服装制作工具方面，通常当地老百姓的服装制作不像内地服饰那样非常看重服饰的大小、尺寸，需要软尺、熨斗等量身制造，四川涉藏地区老百姓的服装只需要剪刀和针线，将布匹用针线缝制而成即可。制作衣服使用的线“原只用毛线”，近代以后“始有棉线丝线输入”③，使用的针也来自内地，因为“贩运千里，价值殊昂”，所以针线特别是针往往居为奇货，内地旅行边地的人往往会携带针线前往，“常获厚报”④。

---

① 伍非百著：《清代对大小金川及西康青海用兵纪要》，1935 年铅印本，第 177 页。

② 《中国少数民族社会历史调查资料丛刊》修订编辑委员会编：《羌族社会历史调查》，民族出版社，2009 年，第 37、40 页。

③ 任乃强著：《西康诡异录》，四川日报社，1930 年，第 20 页。

④ 伍非百著：《清代对大小金川及西康青海用兵纪要》，1935 年铅印本，第 183 页。

二、服饰穿着观念的转变

近代以前，四川涉藏地区藏族通常是着皮袍，皮袍较长，可以及小腿肚，另藏靴也较长，可以长及膝盖，再加之“裤子必须用布帛缝，着实也穿不起，男子不穿，妇人也不穿，穷人不穿，有钱人也不穿，俗人不穿，喇嘛也不穿”，所以没有穿裤的习惯。同时，也没有穿汗衣的习惯。近代，受内地的影响，甘孜地区的百姓“都感染了汉人的习俗，渐有穿汗衫和裤子的”，因为传统袍子多是皮毛制成，穿皮衣贴身太凉，有皮毛的衣服扎人不舒服，穿着汗衫贴身舒适，且可解决穿着皮毛衣服带来的不适，因此慢慢地，汗衫开始在老百姓中普及，民国时期“中产以上的男女，差不多全有此物，并且小领右衽，还全与汉人衣服一样”。因为裤子平时穿着不方便，所以普及不够，只有“少数有钱的武士，当骑马赛会时才穿”。[①]

伴随着越来越多的藏族女性与汉人通婚，她们的服装选择也受其家人的影响，开始尝试穿着内地的服饰。不过很多女性刚开始穿着时并不习惯。任乃强先生在《西康诡异录》里，记录了一位藏族女性嫁给汉人后，她丈夫让她学穿裤子的事情，在穿的时候她因“不知如何穿法，后来勉强穿上了仍扎不来裤腰，几个月后，还是褶荷叶边似的乱扎在腰杆上，裤脚子七长八短的吊在衣裙底下”。[②] 学了几个月，还是没有学会。

另外，一部分四川涉藏地区的藏族妇女前往内地的时候也会改变装束，如民国时期“巴安三杰”之一的刘家驹的夫人玉珍纳母从巴塘前往南京探亲时，在康定听当地人说，前往内地的人“西康装束，完全要脱去另改，就是头发也不应留长辫带须，务要剪短”，为此她特意在康定“备置内地适用的衣服被盖”，还买了“内地适用的牙刷、牙粉、胰子、毛巾、手电筒、鞋袜等物”，并且“为了适应环境起见”，请理发师将头发剪掉。在康定，玉珍纳母把藏装换成了“那半长不短的四川乡下式的旗袍，换上鞋袜，穿上裤子”，觉得“焕然

---

① 任乃强著：《西康诡异录》，四川日报社，1930 年，第 18—19 页。

② 任乃强著：《西康诡异录》，四川日报社，1930 年，第 19 页。

一新”，尽管护送她的几个同乡看了，带点讥讽的口气，但是上街后，发现“一般社会上的人，视为平常”，“以后自己也就习惯了，反觉得内地装束简便轻巧。”[①] 还有部分经济条件比较好、地位比较优渥的藏族妇女，也会在特定的时候，穿着清代华贵的礼服和当地特有的装饰，以显示尊贵。如民国时期庄学本在杂谷脑时，杂谷脑守备杨继祖的夫人“穿着满清时代华贵的宫服，锦绣的霞帔，戴上珊瑚珠编成的凤冠”，同时又束上嘉绒特有的“织花腰带，颈上悬着金镶玉嵌的经盒，手上共戴了九只镶珊瑚的戒子”，她的女儿则穿一件“绣花旗袍”，请庄学本拍照。[②]

同时，进入四川涉藏地区的汉族，越是远离内地的区域，因为生活的需要和环境的影响，其着装也会发生变化。如民国时期的理化，“汉民服装多被土民同化”。[③] 在理化经商的汉族，因为“蛮装康语，初至者每被误为康藏同胞，实为汉族”[④]。民国时期九龙的汉族，衣着与内地无异，但是又同当地其他民族一样，无论贫富男女，“皆着一无面羊皮背心于衣外”[⑤]。因为气候寒冷，藏式皮靴“跋涉山原，均颇便利，水泾寒冷之气，均不能侵袭”，因此汉人也常常购买藏式靴子来穿。在松潘地区出入草地的内地商人，也学习当地老百姓的穿着，穿厚厚的皮袄，“以其温暖，且夜间可以代被盖”。[⑥]

在木里的纳西族，服饰和穿戴受当地其他民族特别是涉藏地区服饰的影响较大，男性穿戴的衣、帽、裤、鞋等，大体与藏族男性相同，穿戴方法也基本一样。[⑦]

---

① 玉珍纳母著，张静波整理：《玉珍纳母旅行笔记》，《开发西北》1935 年第 1—2 期合刊，第 71—72 页。

② 李媚、王璜生、庄文骏主编：《庄学本全集》（上），中华书局，2009 年，第 91 页。

③ 冯云仙：《西康各县之实际调查》，《新亚细亚》1931 年第 5 期，第 74 页。

④ 程天鉴：《康南农业概况》，《农场经营指导通讯》1945 年第 1—2 期合刊，第 29 页。

⑤ 吴振：《今日之九龙》，《康导月刊》1938 年第 2 期，第 54 页。

⑥ 汉周：《屯区鸟瞰》，《川边季刊》1935 年第 1 期，第 174—175 页。

⑦ 高土：《木里纳西族史略》，载中国人民政治协商会议木里藏族自治县委员会文史资料委员会编：《木里文史·民族史料专辑》，1996 年，第 116 页。

第三节　建筑文化

独特的地理环境、经济状况、人文特色，对建筑的构造至关重要。一方面，四川涉藏地区的建筑习俗与建筑风格通常是结合当地的地形地貌、自然气候、生产条件，从自身的生活需要、生产发展、宗教信仰等多种需求出发，因地制宜、就地取材。另一方面，居住于此的各族群众又常常会从兄弟民族那里借鉴，孕育出蕴含丰富生态智慧、属于自己的独特的居住空间、信仰空间及其他传统建筑文化。在建筑形态上，各地区的建筑形态因其自然、人文环境不同，各有差异。各类建筑在结构、造型、装饰、材料方面，既有本民族传统建筑方式的特点，又根据当地的实际情况，在建筑工艺、材料、结构、形式等方面进行了创新，体现了不同民族间相互学习借鉴、相互交流的特点。

一、民居建筑的变化

（一）民居建筑的变化

建筑风格方面，在阿坝地区，汉人比较多的区域均是修建汉式房屋。清光绪十七年（1891），灌县贡生董湘琴乘轿前往松潘，在其所记《松游小唱》中介绍了清末松潘城的建筑情况："俯看全城，瓦屋鱼鳞，店铺多齐整"。可以得知，在松潘城修筑的房屋，绝大部分均已是内地瓦房样式。宣统二年，威尔逊抵达松潘城，看到的松潘城也是"房屋几乎全为木结构，通常建筑良好，有雕刻相当精美的门廊"①。清末，松潘屡遭战火焚毁。民国时期，重新修筑的房子，也基本是采用汉式，"和汉人的相同，顶上也是两块斜面合成"，而

① ［英］E. H. 威尔逊著，胡启明译：《中国——园林之母》，广东科技出版社，2015年，第117页。

“富足的上三寨，有盖瓦的”，“庙宇尽皆瓦屋”。[①] 因为汉式房屋修筑较方便，且花费的时间、金钱更少，所以在部分区域，不论是汉族还是藏族，“与种族不生关系”，老百姓的房屋也纷纷采用汉人建房方式，开始修建瓦房。据民国二十四年在川西北屯区的调查，发现“凡是沿大道各城，如威州、理番、茂县、松潘及懋功、抚、绥、屯化等县屯，暨各村市，均为半瓦房而半平房之形式”。瓦房建筑形式，也与内地无异。只是因自身条件不一，屋顶所覆盖的有所差异，有的是铺瓦、有的铺草、有的铺树皮、有的铺石板。[②]

在离主干道稍远点的藏、羌族村寨里，也融入了很多内地建筑元素。如在瓦寺土司管辖的寨子里，部分老百姓的房屋虽然还是传统的藏式风格，但是在局部增加很多内地的建筑风格和元素，比如会在门前增加内地建筑才会有的“泰山石敢当”，还在门额上悬挂辟邪的“朱砂判”[③]。在汶川以上、叠溪以下沿途老百姓的房屋，“无论夷汉”，均是平顶房屋上覆泥土，修筑可供暴晒粮食的平台。[④]

在甘孜地区，康定城最初修建的时候，民居是以传统的石砌碉房为主，因石砌碉房占地面积较大、修筑时间较长、地震时容易垮塌，伴随着越来越多外地人口到达康定，城区的民居建筑风格逐渐发生变化，逐渐变成了修建时间更短、占地面积更小、更抗地震的穿斗木结构的低矮小楼房。同时，因为康定风大，加之木结构房屋容易引起火灾，为防止火灾，大部分房屋采用汉藏融合风格，房屋下面采用石墙结构即用藏式的“风火墙”，上面则采用木结构的吊脚楼方式修建，即“屋子是木结构的，前壁是活动的，大部分涂成棕色，但其中一些墙是用石头建的”。康定城最雄伟、漂亮的住房——明正司署亦是汉藏结合，“半汉族风格的建筑，屋顶是斜坡形的，有屋椽覆盖。屋

① 黎光明、王元辉著，王明珂编校：《川西民俗调查记录（1929）》，台湾“中央研究院”历史语言研究所，2004 年，第 40 页。

② 汉周：《屯区鸟瞰》，《川边季刊》1935 年第 4 期，第 175 页。

③ 黎光明、王元辉著，王明珂编校：《川西民俗调查记录（1929）》，台湾“中央研究院”历史语言研究所，2004 年，第 169—170 页。

④ 刘刚甫：《松理茂游记》，《边事研究》1939 年第 2 期，第 24 页。

顶有几座装饰性的金塔”[①]。到民国时期，汉藏结合式的房屋也逐渐减少，康定城的“房屋建筑纯为内地旧式”，以致进入康定城的人经常会有“遥望之殆不知已深入边境”的感叹[②]。在汉人居住比较集中的区域，还兴建了市街与关帝庙，“人行其间，几忘身在康藏中也”[③]。

在甘孜九龙县，在彝汉杂居区域，部分彝族也仿造汉式房屋的修建方法，“筑墙夹木，亦同汉式”[④]。

除集市外的村寨里，则大多仍采用传统的藏式风格为主的建筑。一些长期在关外经商的汉人，他们在修建房屋的时候，也会选择修建藏式风格的房屋。最典型的如道孚县的民居，民国时期赴康调停康藏纠纷的唐柯三，发现在道孚县经商的“陕人”，他们经年累月在此经商，有“积资至数十万者，皆建筑高大碉楼，作久居计，此间乐不思蜀矣”。[⑤]

在建筑结构方面，因为汉、藏式建筑各有优缺点，针对涉藏地区生活实际，汉藏民族均吸收了其他民族建筑的优点，根据需要调整房屋结构。如康定的部分汉人根据涉藏地区的特点，借鉴藏式建筑的优良之处，改变传统的汉式房屋结构。如康定汉族所修筑的瓦屋，大多“形式甚旧，不通空气及日光，谓如是方能贮财”，慢慢地，“风气日开，改造渐多”，特别是散居各地的汉族所住的房屋，“几与康人无异，惟不植嘛咪旗，是以别耳”。[⑥]

在内部结构方面，土司官寨开始使用内地的木板楼梯——“汉楼梯”。传统的藏式民居通常使用圆木凿成的“独木梯”，这种梯子既不稳固、也不安全，“汉人初习之，则如临深履薄，兢兢若将倾坠”，随着越来越多的汉官衙门、台站、汉式建筑使用“汉楼梯”，

---

① ［英］W. W. 福格森著，张文武译，张皓校：《青康藏区的冒险生涯》，西藏人民出版社，2003 年，第 176 页。

② 刘曼卿著：《康藏轺征》，南天书局有限公司，1987 年，第 19 页。

③ 伍非百著：《清代对大小金川及西康青海用兵纪要》，1935 年铅印本，第 163 页。

④ 邱述钤：《九龙全境视察记》，《康导月刊》1939 年第 4 期，第 33 页。

⑤ 唐柯三：《赴康日记》，新亚细亚学会出版科印行，1934 年，第 28 页。

⑥ 王业鸿：《康定概况》，《新西康》1938 年第 2 期，第 26 页。

土司官寨也开始普遍使用“汉楼梯”。但“汉楼梯”只限于土司官寨使用，“无官位者，虽富拟王侯，不得擅用”。因为“汉楼梯”上下楼梯，方便、安全，渐渐地“关外法度已坏，通都大邑所住之番”也开始“越制使用汉楼梯”，只有“穷乡僻壤仍守旧制”，仍在使用传统的“独木梯”。[①]

在建筑材料方面，伴随着民族交流的发展，四川涉藏地区的建筑也开始采用内地的建筑材料，如清末，康定的白氏、杨氏、衷氏诸家，建筑“宏大轩敞”，“窗棂饰以玻璃”。[②] 而在内地建筑材料不易获得的区域，汉人修建的房屋建筑大多是就地取材，比如在甘孜地区，关外的汉人“因自然环境与生活方式之需求”[③]，他们所建筑的房屋也渐渐采取与关外藏族相同的以石头建筑房屋的形式。在松潘城，因为当地产小竹，所以很多人使用竹子作为泥壁来修建房屋[④]。

而经常赴草地经商的内地商人，则同藏族群众一样使用容易拆卸、方便携带的帐篷。通常，关外牛厂老百姓使用的牛毛帐篷很沉重，难以迅速支撑好。而内地商人携带的帐篷，主要采用布匹为材料，使用木、竹竿为柱，以绳索固定，这种帐篷重量相对牛毛帐篷轻巧、屋顶能够承受较大面积的材料，能容纳人口的数量更多，“小可供一二人住宿，大则可容数十人”，因此渐渐为涉藏地区有势力的“活佛上官”所使用，有的帐篷因为规模宏大，“宛如宫殿”。[⑤]

在建筑技艺方面，伴随着各民族之间的交流，内地的建筑技艺也不断传入。近代四川涉藏地区民居的建筑技艺，不仅有当地传统的土石、石木结构的特点，还在很多民居建筑中吸收了汉式的架梁、斗拱、天井、歇山式屋顶、屋脊装饰等建筑技艺。据任乃强《西康图经》的记载，在名山木匠没有进入甘孜地区之前，传统藏式房屋的柱，通常是“不施斫削”，且不懂“穿逗”之法，随着名山木匠使用

---

① 伍非百著：《清代对大小金川及西康青海用兵纪要》，1935 年铅印本，第 166 页。

② （清）查骞撰，胡文和校注：《边藏风土记》，载骆小所主编：《西南民俗文献》第 6 卷，兰州大学出版社，2003 年。

③ 严钦尚：《西康居住地理》，《地理学报》1939 年第 6 卷，第 52 页。

④ 傅樵斧著：《松潘游记》，文伦书局，1915 年，第 86 页。

⑤ 汉周：《屯区鸟瞰》，《川边季刊》1935 年第 4 期，第 176—177 页。

内地的建筑技艺修建房屋，甘孜地区老百姓的建筑方法也仿效内地进行了“大改良”①。

（二）民居陈设的变化

在家庭陈设方面，随着内地家具的传入，有很多土司、头人、锅庄主家里开始使用汉式家具。在康定的锅庄里，因为“康定之康人，汉化较深，室内乃常有妆柜”② 等汉式家具。民国时期，德格土司在她的会客厅里，也放置了汉式的“布椅”③。冯云仙民国时期在德格林葱时，也发现林葱老土司“室内陈设用器，多类豪贵之汉人家庭。”④ 在阿坝地区，民国时期庄学本到卓克基土司官寨时，发现卓克基土司官寨三楼的客室“陈设有弥陀榻、太师椅、茶几、对联、照片及自鸣钟等，布置得很整齐，完全和汉人一样”。⑤ 民国时期，于式玉在黑水麻窝调查的时候，发现麻窝头人卧室中摆放的是“旧式戴顶的木床”“上边画着一个青毛狮子及牡丹花纹”，“床的周围挂着花布幔”。⑥ 另外，在一些较殷实的老百姓家里，经堂神龛的陈列柜里也会陈设着他们自认为最漂亮的陈设品，其中很多就会摆放来自内地的“瓦狮”“瓷人”等⑦。

除土司以外，在九龙彝族居住比较集中的三垭，也有个别彝族受汉文化影响，开始制造、使用汉式家具。如三垭彝族瓜达，从冕宁迁到九龙，他不仅能“修理枪械，操铁匠业”，还购置制作家具的“月斧锯尺”，仿造制作“汉人各种木器家具”摆放在家里，以致“新入其家，倘不闻其语言，当认为汉人居室”。⑧

---

① 任乃强著：《西康图经》，西藏古籍出版社，2000 年，第 472 页。

② 严钦尚：《西康居住地理》，中国地理学会编：《地理学报》，1939 年，第 49 页。

③ 涤瑕：《会见德格女土司》，《康导月刊》1944 年第 10 期，第 73 页。

④ 冯云仙：《西康关外日记（六）》，《蒙藏月报》1937 年第 3 期，第 3 页。

⑤ 庄学本著：《羌戎考察记——摄影大师庄学本 20 世纪 30 年代的西部人文探访》，四川民族出版社，2007 年，第 159 页。

⑥ 于式玉：《麻窝衙门》，《边政公论》1944 年第 6 期，第 40 页。

⑦ 黎光明、王元辉著，王明珂编校：《川西民俗调查记录（1929）》，台湾“中央研究院”历史语言研究所，2004 年，第 42 页。

⑧ 邱述钤：《九龙全境视察记》，《康导月刊》1939 年第 4 期，第 33 页。

在川西北的羌族地区，羌式民居受汉藏两种建筑风格的影响，房屋建筑呈现复合特征。“羌民藏化已深，房屋多依山坡建筑”，“大门上之框幅以及室内之联坎布置与祝文等，非但用藏文亦象用汉式。”①

二、宗教建筑

伴随着汉藏民族交流的深入发展，在四川涉藏地区的很多地方，修筑了很多融合汉、藏建筑风格的庙宇、宫观、寺院。在巴塘，早在乾隆年间，便修筑了占地面积一万平方米的关帝庙，在关帝庙内，修建了魁星楼、钟鼓楼、戏台；在关帝庙外，还修筑了观音殿，整个建筑均是内地建筑形制，建筑群错落有致、美观精巧。同治九年（1870）巴塘大地震时，关帝庙被震塌。重建时，得到了川、康、藏各地官府、商号的支持及巴塘正副土司、各头人、寺院的赞助，重新修了更为宏大、雄伟的关帝庙。② 在雅江，光绪年间还由客居当地的外来人员共同集资在上街修建了“片石墙、木柱穿斗架、盖小青瓦”的汉藏结合式的、五开间关岳庙。宣统二年，城中居民又在上街修建了片石砌墙、盖小青瓦的城隍庙。民国十四年，本地绅士又集资在中街修建了三层楼高、16 柱四角凉亭式的观音阁。③ 在道孚，民国十四年道孚的士绅率当地佛教居士，兴建了汉藏结合风格的圣谕庙，后经赴藏学法团的大勇法师开示，改为无垢寺。无垢寺“仿照汉族禅院建筑”风格修建，大院中修建有惜字库，同时又在两侧修筑了藏式风格的禅房。④

四川涉藏地区传统的藏传佛教寺院建筑，也受内地寺院建筑形式的影响，建筑风格有所变化。康定城的藏传佛教寺院，多已采用汉式

---

① 王文蒙、葛维汉、白雪娇等撰：《川西调查记》，载骆小所主编：《西南民俗文献》第 12 卷，兰州大学出版社，2003 年，第 275 页。

② 巴塘县地方志编纂委员会编：《巴塘县志》，方志出版社，2001 年，第 412 页。

③ 雅江县志编纂委员会：《雅江县志》，巴蜀书社，2000 年，第 405 页。

④ 江裕兴口述，青镇东整理：《解放前道孚县城汉团的习俗和庙会概述》，载中国人民政治协商会议四川省道孚县委员会文史资料编辑组：《道孚文史资料选辑》第 1 辑，道孚县印刷厂印，1985 年，第 160 页。

康定川王宫①

康定城的观音庙②

歇山式鎏金铜瓦顶，还出现了一些纯汉式的简易转经房。在道孚，冯云仙民国二十五年在灵雀寺参观时，发现寺院内修建了汉式花园，花园“曲折华丽，花木极多”，中间修建了水塘。③ 在南坪，清末重建的八屯寺，正殿采用抬梁式木结构，四合院布局；民国时期重建的藏传佛教寺院芝麻寺，也是采用汉式穿斗式木结构的修筑方法和四合院布局。④ 在甘孜县，因为甘孜、大金两寺的喇嘛商远至北京、上海、香港等地经商，也将内地的一些建筑装饰材料运输到甘孜，民国时期甘孜、大金两寺“皆以玻璃嵌高窗”⑤。巴塘的包大喇嘛，也喜“仿照

① 图片来源：《东方杂志》1936 年第 22 期。

② 图片来源：王小亭拍摄，《大众画报》1934 年第 5 期。

③ 冯云仙：《西康关外日记》，载《蒙藏月报》1936 年第 6 期，第 12 页。

④ 南坪县志编纂委员会：《南坪县志》，民族出版社，1994 年，第 841—842 页。

⑤ 刘赞廷编：《民国甘孜县图志》，载中国地方志集成编委会编：《中国地方志集成·四川府县志辑》第 67 册，巴蜀书社，1992 年，第 155 页。

康定汉式转经房①

康定汉藏风格的基督教内地会福音堂②

① 图片来源：威尔逊光绪三十四年（1908）七月二十九日拍摄。
② 图片来源：孙明经 1939 年拍摄。

川边木坪土司管辖区域汉回等族崇奉之耶稣教堂[①]

汉人”，修建了汉式花园。[②] 阿坝的格尔底寺，因为该寺的喇嘛商势力较大，加之寺院周围有很多从川、陕、甘过来的商户，民国二十三年新修成的寺院“屋顶用瓦盖，地上用砖铺”，耗费在“数万以上”，其豪华程度，庄学本称其为“入番以来所仅见”[③]。

西方传教士在四川涉藏地区传教时，修筑的教堂也多是融合汉、藏及西方教堂的风格。在康定，修筑在陕西街上的基督教内地会福音堂，融合了汉藏风格。福音堂主体为汉式结构，挂的“福音讲堂”匾额则是汉式的，窗户、围墙又采用藏式图案，体现了汉藏融合的特征。道孚天主教堂既有汉文化的多层宝塔顶和大屋顶，又有藏文化的藏式门窗及装饰图案，加上顶部的十字架，兼具汉、藏和西式三种样

① 图片来源：《新人周刊》1935 年第 25 期。

② 《边藏杂报》，《大公报（天津版）》1928 年 1 月 3 日。

③ 李媚、王璜生、庄文骏主编：《庄学本全集》（上），中华书局，2009 年，第 153 页。

式，被称作“三叶堂”。①

另外，回族的清真寺也大多采取汉式风格修建。如康定道光年间重建的清真寺，占地近 1000 平方米，为“中国宫殿式”木结构建筑，寺前还有一对守门狮子。②

三、官寨、衙门

赵尔丰经营川边的时候，府台衙门大部分采用汉式衙门的样式修建。如邓柯府台衙门，即是请内地工匠，按照内地的衙门形式修建了“头堂、二堂、三堂、间道、花厅”等。③ 在汉藏交流比较多、有汉式衙门的地区，当地土司修筑的官寨也喜仿效汉式衙门，官寨的布局、结构、装修等都融入了许多汉式元素。如康定明正土司署，有“石坊蔚然”。④ 鱼通土司衙署，建筑宏敞，富丽堂皇，“无殊内地”。衙前有节孝坊，坊上刻有对联“丹凤御书，诏来帝阙，文龙捧诰，恩自天卫”。另外堂内也如内地悬挂匾额。⑤ 甘孜的孔撒官寨也模拟内地宫殿建筑，在“栏柱上面，且绘龙形”⑥。

在阿坝地区，卓克基老官寨为民国初年所建，民国二十五年被大火烧毁后，索观瀛在民国二十七至二十九年间（1938—1940）对官寨进行了重建，在平面布局、建筑结构、建筑装饰上，大量采用内地的建筑元素。在采用藏式“邛笼”建筑结构的基础上，对传统的官寨结构进行创新，采用了由四组大碉楼组合而成、汉式中轴线对称、封闭式的汉式四合院结构。官寨屋顶也采用汉、藏两种建筑方式，既有当地传统的密梁构成的平房顶，也有汉式悬山式屋顶。在官寨二楼，

---

① 孙建秋、孙建和编著：《孙明经西康手记 1939&1944》，中国民族摄影艺术出版社，2016 年，第 117、158 页。

② 马连成：《简介康定的回族和清真寺》，载甘孜藏族自治州委员会：《甘孜藏族自治州文史资料选辑》第 5 辑，1984 年，第 86 页。

③ 吴乃超：《西上邓柯》，《正义》1948 年第 6 期，第 11 页。

④ （清）查骞撰，胡文和校注：《边藏风土记》，载骆小所主编：《西南民俗文献》第 6 卷，兰州大学出版社，2003 年，第 29 页。

⑤ 蒋五骥：《鱼通缩影》，《康导月刊》1938 年创刊号，第 119 页。

⑥ 刘衡如、杨子和、李章甫、郑少成：《视察道炉甘德白瞻雅江七县报告书》，《新西康》1938 年第 2 期，第 38 页。

汶川九子屯汉羌融合的屯守备衙门①

索观瀛还专门修建了接待内地官商客旅的汉式“会客厅”，会客厅内部陈设全部采用汉式家具，两侧还修筑有供内地客人休憩的汉式客房②。另外，小金的别思满衙门也是仿照汉式县级衙门修建，衙门分三层，石木结构，所有柱子雕龙画凤，四角有鳌头、象脊，内设三道龙门进屋，镀金铜顶加瓦，建造雄伟③。梭磨土司官寨也为汉藏结合式，民国年间曾加以修缮，在官寨中修建了汉式大堂。④ 还有沃日土司官寨也修筑了五层汉式经楼。离内地较近、咸丰年间新建的瓦寺土司衙门，更是大量借鉴了汉地衙门的元素，不仅仿照内地衙门式样设立石坊、照壁，同时在衙门大厅悬挂了匾额数张。⑤ 汶川九子屯守备衙门融合汉藏羌三种风格，前衙虽采取羌式碉楼的建筑方式，但是上

① 图片来源：《中华（上海）》1935 年第 39 期。

② 马鼐辉、王昭武、庄文骏主编：《尘封的历史瞬间——摄影大师庄学本 20 世纪 30 年代的西部人文探访》，四川民族出版社，2005 年，第 43 页。

③ 克维曲棍等口述，范克信、贾中灵整理：《别思满屯守备史略与民俗》，载中国政治协商会议小金县委员会文史资料工作组编辑部：《小金文史资料选辑》第 1 辑，1988 年，第 86 页。

④ 马尔康县地方志办公室编：《红色记忆：红军长征在四土》，巴蜀书社，2008 年，第 228 页。

⑤ 李先谋：《汶川观察日记》，《四季保安季刊》1936 年第 2 期，第 19 页。

九子屯守备衙门①

楼的台阶和木结构的门窗与汉式衙门一样。衙门依山而建，“前后差不多十余进”。其中，后衙是“雕刻精美的汉式建筑”，后衙里“陈列的书画、匾额、屏障，多为汉文和汉式的”，“楼上经堂内的祷文经文”，又全为藏文。②

木里第十六世大喇嘛昂翁谪立执政期间③，耗费数年时间，花费巨资从云南大理请技术高超的工匠新建私邸、扩建经堂，建筑所需要的材料如瓦片等均由马帮从云南驮运至木里，在木里境内修建了“第一幢顶盖泥质瓦片的‘现代化’房舍”④。

---

① 图片来源：庄学本摄，《新闻报图画特刊》1935 年元旦。

② 刘恩兰：《川西游记之六——羌民戎官的九子屯》，《文化先锋》1946 年第 14 期，第 28—29 页。

③ 昂翁谪立执政时间是从光绪十六年至光绪二十八年（1890—1902）。

④ 夺取荣品藏语口述，阿仲文汉语口译，刘先进整理：《木里第十六世大喇嘛昂翁谪立执政时期的大事琐记》，载中国人民政治协商会议木里藏族自治县委员会文史组编：《木里文史》第 1 辑，木里藏族自治县文史组编印，1987 年，第 199 页。

民国时期木里土司的汉式花园①

四、锅庄、会馆、祠堂、石坊等建筑

康定城锅庄建筑早期全为石砌碉房，到清代中后期，为防地震和汉藏商贸需要，逐渐改为有藏式装饰特色的汉式木石结构的院落形式，成为康定城区主要建筑群。锅庄建筑风格多为一进几院布局，建筑面积广，规模宏大。大锅庄大门多用大型花岗石镶砌，门洞旁柱及门顶檐有汉式木架，上盖筒瓦挑起爪角，门楣以藏式木质方块图案（藏语“白马雀巢”）镶嵌，或红黄蓝镶嵌，别有风情。每个锅庄均有较为宽阔的石砌墙围院坝，院坝用鹅卵石镶嵌或青石板铺就，供拴牦牛和骡马，周围廊房相通，堆放茶包及其他货物，是茶包工人的操作房。跨石门坎进去为四合院坝，三方全是一楼一底房屋，楼房用红杉或砖柱立架，中为正房，两边厢房。锅庄主一般住正房。正房后通常有一小花园，穿过小花园为锅庄主的经堂。

在阿坝地区，因历代均有所开拓，沿岷江河谷，从灌县前往松潘沿线，有很多按照内地的建筑样式修建的会馆、祠堂、石坊。茂州道

① 图片来源：《联合画报》1948 年第 220 期。

光年间即已有江西馆、南华宫、湖广馆、广东馆、山西新馆等，所建年代均晚于陕西馆，且基本上均修建在外城。[①] 民国初年，松潘知县傅樵斧前往松潘，经过茂县的“宗渠”，发现当地虽只有一百余家人户，却修有“汶川宫”“川边庙”“过街楼”“平正祠”“岷山祠”“回龙寺”“玄帝宫”，还有“节孝石坊”“木亭”等内地建筑。在茂县县城，有“夏公祠”“丁公坊”“四层塔”“安阜坊”“状元桥”“钟鼓楼”，还有城门楼及“大石照墙”。[②] 在松潘城，民国六年在北街重新修建了有七八十间房子的四合院——陕西会馆，专门接待陕西商人。会馆内供奉关公，每年农历五月十三日在会馆内还召开隆重的关公会。[③]

在羌族居住区域，从清代中叶开始有人仿照汉人习俗修建祭祀祖宗的祠堂，不过只有“较富者始有祠堂”，祠堂建筑和普通的羌族建筑大致相同，只是“顶屋有脊分向前后开门窗，一如中原形式”。同时，新建在羌族村寨里的川主宫、魁星楼、观音楼等，“形式一如内地之庙宇”。[④]

第四节　婚丧习俗

一、婚姻习俗

无论在汉族地区，还是在藏族地区，婚礼均被认为是人生中最重要的礼仪，因此婚配对象的选择、婚礼仪式的举办最能体现当地老百姓的传统习俗。

在婚姻对象选择方面，随着越来越多汉族的进入，在四川部分涉藏地区，特别是汉人比较集中的区域，当地老百姓选择结婚对象的标准，也开始受到内地文化影响而发生了变化。如在黑水下游地区的很

---

① （清）杨迦怿修，刘辅廷辑：《茂州志》（道光十一年），载《阿坝州文库》编委会编：《阿坝州文库·茂州志》，四川民族出版社，2013 年，第 52—53 页。

② 傅樵斧著：《松潘游记》，文伦书局，1915 年，第 31—32 页。

③ 屈锡通、江作见：《松潘商贸史话》，载中国人民政治协商会议松潘县文史资料委员会编：《松潘县文史资料选辑》第 1 辑，1997 年，第 13 页。

④ 章松涛：《羌民的建筑》，《边疆研究通讯》1942 年第 5—6 期合刊，第 7 页。

多村寨，因为刚好是“汉官与土官交接的区域”，婚配观念也逐渐发生变化。当地老百姓与黑水上游自由选择婚配对象的方式迥异，大半已经是仿效汉族，听从“父母之命，媒妁之言”，完全由父母决定，子女不能有任何意见。①

在婚礼仪式方面，部分涉藏地区汉、藏等民族的婚礼形式也在交流过程中融入其他民族的婚礼元素。在靠近内地的部分区域，特别是部分比较开化的土司所辖区域，如嘉绒藏族十八土司之一的瓦寺土司“以身作则，不遗余力地提倡汉化”，他所辖的寨子“一切婚丧礼节大半都汉化了”②。瓦寺土司管辖当地的老百姓，不分汉藏，婚礼的形式和内容几乎和汉人一样，而又与内地汉式婚礼不完全一样，是汉藏融合式婚礼。新郎也簪花挂红，新娘也要头戴“盖顶”，也有赞礼、拜客等仪式。与内地稍有差别的是，要请喇嘛念经，只是喇嘛在楼上经堂念经，并不在婚礼上念经。另外，在女子出嫁的前一夜，要邀请亲朋好友“跳锅庄”。③ 另外，在部分地区，一些来自内地的汉族，经过多年的苦心经营及辛勤劳动，家庭比较殷实、富足的，也会严格按照内地汉族的婚礼程序，采用传统的婚礼方式。因为他们固守汉族的传统婚礼，在当地反而开一地之风气，很多当地老百姓仿效，慢慢改变了当地传统的婚礼形式。如民国时期在雅江的船夫李氏子孙繁衍，成为当地大族，因为“李氏婚娶典礼，悉仍内地旧制”，雅江附近康民，“羡其彬然有礼，沐其同化，遇有婚嫁，咸多效之。”④ 在丹巴，因为设屯较早，虽然县属“汉夷杂居”，但是因为县城汉人较多，汉人与藏族通婚者也多，因此在丹巴，嫁娶的仪式已“多同内地”⑤。

而与之相反的是，在四川涉藏较边远地区的汉族，他们在结婚的时候往往会“入乡随俗”，融入当地藏族婚礼的部分形式、元素、内

① 董品瑄：《黑水河畔二三事》，《风土什志》1944 年第 4 期，第 25 页。

② 王天元著：《近西游副记》，拔提书店，1935 年，第 19 页。

③ 黎光明、王元辉著，王明珂编校：《川西民俗调查记录（1929）》，台湾“中央研究院”历史语言研究所，2004 年，第 167、169 页。

④ 葛耕南：《西康剪影（下）》，《抗战与交通》1940 年第 40 期，第 767 页。

⑤ 《丹巴县土地人民调查》，《边政》1930 年第 3 期，第 2 页。

容。如在炉霍，民国时期当地汉人结婚时，婚礼也要请喇嘛念经祈福[①]。在道孚，新中国成立以前，当地的汉族举办婚礼的时候，既有传统汉式婚俗的拜堂仪式和闹新房活动，同时也会跳藏族锅庄，宴请宾客时，也是“汉藏两种款待并举”，既有传统的汉族酒席，也有藏族客人吃的份子肉。[②]

在婚育观念方面，随着民族交流的发展，部分地区的婚育观念也逐渐发生改变。在赵尔丰经营川边的时候，曾召集归顺的德格土司，指出他们当地户口太少“半由好为喇嘛，半由弟兄共娶一妻之故”，要求他们以后学习汉人“一夫一妻”。德格土司却认为，如果实行一夫一妻，生子过多，当地人将会沦为乞丐，难求温饱，并认为内地汉人极多，难谋衣食，所以才当兵，远来康地，认为“人多亦太苦”[③]。不过随着民族交往的发展，受汉地一夫一妻制的影响，在四川涉藏地区的主要城镇，大多都是一夫一妻制。特别是在康定、松潘等城镇，当地藏族基本是“一夫一妻”制了[④]。

二、丧葬习俗

赵尔丰经营川边时，因不了解藏族传统风俗习惯，针对川边藏族老百姓主要使用水葬、天葬、火葬的丧葬方式，认为天葬“舂其骨以喂禽兽”及火藏“火其尸”的埋葬方式“毫无人理，实堪痛恨”，命令老百姓以后用棺木“以礼殡葬”，改革丧葬方法[⑤]，但是实施效果并不佳。当时石渠的委员孙毓英就从藏族的宗教信仰倡导“舍身救人”，为救人即使粉身碎骨亦不悔等角度，并就土葬存在的弊端，

---

① 丹珍：《西康炉霍县概况》，《康藏前锋》1936年第6期，第39页。

② 江裕兴口述，青镇东整理：《解放前道孚县城汉团的习俗和庙会概述》，载中国人民政治协商会议四川省道孚县委员会文史资料编辑组：《道孚文史资料选辑》第1辑，道孚县印刷厂印，1985年，第166—167页。

③ 傅嵩炑：《西康建省记》，中华印刷公司，1932年，第222页。

④ 方式：《康定藏民生活素描》，《西北通讯（南京）》1948年第8期，第26页。

⑤ 《出示晓谕关外蛮民禁止水葬火藏天葬恶习以棺木安葬由》，刘赞廷编：《民国石渠县图志》，载中国地方志集成编委会编：《中国地方志集成·四川府县志辑》第67册，巴蜀书社，1992年，第365—366页。

如容易传染疾病，请求赵尔丰对藏族传统丧葬仪式不予改革[1]。因而，清末赵尔丰的丧葬习俗改革并不成功。不过随着民族交流的加强，四川涉藏地区汉藏交流比较频繁的区域，传统的丧葬习俗还是发生了变化。

在丧葬仪式方面，在汶川，传统使用火葬方法的羌族民众，伴随着内地的葬礼传入汶川，当地老百姓也开始实行汉式葬礼，采用土葬方法，并开始仿效内地“作道场，发引，入藏，忌宅”等仪式[2]。受汉族丧葬文化的影响，一些区域的群众也有了服孝的习俗。民国三十三年，燕京大学社会学系教授林耀华在杂谷脑调研时，发现当地的嘉绒女子有戴纯粹白色的布帕，“询问其故，则谓为父母服孝”。[3]

在甘孜地区，很多地方的丧葬风俗也发生了变化。在康定，受汉族丧葬习俗的影响，“湔染汉俗者，亦有春秋扫祭之事”“中元之节，亦具纸钱香烛，于院中燃点焚之”[4]。在康定的鱼通，当地人去世以后，无论贫富都是“用棺或木匣殡殓，喇嘛插旗，请喇嘛诵经典”[5]。在九龙杂居区的汉族，受当地藏族丧葬习俗的影响，丧葬时也会请当地喇嘛念经，超度亡灵，在出殡时也会请喇嘛开路[6]。在道孚，汉族仍使用传统的土葬方式，但是在超度死者时，也是汉藏两种方式同时进行，既要请当地喇嘛念经超度亡灵，同时也要请道孚福兴坛的道士举办道场以超度亡魂，个别大户人家的丧事更是隆重，如民国初年道孚丁、阎两家举办丧事时，不仅要在福兴坛作 49 日的大道场，举行成服、点祖、开奠等仪式，还要请道孚县“所有的活佛和黄、红两

① 《管理石渠委员试用府经历孙毓英谨禀由》，刘赞廷编：《民国石渠县图志》，载中国地方志集成编委会编：《中国地方志集成・四川府县志辑》第 67 册，巴蜀书社，1992 年，第 366—368 页。

② 汶川县政府编：《汶川县县志》，汶川县政府刊印，1944 年，第 137 页。

③ 林耀华：《川康嘉戎的家族与婚姻》，《燕京社会科学》1948 年第 1 期，第 141 页。

④ 蓝铣：《西康小识・丧祭》，《康藏前锋》1933 年第 3 期，第 38—39 页。

⑤ 蒋五骥：《鱼通缩影》，《康导月刊》1938 年创刊号，第 121 页。

⑥ 九龙县档案县志局编：《九龙县民族志》，2006 年，第 51—52 页。

教喇嘛念经"[1]。在炉霍的汉人，如遇丧事，"完全与内地的制度相同"，但是受藏族丧礼的影响，汉人在出殡时期，也往往会"请喇嘛念经"[2]。

在丧葬方式方面，在靠近内地的羌族地区，传统的丧葬方式通常为火葬，伴随着羌族与周边汉族的交往，已经少有火葬，多已采用土葬。[3] 到民国后期，通常只有非正常死亡的羌族民众，才仍施行火葬。[4] 在丹巴的羌族民众，他们的丧葬糅合了各民族的丧葬方式，有土葬、火葬、水葬等，丧葬方式的选择由喇嘛卜卦决定。[5] 另有部分受汉族丧葬习俗影响的藏族，也开始仿效汉族的土葬方式。如民国时期，在雅江，当地老百姓"见汉人土葬，较彼等文明，亦有采用土葬者"，不过他们的土葬方法与内地土葬方法稍有不同，他们"不用棺木，即用毯子或衣服将尸体一团，以其头向天，埋入土坑，上作一嘛哩堆、嘛哩旗，以代坟墓焉"。[6] 在木里，"其受汉化较深者已渐仿汉俗，丧葬略如汉人。"[7]

另外还有部分靠近内地的土司去世后，也采用内地达官贵族、富豪之家的厚藏方式进行土葬，并修建精美的墓地。如建于清代的穆坪土司的墓，占地35平方米，墓冢共有4室，修有高达7米，坐南向北、四柱三间三楼的石质仿木结构的牌坊[8]。

---

① 江裕兴口述，青镇东整理：《解放前道孚县城汉团的习俗和庙会概述》，载中国人民政治协商会议四川省道孚县委员会文史资料编辑组：《道孚文史资料选辑》第1辑，道孚县印刷厂印，1985年，第167页。

② 丹珍：《西康炉霍县概况》，《康藏前锋》1936年第6期，第39页。

③ 庄学本著：《羌戎考察记——摄影大师庄学本20世纪30年代的西部人文探访》，四川民族出版社，2007年，第20页。

④ Graam. D. C著，徐松石译：《羌民的风族和宗教》，《天风》1947年第78期，第11页。

⑤ 周晓阳：《丹巴羌族的来历与演变》，载中国人民政治协商会议四川省甘孜藏族自治州委员会编：《甘孜州文史资料》第13辑，1993年，第137页。

⑥ 陈治荣：《今日之雅江》，《康导月刊》1938年第4期，第89页。

⑦ 傅述尧：《木里记（续）》，《边事研究》1939年第1期，第32页。

⑧ 《宝兴穆坪土司墓》，载四川省第三次全国文物普查领导小组办公室编著：《四川省第三次全国文物普查重要发现》，四川文艺出版社，2012年，第120—121页。

第五节　医疗卫生

医疗卫生的发展，是一个地区社会发展的重要指标。近代以前，四川涉藏地区的医疗卫生事业几乎为空白，伴随着越来越多内地人的进入，现代医疗技术开始逐步传入四川涉藏地区。

一、现代医疗的传入

（一）主要的地方疾病及医治办法

相对内地而言，一方面，四川涉藏地区群山绵亘、交通不便、居住分散，加之海拔较高、土地干燥、各种微生物不容易繁殖，各种疾病传播的区域和人群有限，外地的疾病也很难传播进来，如抗日战争期间，四川曾两次霍乱大流行，但是并未传播至涉藏地区①。另一方面，四川涉藏地区因为社会发育程度较低、卫生习惯较差，在广大的牧区，仍是传统的部落制，在农区和城镇，也大多聚集居住，很多疾病很容易在小范围内传播和发展，造成小区域内人员死亡，如民国七年，大小金川地区瘟疫大流行，死者甚多。② 不过，受地理条件、老百姓生活方式、饮食习惯的影响，在四川涉藏地区还是流行着一些地方性疾病。典型的地方疾病有：

甲状腺肿　近代四川涉藏地区最典型的地方疾病是甲状腺肿，又俗称“大脖子病”“猴儿包”，主要是由于所食用土盐中缺少碘而引起。在阿坝地区，光绪二十四年伊莎贝拉在川西北时，发现甲状腺肿在许多村庄惊人地流行，有的村庄甚至有高达75%的人受其折磨③。在甘孜地区，据西康卫生院民国二十九年对当地儿童健康的统计资

① 侯慕渔：《忆川西理番》，《边疆服务》1947年第16期，第20页。

② 阿坝藏族羌族自治州地方志编撰委员会：《阿坝州志》上册，巴蜀书社，1987年，第23页。

③ ［英］伊莎贝拉·伯德著，卓廉士、黄刚译：《1898：一个英国女人眼中的中国》，湖北人民出版社，2007年，第316页。

料，678 名儿童中，患甲状腺肿的有 80 人，占 11.59%①。因为得“猴儿包”的人平时不会感觉痛苦，且数目太多，以致部分地区人们的审美观念发生了变化，并不以之为病，反而认为是一种美的标志。如在松潘，当地男性会认为长有“猴儿包”的女性比没有长“猴儿包”的女性更美②。

患“猴儿包”的康定人③

风湿性疾病　因为四川涉藏地区老百姓特别是牛厂的百姓，普遍仅铺一毡睡于地上，以宽袍作被，罹患风湿疾病的人特别多。

肠胃疾病　因为当地老百姓普遍喜吃“生食”，所以肠内寄生虫较多，容易患肠胃疾病。据民国时期对西康儿童的一次健康检查，300 多名儿童中，“有寄生虫病者，占三分之一”④。

眼疾　因为涉藏地区老百姓大多数使用牛粪或木材为燃料，生火做饭时，满屋皆烟，刺激性很大，加上不注重卫生，用手或衣服擦拭

① 欧阳彬主编:《四川省医药卫生志》，四川科学技术出版社，1991 年，第 247 页。

② 黎光明、王元辉著，王明珂编校:《川西民俗调查记录（1929）》，台湾“中央研究院”历史语言研究所，2004 年，第 29 页。

③ 图片来源：叶浅予绘，《小象》1947 年第 3 期。

④ 邱怀瑾:《西康旅途日记》，《边事研究》1939 年第 1 期，第 29 页。

眼睛，因而患眼病者较多。

除以上疾病外，在部分地区还流行花柳病、黑热病、结核病、盾形腺肿等疾病。民国二十九年，中华基督教全国总会边疆服务部的传教士进入川西北“一面调查、一面医治”，发现当地“普遍的蛔虫，可怕的梅毒，不时爆发的回归热，家家都有的沙眼，十人有五的胃病，都是摧残边地同胞的劲敌”。特别是儿童因为黑热病，死亡“最低者占百分之七十”①。

因近代四川涉藏地区医疗机构及医生的缺乏，加之当地老百姓均信仰藏传佛教，所以当地藏传佛教喇嘛担负起了部分医生的职能。老百姓一旦生病，往往毫无办法，除了延请有德望的喇嘛给以一些药丸或者诵经祈福以求天佑外，别无其他办法。对于疾病，喇嘛如果能治好，“即谓神力”，如果喇嘛治疗不好，往往被认为是病者“冤孽甚重，无法解除，命该如此”②。在部分地方，如果遇到疑难杂症，喇嘛不能医治的情况，老百姓也会请当地的内地医生看病，不过在请医生诊治前，则需要“先求卜于喇嘛断其应请某汉医”，等医生开好药方，还要再请喇嘛“卜其所拟笺方是否可食”③。在阿坝靠近内地的羌族地区，很多羌族民众认为一切疾病都是有鬼作祟，所以他们生病了往往是请“端公”来驱鬼，即使城里已经有了医院，只需花很少的钱便可治好病，但是他们往往要花上更多的钱，并请上几个亲友，请“端公”来驱鬼④。

另外，因为四川涉藏地区海拔较高、空气稀薄，从内地来的人口往往会因为身体不适，罹患各种疾病，典型的有肠胃、心脏疾病。即使是身强力壮的传教士，也有很多“得了心脏病而回去”。加之这里气压较低，食物不容易煮熟，初至其地者，常常会肠胃不适，因此“不但欧人难留，即使汉人侨寓其地的，自康定以西即不多”。⑤ 民国

① 《中华基督教全国总会边疆服务部工作简报》，1948 年，第 11—12 页。

② 黄庄毅：《杂谷脑游记》，《川边季刊》1935 年第 2 期，第 103 页。

③ 徐仁常：《康人的俗习》，《康导月刊》1945 年第 7—8 期合刊，第 42 页。

④ 黎光明、王元辉著，王明珂编校：《川西民俗调查记录（1929）》，台湾“中央研究院”历史语言研究所，2004 年，第 176 页。

⑤ 吴兆珍：《边省卫生建设的重要》，《边疆问题》1939 年第 2 期，第 7 页。

时期，前往四川涉藏地区的部分公干人员，如果不是身强力壮之人，很容易罹患高原型疾病，有的甚至因为海拔太高，死于心脏疾病[①]。

而在四川涉藏地区求生的外地人，由于缺医少药，一旦生病，无法得到及时的医治很容易丧命，因而很多人生病之后，都是想法去能够医治疾病的地方或返回内地医治。如冯明心在入康途中，碰到一个在东俄洛挖金的川北人，因为“病了，没有医药，又不甘死在那里，决心求乞到康定再设法回籍”。[②]

因为缺医少药，部分在四川涉藏地区已经安家的汉人，受藏族妻子的影响，在家人出现疾病、无医疗条件医治的情况下，也开始请喇嘛帮忙治病。据民国四年前往石渠县任职的徐金源在《川边游记》里记载，在康定时碰到的一位汉藏后裔徐某，其父是汉族，其母是藏族，他因“渐染目疾，初而昏眊，继而双瞽”，后其父“延喇嘛数人，至其家诵经终日”，后“双目渐通明，不半月而两目睹物如初”。[③] 另外，在道孚，也有很多汉人受当地习俗影响患病不肯服药，而是请喇嘛打卦念经。[④]

（二）现代医疗的传入及面临的挑战

在川边地区，现代医疗的传入始于清末赵尔丰经边时期，赵尔丰“悯番人之疾苦，兼之汉人军民出关，医药不便”，于是在川省购买药品、聘请医生，赴理塘、巴塘等地，为人疗病。[⑤] 光绪三十四年，因为内地人迁往渐多，加之“关外医药素不讲求，痘症危害尤烈”，同时由于“番民疾病夭亡”，赵尔丰访聘良医，特别选拔痘科医生，“厚给薪资”[⑥]，从内地购进各种中药品，分赴理塘、巴塘、乡城、盐井、河口、邓柯等地，开设药铺，为当地老百姓治病。后改称为医药

① 邱怀瑾：《西康旅途日记（续）》，《边事研究》1939 年第 1 期，第 29 页。

② 冯明心：《康南纪游》，《康导月刊》1943 年第 9 期，第 68 页。

③ 徐金源：《川边游记》，京城印书局，1932 年，第 42 页。

④ 赵留芳：《道孚县浅影》，《康导月刊》1938 年创刊号，第 81 页。

⑤ 杨尚恒：《川边医药之调查》，《同济杂志》1922 年第 1 期，第 38 页。

⑥ 《设立关外医药局片》（光绪三十四年十二月二十日），载四川省民族研究所编：《清末川滇边务档案史料》上册，中华书局，1989 年，第 269 页。

局，各局聘请“内科医生一名，牛痘医生一名，医工二名”[①]，为当地老百姓看病，还派出牛痘医生，为当地群众接种牛痘。

清末、民国时期有很多进入四川涉藏地区的传教士，他们大多具备“医药常识”，传教的时候携带的“药材又非常齐备”，到达后，“即临时设立诊所免费送诊、送药”，以此取好于当地群众。不过，对于传教士的医药，当地老百姓最开始也并不认同，慢慢才有所转变。光绪二十四年，伊莎贝拉在川西北发现当地老百姓生病后主要依赖当地喇嘛给的护身符、符咒和自己在家虔诚祈祷，而当地的喇嘛为了维护自己的声望和影响力，往往“禁止使用不是由他们提供的一切药品”，当地只有那些同汉族文明接触得较多、在当地喇嘛及老百姓心中认为已经“堕落了”的人，才使用其他任何药品。[②] 传教士在条件成熟时，还在当地“创立医院，暗中推行教务”。[③] 光绪三十一年，中华圣公会川西教区在茂州建立福音堂，神职人员李茂林在教堂首次传入西医，为群众治病。民国七年，英国“美道会”传教士在威州、杂谷脑开设教区，又在杂谷脑建立西医院。部分传教士在各地传教的同时，还携带药品赴各地为老百姓治病。如民国九年，法国天主教司铎余廉霭带西药到懋功县传教治病。[④] 因为在当地传教的传教士大多都会流利的藏语，遇到生病的人，他们都会“巧为劝导，使其服药”[⑤]。

对于这些行医的传教士和外地来的医生，虽然当地老百姓比较欢迎，但是因为他们的到来，部分程度上减弱了当地喇嘛的影响力和权威，因此很多地方的喇嘛也千方百计阻止他们行医。如在杂谷脑，成都一位西方传教士曾到杂谷脑去巡回医疗，结果那年冬天刚好当地发生了一次大地震，毁坏了很多房屋，结果“人人都说是因为外国医

① 《度支部咨赵尔丰关外医药局薪费应准由边务经费支用》，载四川省民族研究所编：《清末川滇边务档案史料》中册，中华书局，1989 年，第 293—295 页。

② ［英］伊莎贝拉·伯德著，卓廉士、黄刚译：《1898：一个英国女人眼中的中国》，湖北人民出版社，2007 年，第 316 页。

③ 《雅江散记·服务关外同志值得注意的几点》，《现代邮政》1949 年第 4 期，第 15—16 页。

④ 阿坝藏族羌族自治州地方志编撰委员会：《阿坝州志》上册，巴蜀书社，1987 年，第 20、23 页。

⑤ 郭维屏：《西康之教育》，《西北问题季刊》1936 年第 1—2 期合刊，第 101 页。

生和他带来的器械触怒了当地神明，所以有此灾异”，从此在杂谷脑行医的人得不到当地民众的欢迎，“而深山中几乎不能进去”。[①] 总体而言，传教士的医疗工作，还是一定程度上改变了四川涉藏地区的医疗条件。如中华边疆服务部民国二十九年11月成立巡回医疗队在各地诊疗，“诊疗边地同胞近万人，注射预防二千余人，同时进行卫生宣传、环境卫生指导工作。”[②]

（三）涉藏地区人们疾病观念的逐渐转变

四川涉藏地区人们对于现代医疗的认识，经历了从怀疑到相信逐渐转变的过程。赵尔丰经营川边时，当地百姓对内地来的医药并不信任，后来看到医疗有效果后，“延医服药者，络绎不绝”，赵尔丰设立医药局后，聘请医生，赴各改流之处，为民治病。民国成立后，自由前往川边行医之人开始增多，但是“多窳陋不堪之旧医”，治疗效果并不好。[③]

虽然近代传教士深入四川涉藏地区，在各教堂内附设医院，给当地老百姓提供药品，但是因为很多是由传教士兼任医生，自身医术有限，一开始当地老百姓并不太相信西医，始终抱着怀疑态度。不过慢慢地，也有少部分群众开始接受外来者带来的药品，不过这部分人还是被大多数的当地人视为“堕落”。由于部分人采取西药治疗，身体痊愈后，越来越多的群众开始从向喇嘛求医，转向了请求医生医治。如巴塘有一喇嘛，头痛欲死，百方祈祷均无效，转而请教会医生诊治，喇嘛服用医生开的药后立即痊愈，于是当地老百姓纷纷找该医生看病，“而此喇嘛亦降其自视甚高之身份，常来奉访此医生。”[④] 在阿坝地区，中华基督教全国总会边疆服务部在威州、理番和杂谷脑建的医院，由于他们的医治有效，“每天应诊的病人都在百人上下，有病

① 《中华基督教全国总会边疆服务部工作简报》，1948 年，第 11 页。

② 《西康区三十一年度大事记》，《边疆服务》1943 年第 1 期，第 24 页。

③ 杨尚恒：《川边医药之调查》，《同济杂志》1922 年第 1 期，第 38 页。

④ 杨尚恒：《川边医药之调查》，《同济杂志》1922 年第 1 期，第 38 页。

的人不再投奔喇嘛寺”①。

同时，因为缺少医药，经商或其他原因前往涉藏地区的人，大多都会携带一些常备药品。这些前往涉藏偏远地区、且携带有药品的人，往往会被当地老百姓当作医生看待，被请去看病。如冯云仙在泰宁时，发现“全街只有一个姓江的卖药，并且很贵，一块钱只给很少一点，病好坏他不问，但每一病人只限一剂，而且药是胡乱配成，有很多病人因此送命”，所以当地汉人“病了多吃鸦片烟”，因为冯云仙医治好了当地大锅庄主人的儿子，所以街上的病人全都请她去“医病”。② 由于现代医药比喇嘛念经更能治疗疾病，在四川部分涉藏地区，饱受各种疾病折磨的老百姓，得知有内地人前来时，往往是“病急乱投医”，不管其是否是医生，均纷纷前往寻求帮助。如邱怀瑾在道孚时，“内外科的病人”络绎来集，甚至有“远自十余里持哈达来跪上我们而请医治者”，无奈他当时只带了“七八块钱的普通中西用药”，但是因为本地人苦于疾病，请求医治，“莫办法”，只得“把酥油来熬了去渣来对油膏”，“把一切什么救济八宝丹等，都请出来，洗的洗擦的擦，服的服”，忙活了一下午，“才把他们对付了去”。③

因为四川涉藏地区医疗条件有限，加之喇嘛的医治总是不能“奏效”，也有部分贵族阶层的土司，花费大力气从外地延请医生为自己或家人治病。如民国二十八年，中阿坝墨颡土司杨俊扎西患多发性关节炎等症，遍请藏医治疗及喇嘛念经无效，专门派人前往松潘，请中央职校卫生实验所顾学箕医生前往阿坝为其医治疾病。④ 顾学箕在阿坝停留将近一月，除为墨颡土司治病外，其他来请求治病的人络绎不绝，还有很多赶路一两天专程来看病的。又如民国三十六年，卓

---

① 《中华基督教全国总会边疆服务部工作简报》，1948 年，第 11—12 页。

② 冯云仙：《西康关外日记》（一），《蒙藏月报》1936 年第 6 期，第 8 页。

③ 《蛮家持哈达跪请求医足见边民之可怜也》，载邱怀瑾编：《西防纪实》，国西电讯社，1933 年，第 20 页。

④ 顾学箕：《阿坝医疗工作回忆录》，《医育》1940 年第 2 期，第 67 页。当时要请一位医生从松潘前往阿坝并非易事，据顾学箕记录，单程就需要 7 天，阿坝土司专门派出藏兵 6 人、通事 1 人，及马夫等共计 13 人。

克基土司的长子斯坦巴生病时，土司专门从马尔康派出20余人的队伍，前往杂谷脑接中华基督教会边疆服务部医生崔毓珊至马尔康为其儿子治病。[①]

因深受疾病之害，加之无医药、请喇嘛念经不能解除疾苦，以及部分地区政府对疾病知识防治的宣传工作较好，部分地区还出现了当地头人请求开设医院或请医生前去治病的情况。如民国时期，得荣县县长下乡向头人解说医药可以活人之道理与事实，因而得荣的“各头人均请求开设医院”。[②] 民国时期，黑水头人苏永和也先后三次派人接边疆服务部的医生前往黑水治病。[③]

尽管疾病流行，大部分老百姓受制于自身经济条件，能够有条件请医生看病或提前预防的是极少数。据顾学箕调查，民国时期，在松潘草地藏族中得天花病的人较多，“面现麻瘢的人，到处可见”，“汉人偶有至草地接种的”，但是“取价太昂，男的要索价银五两，女的要三两”。所以愿意接种的一般都是富裕之人，“穷的不敢问津。”[④]另外，在有条件接种疫苗的区域，部分人受宗教文化的影响也不愿接种。如民国二十八年，顾学箕在中阿坝为墨桑土司治病时，携带有痘苗及种豆器械，顾学箕让土司通知各头人，请当地老百姓来接种，结果仅有汉商子弟前来接种，当地藏族老百姓竟以“今年非种痘之年”[⑤] 为由，无一人前来接种。

由于内地医药较贵，加之部分医生素质不高、医治效果不佳，也是很多老百姓不愿请医生看病的重要原因。如民国二十七年，在道孚，全县仅有一家卖药的中药铺，而且他们卖药“不照单分称，凭手抓取”，同时价格也非常昂贵，“药无分贵贱，动辄一剂药售价藏洋二元，二元半，三元”[⑥]，因此只有很少的人能请医生看病。

---

① 崔毓珊：《卓克基行医记》，《边疆服务》1947年第19期，第26页。
② 朱刚夫：《得荣鸟瞰》，《康导月刊》1940年第11期，第55页。
③ 《苏永和三请服务部》，《边疆服务》1947年第14期，第22页。
④ 顾学箕：《松潘生番之卫生情形》，《医育》1939年第2—3期合刊，第28页。
⑤ 顾学箕：《阿坝医疗工作回忆录》，《医育》1940年第2期，第70页。
⑥ 赵留芳：《道孚县浅影》，《康导月刊》1938年创刊号，第81页。

二、近代四川涉藏部分地区医疗情况

总体而言，在广大的农牧地区或偏远地方，受条件限制，普遍缺医少药。医疗资源主要集中在“通都大邑繁华之地”[①]，如在四川涉藏地区人口稠密的康定、松潘等城镇，医疗条件相对较好，近代出现了很多药坊、药铺、药师、医师，对于保障当地人民健康、解除老百姓的痛苦、促进人民医疗观念的进步起到了重要作用。

近代四川涉藏地区医药条件最好的当属康定，因为汉藏杂居，除了藏医盛行外，还有中西医云集康定城。民国时期，在康定集中有30多名从业医生，包括内外科、牙科、针灸、儿童、妇产等各类型的医生均有。抗日战争爆发后，特别是西康省成立后，前往西康的商贾、公务人员、避难者骤增，对医疗的需求增多。康定县县长唐登汉等通医术的业务医生十多人，会同康定的职业医生等30余人，共同组建“国医公会”，为当地民众经常性地开展义诊活动。除中医药外,还开办了西康省立医院、省立戒烟医院。在康定的基督教、天主教也在康地开办了西医院。如基督教办的安息会医院、天主教办的修道医院。[②] 另外在部分城镇，医疗条件也有所改善。如在丹巴，因为汉人居多，还有专门为老百姓放牛痘、治疗疾病的中西药大药房。[③]

在阿坝地区，近代在县城所在地行医、治病的医生也逐渐增多。据民国初年四川省省长公署内务厅的统计，民国五年，在汶川、理番、茂县、松潘、懋功等地共有“中医315名”，其中挂牌营业的有123人，未挂牌的有192人。民国三十五年，据四川省卫生处调查，在川西北各县的中医分别有：汶川6人，茂县25人，理县10人，松潘25人，懋功7人，靖化6人。[④] 在绥靖屯，早在乾隆年间平定大小

---

① 翁之龙：《新西康的卫生建设》，《西康青年》1940年第1—2期合刊，第22页。

② 李华：《略谈民国时期康定地区医药概况》，载中国人民政治协商会议四川省甘孜藏族自治州委员会编：《甘孜州文史资料》第8辑，1989年，第106—108页。

③ 刘赞廷编：《民国道孚县图志》，载中国地方志集成编委会编：《中国地方志集成·四川府县志辑》第67册，巴蜀书社，1992年，第494页。

④ 阿坝藏族羌族自治州地方志编撰委员会：《阿坝州志》下册，巴蜀书社，1987年，第2314页。

金川设屯时，已有陕西人杨万盛开办的中药铺“万盛堂”在当地诊治。咸同年间，又有随官的军医廖文和、郑应春在当地为官民诊疗。道光至同治年间，在绥靖、崇化两地有廖文和等十几位中医。其中以马煜光开办的长春堂最为有名，除使用中医为当地老百姓治病外，还将种植牛痘疫苗预防天花的方法引入当地，从灌县购买疫苗为当地婴儿接种。[①] 在懋功，民国时期，为了解决医生过少、医疗条件差的问题，懋功县公立医院还从内地召集外科医生、助产士、护士到懋功医院工作[②]。在松潘，民国三十一年，阳照宸、冯郁文、李佩璋等积极提倡、组织国医支馆，为当地老百姓看病。民国三十四年，在国医支馆的基础上，又组建“中医师公会”，公会联络国医馆逐渐推展医药业务。因为松潘地域辽阔，各乡镇离县城偏远，每年夏冬两季，由国医馆会同中医师公会，组织预防及治疗药品，施济各地居民及往来商旅。[③] 松潘地区的医生，除了在松潘当地为老百姓治病外，有的还携带药物前往周边缺医少药的地方行医。如民国十九年，松潘一李姓中医首次在黑水一带行中医治病。[④] 在南坪，中医徐采臣在清末开设“春生堂”在当地行医，从事中医内科、骨科、伤寒病的诊疗。在民国九年、民国二十四年南坪发生的瘟疫中，他以高超的医术，救治了很多病人。[⑤]

三、防疫工作

四川涉藏地区水草丰富，牧场广大，牲畜众多。但是牧民对牲畜的管理却相当粗放，对牲畜也无任何防疫，时常会兽疫流行。据民国时期对松潘、理番、茂县、汶川等地牲畜疾病的调查，发现流行的牲

① 马正孝：《金川县医药卫生史略》，载政协四川省阿坝藏族自治州委员会文史资料委员会：《阿坝藏族自治州文史资料选辑》第 6 辑，1987 年，第 19—20 页。

② 《四川懋功县公立医院院长李定甫先生来函征求外科医师一人》，《华西医讯》1946 年第 1 期，第 86 页。

③ 阳照宸：《川边松潘近年中医药发展概况》，《医声通讯（成都）》1947 年第 20—21 期合刊，第 20 页。

④ 黑水县地方志编纂委员会：《黑水县志》，民族出版社，1993 年，第 11 页。

⑤ 南坪县志编纂委员会：《南坪县志》，民族出版社，1994 年，第 935 页。

畜传染疾病有牛瘟、炭疽、出血性败血病、牛传染性胸膜炎、肺炎、牛痘、猪瘟、猪肺疫、马鼻疽、马腺炎、结核病、绵羊寄生虫等十多种疾病。①

因为缺乏疾病预防知识和条件，近代四川涉藏地区的防疫工作几乎为空白，遇到牲畜病疫，蔓延甚速，“一遇牛瘟，必死数万头”。藏族民众因为束手无策，认为牲畜传染性疾病是“天灾难逃”，并“任其生死”。② 老百姓对于牲畜生病，往往是请喇嘛打卦或念经祈福，并没有科学的防疫知识。而因汉藏贸易、市集频繁，“时有番地之驮牛，来往其间”，一旦一地得了牛瘟，很快就会传播到各地。如民国二十三年的牛瘟，从茂县东边的安县、绵竹、彭县等大路传入后，很快汶川、茂县、松潘等地的牛都遭传染，其蔓延程度与“交通及牛只之运输情形”密切相关。在该此牛瘟中，汶川灾前的1200头耕牛，损失了约85%。茂县的16个村落，牛978头，因瘟而死的竟有786头。松潘1200头牛中，因瘟死亡的也占到了85%。不仅牛被传染，野猪、羊等也被传染③。

为了防治牲畜瘟疫，在甘孜地区，西康农业改进所专门成立了畜牧兽医组。民国三十二年，西康地区发生大面积牛瘟，在康北的石渠、德格等主要从事牧业的地方更是猖獗，畜牧兽医组派出技正赴各县指导牛瘟的处理、隔离等措施，以遏制瘟疫蔓延。④

另外，在松理茂边区职校内部也成立了专门的兽医组，但是因为条件所限，兽医组不能经常赴草地诊疗，只有少数机会可以赴草地为老百姓牲畜治病。民国二十九年兽医组的蒋次升等人专门随“川西北宣振团”赴松潘草地宣慰，携带“诊疗药械甚多”，沿途宣传牲畜疾病知识，并免费为病畜治疗。因草地医疗条件落后，加之病畜众多，

① 周泰冲：《松理茂汶改进畜牧防疫计划概要》，《四川经济季刊》1945年第4期，第163页。

② 刘家驹著：《康藏》，新亚细亚月刊社，1932年，第79页。

③ 四川省政府建设厅编：《四川西北边区垦牧调查报告》，四川省政府建设厅编印，1944年，第35、42、73页。

④ 西康省农业改进所编：《西康农业建设之回顾与前瞻》，民国时期出版，第13页。

他们每抵达一处，“病畜病氐相继请医，终日忙碌”[①]。因为“畜病多属外科”，当地老百姓见“器械新巧，诊疗方法特殊，均叹羡不已”[②]。民国三十一年冬，理番遭遇严重的牛瘟，人民生活痛苦不堪，中华边疆服务部的女干事发现后，“在边民痛哭声中不分昼夜赶回成都，向农业改进所请求派人速去治疗防疫”，“该所即派医生携带五万西西血清，会同廖女士于十一月二日去理番工作，成绩颇佳，救出病牛百余头。”[③] 但是能有这种医疗条件的地区并不多，大多数地区的病畜只能听天由命。

四、卫生习惯的变化

赵尔丰改革时，针对涉藏地区老百姓不爱梳洗、蓬头垢面的习性，规定当地百姓必须每日洗脸、洗手、梳头，并想方设法从学堂的娃娃抓起。赵尔丰令人专门从成都购置木框小手镜分发给各官话学堂的学生，如在巴安，“每人赠送一面，嘱其每日照镜梳洗”，然后才能入堂学习，于是学生“无不梳洗为洁”，开始讲究卫生。[④] 民国时期，在炉霍学堂里的学生，也由“公家发给衣服，每晨必先梳洗净面”才能进入学堂读书，学生们也逐渐“养成习惯”。[⑤]

在城镇，针对涉藏地区各城镇缺乏公共厕所，当地百姓习于随地便溺，街道污秽肮脏的情况，赵尔丰责令各地保正督率街坊修建厕所。“随时督率街坊百姓”[⑥] 打扫街道，清除街道的污秽之气。民国时期，四川涉藏地区的城镇大多建立公共厕所。如在邓柯，为使当地

① 蒋次升著：《四川松潘草地畜牧兽医调查报告》，四川省政府建设厅编印，1941 年，第 5 页。

② 蒋次升著：《四川松潘草地畜牧兽医调查报告》，四川省政府建设厅编印，1941 年，第 12 页。

③ 《川西区三十一年度大事记》，《边疆服务》1943 年第 1 期，第 23 页。

④ 刘赞廷编：《民国巴安县图志》，载中国地方志集成编委会编：《中国地方志集成·四川府县志辑》第 67 册，巴蜀书社，1992 年，第 891 页。

⑤ 刘赞廷编：《民国炉霍县图志》，载中国地方志集成编委会编：《中国地方志集成·四川府县志辑》第 67 册，巴蜀书社，1992 年，第 102 页。

⑥ 四川省民族研究所编：《清末川滇边务档案史料》上册，中华书局，1989 年，第 197 页。

百姓养成良好的卫生习惯，在邓柯修筑公共厕所多处，邓柯县城人民“已渐具卫生观念”[①]。在巴安，民国时期，清末修建的公共厕所早已破败不堪，当地驻军又重新在巴安新修公共厕所5间，并规定准备如厕者“一律到该处便溺”，并派专人每个星期打扫厕所一次，巴安的“通衢偏巷，均甚清洁，人人称便”。[②]

另外，在城镇居住的藏族百姓，在与内地汉人交往过程中，耳濡目染，卫生习惯发生变化。如康定城的藏族，“多能讲求卫生，如饮食、住处、衣服等，均合卫生”。因康定温泉极多，除了日常的沐浴习惯，很多康人还习惯用内地的清洁用品来洁净、美化身体，在康定城的“宫粉、香水、肥皂及各种化妆用品之销路”[③] 也逐渐增加。

因为四川涉藏地区特殊的地理环境和气候条件，到了边地生活的人，为了适应当地气候，一些生活习惯也发生改变。如“有一些人到边地来就不兴洗脸，因为风大，洗过脸往往被风吹了起裂口，索性让她积满垢腻，到时加了一层保护”[④]。

---

① 黎可行：《邓柯四年来施政概况》，《康导月刊》1942 年第 8—9 期合刊，第 66—67 页。

② 松月：《巴安公共厕所》，《西康新闻》1939 年 3 月 23 日。

③ 段克兴：《西康纪游》，《实报半月刊》1937 年第 16 期，第 58 页。

④ 冯云仙：《西康关外日记（一）》，《蒙藏月报》1936 年第 6 期，第 14 页。

第七章　民族交流与四川涉藏地区社会发展的关系分析

第一节　民族交流对四川涉藏地区社会发展的历史作用分析

民族间经济、文化的碰撞和交流，是社会发展的重要动力，也是民族地区社会发展的主要形式。对于文化形态特别、经济水平落后、民族构成复杂、社会发展缓慢的四川涉藏地区而言，各民族间的交流对社会发展的影响尤其明显。近代四川涉藏地区各民族频繁的交往交流交融，进一步加深了各民族之间的相互了解、彼此认同，伴随着民族交流的过程，四川涉藏地区的社会、组织、经济、文化等方面的形态都发生了显著变化。

一、增进了各民族对祖国的认同

在近代四川涉藏地区的发展历程中，传统的社会观念、价值观念、文化观念在各民族彼此的接触、沟通、了解过程中，不断地嬗变、重塑、发展，衍生出对祖国新的认识和文化认同。

第一，建立在婚姻血缘基础上的民族交流方式，从根本上凝聚了两大民族的血脉之情，促进了对彼此民族的认同。四川涉藏地区地处严寒之地，无论官员学者、戍守士兵，还是只身前往垦荒、贸易的汉族男性，往往会娶当地藏族妇女为妻，婚姻成为汉藏民族间交融的基本形式。随着近代各民族特别是汉藏民族交流的进一步增多，以婚姻为纽带的血缘交融逐渐成为一种流行趋势。近代四川涉藏地区通过移民、戍边、屯田、商贸、招垦等方式，不仅增加了该地区的民族成分，同时通过外来移民与涉藏地区群众通婚，促进血缘的融合，形成了一大批“扯格娃”（“团结族”）。这部分人受其血缘及文化的影响，民族畛域观念较少，对国家有较强的认同感。这部分人中特别是居住在靠近内地区域的大多数人，对自己“具有”或“部分具有”的汉族血统，基本都是持肯定和认可态度，受其血缘及文化的影响，在对民族情感的表达方面，“扯格娃”相对于世居居民，他们又多了一层优越感，“自较纯粹番人高出一等”；表现在行为上，在对外交往特别是与汉族交往的过程中，他们往往会通过宣传自身的“族性”来拉近与内地人的距离。如民国时期在康定的汉藏后裔，往往用“我扯格娃也”，来增进与内地人的感情，有的能熟练使用汉语的甚至“自认为汉人”。[①] 这种对“族性”身份的选择和认同，在天真烂漫的小孩子身上，表现得尤其明显。如李鉴铭在道孚时，发现学校中有“小学生赛族”现象，其中一位汉藏后裔小学生和另外的纯藏族学生就自己所属的民族在相互“比赛”，汉藏后裔小学生很骄傲地告诉他：“我是汉人，我爸爸也是汉人，我母亲几乎也全是汉人”，并且夸耀道：“咱们汉人有汉团，不当乌拉，多好呀！”[②] 其中孩子对其母亲的表述用了“几乎”一词，充分表明了他们家包括他妈妈在对其“族性”身份上的选择。伴随着“扯格娃”对自我“族性”的认同，表现在人口数量的统计上，因为没有汉藏结合的人口统计，很多汉藏后裔都将自己视为汉族。如民国时期，在康定的“扯格娃”“数目不少”[③]。但是对于这部分人口的数额及占人口的比例，当地政府并未予以统计，地方官员也并不清楚。民国十八年，跟随任乃强前往西康调查的董兆孚，专门就此问题询问了康定团务局充局长，董问：“汉人多呢还是夷人多呢？”康定本土的充局长回答：“这却不容易估

---

① 任乃强著：《西康图经》，西藏古籍出版社，2000 年，第 421 页。

② 李鉴铭：《康游杂记（二则）·小学生赛族》，《责善半月刊》1941 年第 8 期，第 20 页。

③ 梁瓯第：《打箭炉——西康纪游之什》，《文讯》1942 年第 2 期，第 26 页。

计，因为这康定城，汉夷杂处，互通婚姻，蛮娘汉老子的很多，这种人户，说他是汉人也可，说他是夷人也可，至于纯粹的汉人和夷人，不过是极少数，所以不能估计。”① 关于“扯格娃”的数量和所占的比例，据任乃强的初步估计，西康汉人中“什九为扯格娃，什一为纯粹汉人而已”②。

第二，随着民族交流的加强，最早有机会在四川涉藏地区接受新式教育或通过各种方式走出去见识外面世界的部分人士，他们在对外交往交流的过程中，增进了对祖国的了解、认同。表现在：其一，在民族交流的过程中，特别是近代在四川涉藏地区推行新式教育，培养了一批新的地方政治精英。他们在学习新式文化的过程中，不仅通过学习获取了外部世界的新知识，这部分人在赴内地学习的过程中，在打量、观察内地社会、文化的同时，也在积极反思、审视自己本民族的政治、社会、文化等，并开始重新审视涉藏地区与国家、藏族与中华民族、涉藏地区发展与国家命运等一系列问题。他们在对外的交往、对内的审视中，对自己民族的族性、在中华民族国家中的社会地位、四川涉藏地区民族与中国的关系有了更进一步的认识，反过来又深刻地影响了四川涉藏地区社会的发展。特别是面临日本侵略的时候，四川涉藏地区各民族对祖国的认同、对每个民族都是中华民族共同体的重要组成部分的认识有了进一步发展。民国二十二年，在南京学习的四川藏族青年创办了《康藏前锋》，“共同团结，以期应付未来的国际狂澜”。他们纷纷撰文，主张在涉藏地区加大对民族观念、国家意识的培养，让传统民众转变自己是“化外蛮夷”的认识，认识到藏族是中华民族的重要组成部分及“中坚力量”③。其二，还有部分同汉族通婚的藏族女性，因受内地汉文化的熏陶和浸染，也逐渐加深了对国家、民族的认同。如民国时期在康定“全康人士莫不知的”瓦斯碉女锅庄主，当记者询问她中央应如何加强对西康地区的治理时，她认为最好的办法是“请西康妇女到内地观光”，以此开阔

① 董兆孚：《徼外旅痕》，《边政》1930 年第 4 期，第 27 页。

② 任乃强著：《西康图经》，西藏古籍出版社，2000 年，第 421 页。

③ 《康藏前锋的使命》，《康藏前锋》1933 年创刊号，第 4 页。

眼界，或“择配有志边疆的青年汉人”以此增进血缘的沟通。[①] 另外如瞻化头人的女儿罗哲情措嫁给任乃强后，在康定、成都等地，积极主动担负起沟通汉藏感情、文化的许多工作。其三，近代在四川涉藏地区兴办的新式教育及地方精英人士主动学习内地文化，也对传播内地先进文化、增进各民族对祖国的向心力和认同发挥了重要作用。近代四川汉藏通婚的盛行，汉藏联姻之后代通常会选择“读汉书”，受内地文化的影响，还有很多赴内地求学，成为四川涉藏地区受过现代知识教育的精英人士。近代活跃于四川涉藏地区政商各界的人士，很多都具有汉藏两种血统，且大部分都有赴内地求学等经历。这部分人接受内地教育后，对祖国的认同感也较强。

第三，近代四川涉藏地区民众对祖国的认同、中华文化的认同，还体现在对内地语言、服饰、姓氏、文化、习俗等方面的选择中。近代藏、羌、彝、纳西等各民族之间频繁、密切的族际互动，使四川涉藏地区原有的单一的、封闭的、传统的生活场景被逐渐改变，各种元素汇聚一地，各民族在彼此交往的过程中，在保持自己本民族特色文化的同时，相互接纳、吸收、融合其他民族饮食、服饰等物质层面的及文化、习俗等精神层面的内容，在尊重彼此差异的过程中，形成了对中华文化的归属感。

正是因为近代各民族互相通婚，大批“团结族”的存在，以及各民族在交流过程中不断深化对祖国、民族等方面的认识，为四川涉藏地区的解放及新中国成立以后在四川涉藏地区推行的民主改革、培养本地民族干部、发展地方社会经济，发挥了重要作用。新中国成立以后，大力培养、使用的都是对国家、民族有强烈认同感的民族干部，而正是这批“团结族”的存在及藏族对祖国的认同，对新时期推进四川涉藏地区各民族的进一步交流、融合产生了深远影响。

二、推动了社会生产力的发展

各民族在相互交往交流过程中，藏族与其他兄弟民族和谐共处，

---

① 向尚等著：《西南旅行杂记》，中华书局，1939 年，第 259 页。

唇齿相依，相互交融，共同建设四川涉藏地区这片土地，创造了社会生产新的历史篇章。

第一，四川涉藏地区地广人稀，外来人口的进入，部分缓解了劳动力的不足，促进了社会生产力的发展。大量内地移民的进入，弥补了地区低生育率、低存活率导致的劳动力不足。总体而言，因为信仰藏传佛教和医疗卫生条件较差等因素的影响，藏族家庭的人口平均数远远低于汉族家庭或者汉藏通婚家庭的人口平均数。据李安宅民国三十三年对德格人口的调查，在德格县治附近各家庭的平均人口数，其中纯藏族人家庭平均每户人口只有 2. 54 人，汉藏合璧家庭平均每户人口 4. 88 人，纯粹的汉人家庭平均每户人口 6. 5 人。而由寺庙统治的各户人口则更少，如德格牧区共 589 户，平均每户人口只有 1. 96 人，农区共 852 户，每户平均人口 1. 67 人。[①] 另据靖唐民国三十二年对甘孜地区的调查，在甘孜县，平均每户仅有 2. 6 人，“家庭之小，颇觉惊人”[②]。还有吴文晖、朱鉴华民国三十三年在康定、泸定的调查，在康地的汉族农民为“为大家庭制”，人口较多。在康、泸两地的汉族户均人口为 4. 56 人，而整个区域的每户平均为 3. 3 人（不包括入寺为喇嘛的人口数）[③]，户均人口数高于藏族家庭。外来人口在一定程度上增加了当地的人口数量，特别是大量的汉藏通婚客观上弥补了四川涉藏地区适婚男性的不足，增加了青壮年劳动力人口，促进了当地社会经济的发展。据民国时期对甘孜北部藏族妇女的调查，在调查的 500 户家庭中，平均每户劳动力人口只有 2 人。因为受藏传佛教的影响，适婚男性大量出家，500 户中无配偶的家庭占到了 40%，无配偶的家庭中女子无配偶的占到了 81%。在已经婚配的家庭中，通过赘婿的家庭又占到了 46%。[④] 而通常入赘的汉族男性，他们往往会成为家庭的劳动主力，弥补当地劳动力人口的不足，推动了社会生

① 《西康德格之历史与人口》，载李安宅：《李安宅藏学文论选》，中国藏学出版社，1992 年，第 181、186 页。

② 靖唐：《康北的重镇甘孜》，《康导月刊》1943 年第 1 期，第 45 页。

③ 吴文晖、朱鉴华：《西康人口问题》（下），《边政公论》1944 年第 2 期，第 47 页。

④ 幽桐：《西康农业部落藏胞妇女剪影》，《现代妇女》1943 年创刊号，第 13 页。

产的发展。

第二，近代四川涉藏地区各民族之间的交流，也促成了产业结构的转变。一是刺激了四川涉藏地区传统畜牧业的发展，农牧业生产结构逐渐发生转变。不同民族之间通过商品的交换，“互通有无”，特别是内地对四川涉藏地区羊毛、畜牧产品的需求，刺激了畜牧业的发展。同时，伴随着众多汉民进入涉藏地区从事农耕，扩大了当地的农耕面积。汉民带来了先进的耕作技术，也引进了稻谷、小麦、瓜果等物种，极大丰富了当地民众的物质生活。因为从事垦殖的人口增加，加之农业经济产出和经济效益优于牧业经济，可以提供相对稳定的粮食收成，因此四川涉藏地区原来从事畜牧业的人，也逐渐从经营单一的牧业经济向农牧业混合经济发展。总体呈现农业经济稳定发展、牧业经济相对有所下降的趋势。据民国时期对道孚的调查，在道孚经营农业的户数比例达到85.13%，纯粹经营牧业的仅有12.89%[①]。随着农业生产技术的传入，在四川一些边远涉藏地区的老百姓也开始从事农业种植，如在泰宁，开辟试验场种植内地的农产品，“所产小麦无不丰美”。数年之间，在泰宁开垦种植的人数达数十家。在道孚县较偏远的鱼科草原，原本是纯牧业经济，老百姓逐渐开始从事垦殖，种植耐寒的大豆、马铃薯，“入地七十日成熟”，种植的收益也较传统牧业强，“百里良田可养人民数万，强于畜牧多矣”。[②] 在德格的玉隆，气候寒冷、海拔较高，但有平原数百里，清末改土归流时也招夫开垦，广种大豆、马铃薯等耐寒冷、不惧风霜的农作物。[③] 二是四川涉藏地区工业在近代开始萌芽和发展。四川涉藏地区蕴藏着丰富的矿产资源，在原有传统的社会经济形态下，这些资源很难得到开发。近代依靠外来技术人员及采掘机械的发展，掀起了采矿热潮，第二产业有了初步发展。随着商品化程度逐步提高，商业及服务业也逐渐产生

① 吴文晖、朱鉴华：《西康人口问题》（下），《边政公论》1944年第2期，第48页。

② 刘赞廷编：《民国道孚县图志》，载中国地方志集成编委会编：《中国地方志集成·四川府县志辑》第67册，巴蜀书社，1992年，第595页。

③ 刘赞廷编：《民国德格县图志》，载中国地方志集成编委会编：《中国地方志集成·四川府县志辑》第67册，巴蜀书社，1992年，第327页。

和发展，推动了四川涉藏地区社会经济的发展。

第三，近代民族间的经济交流是民族交流的主要形式，人们通过市场交易，实现了四川涉藏地区与内地物资的大交换，促进了经济的互动发展。一方面，通过各民族之间的经济交往，使四川涉藏地区人民获得了生活中不可或缺的茶及生活物资，弥补了涉藏地区所缺，满足了人民所需，为长期处于比较封闭环境的四川涉藏地区打开了门户，使其与内地之间形成了一种互补互利、长期可持续的经济关系。另一方面，随着四川涉藏地区商业的发展，在当地经商的各族商人、商帮、喇嘛商等各种商业主体，不断将汉藏贸易的范围、空间、对象往外延展，很多大的商号、喇嘛商在成都、重庆、上海、北京等国内大中城市甚至在尼泊尔、印度等地设立商号，将四川涉藏地区的各种商品远销各地及海外的同时，并搭建起相互依存、互利互惠的经济桥梁，四川涉藏地区的社会经济也得到了进一步开发。

三、促使城镇化的萌芽与初步发展

近代，随着政府加大对四川涉藏地区的经营及汉藏贸易的进一步发展，四川涉藏地区城镇化开始萌芽，城镇经济不断发展繁荣。

第一，汉藏商业贸易的发展，促进了四川涉藏地区城镇化的萌芽与发展。近代兴起的集镇，绝大多数是依汉藏贸易的发展而兴盛起来的，在长期的商贸活动中，沿川藏沿线的大道，许多供驮队、商旅食宿、集散的地点，逐渐发展成为居民辐辏、人口众多的市镇，促进了四川涉藏地区城镇化的初步发展。如康定在元代时仅为一荒凉的山沟。明代开辟碉门、岩州的茶马道后，逐渐发展成为大渡河以西各驮队的集散之地。清代开瓦斯沟路，修建泸定桥后，在打箭炉设立茶关，对来往贩运的茶叶商贩进行管理，打箭炉也因其独特的地理位置成为商贾云集的茶马交易重镇。西藏及关外各地的牦牛驮队，络绎不绝地前往康定，来自全国各地的商人、商帮齐集康定。因为汉藏贸易的繁荣，在康定兴起了餐饮、娱乐、缝茶、制革、五金制造等服务行业，锅庄、民居、商铺、医院、学校、街道等随着汉藏贸易、人口的增多纷纷建立，康定一跃成为热闹非凡的“溜溜城”。又如松潘，因位于甘青川三省的交通枢纽和物资集散地，在各民族经济交往过程中，松潘成为四川涉藏地区的重镇和汉藏贸易的另一中心。还有马尔康，由于卓克基土司索观瀛奖励工商、开辟市场，逐渐打破了四土地区封闭的社会经济形态，在马尔康不仅形成了洮州街、河州街、夏河街等街区，使马尔康成为继松潘和杂谷脑之后，在川西北地区形成的又一新兴市场和集镇。

第二，伴随着社会经济的发展，四川涉藏地区部分城镇的功能逐步完善，成为物资丰富、经济繁荣的宜居城镇。如松潘，清末松潘市场上已经是各种物资应有尽有、价廉物美，不仅有优质的牛肉、羊肉、牛乳、奶油、各种野味，还有可口的蔬菜和桃、梨、梅、杏、苹果、野生黄梅等新鲜水果，松潘物资之丰富、商品之优良、生活之惬意，就连先后三次前往松潘的英国植物学家威尔逊也称："如果命运注定我要生活在中国西部，我最大的愿望就是能住在松潘。"并称在"在中国内陆，没有任何地方能胜过松潘，使一个西方人生活得更美好了"。[①] 民国时期，松潘已发展成为"人烟稠密，商贾辐辏"的"西陲一大都会"。[②] 在康定城，伴随着汉藏贸易的繁荣，因为商家众多，"锅庄繁盛""百物咸备"，风俗"渐趋于奢靡"，康定有了"小成都"之称。[③] 民国时期的康定城，"有摄影室，电影院，西餐馆，点缀其间"。[④] 民国十七年国民政府发布的《全国商会条例》中将康定与上海、武汉一同定为三大商埠。可见康定城的商贸盛况。甚至一些在内地不好买的货物，在康定城都能买到。如民国三十年段公爽在康定时，发现他从宜昌到重庆、从重庆到成都、从重庆到康定一直想买的丝瓜底鞋垫，"两年都没有买到，而在康定市上可以用担子挑"，

---

① ［英］E. H. 威尔逊著，胡启明译：《中国——园林之母》，广东科技出版社，2015年，第119页。

② 周永富辑：《松潘回族商业贸易概略》，载段金录、姚继德主编：《中国南方回族经济商贸资料选编》，云南民族出版社，2002年，第298页。

③ （清）查骞撰，胡文和校注：《边藏风土记》，载骆小所主编：《西南民俗文献》第6卷，兰州大学出版社，2003年，第32、27页。

④ 梁瓯第：《打箭炉——西康纪游之什》，《文讯》1942年第2期，第26页。

以致他把康定说成“一个秘密的国际贸易场”。[①] 同时，城镇社会经济的发展，也增强了四川涉藏地区民众的自信心，如巴塘海拔较低、气候温暖，是清末准备设西康省的省府之地，内地的各种蔬菜、水果相继传入巴塘，巴塘各种物资丰富，当地有谚语曰：“内地好苏杭，赶不上西康的巴塘”[②]，正是社会经济发展带来的自信心态的生动写照。

四、形成了多元民族文化交融的格局

任何民族的文化，都会随着生产力的发展而不断发展变化。近代民族间的交流，加快了四川涉藏地区和内地文化的交流，形成了以藏文化为主体、多元民族文化并存的格局。

第一，在四川涉藏地区的许多城镇中，藏族与汉、回等民族亲密和睦，多种文化齐聚一地、不同文化并行不悖，而且在某些方面互相吸收、相互交融。在康定、巴塘、甘孜、松潘等汉藏贸易的重镇，不同的宗教场所齐聚一地，既有金碧辉煌的喇嘛寺，也有由移民修建的关帝庙、川主宫、土地祠、道观等汉人信仰，还有由回族民众修建的清真寺及西方传教士修建的基督教、天主教堂。内地的川剧、秦腔、京剧等传入涉藏地区，当地格萨尔说唱艺术等也被汉人传唱，四川涉藏地区的弦子、锅庄等舞蹈也传入内地。在四川涉藏地区还形成了一些各民族共同参与、庆祝的节庆和庙会活动，相互吸纳民族文化中的优秀部分，彼此尊重各自的民族习俗。文化的和谐又促进了血缘的融合，出现了大量汉藏联姻家庭，汉藏文化的亲缘关系因血缘的融合而更加融为一体。

第二，通过汉藏文化的相互交流，增强了内地各族群众对四川涉藏地区的了解。一方面，重庆的汉藏教理院等机构，通过邀请四川涉藏地区的高僧、活佛前往内地传法、收徒，举行各种汉藏交谊活动，增进内地对藏族文化、藏传佛教的了解，消除汉藏之间存在的文化隔膜，收到较好效果。另一方面，民国时期有关边事的杂志、专刊和一些主流杂志如《良友》《中华（上海）》等画报及《边疆服务》《边

① 段公爽著：《入康记》，西康国民日报社，1941 年，第 107 页。

② 贺觉非：《西康纪事诗本事注》，西藏人民出版社，1988 年，第 123 页。

政导报》等杂志，刊登了各界赴涉藏地区考察、调研的文章、报告、图片等。内地群众也通过各种新闻、报刊，增进了对四川涉藏地区的政治、经济、文化、社会、民族等方面的了解。如任乃强将他在西康考察的专题报告在《四川日报》连载，引起了社会各界人士对康藏地区的关注和兴趣。另如庄学本前往四川涉藏地区调研后，拍摄了大量四川涉藏地区的图片，为了让内地群众了解西康，庄学本先后在重庆、成都、雅安三地举办"西康影展"，在展览馆、高校、民众教育馆等展出他在西康行程两万里、费时三年多拍成的285张照片，照片内容涉及西康边民的军政建设、资源蕴藏、山川地理、民族社会、名胜风景等，每张照片后面均有简短说明，宣传西康的风土人情，真实展现了西康的民风、民俗、宗教、娱乐、风景等。庄学本的展览，因为"西康具备着许多美丽的动人的条件",包括"雄壮的河山，丰富的资源，灿烂的黄金，快乐的居民，淳朴的社会，古雅的礼俗，奥秘的宗教"，所以展览期间，"到处万人空巷""观众之多，为过去任何展览会所不及"。[①] 郭沫若、陈立夫、于右任、张继、顾颉刚、田汉、黄炎培、翁文灏等各界名人，纷纷前往参观影展并题词留念。除庄学本开办摄影展外，著名画家吴作人、国画大师张大千等通过开办画展的方式，增进了内地群众对四川涉藏地区的山川地理、风土人情的了解。

五、增进了各民族之间的团结友爱

民族关系的深化、发展，依赖于民族之间的深入接触和持续交往。近代四川涉藏地区各民族之间血缘的融合及各民族在重要历史关头的团结协作，对民族之间的持续交往及关系和睦，起到了积极作用。

第一，汉藏民族之间的频繁通婚，增进了民族之间的相互包容，弱化了民族之间的边界意识，促进了民族之间的团结友爱。汉藏民族之间大量通婚，对四川涉藏地区社会的人口、宗教、文化、习俗等各

---

① 庄学本:《筹办西康影展经过》,《康导月刊》1942 年第 10—11 期合刊，第 80—83 页。

方面都产生了深远影响。为了适应新的环境，进入四川涉藏地区的其他民族逐渐改变了原有的生活方式，或多或少地接受藏族的生活习俗。而涉藏地区群众在与其他民族交往的过程中，吸收、借鉴、融入了其他民族的生活方式。在汉藏组合的家庭里，更是汉、藏两种文化交织在一起，推动了汉藏之间的文化互动，模糊了两者的文化界限，形成了人民常说的“倒藏不汉”“汉人不纯”“藏人不藏”[①] 的生活情景，无形之中也淡化了彼此的文化差异，增进了彼此的团结。随着民族间交往的深化，各民族对彼此民族的一些习俗也由原先的排斥到理解、接受。

第二，汉藏民族之间通过经济的频繁交往，形成了各民族之间相互依存的经济关系，增进了各民族之间的相互团结。一方面，因为四川涉藏地区移民的绝大多数是商人、手工业者、贫苦农民，他们有的开店经商，有的经营农业、养殖业，有的从事服务行业。不同民族之间在生产上互帮互助，如在木里，在 20 世纪 30 年代以前，当地老百姓只会种植产量很低的麦、荞，汉族逐渐迁入以后，“将种植玉米的技术”传给乡邻，并且将从内地带来的白菜、青菜、萝卜、海椒等种植技术教予近邻[②]。另一方面，在各民族的商业关系上，各地商人要在四川涉藏地区长期立足，只有诚实经营才能得到老百姓支持，因而在相互的经济交往中，建立起了彼此信赖、诚实经营、童叟无欺的经济关系。如陕商在四川涉藏地区分布极广，各地皆有，因为陕人“和蔼忠实货不伪”，深受老百姓爱戴，老百姓称呼其为“老陕”。他们为了经商，主动学习当地语言、了解当地风俗习惯，在藏地没有市场的地方收购老百姓的土特产品和商品时，他们通常都是春秋前往各地，居住在老百姓家里，由他们提供食宿，当地老百姓都会“殷勤招待”，待至冬月，将所收货物拉至康定等商业城镇卖出以后，也会

---

① 伍呷：《九龙藏族的社会调查》，载李绍明、刘俊波编：《尔苏藏族研究》，民族出版社，2007 年，第 268 页。

② 王心和：《木里汉族见闻》，载中国人民政治协商会议木里藏族自治县委员会文史资料委员会编：《木里文史 · 民族史料专辑》，1996 年，第 50—51 页。

分成给他们。[①] 而在康定经商的藏族锅庄主及川西北地区歇家，在经商过程中，也是以诚待人、以信为本，在介绍汉藏双方交易的过程中务求公平，在长期互利互信的经济贸易关系中，形成了汉藏相依、彼此需要的团结友爱关系。

第三，各民族交流过程中形成的互助和谐民族关系，对今天四川涉藏地区民族间和谐共处、和谐民族关系的形成、发展产生了重要的影响。典型的如红军在四川涉藏地区期间，得到了各族群众的巨大支持。红军长征要维持庞大的队伍生存，主要依赖于各级革命政权和人民群众的支援和帮助。对于人烟稀少、物产不丰、气候恶劣的四川涉藏地区，数万红军的筹粮工作及后勤补给是十分艰巨的任务，广大藏族同胞在自身缺衣少食的情况下仍然竭尽所能地支援红军，他们节衣缩食、忍饥受寒，“节省一粒粮食一寸布，来帮助红军，鼓舞红军”[②]，与红军同甘苦、共患难，为红军保存主力、支援红军北上抗日作出了巨大贡献。抗日战争爆发后，面对日本侵华的严峻形势，四川涉藏地区各民族在国难当头的情况下，各土司、头人、活佛、百姓，不分民族、不分地域、不分文化，或宣传抗日、或捐资捐物、或念经祈祷、或投工投劳、或到前线慰问、或加入抗日第一线反击日本侵略，纷纷以各种方式加入抵抗日本侵略的队伍中来。

第二节　四川涉藏地区社会对民族交流的制约性分析

一、社会发育程度低，部分制约了民族之间的交流

近代四川涉藏地区社会发育程度低，多种社会形态并存，既有原始社会的残余，还有奴隶社会、封建农奴制、封建社会等多种社会形态，对各民族之间的交往也形成了一定的阻碍。

---

① 刘赞廷编：《民国稻城县图志》，载中国地方志集成编委会编：《中国地方志集成·四川府县志辑》第67册，巴蜀书社，1992年，第804页。

② 《全国主力红军大会合（1936年）》，载中共中央统战部编：《民族问题文献汇编》，中共中央党校出版社，1991年，第536页。

第一，近代四川涉藏地区各区域处于不同的社会的形态，部分制约了民族之间的交流。由于历史、社会的原因，近代四川涉藏地区少数民族处于不同的社会发展阶段，社会形态各有差异。在甘孜地区，自清代开始实行“改土归流”，废除土司制度，实行流官管理。民国时期，虽然大多数地区已经建立了县级政权，但同时又保留着农村、牧区由土司、头人和上层喇嘛施行部分治理权力，并一直延续到新中国成立后、民主改革以前。在阿坝的汶川、茂县、小金、金川等地，在乾隆至道光年间，推行“改土归流”时，废除世袭的土司制度，设立封建王朝的州县流官进行管辖，社会经济体制也逐渐发生了变化，存在两种类型的制度，一种是屯守备统治地区，屯守备是全屯最高统治者，总揽当地政治、经济、军事大权，设有守备衙门及各种杂职官员，管理内外事务，村寨仍设寨首管理。另一种是由政府派流官直接管辖的区域，普遍推行保甲制度，在县以下设乡、保、甲，由当地藏、羌头人担任乡长、保长、甲长进行管理；在四川涉藏地区的彝族聚居区域，则实行等级森严的奴隶制度。在这种多样化的地方政治形态下，民族之间的交流和社会发展呈现出不平衡的特征。民族之间的交流主要集中在人口相对集中、主要由流官进行管理的区域，如地处川藏交通要道的隘口、要塞和枢纽地区的康定、松潘等地，而其他由土司、屯守备等进行管理的区域，其民族交流的广度、深度与土司治理当地的思路、方式及土司的个人能力密切相关。相应地，在由流官进行直接管理的区域，民族交流频繁，区域经济社会发展较快，而其他广大的农牧区域，“人民鲜往返，货物苦积滞”，鲜有“通有无、畅货运”的交易行为，大多数地方仍过着“自耕自牧”“自供自给”[①]的生活，社会发展呈现不平衡性特征。

第二，由于四川涉藏地区的自然环境、人文环境与内地有较大差别，加之高海拔缺氧和生活习惯差别、语言障碍，许多内地人望而却步，部分制约制了民族之间的交流。四川涉藏地区地处高原，山峦重叠、绵亘千里，道途险峻、不利车轨，河流湍急、不利舟楫，受制于高海拔

① 刘衡如、杨子和、李章甫、郑少成：《视察道炉甘德白瞻雅江七县报告书》，《新西康》1938 年第 2 期，第 35 页。

和恶劣天气，春夏有“山洪泛滥之阻”，秋冬有“冰雪凝结之苦”，交通之不便“著于全国”①。由于地形地质复杂、气候环境恶劣、居处非常分散，交通建设的成本极高、难度极大，交通发展及其困难，部分阻碍了民族之间的交流。如阿坝地区所谓的松灌大道，也大多是背山临水，窄处仅能通过一人一骑，道路状况较差，无论步行还是驮运均很困难。民国时期，虽然对局部区域的道路交通进行了改善，但是总体而言，仅能保证主干道的基本通达。交通的滞后，大大增加了民族之间进行交流的时间、成本，制约了民族之间广泛、深入、持续的交流。

第三，因为社会发育程度低，近代四川涉藏地区各民族之间的交流，既有经济层面的相互协作、依赖、贸易，这是经济层面的主要交流形式，同时又有各民族为自身生存对生产生活资源的抢夺、占有甚至剥削、掠夺。如近代四川涉藏地区彝族的成规模迁入和四川涉藏地区各地“夹坝”之事时有发生，都是部分地区的人民采取非正常手段，以武力获取经济资源的一种外在呈现。这种对资源的抢夺、占有，虽然在交流的形式上很残酷，甚至在某些方面会加剧民族之间的冲突，会成为各民族交流的一大障碍，但是不可否认的是，它也是民族交流的方式之一，是各民族通过非正常手段对各种资源进行再分配的一种极端方式。

二、固有的文化形态，部分影响了民族之间的交流

由于传统文化强大的惯性，使得近代四川涉藏地区出现的任何变化都是不易的。在近代政治、文化、社会、经济大的变革浪潮中，是坚持传统还是接受变化，是墨守成规还是顺势而为？在巨大文化惯性的拉扯下，近代四川涉藏地区社会、文化在逐渐对外放开的同时，固有的文化形态也制约着很多人的选择，面临纷至沓来的新东西、新事物，涉藏地区人民在面对选择的时候，也会出现抗拒、排斥、动摇甚至是阻碍，对民族之间的交流也形成了一定阻碍。

第一，固有的文化传统，使四川涉藏地区人民对外交流的动力不

① 李亦人编著：《西康综览》，正中书局，1946年，第267页。

强。群众普遍信仰藏传佛教，藏传佛教作为藏文化的核心与主体，广泛地影响了藏族群众生活的各个方面，对人们的思想、文化、生活方式、风俗习惯产生了重大影响。四川涉藏地区物产丰富、人口稀少，特别是在远离城镇、交通不便、人烟寥落的广大农牧区域，大部分老百姓过着深居简出、自给自足的简单生活，除了对基本的物质生活，如茶叶、日用品等的需要外，受地理环境封闭、社会发展落后、思维观念蔽塞的影响，他们对物质的追求较少，对现实生活质量的提高缺乏热情。在重来世，轻今生；重农牧，轻工商；重迷信，轻科学的传统宗教、文化观念的影响下，大多数老百姓对外交流的能力较差，容易丧失对外交往的动力，面对外来新鲜事物的时候，容易“一味守旧，不求进步”①。因此近代四川涉藏地区“社会不进，人失其能，货弃于地”的情况非常普遍②。

第二，传统文化的巨大惯性，使四川涉藏地区民族之间的交流、社会的变革困难重重。由于受特殊的地理条件、人文历史、宗教文化的影响，涉藏地区群众在长期的历史发展过程中形成了一种独特的文化传统，他们在思维观念、价值判断、行为方式等方面有着自己独特的认知。这种文化传统使他们在与其他民族成员交往时，会相对敏感，往往会夸大不同文化之间的差异度，甚至由此带来冲突，典型的如赵尔丰清末的改革，赵尔丰改革用功之勤、花费之巨、改革之艰、发展之难，可谓前无古人。但是由于受传统社会文化巨大惯性和阻力的影响，加之赵尔丰在改革过程中没有认识到传统文化巨大的影响力、漠视藏族传统文化，采用强制办法施行变革，因而有很多人不认可赵尔丰为振兴藏族地区社会经济所付出的努力。③ 由于四川涉藏地

① 刘文辉：《建设新西康十讲》，载赵心愚、秦和平、王川编：《康区藏族社会珍稀资料辑要》（下），巴蜀书社，2006 年，第 528 页。

② 云浦：《落后的西康》，《新西康月刊》1930 年第 6—7 期合刊，第 33 页。

③ 对于赵尔丰的改革，四川涉藏地区的各人士评价不一，有的认为赵尔丰在改土归流的过程中过于激进，认为其是“魔鬼”“屠夫”；而有的地方的老百姓则认为赵尔丰是观音菩萨，如在乡城，虽然赵尔丰在乡城推行改土归流受到的阻碍最大、耗费的时间最长，但老百姓认为“赵尔丰为观音菩萨转生为俗”，因此“崇拜边务大臣赵尔丰，家家供有之”。参见刘赞廷编：《民国定乡县图志》，载中国地方志集成编委会编：《中国地方志集成·四川府县志辑》第 67 册，巴蜀书社，1992 年，第 757 页。

区传统文化惯性，老百姓缺乏学习、发展的思维和眼光，在面对新鲜事物的时候，他们会本能地怀疑、犹豫甚至是抗拒、排斥。典型的如近代四川涉藏地区教育的发展，从清末赵尔丰兴学始，愿意送孩子上学的藏族家庭“子弟甚少”，他们将读书视为“学差”，如加以强迫，则“如鸟兽散”，即使“严饬保正督催”，很多藏族家庭“雇汉人子弟，代应其名”。①

第三，各民族之间价值观念的不同，容易导致民族之间冲突的显性化。四川涉藏地区气候寒冷、空气稀薄、高山阻隔，世代居住于此的藏族群众与自然相互依存，他们在享用大自然所赐予恩惠的同时，对自然的依赖感亦深入到他们生存感的核心之中。他们奉行“万物有灵”，涉藏地区的一山一水一溪一泉，都被他们赋予了人格和神性。他们保持着对大自然的感激、崇敬、敬畏之心，用禁忌的手段使人们顺从自然，在保护当地生态环境的同时，形成了一股强大的信仰力量。这些信仰禁忌已经成为心理上的一种坚定信念，并内化成为他们的行为准则自觉地践行。一旦触犯他们的禁忌，将不可避免地引起冲突。伴随着民族交流的深入发展，各种价值观念的碰撞在四川涉藏地区集中体现出来，迷信与科学、传统与现代等多种观念在一个区域彼此混杂、相互碰撞，寻找彼此的平衡点。最典型的如在矿业开发上，因老百姓普遍信仰藏传佛教，认为开矿会“亵渎山神，能祟全境，五谷歉收，人畜遭瘟”②，因此对于开矿的事情，有不许、不愿、不乐、不准、不能、不敢开发的情况出现。如光绪二十八年，泰宁金矿即遭到当地百姓和藏传佛教寺院的反对，导致泰宁街市住房被焚毁。③ 民国时期，四川涉藏地区很多金矿，或是由有权势的人强行进行开采，或由当地土司主导开采。

---

① 朱增鋆：《川边政肩》，载赵心愚、秦和平、王川编：《清季民国康区藏族文献辑要》（上），四川民族出版社，2003 年，第 159 页。

② 刘家驹著：《康藏》，新亚细亚月刊社，1932 年，第 86 页。

③ 稻雪：《西康泰宁实验区调查》，《新西康》1938 年第 2 期，第 29 页。

三、传统的地方政治，部分阻碍了民族之间的交流

虽然近代四川涉藏地区的部分土司对民族之间的交流、交往持开放的态度，但是他们为了维护自己的统治，往往会对交流的内容、方式、范围等进行控制，部分制约了民族之间的交流。

第一，传统的由土司治理地方的模式，使得土司成为主导或阻碍民族交流的重要角色。在甘孜地区，伴随着清末“改土归流”及民国时期中央对西康的经营、西康的建省，传统的土司政治逐渐消亡，但是土司在地方传统的权威并没有随政治制度的改革而立即消失，土司、头人因为在政治、经济、文化、社会地位等方面仍具有相当的优势，以致各级政府在四川涉藏地区的统治，“不得不藉重土司头人”。在阿坝的部分地区，仍由土司施行对当地的管理。其他地区原有“废土司”，或担任保长、联保主任之职，或以土兵营长、骑兵队长之名，继续行使着对基层地方的治理权力，其中很多人“假藉政令，鱼肉人民”，官情民意，皆为“土头操纵”[①]。土司在选择对外交往、交流时，会根据自己的需要和意愿进行选择，而交流过程可能更多地限于某些地域局部的行为。通常土司在进行选择的时候，大多只选择让自己经济利益最大化的发展方式。如近代卓克基和马尔康的繁荣，是建立在卓克基土司鼓励鸦片种植和鸦片贸易的畸形市场基础之上的。而对可能会导致自己利益受损的一些行为，有的土司则持抗拒或反对态度。另外，部分土司因为因循守旧，在当地仍然采取封闭的管理方式，如在德格玉隆土司所辖地区，土地肥沃，耕地纵横，但是当地土司却“因迷信深厚，谓动土即犯山神”，严禁垦荒，同时严禁狩猎、掘药，“恐遭神谴责”。[②]

第二，由于特殊的政治、社会制度及其本身所处位置的束缚和制约，土司也缺乏大范围开放和改变的决心和动力。对于纷至沓来的客

---

① 刘文辉：《建设新西康十讲》，载赵心愚、秦和平、王川编：《康区藏族社会珍稀资料辑要》（下），巴蜀书社，2006 年，第 720 页。

② 刘衡如、杨子和、李章甫、郑少成：《视察道炉甘德白瞻雅江七县报告书》，《新西康》1938 年第 2 期，第 34、38 页。

商，四川涉藏地区的土司、头人持有的心态也非常微妙。一部分因为大的藏族商人基本都是当地的土司、喇嘛、头人，他们需要与内地的商人交换货物，所以比较开明的土司、头人对外来商人持欢迎的心态，对这些汉商往往比较照顾。而部分土司对这些外地商人则持比较矛盾的心态，一方面，对于这些能为自己带来好处的财主持开放心态，并积极加以保护，对商民“负绝对保护之责，商民运货，途中如有损失”，他们“必负责追索”[①]；另一方面，对于汉族商人增多以后，可能对自己当地带来的威胁也心存恐惧，所以有时也会持抗拒的心态。如阿坝有汉商50余户，同住一处，阿坝墨桑土司制定了“土官苛捐条例”，如“茶包三十抽一，每驮货物税取银二至四两”，对这些能够带来财富的汉商，墨桑土司“初为轻视心理，嗣而为惊异、嫉妒，近则为畏惧”，“昔日汉商请求兴土木，尚可酌给地皮。”后听从喇嘛打卦“如汉人再来，番民堪忧”的意见，“即不再许”。[②]

第三，土司为了维护自己在当地的势力和威权，往往想方设法对辖区内老百姓的私下对外交流进行严格控制。他们对老百姓实行严格的管理，并竭力阻止当地老百姓对外经商，或不让老百姓学习文化知识。除了主要的几个商业城镇外，四川涉藏地区的其他地方则商业意识淡薄，甚至有些地方因为土司、头人的限制，老百姓还被禁止私自商品贸易。如在别思满屯，屯守备为了巩固自己的统治，“禁止老百姓说汉话，读汉书”[③]；在白玉，土司、头人对老百姓经商严加管理，甚至在白玉的汉官，如需要向当地老百姓购物，也须经过头人介绍，头人乘机从中渔利，否则私自向别人销售货物的事被头人知道后“必将遭受其谴责也”。[④] 在木里，木里土司也严格限制当地老百姓对外经商。部分地区的商业，虽然有商人前往贸易，但是却无市场交易

---

① 葛赤峰：《藏边采风记》，商务印书馆，1943年，第89页。

② 蒋次升著：《四川松潘草地畜牧兽医调查报告》，四川省政府建设厅编印，1941年，第17页。

③ 《嘉绒藏族调查资料》，载西南民族大学西南民族研究院编：《川西北藏族羌族社会调查》，民族出版社，2008年，第49页。

④ 刘衡如、杨子和、李章甫、郑少成：《视察道炉甘德白瞻雅江七县报告书》，《新西康》1938年第2期，第36页。

行为，所有的贸易要依靠当地的头人从中主持完成。如在黑水，没有交易的市场，黑水衙门成为贸易的核心，甘肃回商和松潘商人前往黑水一般住在黑水衙门里，其使用的粮草、用具，由衙门赠送、代购或借与，他们带来交易的货物也存在在衙门内，“大多数的交易，都是靠着头人或其太太，价钱也常由他们评定。卖了的货物，往往要等第二年再来收账。”①

四、政局动荡多变，一定程度上限制了民族之间的交流

稳定的政治环境，是保障民族之间正常交流的重要条件。近代四川涉藏地区受大的政治环境影响，一度动荡不安。特别是在民国政权更替的时间段，民族之间关系受政局的影响，容易转化为不同族群之间的冲突，一定程度上影响了民族间的交流。

第一，由于政局动荡多变，一定程度影响了各民族之间经济交流的热情。在阿坝地区，清末民国时期，受四川政局动荡多变、军阀战乱的影响，政局不稳。后成立的屯殖署虽力图有所作为，但因地处边陲，土匪蜂起，地方不靖，交通时有阻滞，很多商人受战乱的影响，经常裹足不前，民族之间的交流时有中辍。在甘孜地区，赵尔丰通过7年经营，初步具备了在西康建省的规模。但是，因赵尔丰在部分地区采取武力的方式强力推进“改土归流”，原有的土司要么“畏威”而投诚，要么因反抗而被杀、被逐，其推行的改革政策，因“忽视康藏人民之心理、宗教风俗习惯”②，对汉藏民族关系产生了部分消极作用。辛亥革命爆发后，局势大乱。原被废之土司、头人乘机起事，与藏方遥相呼应，企图恢复其统治，川边告急警报频传。民国初年虽经尹昌衡率军平定，但是随后的几任川边镇守使③，“或昏庸贪愚

① 蒋旨昂：《黑水社区政治》，《边政公论》1943年第11—12期合刊，第20页。

② 刘文辉：《建设西康新十讲》，载赵心愚、秦和平、王川编：《康区藏族社会珍稀资料辑要》（下），巴蜀书社，2006年，第611页。

③ 川边镇守使是北洋军阀统治时期的一种临时性军事制度，由当地的军事长官担任，负责镇守地方，同时兼管民政，是一种军政合一的地方制度。川边镇守使制度在川边实行了十多年，共经历了四任镇守使，其中前三任镇守使每年一换，更换频繁。

（如张毅、刘锐恒），或另有怀抱（如殷承瓛）”①，并无多大建树。其中，镇守使陈遐龄在藏军东侵的情况下，不仅没有积极应对，反而以边兵卷入四川内战，改变了尹昌衡西征后形成的相对稳定的政治格局。直到刘文辉入主西康，积极准备西康建省事宜，甘孜地区政局才相对稳定下来。因为民国时期政府政费不足以养廉，吏治败坏，再加上部分土豪劣绅，抢取人民，鱼肉乡里，使得民族之间在特定时期、特定范围内反而出现紧张状况。西康建省后，在刘文辉的经营下，加强了汉藏各民族的政治、经济、文化联系，缓解了各民族之间存在的部分冲突。

第二，政局动荡不安对四川涉藏地区商业影响较大，尤其外来商人更是大受打击。近代是四川涉藏地区各种政治力量角逐、争夺的不平静时期，在甘孜地区，从近代开始，先后发生了瞻对事件、泰宁事件、巴塘事件、川军入藏、尹昌衡西征、康藏纠纷、大白事件、诺那事件、班禅行辕事件等一系列事件，政治上的动荡，对商业的破坏、影响非常大。如贺觉非有一首诗描述了政局动荡背景下涉藏地区商人的情况：“兵燹重经事莫忘，牧民人亦怯三乡。昔时繁庶今零落，草地艰危苦汉商。”这首诗的背景是辛亥革命时涉藏地区土司乘机滋事。民国七年康藏第一次纠纷时，波及乡城、理化，原来在此经商的汉商，“人亡财散”“日渐零落”，猎官者亦视定乡为畏途，多有奉委不赴任者。② 近代康藏纠纷期间，在康的一部分商人为了躲避战乱，“纷纷迁避”，一部分坚持经营的，因为时局的影响，难以为继，如当时“德泰和等几大商号，先后倒闭，炉市大起恐慌”③。受战争的影响，如冯云仙民国二十八年在德格土司寨子里时，老管家曾对她说：“你以为德格不热闹吗，现在才是如此，以前赵大帅手里，此地有大酒店，有大商店号，要买什么有什么，现在——哎，不行了，自

① 陈显良、吴祖沅：《川边四镇守使》，载中国人民政治协商会议四川省委员会、四川省省志编辑委员会编：《四川文史资料选辑》第 11 辑，1964 年，第 125 页。

② 贺觉非：《西康纪事诗本事注》，西藏人民出版社，1988 年，第 117 页。

③ 尊泉：《西康毛织工厂之回顾》，《康藏前锋》1933 年第 3 期，第 37 页。

康藏纠纷起来后，许多商家都关门，一年不如一年了！”[①] 在川西北四土地区，受梭磨内乱的影响，往昔商务繁盛之地，均被“焚毁殆尽”[②]。后来梭磨“改土归流”后，屯署在马塘设置新的县佐，恢复马塘口岸，“抚绥劫后遗黎”，以前受阻的商旅才重新“通行无阻”，马塘也因此发展成为重要的商业口岸。[③]

第三，由于政局动荡，差役赋税繁重，部分阻碍了民族之间的交流。在川边地区，因为差役繁重，部分已经前往四川涉藏地区屯垦的人纷纷弃地而走。如康定长春坝，在清末时有居民“百户”，民国二十八年孙明经随川康科学考察团在该地调查时，长春坝“现仅余三十户”，大部分由于差役过于繁重，“或官吏军人未能休养人民，因而不堪居住，弃家远去”。另外，因为四川涉藏地区江河纵贯、山高路险、交通不便、生活艰苦，“外来技术人员每苦生活不适，小游即去”，有的离开的人“无意中之反宣传”，还使想前来的人“减少尝试勇气”[④]。在阿坝地区，由于“商业发达”，政府借此苛以重税，从清末至民国时期，在松潘、懋功等五县三屯政府的税种有斗捐、油称税、盐称税、酒称税、猪膘称税、花椒称税、木炭称税、黄烟称税、牙行税、屠宰税、水磨牌照捐、印花税、中资捐、公益捐、特捐、红灯捐等多种，因为“政府常巧立名目，征取苛捐杂税”，税收种类之多，税率之高[⑤]，在当地垦殖的农民经常“进出不敷”，如遇天旱，收成不好的时候，只有“率家逃亡”，因而常常出现“弃其田庄而他走”的情形[⑥]。

第四，由于统治者施政不当，局部影响了民族之间的交流，甚至影响了民族和谐。近代四川涉藏地区政治形态复杂、地方局势错综复杂，受执政者执政能力、经验水平、个人素质的影响，影响了局部地

---

① 冯云仙：《西康关外日记（七）》，《蒙藏月报》1937 年第 4 期，第 16 页。

② 宿师良：《四川松理懋茂汶调查录·交通篇》，《边政》1931 年第 7 期，第 4 页。

③ 张雪崖：《松理懋茂汶屯殖区现状》，《开发西北》1934 年第 4 期，第 32 页。

④ 孙明经：《开发西康之意义及其途径》，《西南边疆》1942 年第 14 期，第 22—23 页。

⑤ 《羌族地区近代经济资料汇辑》，《中国少数民族社会历史调查资料丛刊》修订编辑委员会编：《羌族社会历史调查》，民族出版社，2009 年，第 6—7 页。

⑥ 刘历荣：《松懋等五县三屯农业状况》，《学术汇刊》1937 年创刊号，第 31 页。

区的民族团结、和谐。如清末在川边定乡推行的垦殖，从内地前往的垦夫已开垦荒地2000亩，不过因为当时管理垦殖的长官吴奇因他兄长吴俣是川边新军统领，吴奇在当地“藉势凌人，苛虐垦夫”，被不堪其辱的垦夫群殴后，垦夫畏其报复，“一轰而散逃亡各县”[①]。在阿坝地区，民国时期，因为统治者的腐败及压迫，“多有敲剥钱财恃势欺压之事故”，当地受压迫的各族群众往往会“乘机而起”，反抗统治者的统治。不过，当地“羌族藏族只仇视侵夺敲诈之人”，而对“寄居其地之汉工汉商，仍照常保护”[②]。总体而言，由于统治者对少数民族存在歧视、压迫、利用和实行不平等的民族政策，在各民族之间造成一定程度的民族隔阂，在局部区域影响了民族之间的和谐。

不过，总体而言，尽管近代四川涉藏地区民族之间的交流存在一些阻碍，但是将四川涉藏地区民族交流的历史进程及其对四川涉藏地区社会的影响，放在更长的历史长河中来进行考量，可以发现，即使在四川涉藏局部地区的民族交流及社会某一方面的改变，也为其注入了新的活力和生机。就如一粒种子一样，一旦植入土壤，只要外在条件合适，它便会生根、发芽、开花、结果，产生意想不到的效果。

第三节　余论

四川涉藏地区各民族之间的交往交流交融，具有深远的历史传统和坚固的现实基础。历史上的汉藏茶马贸易，在各民族间建立起了千丝万缕、密不可分的紧密联系，形成了内地对涉藏地区的经济吸引及汉藏经济互补共生的经济格局，通过漫长的历史发展，结成了汉藏间亲密的经济依存关系。在四川涉藏地区，因汉藏茶马贸易开辟的从灌县（今都江堰市）经茂县至松潘连接甘、青的松茂古道，和东起四川雅安地区经甘孜地区，从康定分南北两线经昌都直至达拉萨，并通

① 刘赞廷编：《民国定乡县图志》，载中国地方志集成编委会编：《中国地方志集成·四川府县志辑》第67册，巴蜀书社，1992年，第750页。

② 张化初：《松懋等五县三屯之民族状况》，《学术汇刊》1937年创刊号，第11页。

达不丹、尼泊尔、印度等国的川藏茶马古道，既是汉藏物资流通交换的经济通道，也是民族文化交流与融合的主要渠道，更是内地与西藏地区联系的纽带与桥梁。四川涉藏地区因位于茶马古道的核心地带，汉藏间的经济文化交流延续至今，仍对四川涉藏地区社会发展产生着重要的影响。

清代中期以后，汉藏茶马贸易进一步发展，川藏线上茶驮成群、络绎于道，茶马贸易逐步发展成为汉藏之间全面的经济贸易，西藏、青海及甘孜地区各地的藏商、喇嘛商将涉藏地区所产的麝香、鹿茸、虫草、贝母、羊毛、皮张、黄金和大宗药材等土产以及印度、尼泊尔的商品运至四川涉藏地区的康定、松潘、杂谷脑等交易口岸，与内地的陕西、山西、江浙等地的汉回商人组成的商号、商帮进行交易，并购买茶叶及内地所产、涉藏地区所需的各种生产生活用品，包括茶叶、草烟、干菜、邛布、纸瓷等商品运回涉藏地区各地并远销印度、尼泊尔等地。各民族在密切的经济交流的基础上，在文化、血缘等方面相互融合，增进了民族共同生存、共同繁荣的情谊，各民族因此牢牢团结在祖国大家庭中。

进入近代以后，伴随着中央政权对四川涉藏地区治理力度的加大，四川涉藏地区的社会经济进入了一个新的历史时期。在治藏安康的历史背景下，在四川涉藏地区推行的改土归流、改土设屯、西康建省，进一步促进了各民族之间的交往交流交融。抗日战争时期，四川涉藏地区成为巩固国防的重要基地，开发该地区资源成为迫切需要，国民政府加大了对该地区的经营和开发，各民族的交往进一步密切起来。为了获得国际军需物资，国民政府开辟了经由四川涉藏地区贯穿滇、川、藏直达中印边境的国际通道，四川涉藏地区的群众又进一步肩负起输送大后方物资的重要任务，各民族之间的交往更加密切。

但不可否认的是，近代四川涉藏地区的民族交流，受制于封闭的地理环境、落后的交通条件、不同的文化隔膜，各民族之间交流的广度、深度、密度都非常有限，其社会发展也呈现点、线单一走势的不平衡发展形态。

新中国成立后，四川涉藏地区成为倡导民族团结、民族平等、民族自治及反对分裂的重要地域，传统的社会政治形态逐步被破除，各民族之间原有的障碍、隔阂也逐渐被消除。党和政府在该地区开始实行真正的民族平等、民族团结、民族互助政策，逐步构建起新型的社会主义民族关系。通过推行培养少数民族干部、加强民族团结教育、尊重宗教信仰自由、加快民族经济发展、推进民族教育发展、繁荣民族传统文化等一系列重要的民族政策，同时充分发挥社会主义的制度优势，以优惠的政策和巨大的人力、物力、财力，大力支援藏四川涉藏地区的各项建设，不断为该地区社会经济的发展注入新的动力，各民族之间的交流更加平稳、健康、和谐，四川涉藏地区社会发生了翻天覆地的变化。

改革开放以后，特别是进入21世纪以来，四川涉藏地区原有的单一的、线性的交通基础设施发生了翻天覆地的变化。通航机场达到5个，1小时之内就可乘坐飞机从成都、重庆等地抵达康定、稻城、甘孜、九寨沟、红原等地，随着都汶、雅康、汶马高速公路建成通车，成兰铁路、川藏铁路开工修建，通往四川涉藏地区的天堑逐渐变为通途，四川涉藏地区各民族对内、对外交流的交通障碍正一点点被破除，由公路、航空、铁路等多种运输方式组成的现代综合交通运输体系，更深刻、立体地影响着四川涉藏地区的社会、经济、文化发展。四川涉藏地区各民族之间的民族交往交流交融更加密切，越来越多的涉藏地区群众从雪山草地走出来，到内地求学、经商、置业、养老、就医、旅游，他们与内地各兄弟民族交往交流的密度、广度、深度都在不断扩大。同时，通过大力发展旅游文化产业，四川涉藏地区以其五彩斑斓的民族文化、特殊浓郁的民俗活动、神奇独特的自然景观，吸引了越来越多的游客前往旅游。川藏线上自驾游客川流不息，海内外游客接踵而至，各民族的交往交流交融进一步加强。通过密切的民族交流、持续的经济交往，在四川涉藏地区与内地之间已形成“你中有我、我中有你”，“你离不开我，我离不开你”的“相互嵌入式”社会结构形态，各民族的广泛、持续、深入的交流已成为势不可当的时代潮流。

党的二十大明确指出，要以铸牢中华民族共同体意识为主线，加强和改进党的民族工作。近代四川涉藏地区各民族交往交流交融的历史事实，是中华民族共同体形成发展的重要构成和生动示例。在回顾近代四川涉藏地区民族交流与社会发展的历史的同时，衷心希望通过各民族之间更紧密的社会、经济、文化联系，进一步推动四川涉藏地区社会的全面、综合、现代化发展，创造出四川涉藏地区社会经济发展新的历史篇章，这也正是本书研究的意义所在。

参考文献

史料类

一、档案史料

1. 中国科学院民族研究所、四川少数民族社会历史调查组：《北洋军阀与国民党统治下的西康藏区档案资料》，1959 年。

2. 西藏民族学院历史系：《清实录 藏族历史资料汇编》，西藏民族学院历史系，1981 年。

3. 吴丰培编：《赵尔丰川边奏牍》，四川人民出版社，1984 年。

4. 四川省民族研究所编：《清末川滇边务档案史料》（上、中、下册），中华书局，1989 年。

5. 四川省档案馆、四川民族研究所编：《近代康区档案资料选编》，四川大学出版社，1990 年。

6. 游时敏著：《四川近代贸易史料》，四川大学出版社，1990 年。

7. 西藏自治区社会科学院、四川省社会科学院合编：《近代康藏重大事件史料选编》第 1 编，西藏古籍出版社，2001 年。

8. 段金录、姚继德主编：《中国南方回族经济商贸资料选编》，云南民族出版社，2002 年。

9. 西藏自治区社会科学院、四川省社会科学院合编：《近代康藏重大事件史料选编》第 2 编，西藏古籍出版社，2004 年。

10. 赵心愚、秦和平编：《康区藏族社会历史调查资料辑要》，四川出版集团、四川民族出版社，2004 年。

11. 中国藏学研究中心、中国第二历史档案馆合编：《民国时期西藏及藏区经济开发建设档案选编》，中国藏学出版社，2005 年。

12. 赵心愚、秦和平、王川编：《康区藏族社会珍稀资料辑要》（上、下），巴蜀书社，2006 年。

13. 马大正主编：《民国边政史料汇编》第 26—30 册，国家图书馆出版社，2009 年。

14. 李文海主编：《民国时期社会调查从编》二编《法政卷上》，福建教育出版社，2014 年。

二、史籍史志

1. （清）李之珂纂修：《四川新设炉霍屯志略》，1906 年铅印本。

2. 佚名编：《懋功屯乡土志》，民国初年。

3. （清）吴德煦纂：《章谷屯志略》，1936 年传抄本。

4. 贺觉非纂：《理化县志稿》12 卷，1945 年铅印本。

5. （清）刘文增：《抚边屯志略》，1950 年传抄本。

6. （宋）范晔、（唐）李贤等注：《后汉书》，中华书局，1965 年。

7. （明）宋濂等撰：《元史》，中华书局，1965 年。

8. （光绪）张继纂、中央民族学院吴丰培订：《定瞻厅志略》，1978 年油印本。

9. 理县志编纂委员会办公室编印：《理县古今》，1984 年。

10. 阿坝藏族羌族自治州地方志编撰委员会：《阿坝州志》，巴蜀书社，1987 年。

11. 欧阳彬主编：《四川省医药卫生志》，四川科学技术出版社，1991 年。

12. 丁世良、赵放：《中国地方志民俗资料汇编 · 西南卷》（下），北京图书馆出版社，1991 年。

13. 中国地方志集成编委会编：《中国地方志集成 · 四川府县志辑》第 66、67 册，巴蜀书社，1992 年。

14. 四川省阿坝藏族羌族自治州汶川县地方志编纂委员会编：《汶川县志》，民族出版社，1992 年。

15. 四川省甘孜藏族自治州新龙县志编纂委员会：《新龙县志》，四川人民出版社，1992 年。

16. 阿坝州文化局编：《阿坝藏族羌族自治州文化艺术志》，巴蜀书社，1992 年。

17. 四川省阿坝藏族羌族自治州黑水县地方志编纂委员会编：《黑水县志》，民族出版社，1993 年。

18. 四川省阿坝藏族羌族自治州阿坝县志编纂委员会编：《阿坝县志》，民族出版社，1993 年。

19. 甘孜藏族自治州林业志编写组编：《甘孜藏族自治州林业志》，四川辞书出版社，1994 年。

20. 四川省阿坝藏族羌族自治州金川县地方志编纂委员会编：《金川县志》，民族出版社，1994 年。

21. 杨嘉铭：《甘孜藏族自治州民族志》，当代中国出版社，1994 年。

22. 四川省阿坝藏族羌族自治州南坪县志编纂委员会编：《南坪县志》，民族出版社，1994 年。

23. 四川省马尔康县地方志编纂委员会编纂：《马尔康县志》，四川人民出版社，1995 年。

24. 四川省四川省德格县志编纂委员会编纂：《德格县志》，四川人民出版社，1995 年。

25. 四川省阿坝藏族羌族自治州小金县地方志编纂委员会编纂：《小金县志》，四川辞书出版社，1995 年。

26. 木里藏族自治县志编纂委员会编纂：《木里县志》，四川人民出版社，1995 年。

27. （清）张廷玉等撰：《明史》，岳麓书社，1996 年。

28. 四川省若尔盖县地方志编纂委员会编：《若尔盖县志》，民族出版社，1996 年。

29. 红原县地方志编纂委员会编：《红原县志》，四川人民出版社，1996 年。

30. 四川省甘孜藏族自治州白玉县志编纂委员会编：《白玉县志》，四川大学出版社，1996 年。

31. 四川省理塘县志编纂委员会编纂：《理塘县志》，四川人民出版社，1996 年。

32. 四川省丹巴县志编纂委员会编：《丹巴县志》，民族出版社，1996 年。

33. 甘孜州志编撰委员会：《甘孜州志》，四川人民出版社，1997 年。

34. 四川省稻城县志编纂委员会编纂：《稻城县志》，四川人民出版社，1997 年。

35. 四川省九龙县志编纂委员会编纂：《九龙县志》，四川人民出版社，1997 年。

36. 四川省道孚县志编纂委员会编纂：《道孚县志》，四川人民出版社，1997 年。

37. 四川省色达县志编纂委员会编纂：《色达县志》，四川人民出版社，1997 年。

38. 乡城县志编纂委员会编：《乡城县志》，四川大学出版社，1997 年。

39. 四川省阿坝藏族羌族自治州茂汶羌族自治县地方志编纂委员会编：《茂汶羌族自治县志》，四川辞书出版社，1997 年。

40. 四川省阿坝藏族羌族自治州壤塘县志编纂委员会主编：《壤塘县志》，民族出版社，1997 年。

41. 理县志编纂委员会编纂：《理县志》，四川民族出版社，1997 年。

42. 四川省地方志编纂委员会编纂：《四川省志·轻工业志》，四川辞书出版社，1998 年。

43. 甘孜县志编纂委员会编纂：《甘孜县志》，四川科学技术出版社，1999 年。

44. 泸定县志编纂委员会编纂：《泸定县志》，四川科技出版社，

1999 年。

45. 四川省阿坝藏族羌族自治州松潘县志编纂委员会编：《松潘县志》，民族出版社，1999 年。

46. 《甘孜州康定电力公司志》编纂委员会：《甘孜藏族自治州康定电力公司志》，1999 年。

47. 四川省地方志编纂委员会编：《四川省志 · 林业志》，四川科学技术出版社，1999 年。

48. 四川省地方志编纂委员会编：《四川省志 · 文化艺术志》，四川人民出版社，2000 年。

49. 炉霍县志编纂委员会编纂：《炉霍县志》，四川人民出版社，2000 年。

50. 得荣县志编纂委员会编纂：《得荣县志》，四川大学出版社，2000 年。

51. 石渠县志编纂委员会编纂：《石渠县志》，四川人民出版社，2000 年。

52. 四川省地方志编撰委员会编：《四川省志》，四川人民出版社，2000 年。

53. 四川省康定县地方志编纂委员会编：《康定县志》，巴蜀书社，2000 年。

54. 四川省甘孜藏族自治州雅江县志编纂委员会编著：《雅江县志》，巴蜀书社，2000 年。

55. 四川省巴塘县地方志编纂委员会编纂：《巴塘县志》，方志出版社，2001 年。

56. 张羽新主编：《中国西藏及甘青川滇藏区方志汇编》第 38—44 册，北京学苑出版社，2003 年。

57. 九龙县档案县志局编：《九龙县民族志》，2006 年。

58. 阿坝州烟草专卖局编纂：《阿坝州烟草志》，四川人民出版社，2006 年。

59. 中共阿坝州委党史研究室、阿坝州地方志办公室编：《阿坝州志之红军长征在阿坝》，四川大学出版社，2007 年。

60. 马尔康县地方志办公室编：《红色记忆：红军长征在四土》，巴蜀书社，2008 年。

61. 冯有志著：《西康史拾遗》，巴蜀书社，2013 年。

62. 《阿坝州文库》编委会编：《阿坝州文库·茂州志》，四川民族出版社，2013 年。

63. 四川省地方志工作办公室编：《西康通志稿》（上、下），方志出版社，2016 年。

64. （民国）祝世德编纂，王川、陈鹤校注：《汶川县志校注》，四川大学出版社，2017 年。

三、文史资料

1. 政协四川省甘孜藏族自治州委员会编：《四川省甘孜藏族自治州文史资料选辑》第 1 辑，1982 年。

2. 甘孜藏族自治州委员会：《甘孜藏族自治州文史资料选辑》第 5 辑，1984 年。

3. 四川体育史料编辑室：《四川体育史料》第 3 期，1985 年。

4. 中国人民政治协商会议四川省道孚县委员会文史资料编辑组：《道孚文史资料选辑》第 1 辑，道孚县印刷厂印，1985 年。

5. 政协四川省阿坝藏族自治州委员会文史资料委员会：《阿坝藏族自治州文史资料选辑》第 4 辑，1986 年。

6. 政协甘孜藏族自治州委员会编：《甘孜州文史资料选辑》第 5 辑，1986 年。

7. 中国人民政治协商会议马尔康县委员会：《马尔康县文史资料》第 1 辑，1986 年。

8. 政协四川省阿坝藏族自治州委员会文史资料委员会：《阿坝藏族自治州文史资料选辑》第 4 辑，1986 年。

9. 中国人民政治协商会议汶川县委员会文史资料委员会：《汶川县文史资料选辑》第 2 辑，1987 年。

10. 中国人民政治协商会议四川省道孚县委员会文史资料编辑组：《道孚文史资料选辑》第 2 辑，道孚县印刷厂印，1987 年。

11. 中国人民政治协商会议木里藏族自治县委员会文史组编：《木里文史》第1辑，1987年。

12. 中国人民政治协商会议陕西省户文史资料委员会编：《户县文史资料》第3辑，1987年。

13. 中国人民政治协商会议四川省阿坝藏族自治州委员会文史资料委员会：《阿坝藏族自治州文史资料选辑》第6辑，1987年。

14. 中国政治协商会议小金县委员会文史资料工作组编辑部：《小金文史资料选辑》第1辑，1988年。

15. 中国人民政治协商会议南坪县委员会文史资料委员会编：《南坪县文史资料选辑》第1辑，1988年。

16. 中国人民政治协商会议甘孜藏族自治州康定县委员会编：《康定县文史资料选辑》第2辑，1988年。

17. 政协南坪县委员会、文史资料委员会编：《南坪县文史资料选辑》第1辑，1988年。

18. 中国人民政治协商会议木里藏族自治县委员会文史资料委员会编：《木里文史》第2辑，1989年。

19. 甘孜藏族自治州委员会编：《甘孜州文史资料》第8辑，1989年。

20. 甘孜藏族自治州康定县委员会编：《康定县文史资料选辑》第3辑，1989年。

21. 中国人民政治协商会议四川省汶川县委员会文史资料委员会：《汶川县文史资料选辑》第3辑，1989年。

22. 壤塘县委员会文史资料委员会编辑室：《壤塘文史资料选辑》第1辑，1990年。

23. 四川省甘孜藏族自治州委员会：《甘孜州文史资料·纪念甘孜州建州四十周年专辑（下）》，1990年。

24. 中国人民政治协商会议四川省泸定县委员会文史资料工作委员会编：《泸定县文史资料选辑》第4辑，1990年。

25. 中国人民政治协商会议小金县委员会文史资料委员会编：《阿坝藏族自治州小金文史资料选辑》第3辑，1992年。

26. 中国人民政治协商会议马尔康县委员会：《马尔康县文史资料》第2辑，1992年。

27. 中国人民政治协商会议四川省甘孜藏族自治州委员会编：《甘孜州文史资料》第13辑，1993年。

28. 四川省政协文史资料研究委员会编写：《四川文史资料选辑》第42辑，1994年。

29. 中国人民政治协商会议木里藏族自治县委员会文史资料委员会编：《木里文史·民族史料专辑》，1996年。

30. 松潘县文史资料委员会编：《松潘县文史资料选辑》第1辑，1997年。

31. 四川省政协文史资料委员会编：《四川文史资料集粹》（民族宗教华侨编），四川人民出版社，1996年。

32. 松潘县文史资料委员会编：《松潘县文史资料选辑》第1辑，1997年。

33. 四川省省志编辑委员会编：《四川文史资料选辑》第11辑，2001年。

34. 中国人民政治协商会议马尔康县委员会：《阿坝藏族羌族自治州文史资料选辑》第17辑《阿坝旅游发展渊源》，2002年。

35. 中国人民政治协商会议四川省泸定县委员会文史资料工作委员会编：《泸定文史资料选辑》，2003年。

36. 中国人民政治协商会议甘孜藏族自治州委员会编：《甘孜州文史资料》第18辑，2003年。

37. 中国人民政治协商会议巴塘县委员会编：《巴塘县文史资料》第2辑《刘家驹专集》，2005年。

38. 湖北省政协文史资料委员会编：《湖北文史》第2辑，2005年。

39. 周英哲、罗逊主编：《回忆西康》，政协雅安市委员会学习文史联络委员会，2006年。

40. 《甘孜藏族自治州概况》修订本编写组编：《四川甘孜藏族自治州概况》，民族出版社，2009年。

41. 《木里藏族自治县概况》编写组：《木里藏族自治县概况》，民族出版社，2009 年。

42. 全国政协文史资料研究委员会编：《撞击艺术之门——文学艺术大师回忆录》，中国文史出版社，2016 年。

四、清代、民国时期的出版物（日记、笔记、诗集、调查报告、论著等，含重新整理的再版）

1. （清）何远庆：《松潘纪略》，清同治十二年（1873）。

2. 傅樵斧著：《松潘游记》，文伦书局，1915 年刊。

3. 四川督军署参谋处辑：《戍边必携》,四川官印刷局，1919 年。

4. 张泓等著：《古今游记丛钞》第 12 册，中华书局，1924 年。

5. 胡吉庐编：《西康疆域溯古录》，商务印书馆，1925 年。

6. 任乃强著：《西康诡异录》，四川日报社，1930 年。

7. 蒋用宏、刘觉民编：《实业讲演集》，南京中央政治学校附设西康学生特别训练班，1931 年。

8. 宝天女述，金路易著，汪今鸾译：《余之西藏观》，上海商务印书社，1931 年。

9. 刘家驹著：《康藏》，新亚细亚月刊社，1932 年。

10. 格桑泽仁著：《康藏概况报告》，1932 年油印本。

11. 徐金源：《川边游记》，京城印书局，1932 年。

12. 刘家驹：《康藏》，新亚细亚月刊社，1932 年。

13. 傅嵩炑：《西康建省记》，中华印刷公司，1932 年。

14. 边政委员会编：《松潘概况资料辑要》，1933 年油印本。

15. 陈志明：《西康沿革考》，拔提书店，1933 年。

16. 刘虎如编：《青海西康两省》，商务印书馆，1933 年。

17. 邱怀瑾编：《西防纪实》，国西电讯社，1933 年。

18. 孙季叔编著：《中国游记选》，亚细亚书局，1934 年。

19. 唐柯三：《赴康日记》，新亚细亚学会出版科印行，1934 年。

20. 徐尔灏：《青康藏新西人考察史略》，国立中央大学理科研究所地理学部，1935 年。

21. 王天元著：《近西游副记》，拔提书店，1935 年。

22. 伍非百：《清代对大小金川及西康青海用兵纪要》，1935 年铅印本。

23. 《西康交通概要》（边疆教育实业考察团西康组丙种报告书之一），中国国民党中央政治学校附设蒙藏学校刊行，1935 年。

24. 新西北通讯社南京总社编：《边疆异俗漫谭》，新西北通讯社南京总社，1935 年。

25. 谢培筠编：《川西边事辑览》，重庆新民书社，1935 年。

26. 王巨军著：《康藏建省略》，1936 年铅印本。

27. 邓锡侯编：《四川松理懋茂汶屯区屯政纪要》，1936 年。

28. 向尚等著：《西南旅行杂写》，中华书局，1937 年。

29. 杨仲华著：《西康纪要》，商务印书馆，1937 年。

30. 陈重生著：《西行艳异记》，上海时报社，1938 年。

31. 向尚等著：《西南旅行杂记》，中华书局，1939 年。

32. 张敬熙著：《三十年来之西康教育》，商务印书馆，1939 年。

33. 西康省政府秘书处编：《西康概况》，西康省政府秘书处编印，1939 年。

34. 西康省政府编：《西康省各项统计调查表》，西康省政府编印，1939 年。

35. 于锡猷调查、国民经济研究所纂辑：《西康进出口贸易》，国民经济研究所编印，1940 年。

36. 柯象峰编：《西康社会之鸟瞰》，正中书局，1940 年。

37. 西康省政府教育厅秘书室编辑：《西康建省一年来之教育概况》，康定启康印刷公司，1940 年。

38. 傅双无编：《四川边区各民族之人口数字》，书生书店，1941 年。

39. 蒋次升：《四川松潘草地畜牧兽医调查报告》，四川省政府建设厅编印，1941 年。

40. 李承三著：《西康地质调查旅行记》，独立出版社，1941 年。

41. 陈兆耕、许宗岱编：《四川畜产》，四川省农业改进所，

1941 年。

42. 段公爽著：《入康记》，西康国民日报社，1941 年。

43. 庄学本：《西康夷族调查报告》，西康省政府，1941 年。

44. 《四川省边地教育实施》，四川省国民教育指导月刊印，1941 年。

45. 钟毓著：《西康茶业》，建国书店，1942 年。

46. 中华自然科学社编写：《中华自然科学社西康科学考察团报告书》，中华自然科学社编印，1942 年。

47. 经济部中央工业试验所木材实验室编：《川西伐木工业之调查》，经济部中央工业试验所木材实验室编印，1942 年。

48. 易君左等著：《川康游踪》，中国旅行社，1943 年。

49. 葛赤峰：《藏边采风记》，商务印书馆，1943 年。

50. 《农林部岷江流域国有林区管理处二周年纪念刊》，农林部岷江流域国有林区管理处刊，1943 年。

51. 四川省政府建设厅编：《四川西北边区垦牧调查报告》，四川省政府建设厅编印，1944 年。

52. 程裕淇著：《西康剪影》，独立出版社，1945 年。

53. 中国工程师学会：《四川考察团报告》，中国工程师学会编印，1945 年。

54. 李亦人编著：《西康综览》，正中书局，1946 年。

55. 格桑泽仁著：《边人刍言》，新大陆印刷厂，1946 年。

56. 《西康民政统计》，康定文化社印，1947 年。

57. 西康省政府财政厅编：《建省后之西康财政》，西康省政府财政厅编印，1943 年。

58. 西康省农业改进所编：《西康农业建设之回顾与前瞻》，民国时期出版。

59. 马鹤天：《甘青藏边考察记》第 3 册，商务印书馆，1947 年。

60. 蒋君章：《西南经济地理》，商务印书馆，1947 年。

61. 《中华基督教全国总会边疆服务部工作简报》，1948 年。

62. 刘赞廷纂修：《西康建省记要》，1960 年油印本。

63. 国民参政会川端建设视察团编：《国民参政会川端建设视察团报告书》，文海出版社，1971 年。

64. 范长江著，中国社会科学院新闻研究所编：《中国的西北角》，新华出版社，1980 年。

65. 吴丰培辑：《川藏游踪汇编》，四川民族出版社，1985 年。

66. 刘曼卿著：《康藏轺征》，南天书局有限公司，1987 年。

67. 贺觉非：《西康纪事诗本事注》，西藏人民出版社，1988 年。

68. 叶浅予编绘：《旅程画眼》，上海文艺出版社，1989 年。

69. 于式玉：《于式玉藏区考察文集》，中国藏学出版社，1990 年。

70. 吴丰培辑：《有泰驻藏日记》，全国图书馆文献缩微复制中心，1991。

71. 李安宅著：《李安宅藏学文论选》，中国藏学出版社，1992 年。

72. 任乃强：《西康图经》，西藏古籍出版社，2000 年。

73. ［英］H. R. 戴维斯著，李安泰等译：《云南：联结印度和扬子江的链环——19 世纪一个英国人眼中的云南社会状况及民族风情》，云南教育出版社，2000 年。

74. 和匠宇、和镑宇著：《孤独之旅：植物学家、人类学家约瑟夫·洛克和他在云南的探险经历》，云南教育出版社，2000 年。

75. 任乃强著：《康藏史地大纲》，西藏古籍出版社，2000 年。

76. ［法］邦瓦洛特著，简明译：《勇闯无人区》，新疆人民出版社，2001 年。

77. 施康强编：《四川的凸现》，中央编译出版社，2001 年。

78. ［英］赫伯特·斯蒂文斯著，章汝雯、曹霞译：《经深峡幽谷走进康藏——一个自然科学家经伊洛瓦底江到扬子江的游历》，中国社会科学出版社，2002 年。

79. ［英］孔贝著，邓小咏译：《藏人言藏——孔贝康藏闻见录》，中国社会科学出版社，2002 年。

80. ［英］W. W. 福格森著，张文武译，张皓校：《青康藏区的冒险生涯》，西藏人民出版社，2003 年。

81. 骆小所主编：《西南民俗文献》，兰州大学出版社，2003 年。

82. 孙明经摄影，张鸣撰述：《1939 年：走进西康》，山东画报出版社，2003 年。

83. 黎光明、王元辉著，王明珂编校：《川西民族调查记录 1929》,台北“中央研究院”历史语言研究所，2004 年。

84. ［日］山川早水著；李密,李春德,李杰译:《巴蜀旧影——一百年前一个日本人眼中的巴蜀风情》，四川人民出版社，2005 年。

85. 庄学本著:《尘封的历史瞬间——摄影大师庄学本 20 世纪 30 年代的西部人文探访》，四川民族出版社，2005 年。

86. ［法］古伯察著，耿昇译:《鞑靼西藏旅行记》，中国藏学出版社，2006 年。

87. ［英］伊莎贝拉·伯德著，卓廉士、黄刚译：《1898：一个英国女人眼中的中国》，湖北人民出版社，2007 年。

88. 庄学本著:《羌戎考察记——摄影大师庄学本 20 世纪 30 年代的西部人文探访》，四川民族出版社，2007 年。

89. 法国里昂商会编著:《晚清余晖下的西南一隅：法国里昂商会中国西南考察纪实》，云南美术出版社，2008 年。

90. 邢肃芝（洛桑珍珠）口述，张健飞、杨念群笔述:《雪域求法记——一个汉人喇嘛的口述史》，生活·读书·新知三联书店，2008 年。

91. ［法］多伦著，［美］李国庆整理：《中国禁地——多伦 1906 年至 1909 年之考察》，广西师范大学出版社，2009 年。

92. 庄学本:《庄学本全集》（上、下），中华书局，2009 年。

93. 任乃强:《任乃强藏学文集》，中国藏学出版社，2009 年。

94. ［英］伊莎贝拉·伯德著，红音、杜永彬等编译:《长江流域旅行记——1896 年英国女旅行家在长江流域及四川西北部汶川、理县、马尔康梭磨旅行游记》，四川出版集团、四川民族出版社，2010 年。

95. ［英］威廉·吉尔著，亨利·尤里编，曾嵘译:《金沙江》，中国地图出版社，2013 年。

96. 陈渠珍著:《艽野尘梦》，重庆出版社，2013 年。

97. ［美］罗伯特B·埃柯瓦尔、波塞尔德·劳费尔著，苏发祥、洛赛编译：《藏族与周边民族文化交流研究》，中央民族大学出版社，2013 年。

98.（清）姚莹著，欧阳跃峰整理：《康輶纪行》，中华书局，2014 年。

99. 李文海主编：《民国时期社会调查丛编·少数民族卷》第1—2 编，福建教育出版社，2014 年。

100. ［英］E. H. 威尔逊著，胡启明译：《中国——园林之母》，广东科技出版社，2015 年。

101. ［英］R. F. 约翰斯顿著，黄立思译：《北京至曼德勒——四川藏区及云南纪行》，云南人民出版社，2015 年。

102. 孙建秋、孙建和编著：《孙明经西康手记 1939&1944》，中国民族摄影艺术出版社，2016 年。

五、清、民国时期的期刊报纸（部分）

1.《游巴塘记》，《万国公报》1899 年第 125 期。

2.《喇嘛抗拒开矿》，《大陆》1905 年第 18 期。

3.《四川打箭炉出口土产》，《万国商业月报》1908 年第 9 期。

4.《巴塘试办蚕桑》，《四川官报》1910 年第 31 期。

5.《德格最近之调查》，《四川实业杂志》1911 年第 1 期。

6.《本国纪事·提倡工厂》《边地见闻录·巴塘之市场》，《成都商报》1911 年第 38 期。

7.《德格调查录》，《西北杂志》1912 年第 2 期。

8.《双雁新从德格来》，《山西实业报》1912 年第 18 期。

9.《德格金矿》，《顺天时报》1912 年第 3241 号。

10.《交通部通告》（中华民国九年三月二十四日），《政府公报》1920 年第 1479 期。

11. 董兆孚等：《炉霍县调查录》，《边政》1930 年第 3 期。

12. 董兆孚：《徼外旅痕》，《边政》1930 年第 4 期。

13. 董用霖：《稻城县概况》，《边政》1930 年第 4 期。

14. 董兆孚、万腾蛟：《西康宗教政况夷性考察报告》，《边政》1930年第4期。

15. 云浦：《落后的西康》，《新西康月刊》1930年第6—7期合刊。

16. 陈云皋讲：《康藏问题在国防上的重要性》，《国闻周报》1930年第26期。

17. 《川边荒地急待垦殖》，《农业周报》1930年第37期。

18. 《炉霍道孚两县开辟荒地》，《蒙藏周报》1930年第42期。

19. 马泽昭：《西康风土政制概要》，《农林新报》1930年第220期。

20. 《西康特区十四县最近调查表：西康九龙县调查表》，《边政》1931年第8期。

21. 《西康巴塘重建清真寺》，刘家驹：《折多山与西康的青年》，《西藏班禅驻京办公处月刊》1931年第9—10期合刊。

22. 哈姆著，李承三译：《旅行纪略》，《自然科学》1931年第2期。

23. 杨仲华：《西康之概况》、冯云仙：《西康各县之实际调查》，《新亚细亚》1931年第5期。

24. 宿师良：《四川松理懋茂汶调查录交通篇》，《边政》1931年第7期。

25. 《四川松潘到茂县间，新辟大道将成功》，《道路月刊》1932年第1期。

26. 《川边·康定》《川边·二楷金矿》，《四川月报》1932年第4期。

27. 《汶川提倡种桑》，《四川月报》1933年第2期。

28. 《黑水夷人倾心汉化》，《四川月报》1933年第3期。

29. 尊泉：《西康毛织工厂之回顾》，《康藏前锋》1933年第3期。

30. 蓝铣：《西康小识》，《康藏前锋》1933年第4期。

31. 《汶川已垦农场共有五处》，《四川月报》1933年第6期。

32. 丁作韶：《川康边区视察记》，《大中国周报》1933 年第 8 期。

33. 《西康境内邮电机关调查》，《四川月报》1934 年第 1 期。

34. 常之：《西康回民概况》，《突崛》1934 年第 1 期。

35. 《康藏社会与人种》，《蒙藏月报》1934 年第 1 期。

36. 《川西屯区金矿概况》，《四川月报》1934 年第 1 期。

37. 《川边索桥》，《道路月刊》1934 年第 1 期。

38. 徐近之：《西宁松潘间之草地旅行》，《地理学报》1934 年第 1 期。

39. 《康定夷民差役调查》《炉霍虾拉沱垦务状况》《川边·巴安县一瞥》《松潘漳腊金矿概况》，《四川月报》1934 年第 2 期。

40. 陆诒、黄举安：《西康风俗丛谭》，《开发西北》1934 年第 2 期。

41. 张雪崖：《松理懋茂汶屯殖区现状》，《开发西北》1934 年第 4 期。

42. 《汶川既遭天旱，复罹水灾》，《四川省立农学院院刊》1934 年第 4 期。

43. 《道孚县长筹筑雅砻江木桥》，《四川月报》1934 年第 5 期。

44. 黄树滋：《梦轩遗稿》，《开发西北》1934 年第 6 期。

45. 《西康雅江之金矿》、方秋苇：《未开发的四川宝藏——松理懋茂汶》，《中行月刊》1934 年第 6 期。

46. 笑棠：《西康雅江风情记》，《康藏前锋》1934 年第 8 期。

47. 方秋苇：《未开发的四川宝藏——松理懋茂汶》，《中华月报》1934 年第 9 期。

48. 《改良西康畜牧之我见》《西康道孚灵雀寺一瞥》《康定锅庄现状》，《康藏前锋》1934 年第 10—11 期合刊。

49. 屺瞻：《西康的喇嘛》，《人言周刊》1934 年第 23 期。

50. 《道孚通西桥落成》，《蒙藏旬刊》1934 年第 90 期。

51. 庄学本：《羌民生活》，《新闻报元旦图画特刊》1935 年元旦。

52. 《雅江钢桥被毁之始末》《甘孜挞金桥落成》《汶川重建万寿

桥》，《川边季刊》1935 年第 1 期。

53. 玉珍纳母著、张静波整理：《玉珍纳母旅行笔记》，《开发西北》1935 年第 1—2 期合刊。

54.《康民祀神之种类》《西康之喇嘛》《西康之皮货业》《西康矿产调查》《松潘实行移民殖边》，《四川月报》1935 年第 2 期。

55.《巴安县招民开垦荒地》《松潘县政一瞥》《西康道孚试种小麦》《打箭炉大森林砍伐殆尽》《理化金矿调查》《川康总指挥刘文辉捐款重修甘孜大金寺》《西康人民风俗纪要》《杂谷脑游记》，《川边季刊》1935 年第 2 期。

56.《汶川龙溪大桥补修竣工》《汶川官绅合办经济农场》，《川边季刊》1935 年第 3 期。

57.《汶川索观云土司愿改土归流》《巴安小志》《屯区鸟瞰》，《川边季刊》1935 年第 4 期。

58. ［英］台克曼（E. Teichman）著，高上佑译：《西藏东部旅行记》，《康藏前锋》1935 年第 8 期。

59.《德格驻军励行兵工政策》《邓柯努力生产事业》《邓柯实行兵垦》，《康藏前锋》1935 年第 9 期。

60. 常之：《巴安军民努力生产事业》，《康藏前锋》1935 年第 10—11 期合刊。

61.《川边金汤近讯》，《四川月报》1936 年第 1 期。

62.《松理懋茂汶屯区矿产一瞥》《十六区最近人口调查》，《川边季刊》1936 年第 1 期。

63.《十六区培修叠溪山路》《康定机场举行开航典礼》，《川边季刊》1936 年第 2 期。

64. 冯云仙：《西康关外日记》，《蒙藏月报》1936 年第 6 期，1937 年第 1、3、4 期。

65. 丹珍：《西康炉霍县概况》，《康藏前锋》1936 年第 6 期。

66.《西康甘孜驻军实行兵工筑路》，《蒙藏月报》1937 年第 2 期。

67.《灌威茂松筹设林场》，《四川月报》1937 年第 5 期。

68. 《德格桥梁道路修理完善》《泰宁城将焕然一新》，《康藏前锋》1937 年第 10 期。

69. 《移民殖边堪作借镜，西康实验垦殖成功》，《西北导报》1937 年第 12 期。

70. 洪思汤：《康定之回顾》，《新西康》1938 年第 1 期。

71. 刘衡如、杨子和、李章甫、郑少成：《视察道炉甘德白瞻雅江七县报告书》，《新西康》1938 年 2 期。

72. 《道孚县浅影》《鱼通缩影》，《康导月刊》1938 年创刊号。

73. 陈治荣：《今日之雅江》，《康导月刊》1938 年第 4 期。

74. 邱怀瑾：《西康旅途日记》，《边事研究》1939 年第 1、2、6 期。

75. 刘刚甫：《松理茂游记》，《边事研究》1939 年第 2 期。

76. 松月：《巴安公共厕所》，《西康新闻》1939 年 3 月 23 日。

77. 邱述钤：《九龙全境视察记》，《康导月刊》1939 年第 4、6 期。

78. 刘希武：《康定包家锅庄观牡丹》，《康导月刊》1939 年第12 期。

79. 朱刚夫：《得荣鸟瞰》，《康导月刊》1940 年第 11 期。

80. 顾学箕：《阿坝医疗工作回忆录》，《医育》1940 年第 2 期。

81. 庄学本：《西康的风土和人物》，《东方画刊》1941 年第 1 期。

82. 李鉴铭：《康游杂记（二则）·小学生赛族》，《责善半月刊》1941 年第 8 期。

83. 柯象峰：《西康纪行》，《边政公论》1941 年第 3—4 期合刊，1942 年第 7—8 期合刊、9—10 期合刊。

84. 梁瓯第：《打箭炉——西康纪游之什》，《文讯》1942 年第 2 期。

85. 何许人：《康南游记》（续），《康导月刊》1942 年第 2—3 期合刊。

86. 《沟通康藏邮运》，《邮政月刊》1942 年第 3 期。

87. 孙明经、范厚勤：《西康纪实影片说明》，《电影与播音》1942 年第 5 期。

88. 章松涛：《羌民的建筑》，《边疆研究通讯》1942 年第 5—6 期合刊。

89. 黎可行：《邓柯四年来施政概况》，《康导月刊》1942 年第 8—9 期合刊。

90. 孙明经：《开发西康之意义及其途径》，《西南边疆》1942 年第 14 期。

91. 陈万骢：《松潘的畜牧环境》，《西南边疆》1942 年第 15 期。

92. 巴人：《西康的新巴安》，《康导月刊》1942 年第 45 期。

93. 王自强：《康藏邮政已步入新阶段》，《抗战与交通》1942 年第 82 期。

94. 幽桐：《西康农业部落藏胞妇女剪影》，《现代妇女》1943 年创刊号。

95. 靖唐：《康北的重要镇甘孜》，《康导月刊》1943 年第 1 期。

96. 蒋君章：《西康金矿开发问题》，《边政公论》1943 年第 1—2 期合刊。

97. 永和：《雅江见闻》，《康导月刊》1943 年第 4 期。

98. 李中定：《康南八县纪要》，《边疆通讯》1943 年第 4、9—12 期。

99. 任乃强：《记西康奇药——“独一味”》，《康导月刊》1943 年第 5 期。

100. 《四川十六区各部落人口及其分布概况调查表》，《边疆通讯》1943 年第 9 期。

101. 《泸定铁索桥竣工》，《西康经济季刊》1943 年第 2、3、4 期。

102. 黄炎培：《溜索（岷源一曲）》，《国讯》1943 年第 344 期。

103. 吴文晖、朱鉴华：《西康人口问题》（下），《边政公论》1944 年第 2 期。

104. 蒋旨昂：《黑水头人与百姓》，《大学（成都）》1944 年第

3—4 期合刊。

105. 董品瑄：《黑水河畔二三事》，《风土什志》1944 年第 4 期。

106. 于式玉：《麻窝衙门》，《边政公论》1944 年第 6 期。

107. 梅幼云：《打箭炉到甘孜》，《旅行杂志》1946 年第 4 期。

108. 侯慕渔：《忆川西理番》，《边疆服务》1947 年第 16 期。

109. 崔毓珊：《卓克基行医记》，《边疆服务》1947 年第 19 期。

110. 马长寿：《康藏民族之分类体质种属及其社会组织》，《民族学研究集刊》1946 第 5 期。

111. Graam. D. C 著，徐松石译：《羌民的风族和宗教》，《天风》1947 年第 78 期。

112. 林耀华：《川康嘉戎的家族与婚姻》，《燕京社会科学》1948 第 1 期。

113. 刘恩兰：《理番四土之社会》，《边政公论》1948 年第 3 期。

114. 李承三：《松潘漳腊式砂金矿》，《国立中央研究院地质研究所专刊》1948 年第 8 期。

115. 方式：《康定藏民生活素描》，《西北通讯（南京）》1948 年第 8 期。

116. 东皝：《我所知道的官淑贞小姐：一位热心办学的嘉戎女子》，《边疆服务》1948 年第 24 期。

117. 余石生：《雅江散记》，《现代邮政》1949 年第 3 期。

118. 任乃强：《四川第十六区民族分布》，《康藏研究月刊》1949 年第 24 期。

119. 任乃强：《悼罗哲情措》，《康藏研究月刊》1949 年第 28—29 期合刊。

论著类

一、中文著作

1. 中国科学院民族研究所、四川少数民族社会历史调查组：《阿坝藏族自治州马尔康及绰斯甲地区社会调查材料汇辑》，1963 年。

2. 松潘县地名领导小组编印：《松潘县地名录》，1983 年。

3.《西藏研究》编辑部编：《民元藏事电稿藏乱始末见闻记四种》，西藏人民出版社，1983 年。

4. 周开广：《四川经济志》，台湾商务印书馆，1972 年。

5. 曹树基：《中国移民史》，福建人民出版社，1997 年。

6. 中国社会科学院近代史研究所、中华民国史研究合编：《中华民国史资料丛稿 人物传记》第 16 辑，中华书局，1982 年。

7. 李绍明、童恩正主编：《雅砻江上游考察报告》（六江流域民族综合科学考察报告二），中国西南民族研究学会、甘孜藏族自治州人民政府编印，1985 年。

8. 任一民主编：《四川近现代人物传》第 3 辑，四川人民出版社，1987 年。

9. 刘继光著：《中国历代屯垦经济研究》，团结出版社,1991 年。

10.（清）倪蜕辑，李埏校点：《滇云历年传》，云南大学出版社，1992 年。

11. 四川省人口普查办公室编：《四川藏族人口》，中国统计出版社，1994 年。

12. 陈世松、贾大泉主编：《四川通史》第 7 册，四川大学出版社，1994 年

13. 净慧主编：《佛教人物古今谈》(下),中国佛教协会,1996 年。

14. 钱来忠主编：《四川民俗大典》，四川人民出版社，1999 年。

15. 任新建著：《雪域黄金：西藏黄金的历史与地理》，巴蜀书社，2003 年。

16. 李绍明，周蜀蓉选编：《葛维汉民族学考古学论著》，巴蜀书社，2004 年。

17. 石硕主编：《藏彝走廊：历史与文化》，四川人民出版社，2005 年。

18. 刘勇等著：《鲜水河畔的道孚藏族多元文化》，四川民族出版社，2005 年。

19. 杨恩洪著：《藏族妇女口述史》，中国藏学出版社，2006 年。

20. 黄宗贤、范美美编著：《吴作人》，重庆出版社，2006 年。

21. 李绍明、刘俊波编：《尔苏藏族研究》,民族出版社,2007 年。

22. 吴彦勤著：《清末民国时期川藏关系研究》，云南人民出版社，2007 年。

23. 冯明珠著：《中英西藏交涉与川藏边情（1774—1925）》，兰州大学出版社，2007 年。

24. 史幼波著：《大香格里拉洋人秘史 藏彝走廊上的西方探险者》，重庆出版社，2007 年。

25. 李朝贵、李耕冬著：《藏茶》，四川民族出版社，2007 年。

26. 美郎宗贞著：《近代西藏巨商“邦达昌”之邦达·多吉的政治生涯与商业历程》，西藏人民出版社，2008 年。

27. 西南民族大学西南民族研究院编：《川西北藏族羌族社会调查》，民族出版社，2008 年。

28. 《中国少数民族社会历史调查资料丛刊》修订编辑委员会编：《羌族社会历史调查》，民族出版社，2009 年。

29. 王川著：《西康地区近代社会研究》，人民出版社，2009 年。

30. 安山著：《四川土司史话》，巴蜀书社，2010 年。

31. 特木勒著：《多元族群与中西文化交流：基于中西文献的新研究》，上海人民出版社，2010 年。

32. 石硕：《青藏高原东缘的古代文明》，四川人民出版社，2011 年。

33. 四川省第三次全国文物普查领导小组办公室编著：《四川省第三次全国文物普查重要发现》，四川文艺出版社，2012 年。

34. 杨天宏：《救赎与自救 中华基督教会边疆服务研究》，生活·读书·新知三联书店，2010 年。

35. 杨长虹编：《凤全家书笺证》，民族出版社，2012 年。

36. 王正儒、雷晓静主编：《回族历史报刊文选》（社会卷·调查下），宁夏人民出版，2012 年。

37. 丁小文著：《民国藏地“女钦差”刘曼卿传》，二十一世纪出版社，2013 年。

38. 王海兵著：《康藏地区的纷争与角逐（1912—1939）》，社会科学文献出版社，2013 年。

39. 郭昌平著：《箭炉夜话》，作家出版社，2013 年。

40. 龚伯勋著：《说不完的“佳话”——边茶杂记》，巴蜀书社，2013 年。

41. 张策刚著：《中国康巴地区货币史》，巴蜀书社，2013 年。

42. 杨作山著：《回藏民族关系史》，宁夏人民出版社，2013 年。

43. 王田著：《从内陆边疆到民族地方——杂谷脑河流域的市场演化与族群互动》，商务印书馆，2013 年。

44. 格勒著：《康巴史话》，四川美术出版社，2014 年。

45. 任新建著：《康巴历史与文化》，巴蜀书社，2014 年。

46. 南一鹏著：《父亲南怀瑾》(上)，浙江人民出版社，2015 年。

47. 周智生著：《晚清民国时期滇藏川毗连地区的治理开发》，社会科学文献出版社，2014 年。

48. 黄天华：《边疆政制建置与国家整合——以西康建省为考察中心（1906—1949）》，人民出版社，2014 年。

49. 四川省社会科学院民族与宗教研究所，中共松潘县委员会，松潘县人民政府编：《松潘历史文化研究文集》，四川人民出版社，2014 年。

50. 石硕、李锦、邹立波著：《交融与互动——藏彝走廊的民族、历史与文化》，成都：四川人民出版社，2014 年。

51. 龚伯勋编：《康定的记忆——图说炉城》，电子科技大学出版社，2015 年。

52. 吴达德主编：《西南社会历史论丛》第 3 辑，南京大学出版社，2015 年。

53. 黄德权：《格桑泽仁传奇》，四川美术出版社，2015 年。

54. 袁年兴著：《族群的共生属性及其逻辑结构——一项超越二元对立的族群人类学研究》，社会科学文献出版社，2015 年。

55. 菅志翔、马戎主编：《民国时期西部边疆的政权建设与族群关系》，社会科学文献出版社，2015 年。

56. 郑少雄著：《汉藏之间的康定土司——清末民初末代明正土司人生史 1902—1922》，生活·读书·新知三联书店，2016 年。

57. 张起著：《晚清松茂古道的一次民间行吟考察 董湘琴 松游小唱 校注 整理与研究》，西南交通大学出版社，2016 年。

58. 罗波著：《新龙“夹坝”的历史与文化解读》，中山大学出版社，2016 年。

59. 王川著：《川康近代社会略论稿》，中华书局，2022 年。

二、期刊报纸

1. 安本钦、马其祥：《记国立松潘实用职业学校》，中国人民政治协商会议四川省委员会文史资料研究委员会编：《四川文史资料选辑 第 27 辑》，四川人民出版社，1982 年。

2. 吴吉远：《川藏贸易重镇——清代打箭炉城的产生和发展》，《西藏研究》1995 年 2 期。

3. 李锦、袁晓文：《交融与融合——关于巴塘汉族的个案分析》，《黑龙江民族丛刊》2001 年第 1 期。

4. 马勇：《松州商贸的历史考察》，《西北民族研究》2005 年 2 期。

5. 刘祥秀、郭平若：《清末屯垦政策在川边藏区的实施及其对环境的影响》，《西藏研究》2007 年 2 期。

6. 任新建：《“多宝道人”任乃强》，《成都日报》2007 年 2 月 5 日。

7. 邹立波：《清末至民国时期康区的汉藏通婚研究》，四川大学中国藏学研究所编著：《藏学学刊》第 5 辑，2010 年。

8. 石硕、邹立波：《近代康区陕商在汉藏互动与文化交流中的角色》，《四川大学学报》2011 年 3 期。

9. 《康定的街巷》，《甘孜日报》2011 年 12 月 11 日。

10. 安介生：《政治归属与地理形态——清代松潘地区政治进程的地理学分析》，中国地理学会历史地理专业委员会《历史地理》编辑委员会编：《历史地理》第 26 辑，上海人民出版社，2012 年。

11. 任东兴：《民国前中期西康内地商人发展状况（1912—

1937)》，四川师范大学硕士学位论文，2012 年。

12. 蒋竹山：《高原上的纵乐：一位晚清驻藏大臣有泰的感官世界》，载廖大伟主编：《近代人物研究：社会网络与日常生活》，上海人民出版社，2012 年。

13. 郭建勋、朱茂青：《抗战时期康东旅外青年笔下的“康区”》，《西南民族大学学报》2014 年第 3 期。

14. 安介生：《略论清代至民国时期户籍管理与民族人口——以川西松潘为例》，中国地理学会历史地理专业委员会《历史地理》编辑委员会编：《历史地理》第 32 辑，上海人民出版社，2015 年。

三、英文论著

1. W. J. Gill: Travels in Western China and on the Eastern Borders of Tibet, *Journal of the Royal Geographical Society of London*, 1877, Vol. 22, 1878 Vol. 48.

2. W. W. Rockhill: Diary of a Journey through Mongolia and Tibet in 1891 and 1892, *NATURE*, 1895, Vol. 52, No. 1338.

3. Isabella Bishop: A Journey in Western Sze-Chuan, *Geographical Journal*, 1897, Vol. 10, No. 1, 19-50.

4. C. H. D. Ryder: Exploration and Survey with the Tibet Frontier Commission and from Gyngtse to Simla via Gartok, *Geographical Journal*, 1905, 26 (4): 369-391.

5. Oliver Coales : Economic Notes on Eastern Tibet, *Geographical Journal* 1919, Vol. 54, No. 4, 242-247.

6. C. J. Gregory: The Alps of Chinese Tibet and Their Geographical Relations, *Geographical Journal*, 1923, Vol. 61, No. 3, 153-174.

7. H. Gordon Thompson: From Yunnan-Fu to Peking along the Tibetan and Mongolian Borders: Discussion, *Geographical Journal*, 1926, Vol. 67, No. 1, 23-27.

8. Combe, G. A.: *A Tibetan on Tibet, Beijing the Travels and Observations or Mr. paul Sherap of Tachienlu*, London: [s. n.] c1926.

后　记

本书是在2013年国家社科基金青年项目“近代四川藏区民族交流与社会发展研究”（13CZS052）结项成果基础上修改而成。本书的撰写，让我在学术研究层面获得积累和一定突破的同时，更是在心理层面上经历了难以言喻的磨砺。本书的完成，对我而言，既是学术生涯一个阶段的终点，又是一个崭新的起点。受益于本书的撰写和对相关问题的思考，我在该书完成的同时再次成功申报国家社科基金项目，又一次开启了学术探索的新旅程。

本书的撰写和完成，受益于诸多师长具体、无私的指导与帮助。四川旅游学院校长王川教授是开启我学术研究的领路人，他的谆谆教诲和不时关心，使我一次次跳出自己的舒适圈，克服困难，勇敢前行。在项目申请、撰写、结项及本书出版过程中，王川老师均予以诸多无私帮助；四川省社会科学院杰出研究员任新建先生，从我进入四川省社会科学院工作以后，一直带领和指导我开展项目研究，并毫无保留地给我提供了本项目研究的许多珍贵资料和宝贵意见；四川省社会科学院原院长侯水平研究员在本项目申报之时，于大年初一打电话关心项目论证情况，询问是否需要请相关专家把关指导。关爱之情，终生难忘！

本书撰写、出版过程中，还得到四川省社会科学院陈井安研究员、李明泉研究员、徐学书研究员、喇明英研究员、邓真副研究员、杨环副研究员等领导和同事的关心与支持，谨此致以真挚谢意！还要特别感谢四川省社会科学院的廖海亚研究员、何建兴研究员、苏东来副研究员、措亚博士、白央博士，在与他们合作项目的过程中，我获益良多，这种跨学科、跨文化的交流，让我更加认识到涉藏地区历史文化的多样性和复杂性，也拓宽了我的研究思路。

另外，本书还得到杜永彬研究员、黄维忠教授等许多学界前辈的关心、指导和帮助；中国藏学出版社杜冰梅副编审为本书出版做了精心的审校工作，并提出具体的修改意见；四川师范大学中华传统文化学院在出版方面提供了经费支持。谨此深表谢意！

最后，感谢我的父母及家人，是他们的包容、支持让我能够在学术的道路上更加专注和从容。感谢我的儿子，他对知识的渴望及活跃的思维，让我倍感挑战的同时，也不断拓宽学习的领域并与其一起成长。

图书在版编目（CIP）数据

近代四川涉藏地区民族交流与社会发展研究/何洁著. -- 北京：中国藏学出版社，2024. 9. -- ISBN 978 - 7 - 5211 - 0556 - 8

Ⅰ. K281. 4；D677. 1

中国国家版本馆 CIP 数据核字第 2024X1H059 号

近代四川涉藏地区民族交流与社会发展研究 何洁 著

责任编辑 杜冰梅
封面设计 翟跃飞
出版发行 中国藏学出版社
印　　刷 中国电影出版社印刷厂
版　　次 2024 年 9 月第 1 版
印　　次 2024 年 9 月第 1 次印刷
开　　本 787 × 1092 毫米 1/16
印　　张 24. 25
字　　数 361 千字
书　　号 ISBN 978 - 7 - 5211 - 0556 - 8
定　　价 68. 00 元

图书若有印装质量问题，请与本社发行部联系
E-mail：dfhw64892902@126. com　电话：010 - 64892902